Hawai'i

Richtig Reisen

Kurt Jochen Ohlhoff

Unter Mitarbeit von
Elisabeth Piper

DUMONT

Inhalt

Inselparadies im Nordpazifik

Reisen in Hawai'i

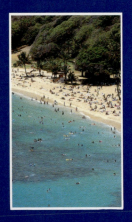

Orchideen und Vulkane: Auf Big Island Hawai'i

Serviceteil
Inhaltsübersicht   305

Verzeichnis der Karten und Pläne

Danksagung

Der Autor möchte den Mitarbeitern danken, die das Buch mit Anregungen und Hilfen bereichert haben: Dr. Friedrich Mielke für seinen Beitrag zur Musikgeschichte Hawai'is; Hans und Ingrid Ullmann, die Hawai'i mit dem Rucksack erkundet haben und deren Erfahrungen in diesem Buch verarbeitet worden sind; Douglas Peebles und Peter French für ihre Fotos. Außerdem dankt der Autor der engagierten Mithilfe von Christa Dietrich, Frankfurt; Marquita »Marty« Wilkinson, Lahaina; Hans P. Allgeier, Travel Consultant, Honolulu; George Applegate, Kona und Gail Chew, Honolulu, beide Hawaiian Visitors Bureau; Perry Sorensen und Arhlene Honda, beide Honolulu; insbesondere Henry Förster, Hannover, für seine Hilfe bei der Beschaffung der historischen Motive und Michaela Ohlhoff, Hannover, die mit Rat und Tat zu diesem Buch beigetragen hat.

Inselparadies
im
Nordpazifik

Landeskunde im Schnelldurchgang

Fläche: insgesamt 16 633 km²; O'ahu 1574 km², Kaua'i 1433 km², Ni'ihau 179 km², Moloka'i 676 km², Lana'i 361 km², Maui 1888 km², Kaho'olawe 116 km², ›Big Island‹ (Hawai'i) 10 458 km²

Einwohner: insgesamt 1185 000; O'ahu 890 000, Kaua'i 54 000, Ni'ihau 250, Moloka'i 6900, Lana'i 2500, Maui 100 000, ›Big Island‹ (Hawai'i) 132 000

Hauptstadt: Honolulu (ca. 550 000 Einwohner)

Amtssprache: Englisch

Währung: US-Dollar

Zeit: MEZ – 11 Stunden (es gibt keine Sommerzeit)

Geographie

Der hawaiische Archipel mit seinen 136 Inseln liegt mitten im Nordpazifik und wird vom nördlichen Wendekreis durchschnitten. Die Inselgruppe erstreckt sich über 2451 km vom winzigen Kure-Atoll im Nordwesten bis zum Cape Kumukahi im Südosten von ›Big Island‹ (Hawai'i). Ihre Entstehung geht auf vulkanische Aktivitäten zurück. Von den acht größeren Inseln ist Kaho'olawe unbesiedelt. Die bewohnten Inseln (Kaua'i, Ni'ihau, O'ahu, Moloka'i, Lana'i, Maui, ›Big Island‹ Hawai'i) liegen etwa 3900 km von San Francisco entfernt und sind von dort mit dem Flugzeug in fünf Stunden zu erreichen. Die kleinen Inseln ragen als Atolle nur wenige Meter aus dem Wasser heraus, während die Schildvulkane der größeren Inseln eine Höhe von über 4000 m erreichen (Mauna Kea und Mauna Loa auf ›Big Island‹).

Geschichte

Neue Erkenntnisse deuten darauf hin, daß Hawai'i bereits 500 n. Chr. von Polynesiern der Marquesas-Inseln besiedelt wurde. Für die westliche Welt ›entdeckte‹ 1778 der englische Seefahrer James Cook den Archipel. Kamehameha I. vereinigte die Inseln um 1800 zu einem Königreich, das bis 1893 bestand. 1820 trafen die ersten Missionare aus Neuengland ein. Sie etablierten in wenigen Jahren den christlichen Glauben auf den Inseln. 1893 stürzten amerikanische Plantagenbesitzer und Kaufleute in einem Putsch Königin Lili'uokalani. Hawai'i wurde zunächst Republik und 1898 von den USA annektiert. Mit dem Angriff der Japaner auf Pearl Harbor am 7. Dezember 1941 begann für die USA der Krieg im Pazifik. 1959 wurde Hawai'i 50. Bundesstaat der USA.

Politik und Verwaltung

An der Spitze des Bundesstaates steht ein Gouverneur, der alle vier Jahre gewählt wird. Die Legislative besteht aus zwei Kammern, dem Senat und dem Repräsentantenhaus. Die 25 Senatoren werden alle vier Jahre, die 51 Abgeordneten alle zwei Jahre gewählt. Regierungssitz ist Honolulu. Im Kongreß in Washington ist der Bundesstaat Hawai'i durch einen Abgeordneten und zwei Senatoren vertreten. Anders als auf dem Festland gibt es auf Hawai'i nur zwei Verwaltungsebenen: die bundesstaatliche und die County-Administration, die die Stadtverwaltungen einschließt. Der Bundesstaat Hawai'i ist in vier *counties* aufgeteilt, an deren Spitze jeweils ein Bürgermeister *(Mayor)* steht. Er ernennt auch die Administratoren des jeweiligen *county*.

Wirtschaft und Tourismus

Hawai'i gehört mit einem durchschnittlichen Einkommen von jährlich etwa 20 000 Dollar nicht zu den wohlhabenderen Staaten der USA. Die Lebenshaltungskosten sind höher als in den meisten anderen Bundesstaaten. Wichtigste Wirtschaftsfaktoren sind Tourismus (ca. 9,5 Mrd. $), Bundesmittel für das auf Hawai'i stationierte Militär (ca. 2,8 Mrd. $), Landwirtschaft, vor allem Zuckerrohr (220 Mio. $) und Ananas (100 Mio. $), Bau- und Baumittelindustrie (ca. 4 Mrd. $). Den schnellsten Zuwachs konnte die Tourismusindustrie verzeichnen: von 240 000 Besuchern im Jahr 1959 stieg die Zahl auf fast 7 Mio. 1991. Die anvisierten 10 Mio. für die Mitte der 90er Jahre wurden allerdings nicht erreicht. Sinkende Tourismuszahlen brachten eine allgemeine Wirtschaftskrise und Arbeitslosigkeit mit sich. Auch Zuckerrohr- und Ananasanbau sind rückläufig.

Bevölkerung und Sprache

Vor allem durch die großen Einwanderungswellen von Plantagenarbeitern aus China, Japan, den Philippinen, Korea und Portugal sowie durch den Zuzug vom amerikanischen Festland hat sich eine multikulturelle Gesellschaft gebildet. Von den etwa 1,2 Mio. Einwohnern sind etwa 30 % Weiße, 25 % Japaner und 30 % mischblütig. Den Rest teilen sich Filipinos, Chinesen, Koreaner, Polynesier u. a. Reinblütige Hawaiianer machen wenig mehr als ein Prozent aus. (Die Urbevölkerung von etwa 300 000 zur Zeit der Entdeckung der Inseln verringerte sich in nur wenigen Jahrzehnten drastisch, vor allem durch eingeschleppte Krankheiten und Seuchen). Amtssprache ist Englisch. In den letzten Jahren wird Hawaiisch von Traditionalisten wieder gefördert und gepflegt.

Religion

So vielseitig wie die Bevölkerung sind auch die Religionen. Die Mehrheit der Bevölkerung gehört einer der zahlreichen protestantischen Kirchen an. Die übrigen verteilen sich auf den römisch-katholischen und buddhistischen Glauben oder sind Mitglieder der Mormonen-Kirche.

Klima und Reisezeit

Subtropische Lage und ausgleichende Passatwinde sorgen für ein gleichbleibend warmes und überwiegend sonniges Klima das ganze Jahr über. Im Mittel liegen die Temperaturen bei 25–26 °C und schwanken selten um mehr als 4–5 °C. Auch in den Wintermonaten, von Dezember bis März, sind es nur ein paar Grad weniger als im Sommer. Weit größere Unterschiede hinsichtlich Temperatur und Niederschlag ergeben sich je nach Lage und Höhe. So kann es auf den höchsten Berggipfeln sogar im Sommer Minusgrade geben, und die den Passatwinden zugekehrten Nordost- und Ostseiten aller Inseln erhalten die meisten Niederschläge. Für die Reiseplanung ist das Klima somit nicht von Bedeutung.

Strände, Regenwälder und Vulkane

Der faszinierende Archipel bietet einzigartige Landschaften, wie sie in dieser Vielfalt woanders kaum zu finden sind: über 4000 m hohe, im Winter schneebedeckte Vulkane, feurige Lavaströme, die sich ins Meer ergießen, tropischer Regenwald, bizarre Lavafelder und überall sonnendurchglühte Küsten mit einsamen, palmenumsäumten Buchten. Es gibt Strände aus weißem, schwarzem und grünem Sand, wildzerklüftete Bergketten, liebliche Täler, Hänge bedeckt mit üppiger Tropenvegetation, schäumende Wasserfälle, eine einzigartige Flora und Fauna. Und vor allem ein perfektes Klima mit sauberer Luft und klarem Wasser – ein Paradies mit den besten Bedingungen für Freizeitaktivitäten ohne Ende. Und die Spuren der abenteuerlichen Geschichte der Insel, vom polynesischen Königreich zum 50. Bundesstaat der USA, sind noch nicht verweht.

All das zusammen macht das Leben auf den Inseln für die Bewohner so attraktiv. Und natürlich auch für die Besucher. Sie reisen mit Visionen von rauschenden Palmen und sonnigen Stränden an, mit Urlaubsträumen von heiteren Festen, exotischen Blumen, Früchten, Düften, Getränken und Speisen. Sie erwarten eine Kultur, die zwar fremdländisch ist, doch nicht zu fremd. Und genau das bietet Hawai'i: eine vorzüglich dosierte Mischung aus ›Südseezauber‹, Aktivurlaub und Komfort.

Die Inselgruppe erstreckt sich über mehrere tausend Kilometer Wasserwüste des Nordpazifik und umfaßt über

hundert Inseln. Für den Besucher interessant sind die sechs größten im Südosten des Archipels: **Kaua'i**, die älteste Insel, ist berühmt für seine üppigen tropischen Gärten, die grandiose, von einsamen Tälern zerschnittene Steilküste und den Waimea Canyon, den farbenprächtigen ›Grand Canyon des Pazifik‹.

Auf **O'ahu**, der am dichtesten bevölkerten Insel, liegt die quirlige Pazifik-Metropole Honolulu-Waikiki mit ihrer kunterbunten Mischung ethnischer Völkerschaften. Hier wird dem Gast eine Riesenauswahl an Entertainment und kulinarischen Genüssen geboten. Und auch die sportlichen Aktivitäten kom-

Blick vom Kalalau Valley Lookout auf die Na Pali-Küste, Kaua'i

men nicht zu kurz, etwa an den weiten Surf-Stränden im Norden der Insel und an der Kailua Bay.

Das abgeschiedene **Moloka'i** ermöglicht wohl am ehesten eine Reise in das alte, unverfälschte Hawai'i, mit seinen vielen kleinen *homesteads*, wo nach traditioneller Art Taro und Bananen angebaut werden. **Lana'i** ist eine Insel für luxusgewöhnte Resort-Gäste und Abenteurernaturen zugleich. Hier finden sich einige der schönsten Golfplätze und viel unwegsames, wildes Terrain, das nur mit dem Allradfahrzeug zu erschließen ist. **Maui** hat außer kilometerlangen Traumstränden auch den größten ruhenden Vulkankrater mit einer bizarren Mondlandschaft und eine der schönsten Küstenstraßen der Welt zu bieten. Im historischen und doch so lebendigen Ort Lahaina verspürt man noch das Flair der Missionars- und Walfängerzeit.

›Big Island‹ **Hawai'i**, die jüngste Insel des Archipels, ist größer als alle anderen zusammen. Hier findet man geheimnisumwitterte alte Tempelstätten und die stärksten landschaftlichen Kontraste: entlegene Urwaldtäler wie das Waipi'o Valley, Orchideenzuchten, kühles grünes Hochland mit einer der größten Ranches der USA und riesige schwarze Lavawüsten. Im Winter kann man auf einem Viertausender Ski laufen und nur ein paar Stunden später am Strand unter Palmen liegen. Die Hauptattraktion der großen Insel aber bildet der überaus aktive Vulkan Kilauea mit seinem Feuerzauber – einer der wenigen Vulkane der Erde, die man gefahrlos besichtigen kann.

Paradies mit Schönheitsfehlern – Hawai'i heute

Wirtschaft, Politik und Gesellschaft

›König Zucker‹ bescherte vor allem fünf Familien aus der großen Nachkommenschaft der ersten Missionare Reichtum und Einfluß. Die patriarchalisch regierten Firmen der sogenannten ›Big Five‹ hießen C. Brewer, Th. H. Davies, American Factors, Castle & Cooke, Alexander & Baldwin. Bis zum Zweiten Weltkrieg kontrollierten diese ›mächtigen Fünf‹ praktisch die gesamte Wirtschaft Hawai'is. Durch die wachsende Macht der Gewerkschaften nach dem Krieg und die Aufnahme Hawai'is als 50. Bundesstaat der USA verloren sie zwar an Bedeutung, aber ihr wirtschaftlicher und gesellschaftlicher Einfluß auf den Inseln ist immer noch zu spüren. Politisch sind die Inseln eine Domäne der Democratic Party, die sich bester Beziehungen zum ›Big Business‹ erfreut. 1950 waren die Republikaner zum letzten Mal an der Regierung beteiligt. Seitdem sind sie nur durch eine Handvoll Abgeordnete vertreten, und die Inseln sind praktisch zum Ein-Parteien-Staat geworden.

Der Ausbau O'ahus zum größten Militärstützpunkt der USA im Pazifik und die Wachstumsraten in der Tourismusindustrie nach Erlangen der *statehood* im Jahre 1959 begründeten einen wirtschaftlichen Boom, der besonders die Bauindustrie erfaßte und die soziale Struktur der Inseln wie nie zuvor veränderte. Vor allem im südlichen Teil O'ahus, in der Region um Waikiki-Honolulu, schossen Wohnsiedlungen, Hotels, Bürohochhäuser und Einkaufszentren aus dem Boden.

Neben aller Schönheit zeigen sich so auch die Schattenseiten. Ganze Landstriche sind in den letzten beiden Jahrzehnten viel zu schnell entwickelt worden, und Planungsfehler hat es mehr als genug gegeben. Ein Beispiel hierfür ist der urbane Wildwuchs in der Honolulu-Region und besonders die eher triste Umgebung des Nimitz Highway, die dem Ankommenden auf dem Wege vom Flugplatz in die Stadt erst einmal ein trauriges Willkommen bietet. Aber auch an der Kihei-Küste auf Maui und bei Kailua-Kona auf ›Big Island‹ Hawai'i ist zuviel gebaut worden.

Im drittkleinsten Staat der USA leben heute über 1,2 Millionen Menschen. In den Ballungszentren auf O'ahu, wo 80 % der Gesamtbevölkerung leben, findet man daher auch die in anderen amerikanischen Großstädten üblichen Probleme: zuviel Asphalt und Beton, immer mehr Verkehr, wachsende Armut und das Ansteigen der Kriminalität. So ist hier denn auch ein gewisses Verblassen des *aloha spirit*, der traditionellen Wärme und Gastfreundschaft der Hawaiianer zu verspüren. Darum sehen es viele als einen Segen an, daß sich der wirtschaftliche Boom mit all seinen negativen Begleiterscheinungen überwiegend auf O'ahu beschränkt.

Das Wirtschaftswachstum brachte viele Probleme mit sich, auch wenn die Arbeitslosigkeit relativ niedrig ist und die Gewerkschaften generell hohe Löhne für ihre Mitglieder ausgehandelt haben. Auch das Wohlfahrtssystem gilt als sehr effizient. Aber die meisten Jobs sind eben doch in der traditionell niedrig bezahlten Tourismusindustrie angesiedelt und die Lebenshaltungskosten für die einheimischen Bewohner extrem hoch. Sie liegen 25–30 % über denen des Festlandes. Gründe: höhere Frachtkosten und ein relativ kleiner Markt, dessen straff kontrolliertes Verteilungssystem auf Großhandelsebene weniger Konkurrenz als auf dem Festland hat. Viele Hawaiianer sehen darin auch das Erbe der Monopolwirtschaft der ›Big Five‹.

Vor allem die Immobilienpreise sind explodiert. Auf Hawai'i kostet das Durchschnittshaus über 350 000 Dollar, wobei sich auf O'ahu von 1987 bis 1990 der Preis für ein Einfamilienhaus glatt verdoppelt hat. Nirgendwo sonst in den USA ist es derart schwierig, sich den Traum vom eigenen Haus zu erfüllen. Und für viele Hausbesitzer sind die ebenfalls gestiegenen Grundsteuern unbezahlbar geworden, was häufig Zwangsverkäufe zur Folge hat. Im Mangel an preiswerten Wohnungen liegt wohl das größte soziale Problem auf Hawai'i. Die Ursache für diese Misere sehen die meisten Hawaiianer vor allem in den immensen japanischen Investitionen im Verlauf der letzten 15 Jahre, die sich

Hochhauskomplex an der Bishop Street in Honolulu

Zuckerrohrfelder bei Waimea, an der Südwestküste von Kaua'i

hauptsächlich auf Landkäufe und Unternehmen der Touristikindustrie konzentrierten. Insgesamt befinden sich fast zwei Drittel der Hotels und etwa die Hälfte der Bürohochhäuser in Honolulu in japanischem Besitz. Aber auch Wohnhäuser wurden in großer Zahl und zu weit überhöhten Preisen von japanischen Investoren gekauft. 1989 und 1990 betrug das japanische Investitionsvolumen über 7 Mrd. Dollar – über 95 % der gesamten ausländischen Investitionen. Das ausgeprägte Interesse japanischer Investoren an der Errichtung neuer Golfplätze ruft bei den Hawaiianern den größten Zorn hervor. Sie empfinden dies – nicht ganz unberechtigt – als eine Vertreibung von ihrem angestammten Siedlungsgebiet. Wenn man dann noch berücksichtigt, daß die USA ohnehin gravierende Handelsprobleme mit Japan haben, wundert es kaum, daß die japanischen Besucher, die auf den Inseln das größte ausländische Kontingent stellen, wenig beliebt sind, ja häufig auf Ablehnung stoßen.

Im Paradies zu leben, hat also seinen Preis. Den Besucher betreffen die hohen Lebenshaltungskosten kaum, da in der Touristikbranche ein harter Wettbewerb herrscht, der durch neuerdings wachsende Überkapazitäten noch verstärkt wird. Während 1963 gerade 263 000 Besucher nach Hawai'i kamen, waren es 1990, dem bisherigen Höhepunkt, etwa 7 Mio., die mit 10 Mrd. Dollar (rund ein Drittel des gesamten Bruttosozialprodukts) den Tourismus zum Wirtschaftsfaktor Nr. 1 machten. Indirekte Auswirkungen auf andere Wirtschaftszweige verdoppeln diesen Anteil noch. Die Abhängigkeit vom Tourismus bringt ganz besondere Probleme mit sich. Sinken die Besucherzahlen, gerät Hawai'i schnell in eine Wirtschaftskrise. Dies war Anfang der 90er Jahre der Fall, als es mehrere Jahre hintereinander starke Einbrüche in der Tourismusbranche gab. So kamen 1993 fast eine Million Besucher weniger als 1990. Die vom Hawaiian Visitors Bureau für das Jahr 2010 angestrebten 12 Mio. Besucher werden deshalb wohl kaum erreicht werden. Viele Hawaiianer begrüßen dies. Sie machen sich Sorgen um die Lebensqualität und Zukunft der Inseln und sind der Ansicht, daß schon zuviele nach Hawai'i kommen. Ausländische Investitionen und die Abhängigkeit von der Tourismusindustrie sollen begrenzt und dafür andere örtliche Industrien gefördert werden. Die Chancen dafür stehen nicht besonders gut, zumal der älteste Erwerbszweig, die Landwirtschaft, und

hier besonders Zuckerrohr und Ananas, seit drei Jahrzehnten stark rückläufig ist. Vor allem in den letzten Jahren mußten viele Plantagen schließen. Bot die Zuckerindustrie noch vor 30 Jahren über 20 000 Arbeitsplätze, sind es heute nur noch ein paar tausend.

›König Zucker‹ ist auch für die heutige ethnische und kulturelle Vielfalt Hawai'is verantwortlich. Da die Hawaiianer wenig Neigung zur harten Plantagenarbeit zeigten, wurden in großen aufeinanderfolgenden Einwanderungswellen Arbeiter aus dem asiatischen Raum nach Hawai'i geholt. Zuerst Chinesen, dann Japaner und später Filipinos. Für viele erfüllte sich damit der ›amerikanische Traum‹. Sie stiegen vom Plantagenkuli zum Händler, Akademiker und Politiker auf und kamen zu bürgerlichen Ehren. Dieser Aufstieg gelang oft schon in der zweiten oder dritten Generation. Vom

Miteinander der ethnisch verschiedenen Bevölkerungsgruppen könnten andere Gesellschaften lernen. Ein Grund für das im ganzen harmonische Zusammenleben liegt darin, daß keine Gruppe eine Mehrheit hat. Auf Hawai'i gibt es nur ethnische Minderheiten. Die meisten sehen sich als Amerikaner und als ›Hawaiianer‹ im insularen Sinne zugleich. Ethnisch sind gut ein Viertel der Bevölkerung Weiße und knapp ein Viertel Japaner. Etwa 30 % sind mischblütig, davon hat etwa die Hälfte auch polynesisches Blut in den Adern. Den Rest der Bevölkerung stellen Filipinos, Chinesen, Koreaner und Polynesier. Reinblütige Polynesier gibt es kaum noch – man schätzt weniger als ein Prozent. Statistiken zeigen, daß Chinesen, Koreaner, Japaner und Weiße über die höchsten Durchschnittseinkommen pro Familie verfügen. Filipinos und Teil-Polynesier liegen deutlich darunter, die samoanische Minderheit und die wenigen reinblütigen Hawaiianer stehen an letzter Stelle.

Jede zweite Ehe, die heute auf Hawai'i geschlossen wird, ist eine Mischehe. Noch mehr als für Weiße und Japaner gilt dies für die Hawaiianer und andere ethnische Gruppen. Bald wird der ohnehin kleine Prozentsatz der reinblütigen Hawaiianer ganz verschwunden sein, und die *Part-Hawaiians* werden kaum noch von den weißen und chinesischen Verwandten zu unterscheiden sein.

Gesellschaftliche Spannungen haben weniger ethnische als wirtschaftliche Gründe. So bleiben die wohlhabenderen Bevölkerungsgruppen in bestimmten Wohngegenden unter sich und teilen Schulen, Einstellungen und Auffassungen, die sie von den unteren Schichten unterscheiden und abgrenzen. Generell kann man sagen, daß die Weißen nach wie vor Wirtschaft und Medien beherrschen – wenn man davon absieht, daß

Die Bevölkerung Hawai'is setzt sich aus vielen verschiedenen Ethnien zusammen

die Hälfte aller großen wirtschaftlichen Entscheidungen von japanischem Auslandskapital getroffen wurden. Auch in der Politik dominiert die Bevölkerungsgruppe japanischer Herkunft. Erst 1986 wurde mit John Waihee zum ersten Mal ein Gouverneur hawaiischer Abstam-

mung gewählt. In Hawai'is Gesellschaft hat jede ethnische Gruppe ihre eigene tief verwurzelte Geschichte, Kultur und Lebensart. Nirgendwo sonst findet man eine so vielfältige Mischung von Religionen, Folklore, Künsten und Eßgewohnheiten wie auf Hawai'i, wo Ferner Osten und westliche Welt zusammentreffen.

Die jungen Inselbewohner hawaiischer Abstammung sind heute kritischer als je zuvor und fordern mehr Rechte und Schutz für das Land ihrer Vorfahren. Sie wissen sich darin einig mit jungen Leuten anderer ethnischer Zugehörigkeit. Dieser Trend gibt zugleich die Richtung für neue Kontroversen an: zwischen jenen Einheimischen, die sich als sogenannte *locals* verstehen, und den *non-locals*, den Außenseitern, Zugereisten und Neuankömmlingen, die häufig das Schimpfwort *haole* zu hören bekommen. Bitterkeit und Ver-

Picknick im Kapi'olani Park von Waikiki/Honolulu

achtung für die ›Außenseiter‹ sind eine der Hauptursachen für wachsende Diskriminierung, Kriminalität und häufiger zu bemerkende Fremdenfeindlichkeit. Als *local* gilt in der Regel derjenige, der auf Hawai'i geboren und kein Weißer ist. Gelegentlich werden auch junge Weiße, die sich in ihrer Lebensweise mit der ›Szene‹ identifiziert haben und natürlich auch das gebräuchliche Pidgin-Englisch sprechen, dazugerechnet.

Dennoch, der vielgerühmte *aloha spirit*, die Verkörperung von Lebensfreude und Gastfreundschaft, bleibt nach wie vor ein Merkmal der Ureinwohner Hawai'is. Als Gast sollte man aber Verständnis mitbringen für die Sorgen einer immer größer werdenden Zahl von Einheimischen, die im rapide wachsenden Tourismus und im Zuzug der Fremden und der daraus resultierenden Kommerzialisierung der Inseln eine Gefahr für die zukünftige Entwicklung Hawai'is sehen. Den richtigen Weg zu finden, ist für die selbst- und umweltbewußten Hawaiianer nicht einfach. Ohne Tourismus und wirtschaftliche Entwicklung kann die Gesellschaft des modernen Hawai'i nicht überleben. Ein Zuviel jedoch droht über kurz oder lang all das zu zerstören, was die Inseln so einmalig macht.

Noch ist Hawai'i ein Paradies, wo nur in der Metropole Honolulu Hochhäuser stehen. Und selbst diese erscheinen eher wie ein Kranz schimmernder weißer Türme am Pazifikstrand. Die geschäftige Stadt hat sich ihren Charme und eine ansprechende Atmosphäre bewahrt. Die Berge und Regenwälder ringsum, die tropischen Parks und die Farbenpracht von Hibiskus, Orchideen und Bougainvillea lassen selbst die Armut der hawaiischen Ghettos und urbane Auswüchse in einem milderen Licht erscheinen.

Von der hawaiischen Renaissance zur Unabhängigkeitsbewegung

Schon bald nach der ›Entdeckung‹ Hawai'is durch die Europäer vor zweihundert Jahren begann der Niedergang des hawaiischen Volkes und seiner Kultur. Vor allem eingeschleppte Krankheiten und später wohl auch der Verlust an Lebensmut dezimierten die Bevölkerung. Hinzu kam, daß die Missionare die alten hawaiischen Traditionen, zu denen das Surfen ebenso gehörte wie rituelle Sprechgesänge und der Hula-Tanz, als unchristlich ablehnten. In den siebziger und achtziger Jahren des vorigen Jahrhunderts gelang es König Kalakaua, die alten Lieder, Tänze und Legenden wieder zu neuem Leben zu erwecken. Der Sturz der Monarchie 1893 beendete diese erste hawaiische Renaissance.

Erst zu Beginn der 70er Jahre war erneut so etwas wie eine Aufbruchstimmung und die Anfänge einer kulturellen Rückbesinnung zu spüren. Eine hawaiische Sprachkonferenz wurde abgehalten, an den Schulen führte man die hawaiische Sprache als Wahlfach wieder ein, und die Universität erhielt eine Abteilung für Hawaiian Studies. Zum Programm gehören neben historischen und linguistischen auch praktische Berufsausbildungen für Hawaiianer. Hawaiische Musik wurde zunehmend beliebter, es gibt inzwischen Radiostationen, die sich darauf spezialisiert haben. Auch der klassische Hula-Tanz ist wieder zu Ehren gekommen, und zahlreiche Hula-Schulen verzeichnen einen regen Zulauf. Traditionelles Kunsthandwerk wurde sowohl durch Eigeninitiativen wie auch durch Stiftungen und staatliche Organisationen gefördert, wie z. B. der State

Ke'e Beach an der Nordküste von Kaua'i ▷

Council on Hawaiian Heritage. Sie unterstützen individuelle Künstler und Gruppen bei der Webkunst, der Herstellung von Tapa-Materialien und Design, Federschmuck und Schnitzarbeiten sowie beim traditionellen Instrumentenbau.

Ein zentrales Ereignis für die Stärkung des Selbstbewußtseins der Hawaiianer war 1973 die Gründung der Polynesian Voyaging Society, mit dem Ziel, die alten Segel- und Navigationstechniken neu zu entdecken und zu beleben – und nicht zuletzt auch um die sagenhaften nautischen Höchstleistungen der alten Polynesier unter Beweis zu stellen. Die Mitglieder der Polynesian Voyaging Society bauten die »**Hokule'a**«, eine Replikation des alten hawaiischen Doppelrumpfkanus. Diese Rekonstruktion des wichtigsten Objektes im Leben der Polynesier brachte auch eine kulturelle Auferstehung mit sich. 1976 segelte die »Hokule'a« mittels traditioneller Navigationsmethoden, die sich an Sternen, Wolken und Strömungen orientieren, von Maui zum 4800 km entfernten Tahiti. Am 31. Tag – übereinstimmend mit den alten *chants* – landete die »Hokule'a« an einem der westlichsten Atolle der Tuamotus, zwei Tage später segelte sie in den Hafen von Pape'ete auf Tahiti, empfangen von 20 000 jubelnden Tahitern. Seitdem hat die »Hokule'a« als Botschafterin der hawaiischen Renaissance zahlreiche Reisen im Pazifik unternommen, unter anderem auch eine 22 Monate dauernde Fahrt über 20 000 km – alles ohne moderne Navigationsinstrumente. 1993 ist ein zweites Kanu der traditionellen Bauart entstanden, die »Hawai'iloa«.

Mit der Besinnung auf alte hawaiische Künste und Traditionen änderte sich auch das politische Selbstverständnis der Hawaiianer, sicher auch beeinflußt durch die Bürgerrechtsbewegungen auf dem Festland der USA, wo sich schwarze,

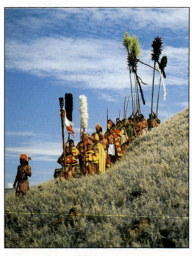

Im Zuge der hawaiischen Renaissance werden alte Traditionen wiederbelebt

mexikanische, indianische und andere ethnische Minderheiten größere Rechte erstritten. Nicht nur die Studenten der Universität in Honolulu demonstrierten für mehr Mitbestimmung, auch Farmer und Siedler wehrten sich gegen die zunehmende Vermarktung ihres Grund und Bodens zugunsten neuer Großbauprojekte, die häufig selbst vor historischen Grabstätten keinen Halt machten. Der Erfolg blieb nicht aus, und es ist heute nicht mehr so einfach wie bisher, Taro- und Bananenpflanzungen in Ferienanlagen und Golfplätze zu verwandeln. Aus diesen anfänglichen Protesten hat sich inzwischen eine wachsende Unabhängigkeitsbewegung entwickelt. Zum Mittelpunkt der Bewegung wurde die Insel Kaho'olawe, seit dem Zweiten Weltkrieg Übungsziel für die Bomber der US-Navy. Junge Aktivisten besetzten Ende der 70er Jahre die Insel, die damit zum Symbol der Unabhängigkeitsbewegung wurde. 1994 gab die Navy die Insel an die Verwaltung des Bundesstaates Hawai'i zurück.

Auch staatliche Institutionen berücksichtigten die ›hawaiische Wende‹. 1978 schuf die Regierung des Bundesstaates Hawai'i das *Office of Hawaiian Affairs*. Das OHA sollte dafür sorgen, daß die traditionellen Rechte der eingeborenen Hawaiianer bewahrt und verbessert werden. Mit einem Etat von etwa 9 Mio. Dollar kümmert sich die Organisation z. B. um bessere Ausbildung, juristische Beratung, Darlehen für Firmengründungen und Fischereirechte. Auch das OHA strebt eine gewisse Form der Unabhängigkeit an. Als einer vom Bundesstaat abhängigen Institution trauen ihr die radikaleren Gruppierungen der Unabhängigkeitsbewegung aber nicht. In der Tat ist das OHA zwar in jüngster Zeit für mehr politische Rechte der Hawaiianer eingetreten (besonders unter dem hawaiischen Gouverneur John Waihee), hat aber bislang keine territorialen Ansprüche gestellt, im Gegensatz zu den verschiedenen Unabhängigkeitsgruppierungen.

Dabei geht es vor allem auch um mehr als 80 000 ha Land, das der Kongreß 1921 als Siedlungsraum für die Hawaiianer reserviert hat, und um fast eine halbe Million Hektar Landbesitz der hawaiischen Krone, sogenannte *trust lands*, die 1898 nach dem Sturz des Königreichs durch die weißen Pflanzer und Geschäftsleute in die Obhut der amerikanischen Bundesregierung und der Verwaltung des Bundesstaates Hawai'i kamen. Nutznießer sollten eigentlich nur Bürger hawaiischer Abstammung sein. Dennoch wurde das ehemalige Kronland für alle möglichen öffentlichen Zwecke wie Flughäfen, Militärinstallationen, Schulen, Parks und selbst private Firmen und Häuser verwendet – illegal, wie die Vertreter der hawaiischen Unabhängigkeitsbewegung behaupten.

Am 17. Januar 1993 versammelten sich mehrere tausend Hawaiianer vor dem Iolani-Palast in Honolulu. Sie erinnerten an den Sturz des hawaiischen Königshauses vor genau 100 Jahren und forderten Unabhängigkeit von der amerikanischen Regierung und Anerkennung als Ureinwohner mit eigenem Land und Selbstregierung. Wie diese konkret aussehen soll, darüber sind sich die mehr als 50 verschiedenen Gruppierungen der Unabhängigkeitsbewegung nicht einig. Das Spektrum reicht von der radikalen Forderung nach völliger Loslösung von den USA bis zu einer gemäßigten Linie, wie sie auch vom Office of Hawaiian Affairs vertreten wird. Inzwischen billigen auch einflußreiche amerikanische Politiker, wie die beiden hawaiischen Senatoren in Washington, den *Native Hawaiians* ein begrenztes Recht

Die »Hokule'a«, ein Nachbau des hawaiischen Doppelrumpfkanus, vor der Küste O'ahus

Kaho'olawe – Symbol der hawaiischen Unabhängigkeitsbewegung

Kaho'olawe, mit 117 km² die kleinste der acht Hauptinseln, hat für die Hawaiianer eine ganz besondere, fast sakrale Bedeutung. Auf dem Gipfel des 500 m hohen Pu'u Moa'ula befand sich die ›Universität‹ des vorchristlichen Hawai'i, die hohe Schule der Astronomie und Navigation. Hier lernten die jungen Hawaiianer, wie man nach Tahiti, dem Herkunftsland ihrer Ahnen, segelt. Und über 500 archäologische Stätten zeugen von einer dichten, mehr als tausend Jahre alten Besiedelung. Deshalb wurde die Insel 1981 in die Liste der National Historic Places aufgenommen. Über 40 Jahre durfte sie nicht betreten werden. Seit dem Zweiten Weltkrieg wurde die Insel von der US Navy als Bombenzielscheibe benutzt. Erst 1990 stoppte Präsident Bush die Bombardierung und der US-Kongreß stellte 400 Mio. Dollar für die Säuberung der Insel von Bombentrümmern und Blindgängern zur Verfügung – ein Zehnjahresprojekt.

Seit 1977, als fünf Hawaiianer die Insel besetzten, haben illegale Landungen und Protestaktionen immer wieder Schlagzeilen gemacht, aber wichtiger war ein Gerichtsurteil, das die Navy dazu verpflichtete, religiöse Zeremonien nicht zu behindern und Verordnungen über den Umweltschutz und historische Konservierung zu beachten. Erkämpft wurde dieses Urteil im wesentlichen durch den unermüdlichen

Einsatz der *Protect Kaho'olawe Ohana*, einer Gruppierung der hawaiischen Unabhängigkeitsbewegung. Im Kampf um Kaho'olawe liegen letztlich die Wurzeln aller hawaiischen Bürgerrechts- und Unabhängigkeitsbewegungen, denn die Insel wurde zum Fokus der Wiederbelebung der traditionellen hawaiischen Kultur.

1994 gaben die US-Navy und die amerikanische Bundesregierung Kaho'olawe offiziell an den Bundesstaat Hawai'i zurück, der sie für die *Hawaiian Sovereign Nation* treuhänderisch verwalten soll. 700 Traditionalisten feierten das Ereignis auf der Insel mit einer Prozession, begleitet von Zeremonientrommeln, Muschelhörnern, Sprechgesängen und Opfergaben von in Ti-Blätter gewickelten Taro-Knollen – ein Meilenstein in den Bestrebungen der hawaiischen Unabhängigkeitsbewegung. So soll Kaho'olawe zu einer Art ›Kulturreservat‹ werden – eine traditionelle Navigationsschule wurde auch schon gegründet. Ob dieser erste Erfolg der Unabhängigkeitsbewegung weitergehende Konsequenzen haben wird, muß sich zeigen – schließlich ist die kleine karge Insel, im Windschatten des Haleakala vor der Küste Mauis gelegen, für Bundesregierung und US-Navy nur ein kleines Opfer, überhaupt nicht zu vergleichen mit dem Stellenwert der Immobilien auf den sieben anderen Inseln Hawai'is.

auf Unabhängigkeit zu – etwa nach dem Muster der indianischen Reservationen auf dem Festland. Das größte Problem liegt besonders für die radikaleren Gruppierungen in der Definition der Native Hawaiians und in der Frage, welche Zeitperiode der hawaiischen Geschichte man für ein neues ›Staatsmodell‹ als Grundlage nehmen sollte. Die Aussichten für eine völlige Unabhängigkeit stehen jedenfalls schlecht – schließlich haben nur etwa 15 % der Einwohner Hawai'is auch hawaiisches Blut in den Adern. Dabei ist dieser Anteil oft so klein, daß die Angehörigen anderer ethnischer Gruppen mitunter wenig Verständnis für die Forderung nach alten ›hawaiischen‹ Rechten haben.

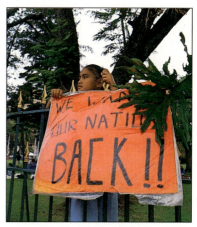

Bei einer Demonstration der hawaiischen Unabhängigkeitsbewegung

Vom Königreich zum 50. Bundesstaat der USA
Hawai'is abenteuerliche Geschichte

Götter, Walfänger und Missionare
von Elisabeth Piper

Die Besiedlung durch die Polynesier
Hunderttausende von Jahren lagen die vulkanischen Hawai'i-Inseln menschenleer mitten im riesigen Ozean. Ihre erfolgreiche Besiedlung, rund 1200 Jahre vor der Ankunft europäischer Entdeckungsreisender, muß man im Zeitvergleich betrachten, um diese Leistung entsprechend würdigen zu können: In Europa war die Völkerwanderung noch nicht zu Ende, die Schiffahrt steckte in den Anfängen und beschränkte sich auf Küstennähe. Selbst die Wikinger wagten sich noch nicht weit auf's Meer hinaus, da befuhren die Polynesier schon weiträumig den Pazifik. Ohne seemännische Instrumente waren sie imstande, von den Marquesas-Inseln oder von Tahiti mehrfach zu den entlegenen Hawai'i-Inseln zu segeln, bevor sie sich endgültig dort niederließen – eine fast unbegreifliche Leistung. Kein Wunder, daß Forscher die Polynesier als »die besten Seefahrer der Geschichte« bezeichnen. Sie vermuten, daß dieses dem Meer ergebene Inselvolk zwei Jahrtausende lang große Entdeckungsfahrten im Pazifik unternahm. Der Wagemut hatte seinen Preis: Etwa eine Viertelmillion Menschen, meinen Forscher, seien im Laufe zweier Jahrtausende polynesischer Seefahrt ums Leben gekommen, entweder mit ihren Booten in schweren Stürmen gekentert oder auch in der endlosen Wasserwüste verdurstet, ohne Land zu finden.

Argonauten des Pazifik:
Die Polynesier

Aus Liebe zum Meer und aus Verlangen nach unbekannten Ufern wurden die Polynesier die kühnsten und geschicktesten Seefahrer aller Zeiten. Sie waren Meister im Bau großer, hochseetüchtiger Doppelrumpf-Kanus mit einem enorm tragfähigen Zwischenteil, auf dem es auch eine aus Zweigen geflochtene Schutzhütte für Frauen und Kinder gab. Die 20 bis 40 m langen Boote bestanden aus Holz und Kokosfasern und hatten geflochtene dreieckige Segel. Sie trugen bis zu 60 Menschen, dazu große Vorräte an Trinkwasser und Lebensmitteln, Nutzpflanzen und Samen, Hunde, Schweine und Hühner in Käfigen. Sogar ein Lehmofen befand sich an Bord.

Auf ihren Fernfahrten waren die kühnen Seefahrer wochenlang im Pazifik unterwegs. Mit unglaublichem seemännischen Geschick navigierten sie nach der Position der Sterne in Horizontnähe. Sie kannten den Nachthimmel genau und waren mit vorherrschenden Winden, Meeresströmungen und Vogelflug vertraut. Sie konnten, wie noch Captain Cook feststellte, das Wetter sehr genau voraussagen und erkannten an bestimmten Lichtveränderungen, daß bald am Horizont Inseln auftauchten.

Die ursprüngliche Heimat der Menschen, die das ›polynesische Dreieck‹ (s. unten) im Pazifik besiedelten, verlegen Forscher, die sich auf Ausgrabungen und Sprachvergleiche berufen, nach Südost-Asien. Der Norweger Thor Heyerdahl wollte dagegen die schon 1803 einmal aufgestellte Theorie beweisen, die weit verstreuten Inseln seien von Südamerika aus besiedelt worden. Zu diesem Zweck segelte er 1947 mit seinem Floß »Kon-Tiki« von Peru nach Ost-Polynesien. Heyerdahls Reise wird jedoch nicht als Beweis für die Südamerika-Theorie anerkannt. Sicher ist, daß das Viel-Inselgebiet Polynesien vor Ankunft der Europäer eine einheitliche eingeborene Bevölkerung aufwies. Das sogenannte ›polynesische Dreieck‹, der fünfzig Millionen Quadratkilometer große Meeresraum zwischen Samoa und Tonga im Westen und den Osterinseln im Osten, zwischen Hawai'i im Norden und Neuseeland im Süden, ist von ethnisch zusammengehörigen Bevölkerungsgruppen planvoll und zielgerichtet erforscht und besiedelt worden.

Die traditionelle Gesellschaftsordnung der Polynesier beruhte auch auf Hawai'i auf der religiös begründeten Autorität einer Adelsklasse, deren Angehörige als Abkömmlinge der Götter verehrt wurden. Diese *ali'i* blieben durch Heirat, oft auch in Form der Geschwisterehe, unter sich. Sie besaßen nach dem polynesischen Glauben *mana*, eine heilige Kraft, und konnten *kapus* (Tabus) verhängen: strenge Bann- und Schutzbestimmungen, die das ganze Leben regelten. Die Tabus waren Ordnungsmittel, aber auch Werkzeuge von Macht und Willkür. Rangstufen teilten die Welt der Götter und die Welt der Herrschenden ein. Die höchsten *ali'i* trugen Schmuck, Helme und Umhänge aus kostbaren kleinen Federn, die heute in Museen zu bewundern sind. Die vorherrschenden Farben der Königsmäntel waren Rot und Gelb, und weil dies auch schon im 16. Jahrhundert die spanischen Nationalfarben waren, gibt es die nicht unwahrscheinliche Vermutung, daß einige der schon etwa 200 Jahre vor Cook im Pazifik kreuzenden spanischen Schiffe die Hawai'i-Inseln berührt haben könnten. Einzelne Spanier, sozusagen frühe ›Aussteiger‹, könnten dort geblieben und Spuren hinterlassen haben.

So idyllisch, wie die Südsee im 18. Jahrhundert von romantisierenden Europäern eingeschätzt wurde, ging es dort nicht zu. Auf den Hawai'i-Inseln

Polynesier mit Kürbismaske

kam es häufig zu blutigen Kämpfen und Kriegszügen zwischen rivalisierenden Herrschern. Menschenopfer und grausame Todesstrafen für Tabuverletzungen wurden von der Gesellschaft als selbstverständlich akzeptiert. Tabu-Brecher hatten eine Chance auf Rettung, wenn sie eine als Freiraum geheiligte Zuflucht erreichen konnten (s. S. 272 f).

Hawaiische Kanuten mit Kürbismasken, um 1780

Ankunft der Europäer

Bis gegen Ende des 18. Jahrhunderts änderten sich die Verhältnisse wenig. Erst Captain Cooks Ankunft im Jahre 1778 legte den Grundstein für die Anbindung der Hawai'i-Inseln an die westliche Welt. Ein Zusammenprall verschiedener Kulturen bahnte sich an.

Die Überlegenheit von Feuerwaffen und Kanonen gegenüber Stöcken, Speeren und Keulen beeindruckte zu Cooks Zeiten vor allem einen ranghohen Berater des alternden Königs Kalaniopu'u auf ›Big Island‹. Cooks Leutnant King schilderte diesen jungen Mann als überaus ›wild‹ aussehend, aber gutmütig und humorvoll. Der so Beschriebene war der spätere Kamehameha I., dem es gelang, alle Inseln unter seine Herrschaft zu bringen. Dies erreichte er mit der unschätzbaren Hilfe von zwei gefangenen Engländern, die seinen Feldzug gegen Maui 1790 mit zwei Kanonen unterstützten. Auf großen Doppelrumpfkanus hatten sie die Kanonen montiert, moralisch verstärkt durch ein mit Federn geschmücktes Abbild des Kriegsgottes Kukailimoku. 1795 eroberte Kamehameha die Insel O'ahu, wieder mit Hilfe der englischen Kanonen. Seine Gegner

König Kamehameha I.

flüchteten über die Pali-Berge, viele stürzten in den Abgrund.

König Kamehameha I. war klug und fähig, die Inseln vollkommen zu befrieden. Seine beiden ›militärischen Berater‹ aus England wurden mit Land und Frauen ›belohnt‹ und siedelten sich vermutlich gern als Untertanen an. Kamehameha erkannte bald die Notwendigkeit von Handelsbeziehungen, um sein Reich zu entwickeln. Exportiert wurde aus Meerwasser gewonnenes Salz, aber leider auch das mehr Einnahmen bringende Sandelholz. Ab 1800 setzte ein so ungeheurer Raubbau ein, daß der Bestand in wenigen Jahren völlig zerstört war.

König Kamehameha starb im Mai 1819. Der Weltreisende Otto von Kotzebue, der 1923 zum zweiten Male die Hawai'i-Inseln besuchte, schrieb in seinem Buch »Neue Reise um die Welt« über ihn und seinen damals 22jährigen Sohn Liho Liho, der als Kamehameha II. sein Nachfolger wurde: »Im Jahr 1819, den 18. Mai endete Kamehameha seine ruhmvolle Laufbahn, zur höchsten Trauer der Eingeborenen sowohl als der fremden Angesiedelten. Seine Leiche ward nach allen Gebräuchen der Religion, deren Anhänger er geblieben war, bestattet. Nachdem sie sich einige Zeit im *marai* (Tempel) befunden hatten, wurden die gereinigten Knochen unter seine Verwandten und vornehmsten Diener verteilt. Nach der Landessitte waren schon längst zwei Personen bestimmt, dereinst mit ihm begraben zu werden. Er hatte verordnet, daß das nicht geschehen sollte, und es unterblieb.

Sein ältester Sohn und gesetzlicher Nachfolger Lio Lio oder Rio Rio, wie die Engländer aussprechen, da es schwer ist, bei den Sandwich-Insulanern ›L‹ und ›R‹ zu unterscheiden, trat nunmehr die Regierung unter dem Namen Kameha-

James Cook:
Tod eines großen Seemannes

Captain James Cook (1728–1779), der 1770 Australien für die britische Krone in Besitz genommen hatte, war der berühmteste Seemann, Navigator und Kartograph seiner Zeit. Er war auch der erste, der die Mangelkrankheit Skorbut erfolgreich bekämpfte, an der viele Seeleute litten oder sogar qualvoll starben. Von Vitamin C konnte er noch nichts wissen, aber er nahm Sauerkraut aus England mit und ließ unterwegs nach Möglichkeit Zitrusfrüchte beschaffen.

Kapitän Cook ging als Entdecker der Hawai'i-Inseln in die Geschichte ein – aus westlicher Sicht. Für traditionsbewußte Hawaiianer ist er nur der erste ›nicht-polynesische‹ Entdecker der Inseln, die ja in der Tat seit über 1000 Jahren von den Nachfahren wagemutiger polynesischer Seefahrer bewohnt waren, die aus den unbewohnten Hawai'i-Inseln den fruchtbarsten und am dichtesten besiedelten Lebensraum im ganzen Pazifik gemacht hatten. Cook selber bekundete im Logbuch seine Verwunderung darüber, daß die Polynesier sich derart weit über diesen riesigen Ozean ausdehnen konnten.

Als Cooks Schiffe »Resolution« und »Discovery« im Januar 1778 eintrafen, beeindruckten die Segelschiffe die Insulaner so sehr, daß sie sie für schwimmende Inseln oder auch für Tempel, für *heiaus* ihres Gottes Lono, hielten. Cook wurde bei seinen ersten kurzen Stopps auf Kaua'i und Ni'ihau ehrenvoll und

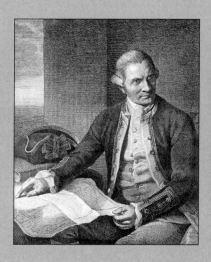

freundlich empfangen, er konnte Frischwasser und Nahrung tauschen, ließ Ziegen, Schweine und westliche Pflanzensamen als Geschenke zurück und setzte seine Reise fort, um – vergeblich – eine Nordostpassage zu suchen.

Nach sieben Monaten im eisigen Norden kehrte er im November 1778 zu den Hawai'i-Inseln zurück. Seine Schiffe erregten diesmal auf allen Inseln das größte Aufsehen. Zahllose Ausleger-Kanus begleiteten sie. Diesmal liefen die Schiffe ›Big Island‹ Hawai'i an. Der Zufall wollte es, daß sie in der Kealakekua-Bucht ankerten, nah an einem geheiligten Tempelbezirk, und zufällig wurde dort gerade das jährliche Fest des Gottes Lono gefeiert. Cook nahm es hin, daß er für Lono gehalten wurde. Die zu Tausenden versammelten Hawai-

Captain Cook wird ein Tapa-Geschenk dargebracht (Kealakekua auf Big Island, 1779)

ianer entfalteten zu seinen Ehren die größte Pracht. Zeitweilig waren laut Logbuch bis zu 3000 Kanus auf dem Wasser, schätzten die englischen Seeleute. Hunderte von Menschen schwammen um die Schiffe, »like shoals of fish«, wie Fischschwärme, schrieb Cook ins Logbuch. Die Seeleute, so wird berichtet, gaben sich Mühe, die Gastfreundschaft der Hawaiianer zu erwidern, sie führten sie durch ihre Schiffe, spielten für sie auf ihren Flöten und Geigen und brannten ein Feuerwerk ab, das die Hawaiianer mit ängstlicher Faszination aufnahmen.

Am 4. Februar 1779, nach zwei Wochen voller Feste und Zeremonien, stachen die Schiffe wieder in See. Nördlich von ›Big Island‹ gerieten sie in einen schweren Sturm und kehrten mit zerfetzten Segeln und einem gebrochenen Mast in die Kealakekua-Bucht zurück. Der Anblick gab den Hawaiianern zu denken. Wie konnten die schwimmenden Tempel des Gottes so beschädigt sein? Außerdem mußten die vermeintlichen Götter einen toten Seemann bestatten, sie waren also

sterblich. Diese Erkenntnis nahm den weißen Männern den Nimbus. Die Insulaner verloren den Respekt und stahlen viele kleine Dinge, vor allem Nägel, die sie besonders bewunderten. Die Engländer trugen ebenfalls zu den Mißverständnissen bei: sie brachen Einfriedungen des Tempelbereiches als Brennholz ab und entweihten den Platz durch ihre Reparaturarbeiten.

Der Funke fiel ins Pulverfaß, als am 13. Februar 1779 ein Beiboot der »Discovery« gestohlen wurde. Der wütende Cook wollte so vorgehen wie in ähnlichen Fällen auf anderen Inseln: einen Häuptling als Geisel nehmen, bis das gestohlene Gut zurückerstattet war. Aber der Häuptling ließ sich von Cook und seinen neun Begleitern nicht überreden, mit auf ein Schiff zu kommen. Cook wollte ihn gewaltsam mit sich ziehen, eine aufgebrachte Menschenmenge warf mit Steinen und griff mit Keulen und Dolchen an. Captain Cook erlitt einen tiefen Stich mit einem langen Dolch und war sofort tot. Vier Seeleute starben mit ihm, die anderen konnten sich retten.

Der deutsche Forscher George Forster, der an Cooks zweiter Reise teilgenommen hatte, befragte zwei Matrosen eingehend nach den tragischen Umständen der dritten Reise und bestätigte die Glaubwürdigkeit der Augenzeugen. Alle übrigen Augenzeugenberichte, auch die der Einheimischen, stimmen ebenfalls in allen wesentlichen Punkten überein. Der deutsche Matrose Heinrich Zimmermann schrieb: »Einer, der gleich hinter Herrn Cook stand, stieß ihm einen eisernen Dolch, von denen er dem Volk in der Art ihrer hölzernen Dolche einige hatte verfertigen lassen und zum Geschenk gegeben, zur rechten Schulter hinein und vorne auf der linken Seite zum Herzen hinaus. Herr Cook fiel tot zur Erde, und unsere Mannschaft auf dem Lande gab auf das Volk Feuer. Dieses stürmte gleich auf sie los, erschlug noch drei Männer von ihnen und drei wurden verwundet«.

Zimmermann beschreibt auch die vergeblichen Versuche, die Leiche des Kapitäns zu beschaffen. Das Schiffsvolk hatte gesehen, daß die Eingeborenen den Körper Cooks auf den Berg hinaufschleppten. Die ganze Nacht brannten auf dem gleichen Berge mehrere große Feuer, und unter dem Volk war ein beständiges allgemeines Jubelgeschrei«. Den Seeleuten wurden, nach Rachedrohungen, ein Teil der Knochen und die durch eine charakteristische Narbe kenntliche Hand Captain Cooks übergeben, in kostbares Tapa-Tuch gehüllt. Das Fleisch war verbrannt worden. Cooks sterbliche Überreste wurden auf See bestattet.

Die Hawaiianer legen heute Wert auf die Feststellung, daß ihre Vorfahren keine Kannibalen waren. Verbrennen des Fleisches gehörte zu den Begräbnissitten, immer wurden nur Knochen bestattet.

meha II. an. Leider war der Geist seines Vaters nicht auf ihn vererbt, und seine Leidenschaft für den Trunk machte ihn unfähig, den jungen Staat zu regieren, der einen so raschen Aufschwung zur Civilisation genommen hatte und eines tüchtigen Lenkers bedurfte ...«. Kotzebue beschrieb auch die Zustände in Honolulu, die im amerikanischen Neu-England die Missionare alarmiert hatten. In den Hafenstädten waren »durch den beständigen Verkehr mit fremdem Schiffsvolk Zügellosigkeit und Ausschweifungen sehr eingerissen.«

Es war kein Wunder, daß es so gekommen war. Seefahrer der verschiedensten Nationen hatten schon wenige Jahre nach Cooks Tod auf Hawai'i entdeckt, daß die Inseln trotz der tragischen Ereignisse von 1779 eine ideale Versorgungsbasis für die ständig wachsende Flotte der Walfang- und Handelsschiffe bot. An einem paradiesischen Ort mit freundlichen Bewohnern konnten rauhe Seeleute ihre Schiffe überholen, Lebensmittel, exotische Früchte und frisches Trinkwasser an Bord nehmen und außerdem die schon legendären Annehmlichkeiten der Südsee genießen.

Der immer häufigere Kontakt mit westlichen Fremden und nie gesehenen Dingen, all das aufregend Neue, faszinierte die einheimische Bevölkerung, aber es brachte nichts Gutes. Schiffsvolk schleppte Masern, Geschlechtskrankheiten und viele in Europa harmlose Krankheiten ein, die sich in Hawai'i zu tödlichen Epidemien ausbreiteten, weil die Insulaner dagegen keine Abwehrkräfte besaßen. Abenteurer ließen sich nieder und brachten Alkohol und Spielsucht unter die Leute, rüde Schiffsbesatzungen gaben den Ton an. Der schwache junge König Kamehameha II. genoß nicht genug Ansehen, um für Ordnung zu sorgen. Hawai'i war berüchtigt, wenn man auch annehmen kann, daß sich die schlimmsten Mißstände auf die Häfen beschränkten.

Missionierung

Am 4. April 1820 trafen die ersten 14 Missionare aus Neuengland mit ihren Frauen auf den Inseln ein. Sie waren entsetzt über den ersten Anblick der »sonnenverbrannten fast nackten Wilden«. Nach einem Bericht des Rev. Hiram Bingham wandten sich einige »mit strömenden Tränen« ab, andere waren so weit, daß sie sich fragten, ob dies überhaupt menschliche Wesen seien, und Bingham selbst sah »Mangel, Entwürdigung und Barbarei«. Nach dem ersten Schreck fanden die Missionare jedoch willkommene Umstände vor, mit denen sie nicht gerechnet hatten: Der junge König und seine Mitregentin Ka'amuhanu, die Witwe seines Vaters, hatten schon von sich aus mit der althergebrachten grausamen Religion gebrochen, hatten demonstrativ Tabus verletzt und damit viele der ›heidnischen Bräuche‹ bereits abgeschafft, die zu bekämpfen die Missionare sich vorgenommen hatten.

Bisher waren den Hawaiianern nur Seeleute, Händler, Abenteurer und Außenseiter aus der westlichen Welt begegnet. Mit den Missionarsfamilien lernten sie zum ersten Mal Menschen kennen, die es uneingeschränkt gut mit ihnen meinten. Die jungen Missionare calvinistischer Prägung waren zwar nach heutigen Maßstäben eher prüde und intolerant, aber sie und ihre Frauen schonten sich nicht, wenn es galt, praktisch zu arbeiten, ob handwerklich, landwirtschaftlich oder in der bald eingerichteten Druckerei. Das angenehme Klima dürfte ihnen keine Erleichterung gebracht haben, im Gegenteil, in ihrer puritanischen Zugeknöpftheit müssen sie schlimm unter der Hitze gelitten haben. Die Hawaiianer, die sich ständig im Wasser tummelten, sollen von ihrem Geruch stark befremdet gewesen sein.

Mit großer Energie lernten die Missionare die hawaiische Sprache, die bis zu diesem Zeitpunkt nur eine gesprochene Sprache war. In kurzer Zeit schufen sie

Missionarsandacht in Kailua-Kona auf Big Island, um 1825

ein Schriftbild, druckten Bücher und richteten Schulen ein, in denen die Insulaner gern und mit bemerkenswert schneller Auffassung *pala pala*, die Kunst des Lesens und Schreibens, lernten. Otto v. Kotzebue berichtet von der Begeisterung der Königin Nomahanna, die »für die Schreibekunst ganz enthusiastisch eingenommen« gewesen sei.

Bis 1831, in nur elf Jahren seit der Ankunft der Missionare, waren in den auf allen Inseln eingerichteten Schulen schon über 50 000 Männer, Frauen und Kinder unterrichtet worden. Daß viele Hawaiianer verhältnismäßig bald auch das Christentum annahmen, wird vor allem darauf zurückgeführt, daß die ersten Missionarsfamilien selbstlos Gutes taten und in ihrer Arbeit aufgingen. Heute würde man sie engagierte Entwicklungshelfer nennen. Ihnen ist nicht anzulasten, daß einige ihrer späteren Nachkommen ihre Verbindungen nutzten, sich Landbesitz zu verschaffen und reich zu werden. Das schwer übersetzbare englische Wortspiel von den Missionaren, die kamen *to do good*, ›um Gutes zu tun‹, *and did well*, ›und gut verdienten‹, trifft auf einige wenige zu, die sich Schlüsselpositionen sicherten. Den andern tut es Unrecht.

Der junge Kamehameha II. und seine Frau Kamamula unternahmen 1823 mit einem kleinen Gefolge eine Reise nach London. Der König hatte vor, England um Protektion für sein Inselreich zu bitten. Die jungen Hawaiianer genossen das europäische Leben als geehrte Gäste der Aristokratie, aber einen vorgesehenen förmlichen Empfang bei König George IV. konnten sie nicht mehr besuchen. Kamehameha II. und Kamamula erkrankten an Masern und starben beide im Juli 1824 innerhalb weniger Tage. George IV. erteilte Lord Byron, einem Vetter des berühmten Dichters, den Auftrag, die Särge mit den einbalsamierten Toten und das Gefolge des Paares mit dem Schiff »H.M.S. Blonde« nach Hawai'i zu bringen. Byron hatte Vollmacht, das gewünschte Protektorat gegen Gefahren von außen zu gewähren, ohne daß sich England in innere Angelegenheiten Hawai'is einmischen würde. Aus dieser Zeit stammt der ›Union Jack‹ in der hawaiischen Flagge. Erst 1843 zog sich England aus dem Protektorat zurück. Das Ansehen des Königreichs Hawai'i, dessen Selbständigkeit und Unabhängigkeit damals in aller Welt anerkannt wurde, gilt als ein Verdienst der Missionare, das selbst deren schärfste Kritiker gelten lassen.

Seit dem Tode Kamehamehas II. hatten die Missionare freie Hand, ihre puritanischen Sitten strenger durchzusetzen. Der ›heidnische Hula‹ wurde verboten, sonntags durfte nicht gesurft, gespielt und gefeiert werden. Sittsame Bekleidung sollte sich durchsetzen.

Nachfolger des so jung gestorbenen Kamehameha II. wurde sein erst zehnjähriger Bruder, der als Kamehameha III. von 1824 bis 1854 die längste Regierungszeit aller hawaiischen Könige verbuchen konnte. Für das Kind regierte die kluge und fähige Ka'ahumanu, die Witwe Kamehamehas I., zusammen mit dem Premierminister Kalanimoku. Sie und viele führende Hawaiianer traten in dieser Zeit zum Christentum über. Seine späteren Jahre verbrachte Kamehameha III. zum Entsetzen der Missionare und Geschäftsleute vorwiegend mit Trinkgelagen und luxuriösen Vergnügungen. Er überließ es einer Halbschwester, sich um das Wohl des Landes zu kümmern, und sah tatenlos zu, wie nach ihrem Tod eine Gruppe von Missionaren und Geschäftsleuten stillschweigend hinter den Kulissen Entscheidungen traf.

Wirtschaftliche Entwicklung

Nachdem der Handel mit Sandelholz durch Raubbau zu Ende war, tat sich eine andere einträgliche Geldquelle auf. Bis zu 500 Walfangschiffe jährlich kamen in den ersten vier Jahrzehnten des 19. Jahrhunderts und kauften Lebensmittel und anderen seriösen Schiffsbedarf, während die Besatzungen, weniger seriös, ihre Heuer mit vollen Händen für Alkohol, Glücksspiel und Frauen ausgaben. Honolulu auf O'ahu und Lahaina auf Maui waren die beiden verkehrsreichsten Häfen im Pazifik. Um die Mitte des 19. Jahrhunderts war der Bestand an Walen durch die schonungslose Jagd derart zurückgegangen, daß sich der Fang nicht mehr lohnte. Dazu kam, daß immer weniger Walfischtran gebraucht wurde, seit mit Petroleum ein besseres Lampenöl gewonnen werden konnte.

Die Wirtschaft Hawai'is stützte sich nun mehr und mehr auf den Anbau von Zucker. An Absatzmärkten fehlte es nicht, denn der Goldrausch in Kalifornien zog die Massen an, und später ruinierte der amerikanische Bürgerkrieg die Landwirtschaft des Südens.

Nach ersten Anlaufschwierigkeiten wurde der Zuckeranbau ein Erfolg, dessen Auswirkungen Hawai'i für immer prägen sollten. Mehr und mehr geschäftstüchtige *haole* – weiße Zugewanderte – kauften Land auf, darunter auch Missionarssöhne. Die neuen Zuckerpflanzer hatten das Problem, daß sie nicht genug Arbeitskräfte für ihre Plantagen fanden. Die polynesische Bevölkerung war durch Krankheiten geschwächt und der harten Arbeit auf den Feldern nicht gewachsen. Trotz der Hitze brauchten die Arbeiter dort dicke Kleidung, um sich gegen das messerscharfe, reife Zuckerrohr zu schützen. Die Polynesier sahen in der schlecht bezahlten Knochenarbeit unter sengender Sonne kei-

nen Sinn; sie lebten lieber als kleine Farmer in ihren luftigen Hütten und waren mit *poi,* Kokosnüssen, Fisch und anderer traditioneller Nahrung zufrieden.

1852 kamen mit der ersten Einwanderungswelle 293 chinesische Kulis nach Hawai'i, die Fünfjahresverträge als Plantagenarbeiter erhielten, danach in die Stadt zogen und meist für immer in Hawai'i blieben. Japaner, Portugiesen, Filipinos, Koreaner, Puertorikaner folgten und formten eine multikulturelle Gesellschaft, die bis heute bemerkenswert gut funktioniert – vor allem deshalb, so heißt es, weil keine Bevölkerungsgruppe eine bedeutende Mehrheit hat. Auch Weiße und Japaner bringen es jeweils nur auf 30 Prozent.

Mit der Zuckerindustrie wuchs auch der Einfluß der Großgrundbesitzer und Geschäftsleute, die einen Anschluß an die USA wünschten. Sie hielten den Europa und Amerika bereisenden, Pomp, Vergnügen und Alkohol liebenden Kamehameha IV. für unzuverlässig und unberechenbar. Vor allem fürchteten sie, die ihnen großzügig gewährten Landrechte könnten im Falle einer Krise zurückgezogen werden.

Kamehameha IV. starb 1863 im Alter von 29 Jahren an einem Asthma-Anfall. Ein Jahr vor ihm war sein vierjähriger Sohn und Thronfolger gestorben. Der neue König, Kamehameha V., der Bruder seines Vorgängers, galt nach einem Zeugnis des britischen *Commissioners to Hawai'i* namens William W. F. Synge als weniger elegant und kultiviert als sein Bruder, war aber »überlegen in Energie, Ausdauer und Willensstärke«. Das stellte er bald unter Beweis, indem er die Verfassung von 1852 durch eine eigene Version ersetzte, die das Königtum gegenüber der Legislative stärkte. Kamehameha V. ließ ein Einwanderungsbüro einrichten, das um Zuwande-

Hawaiian Pineapples, District of Wahiawa, Island of Oahu.

HAWAIIAN
PINEAPPLE

PICKED RIPE
PACKED RIGHT

Ananasanbau auf O'ahu, um 1910

rung von Arbeitern für die boomende Zuckerindustrie warb, baute öffentliche Gebäude und regierte zehn Jahre ohne größere Probleme. Er starb als Junggeselle am 11. Dezember 1872, seinem 42. Geburtstag, und hinterließ keinen Nachfolger, wohl aber eine Verfassung, nach der die Legislative einen gebürtigen Ali'i-Hawaiianer zum König wählen konnte.

Zwei Männer und zwei Frauen standen als Kandidaten zur Wahl: Prinz William Lunalilo, Colonel David Kalakaua, Prinzessin Bernice Pau'ahi Bishop und Prinzessin Ruth Ke'elikolani. Durch einen Volksentscheid wurde der als ›Prince Bill‹ äußerst populäre Prinz William zum Kandidaten gekürt und von der gesetzgebenden Versammlung offiziell gewählt. In die kurze Regierungszeit des Königs, der schon nach einem Jahr an einer Lungenentzündung starb, fällt ein wichtiges Ereignis: Lunalilo überließ den USA im Gegenzug für Handelsvergün-

stigungen die Nutzung der Pearl River Lagoon, aus der später Pearl Harbor hervorging. Nach Lunalilos Tod bewarben sich nur der zuvor unterlegene David Kalakaua und Königin Emma, die Witwe Kamehameha IV., um den Thron. Kalakaua wurde mit 39 von 45 Stimmen gewählt, trotzdem rebellierten die enttäuschten Anhänger von Königin Emma derart, daß es einen Kampf mit Verletzten und einem Toten gab.

Kalakauas Regierung steht für die ›europäischste‹, romantischste Periode der hawaiischen Monarchie. Der König gab verschwenderische Diners, Bälle und Pferderennen, aber er verstand auch, auf hawaiische Art zu feiern. Er ließ den Hula wieder aufleben und inszenierte üppige traditionelle Festlichkeiten. 1876 reiste er nach Washington und schloß dort einen Handelsvertrag ab, der zwar einerseits vorteilhaft für Hawai'i war, andererseits aber auch die Abhängigkeit von den USA verstärkte.

»Aloha O'e« –
Das Lied einer eingesperrten Königin

Das Hawai'i-Lied »Aloha O'e« ist in der ganzen Welt bekannt und wird oft überheblich als eine für Touristen erfundene Südsee-Schnulze abgetan. Ein großer Irrtum.

Nicht nur den Text, auch die manchmal fälschlich dem deutschen Kapellmeister Heinrich Berger zugeschriebene Melodie, hat Lili'uokalani, die letzte Königin von Hawai'i, vor hundert Jahren geschrieben. Nach ihrer Absetzung 1893 und einem 1895 gescheiterten Putschversuch ihrer Getreuen wurde sie in einem demütigenden Prozeß nominell zu *hard labour,* schwerer Strafarbeit, verurteilt, doch stand von vornherein fest, daß sie statt dessen als Gefangene in einem streng bewachten Teil ihres früheren Palastes leben sollte.

Von Kindheit an hatte Lili'uokalani, genau wie ihr Bruder Kalakaua, gern und viel musiziert und Hunderte von Liedern geschrieben. »Komponieren war mir so natürlich wie Atmen«, sagt sie in ihren Memoiren. Komponieren wurde auch ihr Trost in Gefangenschaft. »Obwohl ich keine Zeitungen und keine allgemeine Literatur bekam, wurden mir Schreibpapier und Bleistifte nicht verwehrt. Deshalb konnte ich komponieren, nachdem ich mir selber Notenlinien gezogen hatte. Zuerst hatte ich kein Instrument und mußte die Noten allein nach Gehör setzen. Aber ich fand trotz aller Schwierigkeiten großen Trost im Komponieren und schrieb eine Reihe von Liedern. Drei davon fanden ihren Weg aus meinem Gefängnis bis zu der Stadt Chicago, wo sie gedruckt wurden, darunter auch ›Aloha O'e‹ oder ›Farewell to Thee‹, das ein sehr beliebtes Lied wurde.«

Das Lied heißt also nicht »Aloha He«, oft auch noch falsch betont im Sinne von »He da!« oder »Hallo Du!«. Es heißt »Aloha O'e«, mit weichem, getrennt gesprochenen *O'e.* Das ist ein großer Unterschied, denn *O'e* heißt auf hawaiisch ›für Dich‹ oder ›zu Dir‹, und der gewinnende Gruß *Aloha* ist auch nicht für Touristen erfunden. Die eingesperrte Königin hat »Aloha O'e« als Abschiedslied für Freunde und Getreue aufgefaßt, wie ihre eigene Übersetzung in die poetische englische Form »Farewell to Thee« zeigt.

1881 packte ihn wieder die Reiselust. Er wurde der erste Monarch aller Zeiten, der um die ganze Welt reiste. In Europa traf er mit der britischen Königin Victoria und dem Papst zusammen.

Seinem Beinamen ›The Merry Monarch‹ machte Kalakaua alle Ehre. Im Februar 1883 feierte er mit Tausenden seiner Untertanen zwei Wochen lang ein riesiges Krönungsfest. Die Kronen für sich und seine Königin Kapi'olani hatte er in Europa anfertigen lassen. Den Plantagenbesitzern und Geschäftsleuten war diese Verschwendung von Steuen ein Dorn im Auge. Die Rufe nach einer Anbindung an Amerika wurden immer lauter.

Eine Reihe von Finanz- und Bestechungsskandalen führte schließlich dazu, daß Kalakaua 1887 von einer politischen Gruppe unter Waffenandrohung gezwungen wurde, eine Verfassung anzunehmen, die seine Macht stark einschränkte und ihn zu einer reinen Repräsentationsfigur degradierte. Ein Versuch seiner Anhänger, dies rückgängig zu machen, höchstwahrscheinlich ohne sein Wissen, schlug 1889 blutig fehl. Der ›Merry Monarch‹ reiste 1890 aus Gesundheitsgründen nach Kalifornien; dort starb er im Januar 1891.

Seine Schwester Lili'uokalani, die schon während der Reisen des Königs regiert hatte, wurde für wenige Jahre die erste und letzte Königin von Hawai'i. Sie war klug und vielseitig begabt, aber es gelang ihr nicht, Hawai'i wieder mehr Unabhängigkeit zu sichern. Eine den Anschluß an die USA suchende Gruppe, die sich *Annexation Club* nannte, zwang sie 1893 zur Abdankung und ernannte sich zur Provisorischen Regierung von Hawai'i unter Sanford B. Dole. Liliu'okalani und ihre Anhänger waren machtlos. Hawai'i wurde ›amerikanisches Territorium‹. Eine letzte Hoffnung, in Washington eine Wiedereinsetzung der Monarchie zu erreichen, sahen königstreue Hawaiianer in der jungen Prinzessin Kai'ulani, die Liliu'okalani noch selbst zu ihrer Nachfolgerin bestimmt hatte. Prinzessin Kai'ulani Viktoria war die Tochter von Prinzessin Likelike und A. S. Cleghorn, einem Schotten.

Nachdem Kai'ulani mit zwölf Jahren ihre Mutter verloren hatte, beschloß der

Prinzessin Kai'ulani, um 1895

verwitwete Cleghorn, ihr eine englische Erziehung zu geben. In Harrowden Hall, in der Nähe von London, war Kai'ulani Viktoria für einige Jahre mehr eine britische Viktoria als die hawaiische Kai'ulani. Das früher glückliche Kind hatte es schwer, litt unter dem ungewohnten Klima, erkrankte an Erkältungen und Rheuma. Trotz ihrer angeschlagenen Gesundheit war Kai'ulani eine fast unirdisch schöne Frau. Sie kehrte 22jährig mit ihrem Vater nach Hawai'i zurück, doch das freundliche Klima konnte ihr nicht mehr helfen. Im März 1899 starb Kai'ulani, nur 24 Jahre alt, tief betrauert von den Hawaiianern, bis heute von vielen geliebt und bewundert.

Mehr als ein halbes Jahrhundert später entschied sich die Bevölkerung in einem Plebiszit mit überwältigender Mehrheit für den Beitritt Hawai'is zu den Vereinigten Staaten. Am 21. August 1959 proklamierte Präsident Eisenhower die Aufnahme als 50. Bundesstaat der USA. Sie wurde mit großer Begeisterung gefeiert und steht als *Admission Day* im hawaiischen Kalender.

Pflanzer – Musiker – Zuckerbarone
Die Deutschen auf Hawai'i

Auf Hawai'i leben überraschend viele Deutsche oder Nachkommen von deutschen Einwanderern. Falls jemand die Idee hätte, eine Riesenparty für alle derzeit auf Hawai'i lebenden und noch recht gut deutsch sprechenden Bewohner zu geben, käme eine große, bunt gemischte Gesellschaft zusammen: Kaufleute, Künstler, Professoren, Ärzte, Kellner, Bäcker, Schreiner, Rentner, Ehefrauen von einst in Deutschland stationierten Soldaten, Serviererinnen, Friseurinnen, Zahnarzthelferinnen, Kindergärtnerinnen, Lehrer und Lehrerinnen an der Waldorfschule in Honolulu, um nur einige zu nennen, die deutschen Besuchern gegenüber manchmal lächelnd ihre Deutschkenntnisse hervorkramen.

Die Hawaiianer freut es noch immer, daß es den meisten Menschen auf ihren Inseln so gut gefällt, nur ist es inzwischen ein Problem, daß viele für immer bleiben wollen. Heutzutage ist die *Green Card,* die Arbeitserlaubnis, nur sehr schwer zu erlangen. Früher war es kein Problem, sich auf den Inseln niederzulassen. Tüchtige Leute waren hochwillkommen und fanden ihr Auskommen. Die hawaiischen Könige unterstützten die Einwanderung und hatten gerade zu Deutschen oft ein besonders gutes Verhältnis.

Unmittelbar nach der Entdeckung durch die Engländer wirkte Hawai'i bereits wie ein starker Magnet. Ganz Europa war ohnehin von der Südsee fasziniert, alle Berichte wurden verschlungen, unter denen auch deutsche Veröffentlichungen zu finden waren. Auf Captain Cooks letzter Reise gehörten drei deutsche Matrosen zur Schiffsbesatzung, von denen der eine, Heinrich Zimmermann, mit der illegalen Herausgabe seiner Aufzeichnungen großen Erfolg hatte. Hawai'i stand zwar in schlechtem Ruf, nachdem Cook dort gewaltsam umgekommen war, aber etwa vier Jahrzehnte später zerstreuten Otto v. Kotzebue und Adelbert v. Chamisso mit ihren viel gelesenen Reiseberichten alle Bedenken. Die beiden Deutschen in russischen Diensten trafen übrigens 1816 mit der »Rurik« ausgerechnet zu einer Zeit in Hawai'i ein, als sich dort gerade der erste deutsche Abenteurer und Glücksritter höchst unbeliebt gemacht hatte. Ein Dr. Scheffer (1779–1836) aus Süddeutschland hatte auf eigene Faust zusammen mit angeworbenen Russen gegen Kamehameha I. Umsturzpläne verfolgt und mußte nach deren Scheitern die Inseln verlassen. Der großzügige König ließ die »Rurik« und ihre friedlichen Wissenschaftler seinen Ärger über Scheffer und die Russen nicht entgelten.

Segensreichere deutsche Aktivitäten verbinden sich bis heute vor allem mit dem Namen Henry (Heinrich) Hackfeld

(1815–1887). Der im norddeutschen Delmenhorst geborene Heinrich Hackfeld befuhr als Kapitän eines Handelsschiffes beide Seewege nach China und kannte Honolulu von Zwischenstopps her. Im Oktober 1849 gründete er eine erfolgreiche Handelsfirma, später kamen andere Unternehmungen dazu. Seinen großen Reichtum verdankte Hackfeld jedoch hauptsächlich dem Zucker, der ihn zum ersten der ›Großen Fünf‹ von Hawai'i machte. Mit seinem deutschen Schwager namens Pflüger gründete er »Hackfeld und Co.«.

Konkurrenz in Sachen Zuckeranbau machte ihm ein anderer Deutscher: der in Lamstedt bei Hamburg geborene, als 18jähriger in die USA ausgewanderte Claus Spreckels (1828–1908). Spreckels, dem Arroganz und rücksichtslose Methoden nachgesagt werden, errichtete auf Maui sein »Spreckelsville« und wurde reich. Er verschaffte sich skrupellos Einfluß und Vorteile, indem er König Kalakaua viel Geld lieh, bis der ›Merry Monarch‹ hoch verschuldet war. Nachdem Spreckels Hawai'i – angeblich nicht ganz freiwillig – verlassen hatte, gründete er in San Francisco die erste Gesellschaft, die eine regelmäßige Dampfschiff-Verbindung mit Hawai'i unterhielt. Seine Plantagen und Zuckermühlen verkaufte er später.

Uneingeschränkt glücklich verlief die 43 Jahre während Verbindung der Hawaiianer mit dem deutschen Musiker Henry (Heinrich Wilhelm) Berger (1844–1929). Kamehameha V. wollte auf Wunsch seines Volkes die königliche Musikkapelle auffrischen und bat – man staune! – das preußische Kriegsministerium um Vermittlung eines tüchtigen Musikers, der seine Royal Band leiten könne. Der in Potsdam geborene preu-

ßische Regimentskapellmeister Berger wanderte daraufhin 1872 nach Hawai'i aus. Er wurde dort unentbehrlich, ein ›Vater der hawaiischen Musik‹, die er zudem in der ganzen Welt bekannt machte.

Berger drängte den Hawaiianern keineswegs europäische Marschmusik auf, was nahegelegen hätte. Er liebte die zeitgenössische Wiener Musik und verschmolz ihre Elemente im Laufe der Zeit mit hawaiischer Melodik. Bergers erste Jahre auf Hawai'i waren die ›goldenen Jahre‹ der kleinen Monarchie. Der musikalische Austausch und die große Wertschätzung beruhten auf Gegenseitigkeit. Mit ihren unzähligen Konzerten trug die »Royal Hawaiian Band« wesentlich dazu bei, daß es auf den Inseln nach der strengen Herrschaft der Missionare wieder heiter und lebenslustig zuging.

Auch der Sturz der Monarchie konnte Bergers Beliebtheit nichts anhaben. Seine Freundschaft mit Lili'uokalani blieb ebenfalls erhalten. An Bergers 70. Geburtstag war die abgesetzte Königin sogar bereit, zum ersten Mal neben ihrem Erzfeind Senator Dole zu sitzen, wenn auch entschieden widerwillig, wie ihre Miene auf dem Foto von 1914 ausdrückt. Noch heute findet jeden Freitagmittag auf demselben Podium am Iolani-Palast ein Konzert statt, wo ehedem Berger die Royal Band dirigierte.

Die Reihe von deutschen Einwanderern, die in Hawai'i Spuren hinterlassen haben, ließe sich noch lange fortsetzen. Das Inselreich galt vor allem gegen Ende des 19. und zu Beginn des 20. Jahrhunderts als kleines Paradies, in dem tüchtige Fremde ihr Glück machen konnten. Vielen gelang es.

Die Chronik Hawai'is

500–750 n. Chr.	Polynesier von weit entfernten Inseln entdecken die Hawai'i-Inseln. Erste Besiedlung.
12. Jh.	In großen, hochseetüchtigen Auslegerkanus kommen Polynesier aus dem südlichen Pazifik, wahrscheinlich von den Marquesas, von Tonga, Samoa und den Gesellschaftsinseln, nach Hawai'i.
1519–22	Erste Weltumsegelung durch spanische Schiffe unter dem Portugiesen Ferdinand Magellan, der die nach ihm benannte Wasserstraße zwischen Feuerland und der Südspitze Südamerikas entdeckt. Er nennt das bis dahin unbekannte Meer ›Mare Pacificum‹, Stiller Ozean, weil ihm zufällig drei Monate lang nur ruhiges Wetter begegnet war.
1527	Als erste Europäer entdecken schiffbrüchige spanische Seefahrer Hawai'i. 1555 findet auch der Spanier Juan Gaetano die Inseln. Die Spanier behalten ihre Entdeckung für sich.
1768–75	Der englische Kapitän James Cook (1728–79) unternimmt zwei erfolgreiche Entdeckungsreisen in die Südsee.
1776	Mit den Dreimastern »Resolution« und »Discovery« tritt Kapitän James Cook seine dritte Reise an.
1778	Auf dem Weg von den Gesellschaftsinseln nach Nordamerika entdeckt Cook die Hawai'i-Inseln und landet am 18. Januar auf Kaua'i. Zu Ehren des Earl of Sandwich, seines obersten Vorgesetzten in der Marine, nennt er die Inseln Sandwich Islands. Etwa 200 000 Polynesier leben dort; sie feiern Cook

Ali'i-Krieger mit Federmantel und Hula-Tänzer

als ihren zurückgekehrten Gott Lono. Am 2. Februar bricht Cook zur Beringstraße auf, doch Eisbarrieren zwingen ihn Ende 1778 zurück nach Hawai'i. Wieder wird er ehrenvoll empfangen. Erst die im Februar 1779 in einem Sturm schwer angeschlagenen Schiffe, die in der Ke'alakekua-Bucht von ›Big Island‹ ankern, bringen Cook um seinen göttlichen Nimbus. Diebstähle der Hawaiianer und Tabuverletzungen der Seeleute führen zu wachsenden Feindseligkeiten.

14. 2. 1779 Kapitän Cook und vier seiner Seeleute werden in der Ke'alakekua-Bucht inmitten einer aufgebrachten Menschenmenge durch Keulenhiebe und Messerstiche getötet.

1792 Kapitän George Vancouver (1758–98), der als junger Mann an Cooks Reisen teilgenommen hatte, erscheint mit zwei Schiffen in Hawai'i, das zu einem begehrten Ankerplatz für Handelsschiffe geworden ist. Der spätere König Kamehameha I. sichert sich Vancouvers Wohlwollen durch einen ehrenvollen Empfang; Vancouver wird später sein Berater und Freund.

1795 Von ›Big Island‹ aus bringt Kamehameha I. alle Hawai'i-Inseln unter seine Herrschaft. Auf O'ahu landet er mit Kanus voller Krieger an zwei Stränden und besiegt die Verteidiger im engen Nu'uani-Tal. Im geeinten Königreich entwickelt der ›Napoleon der Südsee‹ mit Hilfe der Amerikaner Young und Davis Handel und Verwaltung. Honolulu gewinnt als ein für westliche Schiffe geeigneter Tiefwasser-Hafen mehr und mehr an Bedeutung.

1805 An einer eingeschleppten Krankheit, vermutlich Cholera, stirbt in Hawai'i fast die Hälfte der Bevölkerung.

1819 Tod Kamehamehas I. von Hawai'i. Seine Lieblingsfrau, Ka'ahumanu (1772–1832), teilt die Regierung mit Kamehameha II. Sie schafft die alles beherrschenden Tabus ab, deren Verletzung oft mit dem Tode bestraft wurde. – Die ersten amerikanischen Walfänger nutzen die vorteilhafte Lage Hawai'is, um hier zu überwintern.

1820 Vergleichsweise spät treffen in Hawai'i die ersten Missionare ein, Calvinisten aus dem puritanischen Neuengland an der amerikanischen Ostküste. Sie erarbeiten eine Schrift, für die bis dahin nur mündlich gebrauchte hawaiische Sprache, drucken Bücher auf mitgebrachten Maschinen, bauen Kirchen und Schulen. Bis 1840 werden etwa 20 000 Hawaiianer Christen.

1824 Das junge hawaiische Königspaar stirbt bei einem Besuch in England an Masern. Die Toten werden mit einem britischen Schiff nach Hawai'i gebracht. Für den erst zehnjährigen Bruder des verstorbenen Königs, Kamehameha III., wird bis zu dessen Volljährigkeit Ka'ahumanu Regentin.

1824–54	Regierungszeit Kamehamehas III. Eine konstitutionelle Monarchie löst die absolute ab; demokratische Verfassung und allgemeine Schulpflicht werden eingeführt.
1842	Von Februar bis Juli weht die britische Flagge über Hawai'i. Der Kapitän der »Carysfort«, Lord Paulet, will die Inseln unter britisches Protektorat zwingen, doch die britische Regierung lehnt ab. Die USA, England und Frankreich erkennen die Souveränität Hawai'is an. Dadurch bleibt das Königreich im Zeitalter der nach Kolonien strebenden Großmächte selbständig.
1844	Fast 500 Walfangschiffe ankern zeitweilig in Honolulu und vor Lahaina auf Maui. Die Häfen gelten als »Sündenbabel«. Den Missionaren gelingt es nach und nach, die Hawaiianer vor den Übergriffen der rauhen Walfänger zu schützen. – Neben Sandelholzhandel und Walfang gewinnt der Zuckeranbau an Bedeutung.
ab 1852	Einwandererwellen bringen Arbeitskräfte für die Zuckerrohrplantagen auf die Hawai'i-Inseln, zuerst Chinesen, ab 1868 auch Japaner. Starke japanische Einwanderung erfolgt erst ab 1885.
1854–63	Regierungszeit Kamehamehas IV., Enkel des ersten. Nach seinem Tode versucht seine Witwe, Königin Emma, die Thronfolge zu übernehmen. König wird jedoch sein Bruder Lot als Kamehameha V.
1863–72	Regierungszeit Kamehamehas V. Der amerikanische Bürgerkrieg steigert die Nachfrage nach hawaiischem Zucker. Der Walfang geht zurück, besonders nach 1871, als 33 Walfangschiffe im Eis der Arktis verlorengehen. Wachsender Einfluß weißer Kaufleute führt zu Spannungen mit Hawaiianern.
1872–74	Kurze Regierungszeit des vom Parlament gewählten, tuberkulosekranken Königs Lunalilo.
1874–91	Lunalilos Nachfolger König David Kalakaua baut den Iolani-Palast und verschuldet Hawai'i durch Weltreisen und aufwendige Amtsführung. Er feiert seine Krönung, indem er europäisches Protokoll mit hawaiischen Traditionen wie den Hula-Tanzfesten verbindet. Über einer Uniform mit Orden aus aller Welt trägt er bei der Krönung den kostbaren Federmantel Kamehamehas I. König Kalakaua schenkt der Stadt Honolulu den großen, schönen Kapi'olani-Park. Es ist sein Verdienst, daß der Hula-Tanz zu neuem Leben erwacht.
1889	König Kalakaua muß eine neue Verfassung hinnehmen, die seine und die Rechte der Hawaiianer zugunsten meist amerikanischer Grundbesitzer und Kapitaleigner stark beschneidet. Pearl Harbor wird den USA zur ausschließlichen Nutzung überlassen. 1891 stirbt der ›Merry Monarch‹, der glanzvolle Feste liebte, 54jährig an einem Schlaganfall.

1891	Nachfolgerin wird Kalakauas Schwester Lili'uokalani, die während seiner langen Reisen bereits Regentin war. Sie versucht, die Rechte der Hawaiianer durch Verfassungsänderungen zu stärken. Ihre Gegner betreiben offen die Annexion der Hawai'i-Inseln durch die USA.
1893	Die machtlose Königin wird von Annexionisten zur Abdankung gezwungen, die eine provisorische Regierung bilden. Der amerikanische Präsident Cleveland lehnt die Annexion ab.
4. 7. 1894	Die provisorische Regierung erklärt Hawai'i zur Republik. Präsident wird Sanford Dole, Sohn eines Missionars.
1895	Ein revolutionärer Versuch, Lili'uokalani wiedereinzusetzen, scheitert. Die wegen Verrat verurteilte ehemalige Königin schreibt in Gefangenschaft das berühmte Lied »Aloha O'e«.
1898	Spanisch-amerikanischer Krieg. Im Frieden von Paris verkauft Spanien die Philippinen für 20 Mio. Dollar an die USA. Hawai'i bekommt dadurch neue strategische Bedeutung. – US-Präsident McKinley unterzeichnet am 7. Juli die Annexion Hawai'is. Ein erstes Militärlager wird eingerichtet. – Die Einwanderung von den Philippinen beginnt. Zwischen 1907 und 1931 wandern 120 000 Filipinos, hautpsächlich Männer, ein.
1899	James B. Dole kommt nach Hawai'i und verwirklicht mit geliehenem Kapital seine erfolgreiche Idee: Ananasplantagen mit angeschlossener Konservenfabrik (s. S. 136).
1900	Hawai'i wird offiziell Territorium der USA, Sanford Dole der erste Gouverneur. Die abgesetzte Königin Lili'uokalani erhält vom amerikanischen Senat eine großzügige Entschädigungssumme. Bis zu ihrem Tod 1917 lebt sie zurückgezogen, von den Hawaiianern geliebt und geachtet, im Washington Place. – Langsam aber stetig entwickelt sich der Tourismus in Hawai'i.
1914–18	Erster Weltkrieg; Hawai'i spielt als Schauplatz keine Rolle.
Juni 1927	Erster Nonstop-Flug nach Hawai'i: von Oakland nach O'ahu in weniger als 26 Stunden
Okt. 1936	Die ersten Passagiere fliegen mit dem PanAm »Hawai'i Clipper« in 20 Stunden von San Francisco nach Honolulu.
7. 12. 1941	Der Bombenangriff der Japaner auf Pearl Harbor bewirkt den Eintritt der USA in den Zweiten Weltkrieg. Hawai'i wird zur Festung im Pazifik. Die Situation der etwa 160 000 Hawaiianer japanischer Abstammung ist problematisch; viele melden sich freiwillig zur US-Armee, um ihre Loyalität zu beweisen (s. S. 118 f.).
1946	Nach dem Krieg entwickelt Hawai'i den Tourismus weiter.
1947–53	Drei Gesetzesvorlagen, Hawai'i zum Bundesstaat zu machen, werden vom amerikanischen Kongreß abgelehnt.

*Touristen werden
mit duftenden Le'is
begrüßt (um 1930)*

März 1959	Hawai'i wird 50. Bundesstaat der USA. Erstmalig werden zwischen dem Festland und den Inseln Strahlturbinen-Flugzeuge eingesetzt, die nur die halbe Flugzeit von Propellermaschinen brauchen. Mit dem Düsenverkehr wächst der Tourismus.
1963	Hawai'i hat in diesem Jahr erstmals mehr als eine Million Touristen.
1974–86	Hawai'i hat mit George R. Ariyoshi zum ersten Mal einen Gouverneur japanischer Abstammung.
1986	Hawai'i wählt zum ersten Mal einen Gouverneur polynesischer Abstammung, den auf ›Big Island‹ geborenen John Waihee.
1989	Hawai'i hat 7 Mio. Touristen, die über 10 Mrd. Dollar zum Bruttosozialprodukt beitragen.
1992	Im September 1992 verwüstet der Hurricane »Iniki« die Insel Kaua'i. Er hinterläßt die schwersten Zerstörungen seit Menschengedenken. Erst 1993 beginnt sich das Leben auf der Insel zu normalisieren.
1993	Der US-Senat entschuldigt sich in einer Resolution bei den Ureinwohnern Hawai'is für den von Amerikanern geführten Putsch gegen das unabhängige Königreich Hawai'i.
1994	Die seit dem Zweiten Weltkrieg als Bombenzielscheibe benutzte Insel Kaho'olawe wird wieder unter die Verwaltung des Bundesstaates Hawai'i gestellt.
1995	Hawai'i verzeichnete 1994 fast 90 000 Besucher aus den deutschsprachigen Ländern; für 1995 erwartet man über 100 000 deutsche Gäste.

Geologie, Flora und Fauna der Vulkaninseln

von Elisabeth Piper

Geologen und Biologen sind von den Hawai'i-Inseln deswegen so fasziniert, weil diese Region sowohl erdgeschichtliche Entwicklungen als auch die Evolution von Pflanzen und Tieren wie in einer anschaulichen Zusammenfassung zeigt. Woher kommt diese Sonderstellung? Alle Kontinente und Inseln dieser Erde waren in Urzeiten weitgehend miteinander verbunden, so daß sich das Leben ohne größere Hindernisse ausbreiten konnte. Nur die Hawai'i-Inseln waren von Anfang an nach allen Seiten hin Tausende von Kilometern vom Festland entfernt.

Die Pazifische Platte zieht über Peles Kochherd

Der Geophysiker Alfred Wegener (1880–1930) wurde verlacht, als er seine Theorie von der Verschiebung der Kontinente aufstellte. Heute ist unbestritten, daß die Erdkruste aus einzelnen Platten besteht, die auf dem Erdmagma schwimmen und sich in unterschiedliche Richtungen bewegen. Längs ihrer Kollisionszonen entstehen gewaltige Gebirgsketten, Erdbebengebiete und Vulkane.

Der Vulkanismus der Inselkette von Hawai'i ist jedoch anders entstanden,

nämlich nicht an kontinentalen Randzonen, sondern in der Mitte der riesigen Pazifischen Platte, die jährlich fast zehn Zentimeter nach Nordwesten driftet. Weil sie dabei über eine besonders heiße Stelle im Erdinnern hinwegzieht, an der eine enorme Hitze wie die Flamme eines gigantischen Schneidbrenners aus der Tiefe kommt, wird sie von diesem sogenannten *Hot Spot* punktuell durchlöchert und bringt so Vulkane hervor, die gewaltige Mengen glutflüssigen Magmas an die Oberfläche der Pazifischen Platte befördern. Zieht diese weiter, erlöschen bisher tätige Vulkane und der Hot Spot brennt ein neues Feuerloch in die Platte.

Erstaunlich ist, daß die erst vor wenigen Jahrzehnten bekanntgewordene Verschiebung über einen Hot Spot von den alten Hawaiianern in ihrer Sagenwelt erahnt wurde. Die geologischen Ereignisse passen zur Legende vom Kampf zwischen der Feuergöttin Pele und ihrer mißgünstigen Schwester, der Meeresgöttin Namaka'okahai: von Kaua'i, der nördlichsten Insel, wurde Pele vertrieben, wohnte danach im Krater des Diamond Head auf O'ahu, mußte dann über andere Inseln nach Maui fliehen und residiert jetzt in ihrer derzeit letzten Zuflucht, im Halema'uma'u-Krater auf ›Big Island‹ Hawai'i: Von hier wird sie in einigen tausend Jahren auch wieder wegziehen müssen. Längst wächst 30 km südöstlich von ›Big Island‹ eine weitere, noch unterseeische Vulkaninsel heran. Einen Namen hat sie auch schon: Loihi. Die Neue ist, vom Meeresboden gemessen, etwa 4000 m hoch; ihr Gipfel liegt etwa 900 m unter dem Meeresspiegel.

Die gesamte Inselkette der Pazifischen Platte ist eine fast bis Kamtschatka (Beringsee) reichende Aneinanderreihung ehemaliger Vulkane, die in Jahrmillionen, gegen ungeheuren Was-serdruck, langsam im tiefen Meeresboden aufquollen, bis sie endlich kochend und dampfend aus dem Wasser stiegen, Inseln bildeten, erloschen, abkühlten und schließlich verwitterten. Die ältesten Teile im entferntesten Nordwesten werden von Geologen auf 16 Mio. Jahre geschätzt. Sie sind längst von Wind und Wellen abgetragen, eben noch als Atolle zu erkennen oder nur als unterseeische Korallenriffe verzeichnet.

Von den bewohnten Inseln im geologisch immer noch jungen Südosten der Inselkette ist Kaua'i die älteste. Entsprechend zerrieben und vom Meer ausgewaschen ist der feine weiße Sand ihrer Traumstrände. Auf den anderen Inseln liegen deutlich erkennbar die vielen erloschenen Krater, die sich seit Menschengedenken nicht gerührt haben. Für Vulkane ist ›Menschengedenken‹ zwar kein Alter, doch wie zahm sie geworden sind, belegen die Messungen. Erdgeschichtlich geradezu funkelnagelneu – Fachleute schätzen 700 000 Jahre – ist die ›große Insel‹ Hawai'i, ein phantastisches vulkanisches Wunderland zum Staunen, nicht zum Fürchten. Die größte der Hawai'i-Inseln ist noch lange nicht ausgewachsen. Ständig vergrößern neue Lavaströme ihre Landmasse. Wenn sie bis ans Meer vordringen, verändern sie die Küstenlinie durch riesige schwarze Lavazungen. Wind und Wellen werden noch Jahrtausende brauchen, um auch sie in feinen hellen Sand zu verwandeln. ›Big Island‹ ist ein gewaltiger Kegel, der vom hier 5500 m tiefen Meeresboden zu zwei Berggriesen aufsteigt, dem Mauna Kea und dem Mauna Loa. Beide sind über 4000 m hoch und gar nicht selten

Beim Ausbruch des Vulkans Kilauea auf Big Island (1994): zischend und dampfend endeten die Lavaströme im Pazifik

Die schnellfließende Paho'eho'e-Lava bildet glatte, gewellte Basaltformen

Die sagenhafte Pele soll zwar ein temperamentvolles ›Frauenzimmer‹ sein, dessen Launen zu beachten sind, aber ausgesucht gefährlich ist sie nicht. Nirgendwo auf dieser Erde gibt es derart friedliche, fleißige und zudem so leicht zugängliche Vulkane wie auf Hawai'i, zu deren Ausbrüchen die Menschen begeistert zusammenströmen, statt Reißaus zu nehmen.

Die Hawai'i-Vulkane werden oft mit einem Kochtopf ohne Deckel verglichen: der Inhalt brodelt zwar und kocht gelegentlich über, aber es entsteht kein Überdruck, der sich in furchtbaren Explosionen und Aschenregen entlädt. Andere Vulkane bilden in Ruhezeiten massive Gesteinspfropfen, unter denen sich ein ungeheurer Druck ansammelt und den nächsten Ausbruch zur Katastrophe geraten läßt. Woher rührt nun die Friedfertigkeit der Hawai'i-Vulkane? Das Magma, das hier aus dem Erdinnern aufsteigt, hat einen besonders geringen Silizium-Anteil; es ist dünnflüssig und verliert an der Oberfläche schnell seinen Gasgehalt. So kommt es nicht zu den bei anderen Vulkanen üblichen, heftigen Gasexplosionen.

Hawai'i-Lava ist basisch und bildet Basalt. Je nach Temperatur und mineralischer Beschaffenheit erstarrt sie in unterschiedlichen Formen: A'a-Lava hat eine Temperatur zwischen 500 und 800 °C, sie fließt langsam und enthält noch relativ viel Gas. Diese eher kriechende Lava bildet schlackenartige Basaltbrocken. Die heißere, schnellfließende Paho'eho'e-Lava hat eine Temperatur zwischen 800 und 1100 °C, enthält wenig Gas und bildet glatte, gewellte Basaltformen. Eine seltenere Lavaform ist ›Peles Haar‹. Sie entsteht, wenn starker Wind die hochgeschleuderte flüssige Lava so hoch pustet, daß sie beim Herunterfallen zu Fasern erstarrt.

mit Schnee bedeckt. Die gesamte ›große Insel‹ bildet mit einer Höhe von 9500 m, ab Meeresgrund gemessen, das höchste einzelne Bergmassiv der Erde, dessen größerer Teil aber unter Wasser liegt.

Wie das Leben
auf die Feuerinseln kam

Hunderttausende von Jahren mußten vergehen, bis auch nur die bescheidensten Pflanzen auf der erkalteten kahlen Lava eine Chance hatten. Der Wind kann Sporen und leichte Samen in hohen Luftschichten weit über das Meer tragen. Flechten, Moose und Farne bildeten daher das erste Leben auf den entlegenen Inseln. Weitere Jahrtausende dauerte es, bis auch widerstandsfähige, von weit her angeschwemmte Samen Wurzeln schlagen konnten. Wissenschaftler schätzen, daß nur etwa alle 20 000 Jahre eine neue Pflanzenart auf den Hawai'i-Inseln Fuß fassen konnte. Manche Samen wurden von Vögeln, die besonders ausdauernd fliegen können, im Gedärm mitgebracht, andere im Gefieder oder an den Füßen übers Meer getragen. Alle zigtausend Jahre schwemmte das Meer Treibgut aus fernen Ländern an, entwurzelte Bäume, die sich zu regelrechten Flößen verhakt hatten, auf denen andere Pflanzen, Insekten, Schnecken und kleine Vögel überleben konnten, die den Weg übers Meer aus eigener Kraft nicht geschafft hätten.

Pflanzen und Tiere breiten sich normalerweise aus, indem sie nach und nach ihren Lebensraum vergrößern. Anders die durch Zufall auf die sterilen Vulkaninseln gekommenen ersten Lebensformen: Konkurrenz mit anderen Lebewesen gab es noch nicht, mitgebrachte Schutzvorrichtungen wie Stacheln, Gifte und anderes wurden nicht mehr benötigt. Das Leben mußte sich an die öde Umgebung anpassen und entsprechende Nachfolgearten entwickeln oder untergehen. Dadurch entstanden unzählige *endemische* Arten, also Arten, die nur auf den Hawai'i-Inseln vorkommen. Aus schätzungsweise 200 ursprünglichen

Widerstandsfähige Pflanzen wie Farne siedeln sich auf der erkalteten Lava an

Insektenarten ging das 30fache an neuen Arten hervor, von denen viele nur auf einer Insel oder sogar nur in einem einzigen Gebirgstal vorkommen. Viele davon sind inzwischen wieder ausgestorben. Ähnlich verhält es sich auch bei den Vögeln: Aus 15 ursprünglichen Spezies entstanden etwa 70 Nachfolgearten, von denen etwa die Hälfte inzwischen ausgestorben oder zumindest stark gefährdet ist. Bis heute finden Biologen auf Hawai'i neue Entwicklungsformen von Tieren und Pflanzen, und sie sind sicher, daß es auf diesem Gebiet auch in Zukunft vieles zu entdecken gibt.

Die Tierwelt Hawai'is

Raubtiere, Affen und Schlangen gab und gibt es nicht auf Hawai'i, es sei denn im Zoo. Vor Ankunft des Menschen hatten es nur zwei Arten von Säugetieren geschafft, die Inseln zu erreichen: die Mönchsrobbe und die Hawai'i-Fledermaus. Die Mönchsrobbe ist die einzige tropische Robbenart, sie wurde gnadenlos gejagt und wäre fast ausgestorben. Heute steht sie unter Naturschutz, und der Bestand hat sich wieder auf etwa 1000 Tiere erholt. Wie die Fledermaus vom Festland über das Meer gekommen ist und sich seßhaft machen konnte, ist bis heute ein Rätsel. Die Hawai'i-Fledermaus lebt vor allem auf ›Big Island‹. In den entlegenen Gegenden der Inseln gibt es Tausende von Schneckenarten. Ein großer Teil der ursprünglichen Arten ist zwar im Laufe der Zeit wieder ausgestorben, aber noch heute haben Wissenschaftler die Chance, bisher unbekannte Spezies zu entdecken. Die meisten Schneckenarten haben ihren Lebensraum auf Bäumen und sind endemisch.

Schnorchler, Taucher und Touristen in Booten mit gläsernem Boden können nur staunen, aber selbst ein Gang über die täglichen Fischmärkte zeigt es: Unzählige, seltsam gestaltete, exotisch farbenprächtige **Fische** bevölkern die Küstengewässer rings um Hawai'i. Es sol-

len ungefähr 600 verschiedene Arten sein. Manche bereichern täglich die Speisekarten von Restaurants, wie zum Beispiel der *mahi mahi,* eine Art Makrele. Lebendig zu bewundern sind die herrlichen tropischen Fische in den großen Meerwasser-Aquarien, wie zum Beispiel im Sealife Park auf O'ahu.

Vögel

Die Vogelwelt, die die ersten polynesischen Siedler vorfanden, muß unglaublich artenreich gewesen sein. Viele Arten starben schon zu Zeiten der Polynesier aus. Der hohe Preis, den ihre Fürsten für

von Wäldern, eingeschleppte Krankheiten, Ratten und Mungos haben seither die ursprünglichen Arten weiter reduziert. Deren Lebensraum wurde enger, und doch entdecken Wissenschaftler noch heute unbekannte Vogelarten in den verborgenen Wildnissen, in die kaum je ein Mensch vordringt. Noch immer existieren so viele einmalige einheimische Vogelarten, daß die ›Bibel‹ der Vogelkundler, von Experten nach dem weltberühmten Ornithologen Roger Peterson einfach ›der Peterson‹ genannt, für die Vogelwelt der Hawai'i-Inseln ein eigenes Bestimmungsbuch braucht. Hobby-Ornithologen begeistern sich an den farbigen Spielarten der Honigsuchenden Baumläufer oder beobachten mit dem Fernglas die unter Naturschutz stehenden Brutkolonien von Seevögeln auf küstennahen unbewohnten Inselchen. Während der Wintermonate kommt der Goldregenpfeifer aus dem kalten Alaska ohne Zwischenlandung ins sonnige Hawai'i und brütet dort. Goldregenpfeifer *(Pluvialis dominica fulva)* sind starke, ausdauernde Flieger. Möglich, daß dies die ersten Vögel waren, die an den Füßen und im Gefieder größere Samen nach Hawai'i brachten.

Weiße Siedler brachten weitere Arten mit, wie zum Beispiel die neugierigen und geselligen *Mynah Birds.* Wenn sie zeternd herumstreiten, finden auch Leute Gefallen an ihnen, die sich wenig für Ornithologie interessieren. Die in Käfigen gehaltenen, sprechenden Mynahs sind größer als ihre freien Artgenossen und wurden importiert. Keine andere Starenart gibt die menschliche Stimme derart perfekt wieder. Lebt so ein Mynah von Anfang an in der Nähe eines Telefons, das meist der gleiche Mensch benutzt, dann lernt er Namen und ganze Redewendungen und legt beim ersten

gelbe und rote Federn zahlten, um daraus Helme und Staatsroben anfertigen zu lassen, mag dazu beigetragen haben. Allein, um die berühmteste aller Königsroben von Kamehameha I. anzufertigen, wurde eine halbe Million kleiner Federn von schätzungsweise 80 000 Vögeln benötigt. Es heißt allerdings, daß viele Tiere wieder freigelassen wurden, nachdem ihnen nur wenige, ganz bestimmte Federchen ausgerupft worden waren.

Später trugen die von Europäern mitgebrachten Rinder, Schafe und Ziegen zum Untergang vieler Arten bei, deren Brutplätze sie zertrampelten. Die Rodung

Der I'iwi lebt im Hochland Hawai'is

Klingeln im frappierend echten Tonfall los. Nicht allen eingeführten Arten gelang die Anpassung, aber die robusten Spatzen, Drosseln, Tauben und der mit seinem roten Häubchen sehr auffällige Kardinal sind weit verbreitet.

Eine besondere Spezies ist die vom hawaiischen Parlament bereits in den 20er Jahren zum Staatsvogel‹ erwählte Hawai'i-Gans, die *Nene,* ein Abkömmling der Kanada-Gans. Möglicherweise mußte irgendwann einmal ein ermattetes Gänsepaar auf dem Flug nach Süden auf Hawai'i zwischenlanden. Aus den Nachkommen entwickelte sich eine neue Art, nämlich eine Landvogelart, die auf den Lavafeldern des Mauna Loa und Mauna Kea lebt. Die Schwimmflossen verkümmerten. Die Gänse waren leicht zu jagen und wären beinahe ausgestorben, doch seit sie geschützt sind, haben sie sich wieder gut vermehrt. An Raubvögeln gibt es auf Hawai'i nur Habicht und Eule. Die Eule galt den alten Hawaiianern als guter Geist der Familie, der vor Krankheit und Krieg schützte.

Überaus groß ist die Artenvielfalt bei den Seevögeln, die zu Millionen fernab von Menschen, Mungos und Ratten ihre geschützten Brutreviere auf den unzähligen, unbewohnten kleinen Inseln aufsuchen. Besonders große Refugien bieten die Leeward Islands, eine Kette aus Hun-

derten kleiner Inseln, Atolle und Felsblöcke, die sich nordwestlich von Kaua'i bis über die Midway-Inseln hinaus erstreckt. Bereits 1906 verfügte der damalige amerikanische Präsident Theodore Roosevelt, daß diese Inseln für immer Seevögeln und Meerestieren gehören sollten. Er gründete die *Hawai'ian Islands National Wildlife Reserve,* eine in Honolulu ansässige Organisation, die mit ihren Wildhütern für den Schutz dieser Inseln sorgt. Dort tummeln sich jetzt ungestört Sturmtaucher, Tölpel, Fregattvögel, tropische Rotschwänze, Seeschwalben, Albatrosse und viele andere Seevögel. Auch Mönchsrobben und die riesigen sogenannten ›Suppenschildkröten‹ haben hier ihre Brutplätze, ohne daß die Schildkröten den Suppentopf fürchten müssen. Größte Sorge der Wildhüter ist, daß ein Schiff in diesem Gebiet stranden könnte und dadurch Ratten an Land gelangten. Sie würden in kurzer Zeit eine Katastrophe für die Tierwelt der Leeward Islands herbeiführen.

Die Nene-Gans, der ›Staatsvogel‹ Hawai'is

Pflanzen auf Hawai'i

Schon die ersten polynesischen Einwanderer brachten mehr als 20 verschiedene Pflanzenarten mit, als Nahrung, Arznei, Faserlieferanten und Baumaterial. Dazu gehörten die Taro-Wurzel, das Zuckerrohr, die Ti-Pflanze, die Kukui-Nuß und vermutlich auch die Kokospalme. Möglich ist auch, daß früher schon Kokosnüsse angeschwemmt wurden und Wurzeln schlugen. Cook soll Melonen, Kürbissamen und Zwiebeln auf Hawai'i gelassen haben. Spätere Kapitäne und Siedler brachten Kaffee, Mango und mehr. In der Südsee war es üblich, Pflanzen zu bringen und mitzunehmen. So sammelte zum Beispiel die Besatzung der »Bounty« unter Captain Bligh im Auftrage der britischen Admiralität junge Brotfruchtbäume, die aber 1789 auf Tahiti bei der berühmten Meuterei schnöde über Bord gekippt wurden.

Zu einer Südsee-Expedition gehörten immer auch Botaniker. Auch Adelbert v. Chamisso reiste mit der russischen Brigg »Rurik« nicht als Schriftsteller, sondern als Botaniker. In Hawai'i bewunderte er 1816 die landwirtschaftlichen Fähigkeiten der Polynesier. »Ich machte die erste botanische Exkursion, bestieg den ausgebrannten Vulkan hinter der Stadt, drang berghinan in den Wald und kam über das Tal zurück, das durch kunstreiche Bewässerung für die Kultur der Taro gewonnen ist.« Er beschreibt auch eine peinliche Panne, die ihm passierte, als er »auf einer Wanderung durch das fruchtbare Tal hinter Hanaruru« (Honolulu) ein »schönes Gras« entdeckt und ausrupft, sehr zum Ärger eines Hawaiianers, denn es ist kein Gras, sondern Reis, der nach Jahren vergeblicher Versuche nun endlich zum ersten Mal »auf diesen Inseln gegrünt hatte. – Mag mancher Botaniker mich

Die intensiv duftende Plumeria findet man überall in Hawai'i

auslachen, dem es vielleicht nicht besser ergangen wäre«, ... denn im Herbarium, meint Chamisso, hätte er die Reispflanze ebenfalls erkannt. Eine große ›Karriere‹ hat Reis auf den Inseln übrigens nicht gemacht, vielleicht war *poi* aus Taro einfach zu beliebt.

Die zahlreichen hawaiischen Pflanzenarten und ihre Lebensbedingungen kann wer will in hervorragenden, zum Teil weltbekannten botanischen Gärten studieren, wie zum Beispiel im Foster Botanic Garden in Honolulu. Aber auch sonst gibt es überall viel zu bestaunen. Die Pracht der riesigen Tropenbäume ist überwältigend. Der gewaltige *Banyan Tree* mit seinem ausladenden Blätterdach und dem Gewirr von Luftwurzeln gehört zu den eindrucksvollsten Baumriesen. Der Blütenregen der *Shower*

Eine der zahlreichen Orchideen-Arten

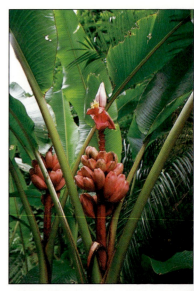

Bananenstaude

Trees in Abstufungen von Rot und Gelb belebt etwa von März bis Mai die Straßen. Viele Bäume und Sträucher blühen das ganze Jahr, zum Beispiel die stark duftende Plumeria, die auf Schritt und Tritt zu sehen ist. Aus ihren Blüten lassen sich hübsche, aber schnell vergängliche *leis* auffädeln.

Berühmt sind die Hawai'i-Inseln für Anthurien und Orchideen. Letztere wurden sogar zur Staatspflanze erklärt, obwohl fast alle Arten eingeführt wurden – nur wenige, eher unscheinbare sind ›eingeboren‹. Die größten Orchideenfarmen befinden sich auf ›Big Island‹. Hier werden auch jährlich an die 20 Mio. Anthurienblüten gezüchtet, die in alle Welt verschickt werden.

Zu den am meisten verbreiteten Nutzpflanzen gehören immer noch das Zuckerrohr, die zu Anfang unseres Jahrhunderts im großen Stil angebaute Ananas sowie Bananen. Bananenstauden, Kokospalmen, auch Avocadobäume und schnell wachsende, reich tragende Papayas finden sich sogar in vielen Hausgärten. Der Mangobaum ist dafür ein paar Nummern zu groß, er erreicht oft eine Höhe, bei der man bestenfalls mit Drehleitern an die Früchte kommt. Abgefallene überreife Früchte lohnt es unbedingt mitzunehmen, auch wenn sie Dellen haben. Sonnengereift schmecken sie nun einmal am besten, wie auch Bananen und Ananas deutlich anzumerken ist.

Die Einfuhr und Ausfuhr von Pflanzen und Tieren unterliegen heute strengen Bestimmungen und Kontrollen durch die hawaiischen Behörden. Touristen wundern sich manchmal, daß sie im Flugzeug Fragebögen zu diesem Thema ausfüllen müssen. Eigentlich kommen solche Kontrollen zu spät, sagen die Fachleute, aber sie fügen hinzu: »Besser spät als nie.«

Kultur und Lebensstil

Hawaiisch lebt wieder auf

von Elisabeth Piper

Englisch ist, wie für einen amerikanischen Bundesstaat zu erwarten, Landessprache in Hawai'i, aber viele Einwanderer der ersten und zweiten Generation sprechen zu Hause noch ihre Muttersprache, und in Chinesisch und Japanisch gibt es sogar Zeitungen.

Polynesisch, die weiche, melodische Sprache der ersten Insulaner, ist als Umgangssprache fast ausgestorben, ausgenommen auf Ni'ihau, der Insel in Privatbesitz, die für Besucher unzugänglich ist. Hier wachsen Kinder noch mit der hawaiischen Muttersprache auf. Viele sind es nicht, denn die Insel hat nur knapp 300 Bewohner. Außer diesen, so schätzt man, gibt es höchstens 2000 Menschen, über alle Inseln verstreut, die noch fließend Polynesisch sprechen können, Senioren zumeist, einige alt genug, um sich noch an Zeitungen in ihrer Sprache zu erinnern. Das letzte von ehedem fast 70 Blättern, »Ka Hoku O Hawai'i«, »Der Stern von Hawai'i«, erschien bis 1948 in Hilo, ›Big Island‹.

Seit einigen Jahren setzen traditionsbewußte Insulaner alles daran, die Sprache neu zu beleben. Auch der Staat bemüht sich redlich; das fast verlorene Hawaiisch, das lange nur wie eine Fremdsprache an der Universität zu erlernen war, wird inzwischen auch an einigen Schulen gelehrt.

Bevor 1820 die Missionare eintrafen, gab es in Hawai'i nur das gesprochene Wort, keine Schrift. Die Missionare brauchten drei Jahre, bis sie die Sprache gelernt hatten. Sie erarbeiteten ein Schriftbild und stellten fest, daß dafür außer fünf Vokalen nur acht konsonantische Laute übertragen werden mußten. Das endgültige Alphabet wurde schließlich durch Abstimmung festgelegt; zum Beispiel entschieden die Missionare sich, einen nicht eindeutig bestimmbaren Laut zwischen R und L mit dem Schriftzeichen L wiederzugeben. Das erklärt, warum ein früher Reisender wie Adelbert von Chamisso 1817 noch »Hanaruru« statt Honolulu und »Arocha« statt Aloha schrieb und vom Tanz »Hurra« statt Hula berichtet. Jedes hawaiische Wort endet auf einen Vokal, niemals stehen zwei Konsonanten zusammen.

Daß Hawaiisch mit wenigen Konsonanten auskommt, macht es nicht gerade leicht für Amerikaner und Europäer, die sprachlich an ein festes Gerüst aus Konsonanten gewöhnt sind und deshalb Wörtern aus vielen aneinandergereihten Vokalen mit untrainierter Merkfähigkeit gegenüberstehen. A, E, I, O, U und H, K, L, M, N, P, W sind die uns bekannten Buchstaben dieser Sprache. Dazu kommt ein kehliger Knacklaut, der ungefähr so klingt wie im Deutschen der Ansatzlaut beim Ausruf »Oh oh!« Dieser Verschlußlaut heißt im Englischen *glottal stop*, hawaiisch *okina;* er wird durch das Zeichen ›'‹ dargestellt. In der vokalreichen Sprache spielt *'okina* die Rolle eines vollwertigen Konsonanten. »Hawai'i« wird also nicht »Hawei« ausgesprochen, sondern deutlich dreisilbig Hawai'i, mit *'okina* eben. Ein weiteres wichtiges Zeichen, ebenfalls Lese- und Merkhilfe zugleich, ist das *macron,* hawaiisch *kahako* oder auch *mekona,* ein Strich über einem Vokal, der ihn länger und betonter macht. Beispiel: Waikīkī.

Dem Touristen begegnet Hawaiisch heute auf dreierlei Art: erstens in den liebenswerten Floskeln, die als Sprachinseln im Englischen schwimmen; zweitens in den hawaiischen Liedern, an denen viele Herzen hängen; drittens und am auffälligsten in zahllosen Straßen- und Ortsnamen, mit denen sich Touristen schwer tun. Verbreitete kleine Wörter, wie *mahalo* für danke oder *wiki wiki* für flink haben Touristen *wiki wiki* kapiert; die oft benutzten Hinweise *mauka* für ›Richtung Berge‹ und *makai* für ›Richtung Wasser‹ lassen sich auch noch merken. Dagegen bleiben hawaiische Liedertexte gänzlich undurchschaubar, sie sind nur unter ›klang-voll‹ oder ›exotisch‹ im Erfahrungsschatz abzulegen. Ein Beispiel liefert diese Liedzeile auf einer Plattenhülle: »Ma ku'u poli mai 'oe e ku'u ipo aloha«. Zu deutsch etwa: »Komm an meine Brust, mein geliebtes Herz«. Im Original leider schwer zu merken.

Dafür ist die Aussprache hawaiischer Wörter für deutsche Zungen leicht; alle Vokale klingen genau wie unsere. Der auf Straßenschildern nicht zu übersehende Like-Like-Highway wird also ausgesprochen, als reimte sich *like* auf ›Rieke‹. Bei den gern als grüne Unterlage für gute Bissen verwendeten Ti-Blättern klingt das *ti* wie englisch ›tea‹, hat aber nichts damit zu tun.

Die Aussprache des Konsonanten W ist unterschiedlich. Am Anfang eines Wortes wie z. B. Waikīkī, bildet sich der Laut überwiegend wie w in ›window‹. Vor i und e wird er mehr wie das W in der deutschen Wolke gesprochen, also kommt *wiki wiki* dem deutschen Akzent im Englischen entgegen; sehr genau genommen wird der Unterschied jedoch nicht.

Daß viele Straßen und Plätze, Stadtteile und Meeresbuchten in Hawai'i lange polynesische Namen tragen, ist eine Art nostalgischer Luxus, den sich der 50. US-Staat leistet, ein Beitrag zum Erhalt einer bedrohten Sprache. Luxus ist es insofern, als die kniffligen Namen Mühe machen. Viele ähneln sich verwirrend und lassen sich nur widerspenstig im Gedächtnis speichern. Aber ernstlich hat niemand etwas gegen Pao'akalani, Ke'alohilani und noch längere Namen einzuwenden. Im Gegenteil, Lokalkolorit erfreut sich zunehmender Beliebtheit.

Kommunale Straßenschilder verwenden inzwischen die Zeichen *'okina* und *kahako,* die das Lesen endloser Namen erleichtern. Auf staatlichen Schildern sucht man diese Zeichen vergebens, aber was nicht ist, kann noch werden.

Das Comeback des Hula
von Elisabeth Piper

So wie bei uns die meisten Kinder irgendwann einige Zeit mit einem Musikinstrument bekanntgemacht werden, ob in einer Jugendmusikschule oder in privatem Unterricht, so lernen fast alle hawaiischen Kinder mindestens zeitweilig in einer der zahlreichen Hula-Schulen oder Studios den Hula-Tanz mit allem was dazu gehört: Bewegungen, Ausdruck, Texte, Musik und sogar auch Geschichte. Oft schon im Alter zwischen drei und sechs Jahren werden die Kinder von ihren Müttern zum Unterricht gebracht. Dann geht es zwar meist nur um einen spielerischen Anfang, aber es gibt auch profihafte Lehrgänge für Kinder. Das Training ist in diesen Fällen natürlich mühevoller, so daß viele nach einer Weile wieder aufhören. Für die Besten kann sich Erfolg jedoch auszahlen.

Der Hula ist in Hawai'i allgegenwärtig, besonders das Interesse an der traditionsbewußten Pflege früherer Formen

Fast alle hawaiischen Kinder lernen in speziellen Schulen den Hula-Tanz

dieses Tanzes ist in den letzten Jahrzehnten stetig gewachsen. Der wiederbelebte alte Hula unterscheidet sich erheblich vom liebenswürdig-unterhaltsamen Hula für Touristen: er wird von jahrelang an sich arbeitenden Könnern für Kenner geboten. Auf Außenstehende wirkt der echte hawaiische Hula, vor allem mit männlichem Falsettgesang, eher spröde oder sogar befremdlich. Die Begeisterung der Sachkundigen dagegen kennt keine Grenzen.

Neben den strengen, geheiligten Formen gab es auch immer schon Hula-Tänze, die das ganze Volk, Hoch und Niedrig, einfach nur erfreuen sollten. Viele moderne Hula-Amateure und Halb-Profis hoffen deshalb, in dieser Kategorie mit neuen Texten und Melodien erfolgreich zu sein. Ihre Chance suchen sie bei Wettbewerben oder bei eigens arrangierten ungezwungenen Hula-Veranstaltungen in preisgünstigen Hotels. Die Einheimischen sind dabei weitgehend unter sich, weil Touristen Hinweise auf kleine lokale Veranstaltungen selten entdecken. Zu manchen Anlässen in kleinerem Kreis texten sich Amateure auch ihre eigenen Hula-Verse auf eine bekannte Melodie. Dabei gibt es keine Regeln – erlaubt ist, was gefällt.

Ursprünglich war der Hula ein religiöser Tanzkult im Angesicht der Götter. Nur Auserwählte durften ihn von bestimmten Lehrern *(kumu hula)* lernen. Die Unterweisung bedeutete hartes Training, bei dem rigorose Sitten herrschten. Alles war streng geregelt, nicht nur Unterricht und Tanz, auch die Nahrungsaufnahme und persönliches Verhalten. Die Hula-Tänzer lernten mit der Gebärdensprache zugleich die Gesänge, in denen Geschichte und Weisheit der Vorfahren überliefert wurden. Es gab keine

Schrift, also wurde die mündliche Überlieferung sehr genau genommen.

Anfangs tanzten nur Männer den Hula. Erst Jahrhunderte später, als Kriege, Überlebenskämpfe und Gemeinschaftsaufgaben den Männern nicht mehr genug Zeit zum Hula-Training ließen, mußten Frauen einspringen. Sie wurden genauso sorgfältig ausgesucht und auf das ehrenvolle Amt vorbereitet wie die Männer. Schon mit vier Jahren begannen die Übungen in fast klösterlicher Abgeschiedenheit. Erst als junge Mädchen kehrten die ausgebildeten Tänzerinnen zurück und spielten von da an ihre Rolle als Mitglied der gesellschaftlichen Elite. In der Körpersprache des Hula waren und sind neben Grundstellungen und Rhythmus vor allem die Hände von großer Bedeutung, weil vor allem ihre anmutigen Bewegungen die Geschichte erzählen, die tanzend dargestellt wird.

Adelbert v. Chamisso, der Hawai'i einige Jahre vor Ankunft der ersten Missionare kennenlernte, berichtet in seiner »Reise um die Welt« begeistert von zwei zu Ehren der Reisenden veranstalteten Hula-Festen, bei denen Frauen und Männer tanzten, und schreibt über die Hochstimmung der Hawaiianer: »So hingerissen und freudetrunken, wie die ›O-Waihier‹ von diesem Schauspiel waren, habe ich wohl nie bei einem anderen Feste ein anderes Publikum gesehen.« Chamisso bedauert, daß bisher »nur so ein Zeichner von Profession«, aber noch kein wahrer Künstler den Tanz gemalt habe. Die Hula-Feste erinnerten den Dichter an die griechischen Chöre der Antike. »Ein Zeichen muß ich geben, daß ich unbestochen rede. Am 4. (Dezember 1816) tanzten drei Männer; am 6. eine Schar von Mädchen, darunter viele von ausnehmender Schönheit. Nicht diese haben auf mich den bleibenden Eindruck

gemacht, nein, die Männer, die kunstreicher waren und von denen doch der erste nicht einmal schön unter den Seinen zu nennen war. Man sehe übrigens die zwei schlechten Blätter nicht an, die Choris' Atlas verunzieren. Das Tanzen läßt sich nicht malen, und was er hier gemacht hat, möge ihm der Genius der Kunst verzeihen.«

Mit der Tanzkunst war es 1820, als die ersten christlichen Missionare kamen, zunächst vorbei. Sie hielten den Hula für barbarisch und obszön, ganz zu schweigen von ihrem vernichtenden Urteil über die Kürbistrommel-Begleitmusik. Wer so tanzte, hatte ihrer Meinung nach nun wirklich nicht die geringste Chance, in den Himmel zu kommen. Das Verbot der Missionare war so energisch, daß der Hula beinahe verloren schien. Es galt jetzt Kirchenchöre zu gründen und Choräle zu lernen, und doch blieb in entlegenen ländlichen Gegenden genug Tradition erhalten, um die spätere Rettung des Hula zu ermöglichen.

König Kalakaua gelang es in seiner langen Regierungszeit (1874–1891), die alten Lieder, Tänze und Legenden zu neuem Leben zu erwecken. Im ganzen Inselreich ließ er nach Leuten suchen, die die Lieder (mele) und Tänze (hula) noch kannten. ›Der lustige Monarch‹ Kalakaua war selber sehr musikalisch, er komponierte gern neue Lieder und Tänze und veranstaltete großzügige Hula-Feste. Auch seine Schwester und Nachfolgerin, Königin Liliokalani, versuchte in ihrer kurzen Regierungszeit, mit ausdrücklicher Förderung des Hula-Tanzes das Selbstwertgefühl ihrer Landsleute zu stärken. Doch nach ihrer Absetzung und dem Ende der hawaiischen Monarchie (1893) wurde der Hula vernachlässigt.

In den 30er und 40er Jahren dieses Jahrhunderts wurde der Tanz plötzlich

Bei der KODAK-Hula-Show im Kapi'olani Park in Waikiki, Honolulu

wieder populär. Über Radio und Filme verbreitete sich Südsee-Romantik. Auf dem amerikanischen Festland und weltweit über Kurzwellensender war täglich die berühmte Gruppe »Hawai'i Calls« zu hören – vorwiegend in Englisch, mit hawaiischen Einsprengseln für den exotischen Touch. Die unglaublich beliebte Sendung bedeutete für viele der mitwirkenden hawaiischen Musiker das Sprungbrett zu einer größeren Karriere. Ihre Hawai'i-Musik war auf eine neue Weise echt, weich und melodiös wie die sanfte klangvolle Sprache, fröhlich, einschmeichelnd, schwungvoll, passend zum Klima und zum Wesen der Inseln. Dagegen zeigten die zahllosen Südsee-Filme aus Hollywood eine verkitschte Imitation des Hula, mit ›authentischen‹ blonden Hula-Mädchen, die in Grasröcken aus Zellophanstreifen durch diverse Nachtklubs hüpften. Bis heute sind diese Klischees im Umlauf und prägen touristische Vorstellungen von Hawai'i.

Nach wie vor dient der Tanz in erster Linie der Touristenunterhaltung. Viele Hotels haben ihre hauseigenen Shows oder bieten kostenlose Schnellkurse für Touristen, die gerne einmal ein Südseetänzchen wagen möchten. Es verwundert nicht, daß die meisten Hotel-Truppen ziemlich kommerzialisiert sind. Außerdem vermischen sie Tänze aus Hawai'i mit solchen aus Samoa, Neuseeland und Tahiti. Seit über 50 Jahren unterhält die KODAK-Hula-Show Touristen mit fotogenen Darbietungen für Urlaubserinnerungen. Gerade diese Show, die allen Mitwirkenden seit je Herzenssache war, hat trotz ihres touristischen Images viel zum Erhalt des Hulas beigetragen. Im Ala Moana Shopping Center tanzen jeden Sonntagmorgen die Kinder, von stolzen Angehörigen begleitet.

Bei den Tanz-Wettbewerben folgen die einzelnen Schulen ziemlich genau den alten Regeln, ganz gleich, ob es sich um alte Tänze (kahiko), moderne (auwana) oder um Kombinationen von beiden handelt. Neben den festgelegten Tanzformen prägt stets auch der persönliche Stil des Kumu Hula den der Eleven. Bei den Vorbereitungen zu den Ausscheidungskämpfen wird viel Aufwand betrieben. Kostüme und Choreographien werden wie Geheimnisse gehütet, und entsprechend kritisch beobachten sich Mitglieder der verschiedenen Tanzgruppen gegenseitig. Monatelang wird für die Meisterschaftsaufführung geprobt und gewerkelt. Mütter, Tanten und Cousinen helfen dabei kräftig mit – bei der Herstellung der Kostüme und der lei. Schließlich will jeder gewinnen oder doch wenigstens gut abschneiden.

Eine große Sache ist jedes Jahr der Hula-Wettbewerb auf dem Merry Monarch Festival in Hilo. Niemand kümmert sich darum, ob Touristen kommen oder nicht. Die Leute tanzen für sich selbst, und wer es sonst noch sehen will, ist willkommen. Die chants der Frühzeit waren vorwiegend Sprechgesänge, von Trommeln und Nasenflöten begleitet. Heute fällt die musikalische Begleitung der Tänze und der Lieder sehr viel reichhaltiger aus. Neben modernen Flöten, Ukulelen und Gitarren – Slack Key Guitars mit gelockerten Saiten und Steel Guitars mit schärferem Klang – gibt es nach wie vor eine ganze Reihe von wichtigen Rhythmus-Instrumenten: außer Trommeln vor allem die vielen klappernden, rasselnden und klopfenden Stöcke, Stangen und Hölzer. Uli uli heißt der Kürbis mit Federn, in dem Nüsse rasseln. Ili ili nennt man die kleinen, flachen schwarzen Steine, die beim Zusammenschlagen wie spanische Kastagnetten klingen. Ka la'au sind kurze, dünne Stäbchen, die aneinandergeschlagen werden, und der pu'ili ist ein ausgefranster

Bambusstock, der, wenn er auf einen zweiten Stock, auf den Boden oder auf den Körper geschlagen wird, ein typisches, schwer zu beschreibendes Geräusch macht. Die beliebte kleine Ukulele, die so hawai'i-typisch geworden ist, entstand aus einem Saiteninstrument, das die im 19. Jahrhundert einwandernden Portugiesen mitbrachten.

So interessant die professionellen Hula-Darbietungen auch sein mögen, die besten Tänze finden oft im privaten Kreis statt, bei Familientreffen, Geburtstagen, Kindtaufen oder ähnlichen Anlässen. Ob drei Jahre jung oder 80 Jahre alt – immer tanzen die Hawaiianer den Hula mit einem besonderen Gefühl, denn sie tanzen ihn entweder für die Familie oder für eine bestimmte Person.

Musik

von Friedrich Mielke

1895 wurde die hawaiische Stahlgitarre von Joe Kekuku eingeführt. Kekuku erfand auch den *slide sound*, der einen Akkord fließend nach oben oder unten gleiten läßt und den typischen, einschmeichelnden hawaiischen Ton erzeugt. Die Slide-Technik wurde von Jazz-Musikern und Country-Interpreten übernommen, die Gitarrenindustrie begann, die Stahlgitarre als ›Hawai'i-Gitarre‹ zu produzieren. Besonders in den 20er Jahren hat sich die hawaiische Stahlgitarrenmusik auf dem Kontinent durchgesetzt. Die Slide-Musik ist bis heute ein typisch hawaiischer Beitrag zur internationalen Musikkultur.

Die Filmindustrie hat seit den 20er Jahren das Flair Hawai'is vermarktet. Südseefilme mit ›weißer‹ Filmmusik verdrängten die echten hawaiischen Klänge. Die Trends der Unterhaltungsmusik auf dem Festland schwappten auf die Inseln und bestimmten den Geschmack. Das Lied »Sweet Leilani« wurde 1935 von Bing Crosby aufgenommen und über Nacht ein Millionenerfolg, womit auch Hawai'i auf dem Festland beliebt wurde. In den 60er Jahren dominierte Rock-Musik die hawaiische Musikszene. Elvis Presley ist der Star im Film »Blue Hawai'i«. Zu dieser Zeit war die traditionelle Musik aus Hawai'i fast verschwunden. Erst in den 70er Jahren kündigte sich eine ›Hawaiische Renaissance‹ an. Das Sunday Manoa Album »Guava Jam« brachte einen neuen Stil mit traditionellen Musikelementen, und ab 1977 wurde der begehrte Na Hoku Hanohano Award für originelle hawaiische Musik verliehen. 1981 begannen die Brothers Cazimero im Royal Hawaiian Hotel mit ihrer Show, die zeitgenössische hawaiische Musik einem großen Publikum zugänglich machte. 1990 spielten die Brothers Cazimero in der Carnegie Hall.

So ist heute die hawaiische Musik auf den Inseln wieder sehr lebendig. Auch die Stahlgitarre erlebt eine Renaissance mit berühmten Interpreten wie Raymond Kane, Cyril Pahinui oder Keola Beamer. Raymond Kane, der ›Botschafter der Stahlgitarrenmusik‹, wurde 1987 mit einem Preis der US-Kulturstiftung ausgezeichnet. Seine Lieder behandeln traditionelle hawaiische Themen wie Liebe zur Familie, zum Meer oder Mondschein auf dem Wasser. Der *kiekie*, eine Art Falsetto-Gesang, wird wieder von Sängern und Sängerinnen gepflegt. *Jawaiian*, ein hawaiischer Reggae, hat die Clubs und Discos von Honolulu erobert. Dazwischen bemüht sich eine wachsende Zahl von Musikern, hawaiische Tradition mit moderner Musik zu verbinden.

Inzwischen gibt es zahlreiche Musikfestivals mit traditioneller hawaiischer Musik. Das Kanikapila Festival wurde 1970 zum ersten Mal vom Gitarristen

Peter Moon veranstaltet. Die Gruppe »Sunday Manoa« hat hawaiische Musik auf dem Kontinent verbreitet, einschließlich des *Hawaiian Pop, Jawaiian* und hawaiischem Reggae.

Trotz der Beliebtheit hawaiischer Musik auf dem Kontinent hatten es viele Musikgruppen schwer, über Hawai'i hinaus bekannt zu werden. Heute produziert die Musikindustrie der Inseln etwa 100 Aufnahmen pro Jahr – ein Wirtschaftsfaktor von 40–50 Mio. Dollar. Zwei Radiosender bringen für ein Publikum von über 100 000 Hörern traditionelle Hawai'i-Musik. In einer Neuauflage der berühmten Radio-Show »Hawai'i Calls«, die von 1935 bis 1975 über den Äther ging, wird seit Anfang 1994 das Programm »Sounds of Aloha« von einer Show im Hilton Hawaiian Village live an 70 Sender auf dem US-Kontinent weitergegeben. Das Programm wird weltweit über Kurzwelle gesendet, wodurch einige Millionen Hörer erreicht werden.

Blumen, Duft und Wohlgefühl: Modisches in Hawai'i
von Elisabeth Piper

Neuenglische Missionarsfrauen verordneten den Hawaiianerinnen vor mehr als 150 Jahren lange, weite Baumwollhüllen als sittsamen Ersatz für Blätterröckchen und Tapa-Tücher. Nichtsahnend begründeten sie damit eine Mode, die bis heute schöne frische Blüten treibt. Luftig, leicht und locker müssen die farbenfrohen Baumwollkleider schon damals gewesen sein. Jedenfalls griffen die Polynesierinnen die Neuerung begeistert auf, so gern und so oft sie weiterhin auch noch mehr oder weniger nackt gingen. *Tapa*, der geklopfte Bast des Papiermaulbeerbaumes – in Lagen übereinandergeklebt und phantasievoll farbig gemustert –, weichte im Regen auf; und da Hawai'i in den Wintermonaten auch kühler und naß sein kann, war haltbare Kleidung aus Baumwolle durchaus willkommen.

Mark Twain beschreibt die neuen Kleider, die *mu'umu'u*, wie sie heute heißen, bei seinem Aufenthalt in Hawai'i 1866 mit freundlicher Ironie als »Robe, so voluminös wie ein Ballon«, locker von Schulter zu Schulter gerafft, passend »wie ein Zirkuszelt dem Mast, ohne Reifen«. Außerdem weiß der Schriftsteller zu berichten, daß darunter selten ein Hemd oder irgendwelche Unterwäsche getragen wurde. Obwohl es inzwischen zahlreiche modische Spielarten gibt, sind die klassischen *mu'umu'u* fast bodenlang und aus Baumwolle nach wie vor beliebt. Sie passen gut zum Klima und sind ein angenehmes Kleidungsstück vom Morgen bis zum Abend. *Mu'umu'u* sind auch ideal für Mollige. Mehr noch: Sie umgeben auch richtig Dicke mit luftigem Südseecharme. Das war schon zur Zeit der Missionare so, denn Polynesierinnen waren gern und aus Überzeugung dick.

Für Männer gibt es die Aloha-Hemden, die neueren Datums sind und sozusagen die Gleichberechtigung herstellten, als es für den Mann noch nicht üblich war, sich leicht und ungezwungen zu kleiden. Aloha-Hemden findet man keineswegs nur in knalliger Buntheit. Hervorragende Designer haben sich dieser Sparte angenommen und entwerfen sehr edle und dezent gemusterte Hemden, die oft wie ganz leichte Jacken wirken. Unter den Hawaiianern hat es sich eingebürgert, auch bei offizielleren Anlässen im Aloha-Hemd zu erscheinen – dann aber in einem mit langen Ärmeln, was als ›angezogener‹ gilt. In manchen eleganten Lokalen werden allerdings abends Krawatte und Jackett verlangt.

Manchmal liest man *pareo*, manchmal *pareu*, vielleicht auch mal *lava-lava*, ein Wort, das vom französischen *laver* (waschen) stammen soll. Wie dem auch sei, in jedem Fall handelt es sich um ein großes farbenfrohes Tuch, das sich Südseefrauen malerisch um die Hüften schlangen oder als eine Art Kleid wickelten und im Nacken oder auf der Schulter verknoteten. Der *pareo* ist immer noch praktisch, billig und angenehm als leichter Sonnenschutz am Strand, nur kneift nach einer Weile der Knoten auf der Schulter oder im Nacken. Bequemer sitzt eine Version des *pareos* mit angeschnittenen Bindebändern, eine Art Wikkelkleid also.

Noch ein Tip für Frauen: Kaufhäuser und Supermärkte bieten fast alle eine große Auswahl an leichten, geflochtenen Hüten, die auf Hawai'i gern getragen werden, teils zur Zierde, teils als Sonnenschutz. Diese Hüte dekorieren sich die Frauen selber und immer wieder anders. Manchmal wird ein zum Kleid passendes Band oder ein Streifen vom selben Stoff durch das Flechtwerk gezogen, oder man legt einen selbstgebundenen Kranz aus grünen Blättern – Farn zum Beispiel – oder aus frischen Blumen um den Kopf des Hutes. Kostbar und teuer sind die Hutbänder aus kleinen bunten Federn, die als Schmuck eine lange Tradition auf Hawai'i haben.

Jeder kennt die um den Hals getragenen schönen Blütenketten nicht nur aus »Magnum« und »Hawai'i 50«. Sie fallen auch in Fernseh-Nachrichten auf, wenn Politiker oder Künstler auf Hawai'i begrüßt und bekränzt werden. *Le'i* (gesprochen: *Le'i*, Mehrzahl *Le'is*) heißen die duftigen Schmuckstücke, von denen es manchmal ungläubig heißt, sie seien doch wohl aus Plastik. In den 60er Jahren, als der Luftverkehr nach Hawai'i und damit der Tourismus enorm zu-

nahm, gab es tatsächlich eine Weile Plastikblüten, die aber bald auf Ablehnung stießen. Unechte Blumenkränze, auch Seidenblumen, fristen zwar in Andenkenläden ihr Dasein, sie sind auch gar nicht mal alle häßlich, aber wahrscheinlich wandern die meisten als Andenken in die Reisekoffer, denn getragen werden sie kaum in Hawai'i.

Dafür gibt es frische *le'is* überall, nicht nur auf Flughäfen als Willkommens- und Abschiedsgeste. Der Bankbeamte hinter dem Schalter kann einen tragen, die Verkäuferin im Supermarkt und sogar der Verkehrspolizist auf der Kreuzung. Und für Skeptische: Selbst die *le'is*, die am Ende der KODAK-Hula-Show als Geschenke im Publikum verteilt werden, bestehen aus frischgepflückten Blüten und wurden von den Mitwirkenden selber aufgefädelt. Mit vollen Händen werden sie herbeigetragen und freudig angenommen. Keine Frage, es ist schon ein besonderes Wohlgefühl, den Duft und die Kühle einer hawaiischen Blumenkette mit sich herumzutragen. *Le'i* über *le'i*, einer immer schöner als der andere, sind in Hawai'i kein Vorrecht für Prominente. Ein *le'i* gilt nach wie vor als das klassische Freundschaftsgeschenk, oft liebevoll selbstgemacht. Und wenn jemand Geburtstag hat, sich verabschiedet oder aus sonst einem Grund feiert oder geehrt wird, so überhäuft man ihn mit diesen duftenden Gebinden bis über beide Ohren. Schnittblumen wie bei uns gibt es kaum.

In Honolulus Chinatown sitzen die Le'i-Macher in ihren offenen Läden bei der Arbeit und lassen sich auf die Finger sehen. Es steckt eine Menge Arbeit im Vorbereiten und Auffädeln der unzähligen Blüten. Manche müssen, jede einzeln und von Hand, aufgefaltet oder auf eine bestimmte Weise ausgezupft werden. Und manchmal gehören Hunderte von Blüten zu einem *le'i*. Anderes Werkzeug als Nadel und Faden gibt es nicht. Erfahrung und geschickte Hände zaubern damit Kunstwerke. Ein und dieselbe Blütenart kann verschieden aufgefädelt werden, verschwenderisch oder etwas sparsamer. Nach Anzahl und nach Kostbarkeit der Blüten richten sich die Preise. Bei unseren Blumensträußen ist das nicht anders.

Viele Hotels bieten kundige und unterhaltsame Anleitung zur Herstellung von *le'is* an. Es gibt Spezialnadeln zu kaufen, aber eine große Stopfnadel tut's auch. Autodidakten können natürlich im Alleingang lernen. Ihnen empfiehlt sich eine schöne Broschüre mit vielen Farbfotos: »Flower Le'is of Hawai'i« – mit dem Untertitel »How to make them – How to keep them fresh«. Wie man sieht: nur auf Englisch.

Der einfachste Blüten-Le'i, zugleich einer der typischsten, ist der Plumeria-Le'i, der aus den Blütenbüscheln der Plumeria-Bäume kommt, die man überall in Weiß, Gelb und Rosa auf den Inseln sieht. Besonders rar sind dunkelrote Blüten. Ich bekam mal einen *le'i* aus solchen samtig-tiefroten Blüten geschenkt und wurde beim Einkaufen und im Bus mit freundlichen Kommentaren von wildfremden Menschen bedacht, die sich über die Seltenheit freuten und mich dies wissen lassen wollten.

Le'is aus Plumeria-Blüten vergehen rasch. Man kann sie nur einen Tag lang tragen. Andere *le'is* aus frischen Blüten überstehen unbeschadet den Transport nach Europa. Die Stewardessen, die Abflüge von Hawai'i betreuen, kennen sich aus mit der Behandlung. Sie nehmen dem blumenbehangenen Passagier, der noch mit seinem Handgepäck kämpft, den frischen Abschieds-Le'i vom Halse und verstauen die je nach Art leicht anzufeuchtende Blütenkette in einer gro-

ßen Plastiktüte. Dann fassen sie die oberen Ecken, wirbeln die Tüten so gekonnt durch die Luft, daß sie sich aufbläht und verknoten sie, um die pralle Luftfüllung zu erhalten: die Blüten liegen locker und sicher. Mit am besten halten sich Orchideen-Le'is, so zart, duftig und exotisch sie auch aussehen. Es ist schwer zu glauben, daß so etwas Empfindliches sich um die halbe Welt heil nach Hause bringen läßt. Aber es geht. Übrigens trocknen Orchideen-Le'is, luftig aufgehängt, ohne große Farbverluste und mausern sich so zu einem langlebigen Reiseandenken.

Le'is müssen aber nicht unbedingt aus Blüten sein. Es gibt auch ganz dauerhafte, zum Beispiel den althawaiischen *le'i* aus Kukui-Früchten, die auch Kerzennüsse *(candle nuts)* genannt werden, weil man ihnen früher einen Brenndocht einzog. Diese *le'is* sind selten und teuer. In großer Auswahl und verblüffend billig gibt es *koa haole le'is*, die aus den kleinen braunen Samen eines Unkrauts vom Straßenrand in vielen verschiedenen Mustern aufgefädelt werden.

Und noch etwas: Männer tragen *le'is* mit derselben Selbstverständlichkeit wie Frauen – kein Grund, sich etwa des ungewohnten Blumenschmuckes wegen zu genieren.

Kunst und Kunsthandwerk

Die traditionellen bildnerischen Kunstformen des alten Hawai'i beschränkten sich im wesentlichen auf ausdrucksstarke, aus Koa und anderen Hölzern geschnitzte Skulpturen, fein geflochtenen Lauhala-Körben und farbenprächtigen Federskulpturen, -helmen und -umhängen. Auch Kaparinden-Stoffe, Muscheln, Steine und Fasern wurden kunstvoll verarbeitet. Die schönsten Exponate dieser

Kalebassen aus Holz, Kürbis oder Kokosnüssen werden auf traditionelle Art gefertigt

traditionellen Kunst sind im Bishop Museum (Honolulu) zu sehen.

Inzwischen haben viele Kunsthandwerker wieder an diese alten Traditionen angeknüpft, so daß auf den Inseln eine gute Auswahl auch qualitativ hochwertigen Kunsthandwerks zu haben ist So werden heute wieder ebenso schöne geschnitzte Teller, Schalen und Skulpturen aus feingemasertem Monkeypod-

Koa- und Milo-Holz sowie polierte Kalebassen aus Holz, Kürbis und Kokosnüssen hergestellt wie früher. Die tiefen und hauchdünn geschliffenen hawaiischen Schalen waren einmalig im polynesischen Kulturkreis. Prachtstücke in ähnlicher Vollendung werden heute von Ron Kent gefertigt. Einige seiner Arbeiten sind im Smithsonian Museum in Washington ausgestellt. Leider sind sie unbezahlbar. Schöne und preiswerte Schalen werden im Shop des Bishop Museum in Honolulu angeboten. Authentische Replikas hawaiischer Tiki-Skulpturen, Kriegskeulen mit Haifischzähnen, Fischhaken, Werkzeuge und Schmuckstücke in Museumsqualität werden von Larry Courtney angefertigt. Sie sind in verschiedenen Läden in Lahaina und im Whalers Village in Ka'anapali auf Maui sowie bei South Pacific Creations zu haben.

Kapa, aus Baumrinde und bemalt, ergibt hübsche Decken und Wandbehänge, die auch leicht im Gepäck zu verstauen sind. Diese Kapa-Decken stammen zwar heute oft von anderen polynesischen Inseln, werden aber zunehmend auch wieder in Hawai'i gefertigt. An die Kapa-Tradition anknüpfend werden auch schöne Quilts (eine Art Steppdecke) mit hawaiischen Mustern gefertigt. Original aus Hawai'i ist der Schmuck, der aus >Peles Tränen< und Olivine gemacht wird, zwei Steinarten, die in frischer Lava gefunden werden. >Peles Tränen< sind Tropfen aus natürlichem schwarzen Silikon und werden gern zu Ohrringen o. ä. verarbeitet. Olivine wird auch als grüner Diamant< bezeichnet.

Blüten und Blätter von hawaiischen Pflanzen, in Gold getaucht, wirken sehr dekorativ und werden gerne als Schmuck getragen. Vor Maui wird die schwarze Koralle von Tauchern geerntet, die auf den Inseln dann zu Schmuck verarbeitet

wird, vor allem zu Nadeln, Ketten und Anhängern. Die blaue Koralle paßt gut zu Jeans und Freizeitkleidung.

Hübsch sind Scrimshaw-Stücke, fossiles Elfenbein, in das vorwiegend maritime Motive geritzt sind – eine alte Kunstform aus der Zeit des Walfangs. Wertvoll sind in alter hawaiischer Tradition hergestellte le'is, originale Ketten aus kunstvoll zusammengestellten und verknüpften Federn, Muscheln, Perlmutt, polierten Samen und Nüssen – oft genauso prachtvoll anzusehen wie ihre leider vergänglichen Varianten aus Blüten. Besonders kostbar sind die auf der Insel Ni'ihau hergestellten Ketten aus den winzigen, nur dort existierenden Muscheln, die in vielen Farbschattierungen und Mustern vorkommen. In der Mitte dieser kreisrunden, dünnen Muschelplättchen ist ein puka, ein kleines Loch. Die Muscheln werden nach Feinheit und Gleichmäßigkeit zusammengestellt und in oft monatelanger Arbeit aufgezogen. Le'is aus besonders seltenen Muscheln durften früher nur für die ali'i gefertigt werden.

Hawai'is hervorragendes Klima und seine beeindruckend schönen Landschaften haben dafür gesorgt, daß sich hier viele Künstler und Kunsthandwerker niedergelassen haben. Bei vielen mischen sich westliche und orientalische Stilrichtungen. Da werden in den zahlreichen Galerien, besonders auf O'ahu und in Lahaina, Originale angeboten, die Tausende von Dollar kosten, aber auch sehr hübsche Arbeiten, die schon für ein paar hundert oder auch weniger zu haben sind. Besonders auf den Kunstmärkten bieten sich oft günstige Gelegenheiten. So sind unter den Aquarellen und Ölgemälden, die von einheimischen Künstlern an der Mauer des Zoologischen Gartens beim Kapi'olani Park in Honolulu ausgestellt werden, unter vielem Kitsch doch immer wieder schöne Arbeiten zu finden.

Der wohl bekannteste Künstler der Inseln ist Herb Kawainui Kane. Die imposanten Gemälde des im Waipi'o Valley auf ›Big Island‹ geborenen Malers und Schriftstellers spiegeln seine hawaiische Herkunft wider. Sie zeigen dramatische und große Augenblicke aus Hawai'is bewegter Geschichte und auch Szenen aus dem täglichen Leben des alten Hawai'i. Viele seiner Werke hängen inzwischen in den großen Museen.

Zum Kunst-Establishment gehören Namen wie Jean Charlot, der, von der mexikanischen Wandmalerei der 20er und 30er Jahre kommend, durch seine großen *murals* auf Hawai'i berühmt wurde. Bekannt sind auch die Maler Ben Norris, Tadasho Sato, Reuben Tam, Isami Doi und Harry Baldwin; und durch ihre Porträts von Hawaiianern die Malerin Madge Tennant. Die Skulpturen von Kate Kelly stehen in der Honolulu Academy of Arts. Patrick Ching, auf O'ahu aufgewachsen, malt Hawai'is bedrohte Tier- und Pflanzenwelt in Öl und Wasserfarben – plastisch und lebensecht bis ins Detail. Der in China geborene David Lee ist für seine wunderhübschen Seidenmalereien international bekannt geworden. Raymond Page lebt in Kalifornien und Hawai'i. Seine Bilder zeigen vor allem die grandiosen Küstenlandschaften der Inseln und werden mittlerweile in den Galerien Lahainas für etliche tausend Dollar angeboten. Noch mehr muß man für die farbenfrohen impressionistischen Ölgemälde von James Hoyle ausgeben, der seine Werke in eigenen Galerien in Hanapepe und Makawao anbietet. Kaua'is üppige tropische Vegetation ist das Lieblingsthema von Patrice Pendarvis. Ihre schönen Aquarelle sind in verschiedenen Galerien auf Kaua'i zu sehen.

Schwein im Erdofen: Kulinarische Entdeckungsreisen in Hawai'i

»*Hele mai e'ai*«: »Komm herein und iß!« Diesem hawaiischen Sprichwort kann man auf drei Arten nachkommen: mit der Gabel, mit Stäbchen oder mit den Fingern, denn die landesüblichen Gerichte werden auf Porzellan, Papier oder Ti-Blättern serviert. Die Speisen in Hawai'i sind so vielfältig wie das Völkergemisch auf den Inseln, das sie zubereitet. Leicht vergißt man darüber, in einem US-Bundesstaat zu sein. Dennoch gibt es überall die typischen US-Kettenrestaurants. Wer jedoch nur Hamburger und Steaks ißt, wird die hawaiische Küche nicht kennenlernen.

Die asiatischen Einwanderer sind stets auch durch Hawai'is Küche gezogen. Auch französische, portugiesische, griechische, marokkanische und deutsche Köche haben ihre Spuren hinterlassen. Die Palette ist groß: Sauerbraten schließt die *pasta* nicht aus, das koreanische *kimchee* (scharf gewürztes Gemüse) nicht die *pupus* (Vorspeisen, die häufig aus *sashimi*, eingelegtem rohen Fisch, aber auch aus anderen kleinen Leckereien bestehen können), das philippinische *adobo* (Schweine- oder Hühnerfleisch mit Knoblauch und Essig) nicht Spezialitäten aus Thailand oder Vietnam. Und auch mit den einheimischen Gerichten wird experimentiert. Neue Geschmacksrichtungen entstehen, die selbst den Speisekarten internationaler Restaurants zugute kommen. Seit Ende der achtziger Jahre hat sich unter dem Begriff der *pacific rim cuisine* eine innovative Küche entwickelt: Klassische französische und italienische Rezepte werden mit asiatischen Zubereitungsarten und kalifornischen Ideen verschmolzen. Eine leichte und kreative Küche, die frische

Hauptbestandteil eines hawaiischen Eßfestes (luau) ist das im Erdofen gegarte Schwein

Inselprodukte bevorzugt und auch einmal das Ungewöhnliche probiert. Da gibt es Muschel-Tortellini-Salat mit gerösteten Pinienkernen; Macadamianuß-Tacos mit Jiliko'i-Sauce; Fisch aus den Inselgewässern wird auf chinesisch mit Ingwer gedünstet; Fischsuppe mit Moloka'i-Süßkartoffeln, Brotfrucht und Hilo-Ingwer zubereitet, und häufig wird von Hawai'is vielfältigem und überreichem Angebot an tropischen Früchten Gebrauch gemacht, die zu exotischen Saucen, als Beilagen und in Salaten serviert werden. Jedenfalls gibt es keinen Grund, sich auf den Inseln über langweiliges amerikanisches Essen zu beklagen. Honolulu ist vom Gourmet-Standpunkt sicher eine der interessantesten Metropolen überhaupt. Auch schlichtere Restaurants, mitunter sogar Straßenstände bieten Vorzügliches und Vielseitiges. Selbst McDonald's hat süß-saure Krabben, Rippchen und Saimin-Nudeln ins Angebot aufgenommen.

Die Straßen- und Supermärkte quellen über mit frischem Gemüse und tropischen Früchten: Mais, Zwiebel, Süßkartoffeln, Mangos, Passionsfrüchte, Guavas, Papayas, Ananas, knackige Bergäpfel, Bananen. Der einheimische Fisch kommt meistens frisch vom Markt in die Küche: *mahi mahi* (Brasse), *aku* (Blaufisch), *opakapaka (snapper)* oder *ula*.

Authentisch hawaiische Speisen sind nur in wenigen Restaurants zu finden. Außer Schweinefleisch und *poi* trifft man auf *laulau* (Fisch oder Schwein in Taro- oder Ti-Blätter gewickelt und gedünstet), *pipikaula* (gepökeltes Rindfleisch), *opihi* (rohe oder gekochte Muscheln) oder *papai* (Krebse). Nach wie vor beliebt ist das traditionelle hawaiische *luau*, das früher tagelang dauerte. Selbst die von hawaiischen Traditionen nicht immer begeisterten Weißen konnten diesen lukullischen Eßfesten nicht lange widerstehen. Seit der Mitte des vorigen Jahrhunderts haben sie die

Von der Taro-Pflanze zum *poi*

Die Polynesier brachten die Taro-Pflanze mit nach Hawai'i. Bis zu 200 verschiedene Sorten soll es früher gegeben haben. Die knollenartigen Wurzeln kann man backen, kochen, rösten, trocknen, zu Mehl malen oder sogar zu Chips verarbeiten. Die Blätter können wie Spinat und die Stengel wie Spargel zubereitet werden. Serviert wird die Knolle – wie Kartoffeln – meist in Stücken, nachdem sie sehr lange gegart wurde, damit sie besser verdaulich ist.

Aus der Wurzel wird das nahrhafte *poi* nach langem Garen und Pürieren zubereitet. Ein *luau* ohne *poi* ist undenkbar. Früher aßen die Hawaiianer 13–15 Pfund *poi* pro Tag. Heute werden zwar nicht mehr solche Mengen verzehrt, aber eine beliebte Speise ist es immer noch. Sie hat etwa den Stellenwert wie bei uns die Kartoffel, bei den Asiaten der Reis oder bei den Italienern die Nudeln. *Poi* kann frisch zubereitet

gegessen werden oder gereift, d. h. leicht angesäuert. Dann hat das Püree eine zartlila Färbung. So essen ihn die Hawaiianer am liebsten. Traditionell wird *poi* mit den Fingern gegessen. Je dicker der Brei, desto weniger Finger braucht man zum ›Essenfassen‹ – daher wurde auch die Bezeichnung ›Ein-, Zwei- oder Dreifinger-Poi‹ geprägt. Beim echten *luau* wird dann *poi* im Wechsel mit dem Kalua-Schwein oder Lomi-Lachs gegessen.

Für Hawaiianer eine Delikatesse, für den ungewöhnten Touristen schmeckt der Brei eher fade. Böse Zungen vergleichen ihn manchmal wegen seiner Konsistenz mit Tapetenkleister, obwohl man dem *poi* damit sicher nicht gerecht wird. Außerdem ist er so ziemlich das gesündeste Nahrungsmittel, das man sich denken kann. In Geschäften und Märkten wird er frisch, getrocknet oder auch in Dosen angeboten. *Poi* ist nicht billig, denn der Anbau der Taro-Pflan-

luaus übernommen, die heute eine Touristenattraktion sind.

Ein Zeitungsbericht aus dem Jahre 1912 verrät etwas über die gelegentlichen Dimensionen dieser *luau*. Demnach feierte der Colonel Spalding seinen 75. Geburtstag in seinem Haus auf Kaua'i. Der Colonel hatte alle eingeladen, die mit der Post erreichbar waren. Die Gäste strömten aus allen Himmelsrichtungen herbei, zu Fuß, mit dem

Pferd, mit dem Auto. Gegen 12 Uhr mittags brachte der Plantagenzug die Hauptgruppe: 2000 Arbeiter mit ihren Familien. Sie fanden an 62 Tischen Platz. Das Rezept für dieses *luau* verlangte entsprechende Zutaten: unter anderem 25 Fässer *poi*, 25 Schweine, 8 Säcke Taro-Blätter, 30 Säcke süße Kartoffeln, 8 Rinder, 200 Hühner.

Am besten ist natürlich eine private Einladung zu einem *luau.* Auch die von

Hawaiianer beim Stampfen von poi (O'ahu, um 1900)

zen auf sumpfigen, ständig mit frischem Wasser durchflossenen Terrassen ist mühsam.

Der Verzehr von *poi* war in gewissem Sinne auch eine religiöse Handlung. Viele traditionsbewußte hawaiische Familien halten sich auch heute daran. Wenn die Poi-Schüssel auf dem Tisch steht, darf es keinen Streit, keine Diskussionen oder unerfreuliche Themen geben.

Im alten Hawai'i war Taro eine bedeutende Heilpflanze gegen Insektenstiche und Fieber, es galt als blutstillend, entzündungshemmend und wurde als Mittel gegen Verstopfung eingesetzt. Heute haben Ernährungswissenschaftler den Wert von Vitamin B, Kalzium, Eisen und Phosphaten im *poi* nachgewiesen. Besonders für Leute mit Magen- und Darmproblemen eignet er sich als ideale Diät.

der Kirche und anderen Institutionen veranstalteten Feste sind origineller und auch preiswerter als die, die meistens in Verbindung mit einer Show von Veranstaltern und großen Hotels angeboten werden. Anlässe gibt es reichlich: Hochzeiten, bestandene Prüfungen, Neujahrsfeiern oder das Fest zum ersten Geburtstag, das *baby luau.*

Das wichtigste beim *luau* ist das Schwein, der Erdofen *(imu)* und die Vor-

und Zubereitung. Der *imu* wird rechteckig ausgehoben, ca. 90 cm tief, 1,20 m breit und 1,80 m lang. Die Kunst, den *imu* zu graben und das Schwein zuzubereiten, vermitteln die Hawaiianer von Generation zu Generation weiter. Das Erdloch wird mit schnellbrennendem Holz und grünem aromatischem Kiawe-Holz ausgelegt. Dieser charakteristische Geschmack läßt sich nicht durch künstlichen Rauchgeschmack ersetzen, wie es manche Hotels versuchen. Auf das Holzfeuer werden Lavasteine gelegt – poröse Steine, die in der Hitze nicht explodieren. Wenn die Steine im *imu* vor Hitze glühen, werden sie in der Grube gleichmäßig verteilt und einige auch in den Bauch des Schweines gelegt. Das Schwein wird dann mit Maschendraht umwickelt (damit es beim Garen nicht zerfällt, und man es besser herausheben kann) in den Ofen abgesenkt. Auch andere in Ti-Blätter gewickelte Speisen wie Fisch, Taro-Knollen oder Bananen können hinzugefügt werden. Jetzt wird alles gut mit Ti- und Bananenblättern zugedeckt. Darauf kommt eine Schicht Leinensäcke, über die dann Erde gehäuft wird. Der so geschlossene *imu* läßt die Hitze nicht entweichen und alles dünstet im eigenen Saft. Nach 6–8 Stunden ist das Schwein fertig, das nun *kalua-pork* heißt.

Alle Familienmitglieder helfen bei den Vorbereitungen. Sie graben das Loch, angeln, ernten, sammeln das Holz, besorgen die Lavasteine. Das *luau* ist somit ein Gemeinschaftsfest. Übrigens wurden früher vegetarisch gefütterte Hunde in den *imu* gelegt, doch heute sind sie von der Speisekarte verschwunden.

Der Fluch der schwarzen Lava - Aberglaube und Mythologie

Unter dem Erlebnis gewaltiger Flutwellen und Vulkanausbrüche, angesichts einer Umwelt mit oft rätselhaften Gefahren fanden die alten Hawaiianer für alle natürlichen Dinge und Ereignisse ihre eigenen Erklärungen.

Viele der geheimnisvollen Geschichten der Vergangenheit, diverse Mythen, alte Folklore und eine polytheistische Religion mit mehreren Tausend Göttern und Halbgöttern sind heute verblaßt. Der moderne Lebensstil hat sie überdeckt. Aber der Glaube an sie ist vielfach geblieben, und er spielt noch heute eine wichtige Rolle im täglichen Leben der Einwohner. Auch bei den Neuankömmlingen übrigens, bei den Chinesen, Japanern, Filipinos und den Weißen.

Daß sich der Geist der Götter in Dingen verkörpern kann, merkt der Reisende auf ›Big Island‹, der Insel Hawai'i, besonders drastisch. Die launische Feuergöttin Pele, die hier wohnt, nimmt viele Formen an. Ihr *mana*, ihr göttlicher Zauber, steckt auch in der Lava. Mißfallen und Zorn treffen also den Besucher, der so ein Stückchen der glänzenden, interessant strukturieren Pahoehoe-Lava arglos als Souvenir mitnimmt. Läppischer Aberglaube? Vieles spricht dagegen. Die Ranger des National Park Service und die Angestellten des Hawaiian Visitors Bureaus erhalten nämlich zahllose Päckchen aus aller Welt. Inhalt: Lavabrocken und die Bitte, die Steine doch um Gottes Willen zum Vulkan zurückzulegen.

Schiere Verzweiflung treibt die meisten Absender zu dieser reumütigen Postsendung. Sie berichten von Mißgeschikken, Pleiten, Unglücksfällen und Krankheiten, die ihr Leben ruiniert hätten, seit sie im Besitz der Lavasteine seien. So erschien ein Artikel in der New York Times über die schlimme Pechsträhne einer New Yorker Familie, die solche ominösen Brocken von einem Hawai'i-Besuch mitgebracht hatte. Das zeigte Wirkung. Eine kaum glaubliche Flut von Rücksendungen kam daraufhin in Gang. Als Warnung hängt der Artikel nun in der Besucherhalle des Volcano National Park.

Immer wieder hört man auf Hawai'i Geschichten von der Göttin Pele in Gestalt einer alten Frau, die von einem weißen Hund begleitet wird. In direkter Nähe des Kraters verwandelt sie sich in ein schönes junges Mädchen. Wird tatsächlich ein herumstreunender weißer Hund auf den Hängen des Kraters gesichtet, bedeutet dies den baldigen Ausbruch des Vulkans. Im Zusammenhang mit den Aktivitäten des Kilauea-Vulkans im Frühjahr 1983 berichteten denn auch Leser der hawaiischen Zeitungen von diesem Phänomen, wie überhaupt die Geschichten um die Göttin Pele bei jedem Ausbruch Konjunktur haben.

Besänftigenden Einfluß auf die launische Pele haben Opfergaben, meist kleine Gegenstände oder Nahrungsmittel, die in Blätter der Ti-Pflanze gewickelt und am Krater, auf den Steinmauern von *heiaus*, den alten Kultstätten, niedergelegt werden. Ein Aberglaube, der auf O'ahu besonders verbreitet ist, erlaubt nicht, daß man Schweinefleisch mit über die Pali-Bergkette nimmt. Es sei denn, man läßt das Fleisch in Ti-Blätter gewickelt als Opfergabe für den großen Gott Lono oder aber auch für die Göttin Pele am Nu'uanu Pali-Paß. Man sagt, daß Schweinefleisch von Pele bevorzugt

werde. Ist es doch ein besonderer Beweis, daß man durch diese Opfergabe im Streit der Göttin mit ihrem früheren Liebhaber, dem Gott der Schweine, für sie Partei ergriffen hat.

Beim Verstoß gegen diese Regel trifft den Unaufmerksamen allerdings nur ein verhältnismäßig kleines Pech: Das Auto bleibt ganz einfach stehen, bis man sich des Schweinefleisches entledigt hat. Schlimmer ergeht es da schon dem Unglücklichen, der den Geistern der Unterwelt begegnet, die zwischen Dämmerung und Morgengrauen in bestimmten gewitterschweren Nächten zu ihren vertrauten *heiaus* und Jagdgründen marschieren. Der Anblick dieser grausigen Prozession von Göttern, Geistern und den rastlosen Seelen der Verstorbenen, begleitet von Fackelträgern zum Klang der Trommeln und Nasenflöten, bedeutet den sicheren Tod, es sei denn, unter den nächtlichen Wanderern befindet sich ein *akua*, ein wohlwollender Familiengott, der Fürbitte einlegt. In den Dörfern des ländlichen Hawai'i kennt man diese bestimmten Wege der Geister, bleibt in solchen Nächten lieber zu Hause und erzählt den schaudernden Kindern die unheimliche Mär.

Unheil bringt es auch, den sagenumwobenen *menehune*, den Gnomen der hawaiischen Folklore, bei ihrer nächtlichen Arbeit zuzusehen. Von ihnen wird berichtet, daß sie, obwohl von kleinem Wuchs, erstaunliche Kräfte besitzen und daß viele vorgeschichtliche Straßen, Tempel und Wasseranlagen ihrem verschiedenen Tun entstammen. Es gibt Wissenschaftler, die annehmen, daß die *menehune* als zwergwüchsige und dunkelhäutige Rasse schon vor der Ankunft der Polynesier auf Hawai'i tatsächlich existiert haben. In jedem Fall finden die Sagen über die *menehune* bei den Kindern Hawai'is großen Anklang.

Abergläubischen Hawaiianern dienen die Gnome oft auch heute noch als Sündenbock. So kommt es schon einmal vor, daß Arbeiter sich weigern, an einem Projekt weiterzuarbeiten, weil häufig rätselhafte Pannen und Unfälle geschahen. Als vor einigen Jahren die Gewerkschaft der öffentlich Bediensteten streikte, erklärte selbst die Flughafenverwaltung von Honolulu verschmitzt, daß dennoch durchgeführte nächtliche Reinigungsarbeiten wohl auf das Konto der *menehune* gingen. In den Zeitungen wurde über diese Nachricht dann selbstverständlich diskutiert.

So ist es nicht ungewöhnlich, daß moderne Großprojekte nicht begonnen werden, bevor nach altem Ritual mit Ti-Blättern und Versprengen von Salzwasser durch *kahuna*, die hawaiischen Weisen, der Segen der Götter gesichert ist. Falls das versäumt wurde und es geschahen Unglücke, wie zum Beispiel beim Bau des Tunnels für die Likelike-Autobahn auf O'ahu, wurde diese Prozedur schleunigst nachgeholt. Die Arbeiter waren überzeugt, ein Tabu verletzt zu haben und weigerten sich, mit der Arbeit fortzufahren. Bei der Errichtung des Aloha-Stadions in Honolulu geschah ähnliches. Auch hier passierten Pannen über Pannen, die erstaunlicherweise erst aufhörten, als die entsprechenden Weihen vorgenommen waren. Selbst aufgeschlossene, in ihrem Selbstverständnis voll im 20. Jahrhundert stehende Hawaiianer finden, daß ein bißchen Vorsorge nicht schaden kann.

Eine ältere Dame, früher Mitarbeiterin an der Universität Honolulu, begleitete den Autor einmal zu einem versteckt liegenden *heiau* auf der Insel Kaua'i. Auf dem etwa einstündigen Fußmarsch erzählte sie Wissenswertes und auch Amüsantes aus der hawaiischen Folklore und Mythologie. Da war die Rede von den wunderbaren Eigenschaften der Ti-Pflanze, deren antibakterielle, konservierende und heilende Wirkung wissenschaftlich erwiesen sei, die aber auch vor bösen Geistern und Unglück schütze. Weshalb auch so viele Häuser auf Hawai'i mit einer Hecke dieser Pflanzen umgeben sind. Auch die Opfergaben werden vornehmlich in Ti-Blätter eingewickelt. Und schließlich sind Nahrungsmittel, die nachts transportiert werden müssen, in Ti-Blätter eingewickelt vor dem Zugriff hungriger Geister sicher. Dann erzählte sie mit einem feinen Lächeln von anderen positiven und weniger vorteilhaften Omen. So gilt der sachte Regen, der aus blauem Himmel fällt, als glücksbringend. Einen *le'i* gibt man besser nicht an schwangere Frauen weiter, denn die Nabelschnur des Babys könnte sich darin verwickeln. Auch die Anzahl der Blütenschnüre sollte keine gerade Zahl ergeben. Bananen dürfen beim Fischfang auf keinen Fall an Bord sein; der Erfolg wäre sonst mit Sicherheit gleich Null. Es soll noch Fischer geben, die den Gast, der kurz zuvor eine Banane gegessen hat, bitten, sich doch vor Betreten des Bootes die Zähne zu putzen.

Schließlich war die alte Tempelstätte erreicht, die eigentlich nur noch aus den niedrigen, schwarzen Mauerresten bestand. Darauf lagen zahlreiche kleine grüne Päckchen – in Ti-Blätter gewickelte Opfergaben. Auf den fragenden Blick hin erklärte die Wissenschaftlerin - auf die Opfergaben weisend-, daß auch heute noch manche Hawaiianer den alten Göttern nicht abgeschworen hätten. Beim Verlassen des *heiau* legte auch sie, zwar etwas verschämt, ein kleines Ti-Bündel auf die Mauer. Dies sollte die Götter, die durch Betreten dieser Stätte gestört wurden, besänftigen und wäre doch eine gute Tradition.

Sport und Abenteuer
Paradies für Unternehmungslustige

Hawai'i: ein Dorado für Aktivurlauber. Zwischen Meeresbrandung und alpinen Höhen, Urwaldtrails und Schneepisten trifft der Besucher auf ideale Bedingungen für Aktivitäten aller Art. Sie reichen vom geruhsamen Nachmittagsspaziergang bis zur riskanten Gratwanderung, vom harmlosen Angelspaß bis zum Überlebenstraining in der Wildnis.

Wandern und Trekking

Nur dem Wanderer erschließt sich das irdische Paradies, das Hawai'i abseits der Städte und Ferienzentren, der modernen Hotels und vielbefahrenen Straßen bereithält: einsame Täler mit den Steinruinen alter Tempel, Urwälder, versteckte Strände, spektakuläre Wasserfälle und kristallklare Bergseen.

Alle Inseln bieten eine breite Palette von *trails,* darunter schwierige, die nur von erfahrenen Trekkern mit guter Kondition in Angriff genommen werden sollten, aber auch solche, die für eine Familienwanderung gut geeignet sind. Einige der spektakulärsten Wandertouren gehören allerdings auch zu den schwierigsten. So der Na Pali Trail entlang der wilden Nordküste und der Waimea Canyon Trail, beide auf Kaua'i, der Treck zum Mauna Kea auf ›Big Island‹ Hawai'i sowie die *trails* in den Vulkankrater des Haleakala auf der Insel Maui. Doch zahlreiche Wanderrouten offenbaren die Naturschönheiten Hawai'is, ohne daß man über eine ausgeprägte

Trekking im Haleakala-Krater auf der Insel Maui

Kondition verfügen muß. So sind in den Nationalparks und von vielen Aussichtspunkten, die mit dem Auto erreicht werden können, auch kleine Wanderungen auf gut markierten, bequemen Wegen möglich. Besonders empfehlenswert sind auf O'ahu der *trail* zum Diamond Head mit herrlichem Blick über Waikiki und vom Tantalus Drive aus führt der Manoa Cliffs Trail durch üppigen Regenwald. Auf Maui lohnt sich von der Hana-Straße aus die kurze Wanderung im Keanae Arboretum mit seiner hawaiischen Pflanzenwelt. Und auf ›Big Island‹ führen bequeme Wanderungen von weniger als einer halben Stunde in tropischen Regenwald mit schäumenden Wasserfällen im Akaka Falls Park, zum Naturschutzgebiet des Kipuka Puaulu mit endemischer Flora und Fauna und durch den Volcanoes National Park (Devastion Trail). Die attraktivsten *trails* sind in den jeweiligen Inselkapiteln erwähnt oder auch genauer beschrieben. Wer jedoch die Inseln weniger durch Rundfahrten als durch mehrtägige Trekking-Touren erschließen möchte, sollte sich zusätzlich die dafür notwendigen topographischen Karten und auch detaillierte Trailbeschreibungen beschaffen (Literatur siehe S. 341 f.).

Verschiedene Unternehmen auf den Inseln führen Exkursionen durch, denen sich auch der weniger erfahrene Wanderer anschließen kann. Organisationen wie »Hawai'i Trail and Mountain Club«, »Sierra Club« und »Friends of Foster Garden« bieten kostenlos oder für einen geringen Beitrag geführte Trekking-Touren an. Detailliertes Kartenmaterial ist beim Department of State Parks oder in größeren Buchhandlungen erhältlich.

Trekking auf eigene Faust
Wer auf eigene Faust wandern möchte, der sollte ein gewisses Maß an Vorsicht

walten lassen, denn Paradiese bergen oft Fußangeln für den, der nicht ständig in ihnen lebt. In den dichten Taldschungeln und in den Wäldern der regenreichen Bergregionen sind die Pfade oft schlammig und wachsen schnell wieder bis zur Unkenntlichkeit zu. In den trockenen Gebieten ist die verwitterte Oberfläche der *trails* häufig rutschig und an steilen Hängen nicht ohne Gefahren. Zu längeren Wanderungen über schwierige Wege durch die Wildnis sollte man möglichst nicht allein aufbrechen oder doch zumindest die Ranger oder andere verläßliche Leute über das geplante Unternehmen informieren: über Ziel, Route und voraussichtliche Rückkehr.

Nicht nur aus ökologischen Gründen sollte man unbedingt auf dem *trail* bleiben, besonders im Dickicht der Regenwälder führen Seitenwege und Abkürzungen häufig unvermutet zu steil abstürzenden Klippen. Nebel, dichte Vegetation, sicher erscheinende Felsen, die aber mürbe und bröckelig sind, moosbedeckte Löcher, Sumpfgebiete, plötzlich auftauchende Felsspalten und verwirrende Grate und Kämme haben selbst erfahrene Trekker schon in Not gebracht. Am häufigsten verirren sich Wanderer auf Hawai'i auf einer der steilen Klippen oder Felsgrate, wo es plötzlich kein Vor und Zurück mehr gibt. Die verwitterten Gesteinsformationen gefährden oft das Leben von in Not Geratenen und Rettern gleichermaßen. Die Entscheidung, am Ort zu bleiben, möglichst so, daß man von mehreren Seiten gut gesehen werden kann, um mit dem Spiegel oder auffälliger Kleidung auf sich aufmerksam zu machen, ist im Falle des Verirrens oft die sicherste Lösung. Entschließt man sich aber dazu, sich selbst aus einer mißlichen Lage zu befreien, folgt man besser dem Verlauf der Felsgrate und -rücken und nicht dem der

Ausrüstung

Die folgende Liste soll einen Überblick über die für mehrtägige Wanderungen in Wildnisgebieten notwendige Ausrüstung geben:

– Schlafsack (erforderlich bei Hiking-Touren auf dem Mauna Kea und Mauna Loa, im Winter ist dann auch ein Daunenschlafsack erforderlich)
– Isomatte und Plastikfolie (1 × 2 m)
– Regenschutz, feste Schuhe für Bergwanderungen und auf Lava, leichte Turnschuhe, Sonnenbrille, Sonnenschutz (letztere auch bei kürzeren Touren sehr wichtig)
– Kompaß und topographische Karten
– Messer (am besten Schweizer Messer)
– Feuerzeug und wasserfeste Streichhölzer
– Erste-Hilfe-Kit (in wasserdichtem Behälter): Pflaster, Klebeband, Verbandsrollen, einige sterile Zellstoffstücke, Aspirin, Abführmittel, Jod, Sicherheitsnadeln, Vaseline, Nadel und Faden
– Plastikbeutel (für Kleidung, Nahrungsmittel usw.)
– Notsignal, Spiegel, Taschenlampe
– Leichtzelt mit Moskitonetz, bequemer Rucksack, Kocher (Gas oder Spiritus muß vor Ort gekauft werden, da die Fluggesellschaften den Transport nicht zulassen), Eßgeschirr
– Nahrungsmittel; wegen der Gewichtsersparnis sind dehydrierte Nahrungsmittel besonders gut geeignet, auch kalorienreiche Snacks und Trockenfrüchte bieten sich an.

Bäche und Rinnsale. Die nämlich verwandeln sich häufig in Wasserfälle, die über steile Klippen stürzen und den Verirrten in eine noch ausweglosere Situation bringen.

Überanstrengung ist zu vermeiden (vor allem in Notsituationen). In den höheren Regionen besteht auch auf Hawai'i die Gefahr einer Unterkühlung, die fast unbemerkt eintreten kann (besonders bei Temperaturen unter 10 °C und bei feuchtem oder windigem Wetter). Müdigkeit kann bereits ein fortgeschrittenes Stadium ankündigen. Auch bei kürzeren Wanderungen sollte man genügend Trinkwasser mitnehmen. Das Wasser der zahlreichen Bäche kann durch Tiere verunreinigt sein, muß daher abgekocht oder sterilisiert werden (Jodtabletten).

Camping

Die Ausstattung der Campingplätze ist durchweg karger als auf dem US-Festland. Am besten und auch am saubersten sind in der Regel die Campingplätze in den State und National Parks. Hinweise zum Campen:

– Offene Feuer sind generell verboten, es sei denn, es sind besondere Plätze dafür vorgesehen. Hawai'is Wälder brennen leicht, denn die Humuserde ist schnell entflammbar, und die Praxis, Feuerstellen mit Erde abzulöschen, funktioniert hier nicht.

– Camper und Wanderer sollten sich möglichst von Privatgelände fernhalten. Die Eigentümer machen zunehmend von ihren Rechten Gebrauch und leiten gerichtliche Schritte gegen ungebetene Gäste ein.

Da Camping auf den Inseln sehr beliebt ist – auch bei den Inselbewohnern – und auf vielen *Campgrounds* nur wenige Plätze vorhanden sind, sollte an rechtzeitige Reservierung gedacht werden.

Leider haben auch Kriminalität und Vandalismus zugenommen. Dies trifft besonders auf einige Strände und Campingplätze auf O'ahu zu. Wertgegenstände sollten nicht unbeaufsichtigt oder im Auto zurückgelassen werden. In den jeweiligen Inselkapiteln wird auf besonders attraktive Campingmöglichkeiten hingewiesen. Campmobile werden auf den Inseln nicht vermietet. Die typischen Plätze für Wohnwagen und RVs *(recreational vehicles),* wie sie auf dem Festland üblich sind, gibt es auf Hawai'i nicht.

Schwimmen, Tauchen, Schnorcheln

Hawai'i, mit seinen unzähligen Buchten, weiten Sandstränden und gleichbleibend warmen Wassertemperaturen das ganze Jahr über, ist ein beliebtes Ziel für Wassersportler.

Generell sicher ist das **Schwimmen** an *beaches,* denen ein schützendes Riff vorgelagert ist. Strände, die zum offenen Ozean liegen, können bei hoher Brandung für Ungeübte gefährlich werden. Das gilt auch für steil abfallende Strände und felsige Ufer. Oft sind auch

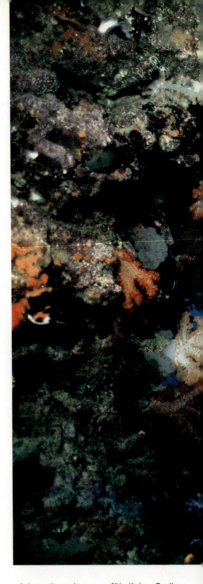

nicht erkennbare gefährliche Strömungen vorhanden. In jedem Falle sollte man den Rat befolgen, »dem Ozean niemals den Rücken zuzukehren«, denn es ist schon häufig vorgekommen, daß eine unerwartet hohe Welle einen unvorsichtigen Schwimmer ins offene Meer mitgenommen hat. Außergewöhnlich schöne Strände und gute Tauch- und Schnorchelreviere sind in

den Inselbeschreibungen erwähnt. Alle
Strände sind öffentlich und für jedermann frei zugänglich. Je nach Jahreszeit und Lage herrschen Wassertemperaturen von 22–28 °C.

Auch für das **Schnorcheln** und **Tauchen** gelten bestimmte Vorsichtsmaß-
nahmen. Tauchen sollte man nach Möglichkeit nicht allein, und Aktivitäten und
Lokalität sollten dem eigenen Erfah-
rungsstand angepaßt sein. Hinweise auf
die besten Tauchreviere und das, was
alles zu beachten ist, erhält man vom
Parks and Recreation Department oder
von den zahlreichen *dive shops* und
Tauchschulen.

Viele Besucher kommen nur nach
Hawai'i, um hier die einzigartige Unterwasserwelt zu erleben. Das Wasser ist
klar und warm genug, um auf Schutz-

kleidung verzichten zu können. Nur wer länger und in größere Tiefen tauchen will, sollte zum Schutz vor Unterkühlung eine Neoprenjacke tragen. Hawai'is reichhaltige Unterwasserwelt mit Korallenriffen, Lavahöhlen, bizarren vulkanischen Steinen und den farbenprächtigen Fischen bietet sowohl dem Abenteuer suchenden Experten als auch dem Laien, der nur gemütlich schnorcheln möchte, ein geeignetes Revier.

Die Motive für den Unterwasserfotografen sind mannigfaltig: glitzernd bunte Riff-Fische, schwarze Korallen, die wie wuschelige Bäume und Sträucher auf den Felsen wachsen, ganze Schulen tropischer Schmetterlingsfische, deren Farben so zart erscheinen, als wären sie handgemalt, Schildkröten und die in leuchtenden Farben schillernden Papageien- und Skorpionfische sowie Korallen in allen Farbschattierungen, die wie Blumen aussehen.

Hanauma Bay, an O'ahus Ostspitze, bietet besonders frühmorgens, wenn weniger Besucher das Wasser trüben, ideale Bedingungen zum Schnorcheln. In der flachen, ruhigen Bucht kann man mit Maske und Flossen über die Wunderwelt der Korallen hinweggleiten, die sich oft nur wenige Fuß unter der Wasseroberfläche ausbreitet. Auf O'ahu findet man die besten Tauchgebiete in der Nähe des Diamond Head, zu denen man sich mit dem Charterboot hinausfahren lassen kann. Gute Möglichkeiten (nur im Sommer, wenn die Brandung niedrig ist) gibt es auch am Nordufer und bei Rabbit Island. Makaha an der Wa'ianae-Küste ist durch interessante Bodenformationen, Riffe und Grotten, die nur wenige hundert Meter vom Ufer entfernt sind und eine besonders reichhaltige Unterwasserfauna bieten, besonders empfehlenswert. Da der Wellengang hier auch im Sommer oft hoch

ist, eignet sich diese Küstenregion eher nur für Könner.

Hervorragende Tauchreviere bieten auch Maui und Kaua'i. Auf ›Big Island‹ Hawai'i finden sich vor der Kona-Küste exzellente Plätze mit guten Riffen (flache und tiefer gelegene), schwarzen Korallen, Muscheln, Schildkröten, Langusten und auch großen Fischen. Die Lavaströme haben hier eine bizarre Unterwasserlandschaft hinterlassen. Als eines der besten Tauchgebiete gilt das Cathedral Reef, 10–30 m tief, vor Lana'i. Da im allgemeinen die Bedingungen zum Tauchen weniger von der Jahreszeit als von den örtlichen, ständig wechselnden Wetter- und Wasserverhältnissen abhängen, ist es ratsam, sich den von Tauchschulen veranstalteten Exkursionen anzuschließen. Dem Rat dieser Profis sollte man trauen, denn sie sind alle begeisterte Taucher und suchen sich deshalb die besten Plätze aus. Um eine Ausrüstung leihen zu können, muß man ein Taucherzertifikat vorlegen, ohne das Tauchen nur unter Anleitung möglich ist.

Zodiac

Zodiac heißt das Gummifloß, mit dem man zur einsamen Na Pali-Küste gelangt. Das Wasservehikel, in den 50er Jahren von Jacques Cousteau entwickelt, ähnelt denen, die bei den Wildwasserfahrten auf dem Colorado River im Südwesten der USA zum Einsatz kommen. Und wenn die Wellen vor der Küste etwas höher als normal schlagen, geht es mit dem hawaiischen Zodiac nicht minder rauh und naß zu als in den Wildwassern des Colorado. Die Gummiflöße sind sicher und auch bei Kontakt mit Felsen nicht so leicht zu beschädigen.

Schlauchboot-Abenteuer auf Hawai'i

Clancy Greff, den auf Kaua'i jedermann als Captain Zodiac kennt, kam 1972 hierher und begann mit einem vier Meter langen Gummifloß die Na Pali-Küste zu erkunden. Zuerst gebrauchte er gewöhnliche Paddel. Erst später stattete er das Floß mit einem starken Außenbordmotor aus. Jahrelang erforschte er die einsamen Buchten, fuhr in die verstecktesten Höhlen und erkundete die vielen Täler. Dabei befreite er nicht selten Wanderer, die erschöpft oder verletzt waren. Denn bei heftigen Regenfällen wird der schmale *trail* entlang der Klippen oft unpassierbar und ist dann extrem gefährlich.

Greffs Rettungsunternehmen führte schließlich dazu, daß er regelmäßig Camper oder Wanderer an den schwer erreichbaren Stränden absetzte, sie abholte oder auch Touren hin und zurück unternahm. Verschiedene Forschungsinstitutionen wie die Cousteau Society und die Hawai'i Whale Research Foundation haben ihre Arbeit vor den Küsten Hawai'is mit Hilfe von Clancy Greff und seinen Zodiacs durchgeführt. Heute besitzt das Familienunternehmen mehrere Fahrzeuge von unterschiedlicher Größe und veranstaltet auch auf ›Big Island‹ Floßtouren.

Teilnehmer für eine Floßtour entlang der Na Pali-Küste treffen sich beim ehemaligen Ching Young Store in Hanalei. Die Bootsführer besitzen alle eine Lizenz der Küstenwache und sind erfahrene Skipper. Am besten eignen sich die Monate Juni bis August für die Zodiac-Tour, dann ist das Meer am ruhigsten. Die Reise beginnt in der kleinen, von Kokospalmen umsäumten Lagune in der Nähe des Bali Hai Beach. Weiter draußen, hinter dem Riff, steht oft eine kräftige Dünung. Das Boot springt dann förmlich über die Wellen, und ab und zu wirft eine besonders hohe Welle Gischtschauer über die Insassen. Fotografen sollten darauf gefaßt sein und für ihre Ausrüstung wasserdichte Behälter dabeihaben. Zu fotografieren gibt es viel: die grandiose Steilküste mit ihren wilden Felsformationen oder eine Schule Delphine, die übermütig in die Höhe springen, Wasserfälle, die schäumend über Klippen schießen, domartige Höhlen, in denen sich das große Floß winzig ausnimmt; lichtdurchflutete Grotten, einsame Strände, auf denen nur ab und zu einige Camper zu sehen sind, und verwunschene Täler mit tropischer Vegetation. Bei günstigem Wetter ist auch Gelegenheit zum Schwimmen und Schnorcheln. Am schönsten ist die »Sunset Excursion«, wenn die schroffen Klippen und tiefeingeschnittenen Täler der Na Pali-Küste noch dramatischer hervortreten und in bezaubernden rosa und goldschimmernden Farbschattierungen glänzen. Höhepunkt der Fahrt ist das Kalalau Valley am Ende des historischen *trails*. Die Rückfahrt findet dann gegen Wind und Wellen, statt. Wie ein wilder Stier springt das Floß über die meterhohen Wellen, und ein Gischtschauer nach dem anderen regnet auf die Insassen nieder, die sich jetzt an den Halteseilen festklammern.

Segeln

Die warmen tropischen Gewässer und steten Passatwinde machen Hawai'i das ganze Jahr über zu einem Segelparadies. Segeln bedeutet auf Hawai'i überwiegend *blue water sailing*, also Hochseesegeln mit größeren Yachten, denn für kleine Boote ist das Wasser oft zu rauh. Ein beliebter Sport, seit König Kalakaua ihn Ende des vorigen Jahrhunderts zu seinem Hobby machte. Robert Louis Stevenson und Jack London setzten die Tradition fort. 1906 fand die erste klassische Segelregatta statt, das Trans-Pacific Yacht Race, 2216 Seemeilen von Kalifornien nach Hawai'i. Diese Regatta ist das traditionsreichste Distanz-Rennen der Welt, die älteste organisierte Sportveranstaltung Hawai'is. Sie wird alle zwei Jahre abgehalten. Zahlreiche kleinere Regatten finden rund ums Jahr statt.

Segler mit Jollen oder Katamaranen bevorzugen Honolulu/Waikiki und Kailua auf O'ahu, Lahaina auf Maui sowie Kona und Hilo auf ›Big Island‹. Hier befinden sich auch zahlreiche Segelschulen und Bootsvermietungen. Umfangreicher ist das Programm für Yachtcharter und -touren. Yachten der unterschiedlichsten Größe und Ausstattung können stunden- und tageweise oder zu günstigeren Tarifen auch wochenweise gechartert werden. Größere Boote werden in der Regel nur mit Skipper vermietet. Beliebte Yachthäfen sind Ala Wai auf O'ahu, Lahaina und Ma'alaea auf Maui, Nawiliwili auf Kaua'i, Kaunakakai auf Moloka'i und Hilo sowie Kawaihae auf ›Big Island‹. Mit Ausnahme von Lana'i und Moloka'i wird auf allen Inseln eine Vielzahl von Ausflugstouren mit Segelyachten und Motorbooten angeboten. Mehr am Massentourismus orientiert sind die *sunset* und *dinner sails* der großen Ausflugsschiffe wie der Riesenkatamarane, die für 100 oder mehr Gäste Tanz, Unterhaltung und ein festliches Abendessen bieten.

Aber es geht auch anders: zum Beispiel eine Segeltour mit 2–4 Personen auf einer der kleineren, aber eleganten und schnittigen Yachten, die von einem erfahrenen Skipper, oft dem Besitzer selbst, geführt werden. Je nach Laune oder Kenntnis beteiligt man sich an den Segelmanövern oder genießt ganz einfach das großartige Panorama, die herrliche Brise und das tiefblaue Wasser. Besonders reizvoll ist das Segeln vor den Küsten Kaua'is und Mauis. Die Touren mit diesen kleinen Yachten lassen sich ganz individuell gestalten. Ob man nur ein paar Stunden vor der historischen Walfängerstadt Lahaina kreuzt oder einen mehrstündigen Segeltörn zwischen den Inseln unternimmt: Ein großes Erlebnis ist es allemal.

Auch Schnorcheln und Tauchen lassen sich gut mit einer Segeltour verbinden. Zwischen Januar und April kann man die großen Wale vor den Küsten Mauis und Kaua'is beobachten, die sich zur Paarung alljährlich hier versammeln (Informationen zu Veranstaltern und Bootsverleih siehe Serviceteil S. 353.

Kajaksport

Für geruhsames Paddeln auf Flüssen bietet nur die Insel Kaua'i lohnende Reviere, hier besonders bei Hanalei. Sea *Kayaking,* also Paddelabenteuer entlang der Küsten und Buchten, sind auf allen Inseln möglich. Sehr schöne Reviere gibt es an der Kona-Küste auf ›Big Island‹, hier vor allem an der Kealakekua Bay sowie an Mauis Kihei-Küste und an den Küsten Kaua'is. Auch für Anfänger gibt es gute Möglichkeiten, und Ausrüstung kann überall gemietet werden. Sehr empfehlenswert sind auch geführte Exkursionen, wie sie von Outfitters Kaua'i durchgeführt werden (siehe Serviceteil, S. 353).

Windsurfing

Auch Windsurfing-Fans treffen auf den Hawai'i-Inseln ideale Bedingungen an. Viele europäische Profis und Ausbilder trainieren auf Hawai'i. Hier entstehen neue Designs für Bretter und Segel, hier werden neue Techniken entwickelt und erprobt.

Ein Zentrum des Sports ist Kailua Bay auf O'ahu, aufgrund der ständigen und kräftigen Passatwinde und durch den natürlichen Schutz der vorgelagerten Riffe sicher eine der besten Windsurf-Regionen der Welt – ein ideales Revier auch für weniger erfahrene Windsurfer. In Kailua gibt es mehrere Surfschulen, wo Profis die hohe Schule des Windsurfens vermitteln. Unter ihnen auch Windsurfing-Champion und mehrfacher World Cup-Gewinner Robbie Naish, der als 13jähriger seine erste Weltmeisterschaft gewann. Er ist hier zu Hause und lebt von seinen Einnahmen aus der Produktwerbung für Windsurfartikel. Das Springen über die Wellen, die Akrobatik auf dem Brett ist für ihn das Größte. Das *wave jumping* macht denn auch das Besondere am Windsurfen in Hawai'i aus. Beim Diamond Head und besonders an der Nordküste von Maui bei Ho'okipa Beach jagen die Windsurfer mit Geschwindigkeiten bis zu 40 km pro Stunde und mehr über die Wellen und machen dabei Sprünge bis zu einer Höhe von sechs Metern und mehr. Für eine solche Akrobatik sind perfekte Körperbeherrschung und ständiges Training erforderlich. Für den mit Wind und Wel-

Hawai'i ist auch ein Mekka für Windsurfer

lenbedingungen nicht so vertrauten Windsurfer aus unseren Regionen ist Kailua Bay noch am geeignetsten, um Windsurfing im ›Hawaiian Style‹ zu erlernen.

Surfing – Sport für Könige

Heute ist dieser Sport auf Hawai'i wieder eine Institution. Das *bodysurfing* ohne Brett war im übrigen Polynesien wohl schon früher bekannt. Als Sport, bei dem die großen Wellen mit dem Brett gemeistert werden, entstand das Surfen jedoch auf Hawai'i, wo es bereits in vorgeschichtlicher Zeit zu höchster Blüte heranreifte. Schon Kapitän Cook und seine Leute waren voller Erstaunen und Bewunderung, als sie vor den Küsten Hawai'is zum ersten Mal die Wellenreiter sahen. Und von Mark Twain bis Jack London haben alle Schriftsteller, die Hawai'i bereisten, über die Faszina-

An der Nordküste O'ahus wagen nur die Besten der Besten den Ritt auf den Wellen

tion berichtet, die von den hochgewachsenen Männern bei ihrem tollkühnen Ritt auf den Wellen ausging.

Dieser alte Sport war nie nur eine Freizeitgestaltung, sondern auch in die Rituale der hawaiischen Gesellschaft eingebettet. Beim Bau eines Surfbrettes legte man größte Sorgfalt auf die Auswahl des richtigen Baumes, und die Arbeit wurde von religiösen Zeremonien begleitet, um sich das Wohlwollen und den Schutz der Götter zu sichern. Das erste Wassern eines Brettes war stets mit entsprechenden Feierlichkeiten verbunden.

Im alten Hawai'i waren zwei verschiedene Brett-Typen gebräuchlich: ein kürzeres *alaia* und ein längeres *olo*, wobei das kürzere aus Koa-Holz hauptsächlich von Frauen und Kindern für die kleineren Wellen in Strandnähe benutzt wurde. Den hierarchischen Traditionen der alt-hawaiischen Gesellschaft gemäß durfte das leichtere und tragfähigere Holz des Wiliwili-Baumes nur für die Surfbretter der herrschenden Klasse der *ali'i* verwendet werden. Die besten Surfstrände waren außerdem mit einem *kapu*, einem Verbot für das gemeine Volk belegt. Verständlich, daß die *alii* bei weitem die besten Surfer waren und vom Surfen als einem ›Sport für Könige‹ gesprochen wurde. Die Bretter konnten bis zu 6 m lang und über 75 kg schwer sein. Um ein Brett mit solchen Ausmaßen zu handhaben, erforderte es auch die Statur und Kraft eines *ali'i*.

Die heutigen Surfbretter mit Schaumstoffkern und Fiberglasbeschichtung sind kaum 2 m lang und nur 7–9 kg schwer. Austauschbare Finnen machen sie enorm wendig und stabil. Längere und

schwerere Bretter, sogenannte *elephant guns*, werden nur noch aus Tradition für die ganz großen Wellen benutzt. Allerdings: In der Liebe zum Detail, zum farbenfrohen, oft futuristischen und poppigen Design, wie auch im Stolz, mit dem die Surfer heute ihre *boogie boards, knee machines* und *elephant guns* zur Schau stellen, klingen doch Parallelen zur spirituellen Bedeutung von damals an.

Bald nach Ankunft der Missionare um 1829 verschwand das Surfen von den Inseln Hawai'is erst einmal. Für die Gottesmänner war der Sport nichts anderes als eine unnütze Zeitverschwendung. Danach geriet das Surfen mehr und mehr in Vergessenheit. Dies änderte sich erst wieder, als Alexander Hume Ford 1908 von Königin Lili'uokalani einen Teil des Waikiki Beach pachtete und den Outrigger Canoe Club gründete, wo diese klassische hawaiische Sportart wieder zu Ehren kam. Mit beginnendem Wirtschaftswachstum und steigenden Touristenzahlen gewann das Surfen zunehmend an Popularität, und zahlreiche Kanu- und Surfing-Clubs wurden gegründet, deren traditionsreichster noch heute der Outrigger Canoe Club ist.

Besonders ein Sportidol hat dem Surfsport auf Hawai'i Auftrieb gegeben: Duke Kahanamoku, der 1912 als Schwimm-Champion olympisches Gold erhielt. Duke Kahanamoku begeisterte in Kalifornien, an der US-Ostküste und in Australien Tausende für das Surfen und trug damit entscheidend zur internationalen Anerkennung und Verbreitung dieser Sportart bei.

Heute stellen unter der Vielzahl der internationalen Surfwettbewerbe die hawaiischen *Triple Crown of Surfing* von Mitte November bis Anfang Dezember das große Finale dar. Die Weltbesten der Surfszene messen dann an den Stränden der Nordküste ihre Künste. Das wohl faszinierendste Surfspektakel überhaupt ist das *Buffalo's Big Board Classic* Ende Februar/Anfang März am Makaha Beach. Ein Surfwettbewerb wie im alten Hawai'i mit bis zu 5 m langen und 40 kg schweren Surfboards. Neben den Wettkämpfen finden kulturelle Veranstaltungen mit traditioneller Musik und kulinarischen Spezialitäten statt. Die großen Meisterschaften werden alle in der Zeit von Ende November bis Mitte Dezember ausgetragen, denn dann sorgen die Winterstürme im Nordpazifik für die ›richtigen‹ Wellen.

Die besten Surfstrände der Welt säumen die Nordküste O'ahus, einige der bekanntesten sind Sunset Point, Gas Chambers, Himalayas, Avalanche, Veezyland, Kammieland, Rocky Point, Laniakea, Haleiwa und die Banzai-Pipeline. An der rauhen Nordküste brechen sich die gewaltigen Wellen, die die Höhe eines mehrstöckigen Hauses erreichen können: für Amateure zweifellos die falsche Adresse, das Terrain gehört hier allein den Besten der Besten. Selbst für die ist es oft ein Spiel mit dem Tod. Am berüchtigsten ist wohl die *Bansai-Pipeline* mit den gefährlichsten und spektakulärsten Wellen. Auch die abgebrühtesten Surfer sprechen ehrfürchtig vom unvergleichlichen ›Ritt durch die Röhre‹, der das Adrenalin so richtig in Bewegung setzt.

Wenn sich an solchen Wintertagen die schwarzen Wasserberge am bleigrauen Horizont auftürmen und die Gischt der brechenden Wellen die Autos auf dem entfernten Highway in Salzspray hüllt, dann kommt die Stimmung eines Gladiatorenkampfes auf. Weniger als ein Dutzend waghalsiger Surfer sind mit ihren *elephant guns* auf dem Wasser, während

Surfbrett-Verleih in Waikiki, Honolulu

Hunderte von Zuschauern voller Respekt das Riff säumen. Feuerwehr und Rettungswagen warten gar nicht erst auf einen Notruf, sondern halten sich schon mit blinkendem Warnlicht in Bereitschaft. Und jedesmal, wenn sich ein gewaltiger Wasserberg am Strande bricht, merkt man unter den Füßen ein leichtes Zittern und Beben.

Und dann gibt es immer noch Surfer, die davon träumen, einmal das zu tun, was noch niemand gewagt hat: den Ritt auf den über 12 m hohen Monsterwellen am Kaena Point, dem westlichsten Punkt des Nordufers. Allzuoft sind hier im Winter die Wellen so hoch, daß auch für die Mutigsten das Surfen nicht mehr möglich ist. Im Winter 1969 wurden über 30 Häuser zwischen der Kawela Bay und Haleiwa zu Brennholz zerkleinert, als die Küste von 15 m hohen Wellen überrollt wurde.

Aber man muß zum Surfen ja nicht unbedingt im Winter an die Nordküste O'ahus fahren. Auf allen Inseln locken Surfstrände für jeden Geschmack. Dem Besucher, der es einmal probieren oder lernen möchte, bietet Waikiki Beach ideale Bedingungen. Zu jeder Jahreszeit sind hier die Wellen meist nur 1–1,5 m hoch und dabei gleichmäßig und lang ausrollend. Surfbretter kann man mieten, und eine Truppe liebenswürdiger hawaiischer *beach boys* steht für Einzel- oder auch Gruppenunterricht bereit.

Auch ohne Brett kann man die Wellen meistern. Das *bodysurfen* ist die Kunst, den eigenen Körper von der Welle an den Strand tragen zu lassen. Auch dies will geübt sein, wenngleich es einfacher zu lernen ist als das Surfen mit dem Brett. Makapu'u an der Ostküste O'ahus bietet hierfür die besten Wellen.

Eine relativ neue Sportart ist das *bodyboarding*. Hier wird ein kleines, federleichtes *board* aus Kunststoffschaum zum Gleiten benutzt. Der Sport ist preiswert und leicht zu lernen, und auch die Wellen müssen nicht perfekt sein. Kein Wunder, daß das *bodyboarding* seit Anfang der 70er Jahre einen immer größer werdenden Liebhaberkreis gefunden hat. Inzwischen werden in dieser Sportart verschiedene Wettbewerbe und sogar eine internationale Meisterschaft veranstaltet.

Trailreiten im Haleakala-Krater auf Maui

Naturerlebnis auf dem Pferderücken

Mark Twain und Jack London berichten von der Begeisterung, mit der die Hawaiianer das Pferd als Fortbewegungsmittel ›adoptierten‹. Die ersten Pferde wurden Anfang des 19. Jahrhunderts von kalifornischen Schiffskapitänen als Geschenk für König Kamehameha I. nach Hawai'i gebracht. Zuerst ließ man die zähen kleinen Mustangs ganz einfach frei laufen, wo sie in der Hügellandschaft von ›Big Island‹ schnell verwilderten. Später wurden sie wieder eingefangen, gezähmt und von hawaiischen Cowboys für die Arbeit mit den Viehherden trainiert. Andere Pferderassen wurden später eingeführt, und heute sind die verläßlichen *quarter horses* die verbreitetste Pferderasse. Auf den Inseln gibt es zahlreiche Zuchtbetriebe und Reitställe. Wenngleich auf Hawai'i Reiten nicht zu den dominierenden Sportarten gehört, so sind doch auf allen Inseln Exkursionen auf dem Pferderücken möglich. Rodeos, die denen im Westen der USA kaum nachstehen, und andere Reitveranstaltungen finden alljährlich statt.

Wer Reiten lernen will (Englisch oder Western), kann dies für moderate Gebühren bei zahlreichen Reitställen tun. Auch Unerfahrene können sich vielen *trail rides*, die von Führern begleitet werden, anschließen. Das Angebot reicht von kurzen Ausritten bis zur ganztägigen Exkursion über Bergpfade, durch Urwälder, weites hügeliges Weideland mit fantastischen Ausblicken, bis hinunter zu den langen Sandstränden. Einige Ausritte auf O'ahu schließen sogar botanische Gärten ein, bei anderen wird ein Picknick oder ein Steak am abendlichen Lagerfeuer geboten, und eine zünftige *western night* mit Barbecue und Country Music läßt sich ebenfalls arrangieren. Auf Maui kann man in den Krater des Haleakala reiten, auf ›Big Island‹ im Hochland der Parker Ranch oder zum Captain Cook Monument an der Kealakekua Bay.

Golf und Tennis

Hawai'i ist ein Paradies für Golfer mit idealen Bedingungen zu allen Jahreszeiten. Für Amateure und Profis stehen hier einige der schönsten Golfplätze der Welt bereit. Von den rund 70 Plätzen der Inselgruppe sind zwei Drittel für jedermann zugänglich. Je nach Insel kann der Golfer zwischen Plätzen mit unterschiedlicher Szenerie wählen: Tropenvegetation, kühle Seelage, Bergkulisse oder Grünflächen zwischen Lavafeldern. Einige der schönsten Golfplätze sind Manele Bay auf Lana'i, Princeville Resort und Po'ipu Bay Resort auf Kaua'i, Kapalua Plantation Course auf Maui sowie das Mauna Lani Resort und Waikoloa Beach Resort auf ›Big Island‹. Das Hawaiian Visitors Bureau gibt eine eigene Broschüre über Golf auf Hawai'i heraus. Die meisten Plätze haben *pro shops*, wo man Ausrüstung kaufen oder mieten und auch Golfunterricht nehmen kann. Ein gutes Restaurant oder zumindest eine Snackbar gehört bei den meisten Anlagen zur Ausstattung.

Auch für Tennisfreunde haben die Inseln viel zu bieten. Die meisten *courts* befinden sich in öffentlichen Parks, und viele Plätze von Hotels oder Feriendörfern sind für die Allgemeinheit zugänglich. Von den ca. 400 Plätzen sind etwa die Hälfte auf O'ahu zu finden, aber auch auf allen anderen Inseln gibt es ausreichend Gelegenheit, diesen Sport auszu-

üben. Die meisten der größeren Hotels und praktisch alle *resorts* haben eigene Tennisanlagen.

Die Gebühren variieren stark. Die meisten öffentlichen Plätze kosten in der Regel gar nichts, bei anderen schwankt die Gebühr zwischen ein paar Dollar pro Tag und 15 $ pro Stunde. Die durchschnittliche Gebühr bewegt sich zwischen 5 $ und 10 $ pro Stunde. In den Ferienzentren können Tennisschläger gemietet und auch Trainingsstunden genommen werden. Die meisten Plätze haben eine asphaltartige Oberfläche.

Eis und heiß: Skilaufen auf dem Vulkan

Kaum jemand vermutet, daß man in der tropischen Südsee auch Ski laufen kann. Und doch gibt es auf ›Big Island‹ Hawai'i ein Skigebiet auf dem Mauna Kea, dem ›weißen Berg‹, nur etwa zwei Stunden vom warmen Pazifikstrand entfernt. Die Saison kann sich von November bis Mai erstrecken – obwohl die Schneeverhältnisse sehr wechselhaft sind. Als beste Monate gelten Februar und März. Mitunter lassen sich oben auf dem Gipfel alle vier Jahreszeiten an einem Tag erleben. Temperaturstürze von 30 °C innerhalb weniger Stunden sind keine Seltenheit, und selbst im Hochsommer fällt manchmal Schnee.

Im Winter 1936 wurde auf dem Mauna Kea zum ersten Mal Ski gelaufen. Ein Reisejournalist der Zeitschrift »Paradise of the Pacific« hatte zufällig seine Ski im Gepäck. Außergewöhnlich starke Schneefälle brachten ihn auf die Idee und machten ihn zum Pionier des weißen Sports auf Hawai'i. Heute gibt es hier einen Skiclub und man schätzt die Zahl der Skiläufer auf ein paar Tausend. Je nach Schneeverhältnissen finden im

Skifahren am Mauna Kea , nur zwei Stunden vom warmen Pazifikstrand entfernt

Winter mehrere Veranstaltungen statt: im Februar der Mauna Kea Ski Meet, im März der Hawai'i Ski Cup und der Pele's Cup, der welthöchste Skilanglauf; im April der Paniolo Ski Meet und im Mai/Juni der King Kamehameha Holua Meet, mit seinen *snow*- und *bodyboards* an die historischen Holua-Schlittenwettkämpfe erinnernd.

Skilaufen auf dem fast 4205 m hohen Mauna Kea erfordert Vorsicht, besonders im Hinblick auf die starke tropische Sonneneinstrahlung. Sonnenbrille und ein hochwirksames Sonnenschutzmittel sind daher unverzichtbar. Dennoch ist wegen der zum Teil recht niedrigen Temperaturen und schneidenden Winde warme Kleidung nötig. Voraussetzung ist außerdem, daß man sich akklimatisiert hat und die Kondition für die dünne Höhenluft ausreicht. Herz- und Kreislaufprobleme schließen dieses Abenteuer aus. Auch Kinder unter 16 Jahren dürfen nicht auf den Gipfel. Für den, der fit ist, lohnt sich der Aufwand. Skilaufen in dieser mondähnlichen Landschaft mit schönem Blick über die Insel und das tiefblaue Meer, bis hin zum Haleakala auf Maui, ist ein unvergeßliches Erlebnis.

Bei entsprechenden Wetterverhältnissen bietet der Mauna Kea Pulverschnee und 2 bis 8 km lange Abfahrten mit einem Gefälle von 300 bis 1200 m. Für Anfänger sind die Poi Bowl oder Kuhio Run-Abfahrten am besten geeignet. Experten rasen den Warrior's Run und den King Kamehameha Run an der steilen Ostseite des Berges hinunter.

Ein für Hawai'i fremdartiges Bild: eine weite, im starken Sonnenlicht gleißende Schneelandschaft, auf der sich ein paar Dutzend Skiläufer wie lustige bunte Punkte bewegen. Wedelpassagen wechseln mit langgezogenen Gleitstrecken.

Am Ende der Piste steht dann der Jeep bereit, um die Skifahrer wieder zum Gipfel zu bringen. Es gibt weder Lifte noch Skihütten; und man fährt mit einem *shuttle service* per Allradfahrzeug ins Skigebiet. Auch Langläufer finden brauchbare Bedingungen vor. Besondere Touren und Helikopterflüge können arrangiert werden. Ski Guides Hawai'i und die Mauna Kea Ski Corporation bieten geführte Exkursionen für etwa 150 $ an, unter anderem auch ein interessantes Pauschalangebot: Vormittags Ski laufen, Lunch und nachmittags Schnorcheln an der Kona-Küste. Die Ski-Ausrüstung kann vor Ort gemietet werden (Adresse siehe Serviceteil, S. 336).

Angeln und Jagen

Die klaren azurblauen Gewässer vor der Kona-Küste von ›Big Island‹ Hawai'i sind für Hochsee-Sportfischer in aller Welt ein heißer Tip. Hier gehen Schwertfische von Rekordgröße ›ins Netz‹, und Fänge von über 500 kg sind keine Seltenheit. Den Rekord brachte ein mit der Angelrote gefangener Blauer Marlin mit einem Gewicht von über 800 kg. Seit 1959 findet in Kailua-Kona jährlich das prestigeträchtige *Hawaiian International Billfish Tournament* statt, an dem Sportangler aus vielen Ländern teilnehmen. Auch auf den anderen Inseln gibt es gute Möglichkeiten zum Hochsee-Angeln: vor dem Koko Head und im Moloka'i Channel vor O'ahu sowie vor den Küsten Kaua'is und Mauis. Nicht nur der riesige Marlin, auch verschiedene Thunfischarten, Bonitos und der hawaiische *mahi mahi* werden häufig gefangen. Das Zentrum der Sportfischer auf O'ahu liegt am Kewalo Basin in der Nähe Waikikis. Hier steht ein stattliches Sortiment von Charterbooten zur Auswahl, die auch mit kompletter Ausrüstung angeboten werden.

Viele Strände und Felsküsten der Inseln eignen sich gut zum Surf- und Wurfangeln, und die örtlichen Angel-Shops informieren über Köder, Gerät und erfolgversprechende Lokalitäten. Speerfischen ist an den meisten Riffen oder auch an felsigen Ufern möglich. Hier sollte man sich beim Department of Fish and Game über Besonderheiten und Einschränkungen erkundigen (es gibt Mindestgrößen, und Langusten dürfen überhaupt nicht mit dem Speer gefangen werden). Ansonsten existieren für Salzwasserangeln und -fischen keine saisonalen Einschränkungen; ein Angelschein ist ebenfalls nicht erforderlich.

Kaua'i ist die einzige Insel mit Flüssen und Bächen, wo sich das Angeln von Süßwasserfischen lohnt. So gibt es in der Koke'e-Region über 20 km fischbare Bäche und ein Wasserreservoir von über 6 ha Größe. Hier kann man vor allem Forellen, aber auch Karpfen und Welse fangen. Dazu ist jedoch ein Angelschein erforderlich, den man vom Department of Natural Resources erhält. Die Bäche im 1200 m hohen Koke'e-Gebiet sind klar und kühl genug für einen guten Besatz an Regenbogenforellen. Die Saison dauert allerdings nicht lange, nur zwei Wochen im August und danach nur an den Wochenenden im September. Ausführliches Informationsmaterial ist bei der Hawai'i Division of State Parks und beim Hawaiian Visitors Bureau erhältlich.

Alle Inseln bieten Möglichkeiten zur Jagd. Bestimmungen und jagdbare Wildarten variieren je nach Insel. Die Grundgebühr für eine Jagdlizenz kostet weniger als 100 Dollar, aber für einen Jagdführer oder für die Erlaubnis, auf privatem Land zu jagen, muß man schon mit dem Mehrfachen pro Tag rechnen. Dafür ist dann in der Regel auch die gesamte Ausrüstung einschließlich Jeep enthalten. Außer der Lizenz wird noch ein Befähigungsnachweis, das »Hunter Education Certificate« verlangt. Obwohl *guides* nicht gesetzlich vorgeschrieben sind, wird doch dringend empfohlen, bei der Jagdausübung einen professionellen Führer mitzunehmen, um Schwierigkeiten mit Einheimischen und andere Probleme zu vermeiden. Außerdem ist privates Land nicht immer gekennzeichnet, und meistens kennen sich hier nur die Führer aus. Insgesamt gibt es 19 öffentliche Jagdreviere mit einer Fläche von insgesamt etwa 4000 km². Auch für einige private Reviere ist eine Jagderlaubnis erhältlich. In manchen Gebieten wird die Jagderlaubnis per Lotterie erteilt. Hierfür muß man sich einen Monat im voraus anmelden.

Für viele ist das Jagen auf Hawai'i interessant, weil es gleichzeitig mit dem Meistern von wildem, urwüchsigem Terrain einhergeht. Dichte Urwälder, tiefe Schluchten, verwitterte Bergkegel und Hänge, Klippen, oft schlüpfrig vom Moos und Regen, und pockennarbige Lavafelder müssen häufig ›bezwungen‹ werden. Zum jagdbaren Wild gehören auf allen Inseln Flugwild wie Wild-Truthahn, Fasan und Rebhuhn und darüber hinaus

Hawai'i aus der Luft: Blick auf den Volcanoes National Park auf Big Island

Wildschweine und wilde Ziegen in den Wäldern und Bergen von Kaua'i, O'ahu, ›Big Island‹, Moloka'i und Maui, Axishirsche auf Lana'i und Moloka'i, Rehwild *(blacktail deer)* auf Kaua'i, Mufflons auf Lana'i und Wildschafe auf ›Big Island‹. Genaue Auskunft über gesetzliche Bestimmungen und Jagdzeiten erteilt das Department of Land and Natural Resources, Division of Forestry and Wildlife in Honolulu (Adresse siehe S. 353).

Drachenfliegen, Segelfliegen, Exkursionen mit dem Hubschrauber

Drachenfliegen erfüllt den uralten Menschheitstraum, ohne Maschinen und komplizierte Technologie fliegen zu können. Ideale Bedingungen hierfür findet man an den steilen Pali-Bergen an der Westküste O'ahus. Dort befindet sich das Zentrum der Drachenflieger Hawai'is und eines der aufregendsten Drachenfluggebiete der Welt. Drachenflieger aus aller Welt meistern bei den steilen Makapu'u-Klippen, 400 m über der Waimanalo-Küste, die starken Passatwinde. Flüge bis zu 50 km entlang der faszinierenden Ko'olau-Berge bis in die Nähe des Polynesischen Kulturzentrums in Lai'e sind keine Seltenheit. Das Fliegen von Makapu'u, hoch über dem Sea Life Park, bietet wundervolle Panorama-Ausblicke über die dunkelgrünen Pali-Berge, die weiten Strände, auf denen die Sonnenanbeter wie Ameisen erscheinen, und auf das schimmernde blaue Wasser, in dem die Lavakegel von Rabbit Island und Kaohikaipi Island wie zwei große Schiffe schwimmen. Bei guten Flugbedingungen könnte man hier endlos in den Lüften segeln, nur Auskühlung oder Müdigkeit lassen den Piloten den Landeplatz gegenüber vom Sea Life Park anfliegen, ein faszinierendes Erlebnis auch für die Zuschauer.

Schulungsmöglichkeiten werden von der Hawaiian Hang Gliding Association vermittelt. Anfänger beginnen nach theoretischem Unterricht mit ersten Flugversuchen von niedrigen Sanddünen, um nach und nach von immer höher gelegenen Punkten Erfahrungen zu sammeln. Wer nicht die Zeit und Mühe aufwenden will, die zum Erlernen notwendig sind, braucht auf das Abenteuer des Fliegens trotzdem nicht zu verzichten. Es gibt zahlreiche erfahrene Tandempiloten unter den Drachenfliegern, bei denen man gegen geringes Entgelt als Copilot mitfliegen kann. Hierzu ist keinerlei Übung nötig, und der Nervenkitzel läuft auf das gleiche hinaus. Auskünfte erteilt die schon erwähnte Hang Gliding Association. Am besten erkundigt man sich einfach bei den Piloten auf dem Landeplatz.

Segelfliegen ist an O'ahus Nordküste möglich. Vom Dillingham Airfield aus bieten Honolulu Soaring Club und O'ahu Soaring Club preiswerte Rundflüge an.

Im Hubschrauber über Hawai'i

Hawai'i aus der Luft: romantisch und abweisend zugleich, steile Bergketten, Wasserfälle, die sich ins Meer ergießen, Täler mit dichten Wäldern, glitzernde Flußläufe und Sandstrände, kaum berührte Landschaften, die von der Zeit vergessen worden sind.

Die Piloten kennen das Terrain wie ihre Westentasche und haben Tausende von Flugstunden hinter sich. Das zu wissen, beruhigt, wenn der Hubschrauber nur wenige Meter über plötzlich auftauchende Felsgrate streift oder sich in tiefe Spalten schwingt. Zur Routine werden den Piloten die Rundflüge mit Touristen nicht, denn es gibt ständig Sonderaufgaben: Mal bringen sie Vermessungspersonal und Reparaturmannschaften der Elektrizitätsgesellschaft an ihren Bestimmungsort, mal Fotografen oder Jäger in irgendein unzugängliches Tal; und häufig fliegen sie auch Film- und Fernsehteams zu entlegenen Drehorten.

Die vielleicht faszinierendsten Flüge gibt es auf Kaua'i und Moloka'i. Der Flug über Kaua'i beginnt am Hanalei Airport in Princeville, in Lihu'e oder am Sheraton Heliport bei Po'ipu. Höhepunkte sind der fast 1000 m tiefe Waimea-Canyon mit seinem farbenprächtigen zerklüfteten Panorama, die grandiose Na Pali-Küste mit ihren dunkelgrünen und roten Klippen, die direkt ins tiefblaue Wasser abfallen und vor denen sich der Hubschrauber winzig klein ausnimmt, und schließlich der Flug in den Krater des Wai'ale'ale mit seinem ständig wolkenverhangenen Gipfel. Hier fliegt der Hubschrauber in eine weite, durch Erosion geschaffene Öffnung, und plötzlich befindet man sich im Dämmerlicht eines gewaltigen ›Turmes‹, an dessen grünen Wänden, direkt aus den Nebelschwaden am Kratergipfel, unzählige Rinnsale und Wasserläufe herabstürzen. In leichter Schräglage fliegt der Pilot so dicht an den Felswänden entlang, daß man den Eindruck hat, man könnte durchs offene Fenster greifen und das Moos von den Wänden pflücken.

Ähnlich starke Erlebnisse vermittelt ein Hubschrauberflug auf Moloka'i. Vom Kaunakakai Airport beginnt der Flug über Häuser, Felder von Ananas und Alfalfa und weite grüne Wiesen, bis die spektakuläre Nordküste Moloka'is auftaucht. Keine Menschen, nur ab und zu eine Wildziege auf steilem Grat, zackige Felskegel ragen aus dem Wasser, Felswände mit feinen Rinnsalen und schäumenden Wasserfällen, ab und zu Riesenfarne oder ein großer Baum, aus dem dichten Grün einer Schlucht lugt. Die alte Lepra-Kolonie Kalaupapa wird überflogen, und danach Meile um Meile dichtes Grün, unterbrochen von silbrigen Kukui-Bäumen oder den Farbtupfern blühender Bäume. Im Wailau-Tal folgt der Hubschrauber dem Lauf eines Baches, der sich zum schwarzen Sandstrand schlängelt, und landet dort direkt am Wasserrand. Nachdem man sich kurz die Beine vertreten hat, geht der Flug weiter zum Halawa-Valley, dem östlichsten und zugänglichsten Tal des

Nordufers. Hier kann man die Moa'ula-
Fälle bestaunen, umgeben von Bergen,
die mit Guajaven- und Bergapfelbäumen bewachsen sind, und fühlt sich zugleich wieder in die Zivilisation zurück-
versetzt: Am Strand von Halawa haben
sich Camper ausgebreitet, und in der
Bucht liegen zahlreiche Boote.

Weitere atemberaubende Hubschrauberflüge, die man sich nicht entgehen
lassen sollte, führen über die Mondlandschaft des Haleakala auf Maui und
über den feuerspeienden Vulkan
Kilauea mit seinen glühenden Lavaströmen auf der ›großen Insel‹ Hawai'i
(vgl. S. 268).

Reisen in Hawai'i

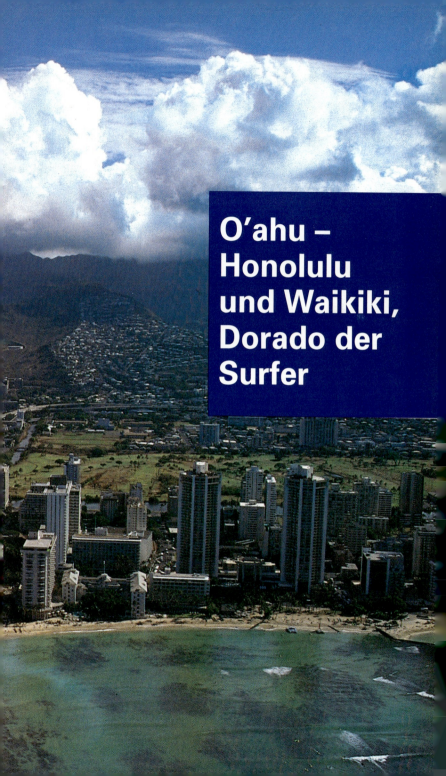

O'ahu – Honolulu und Waikiki, Dorado der Surfer

O'ahu heißt Sammelplatz, und dieser Name stimmt noch immer: hier auf der Hauptinsel, der drittgrößten der Hawai'i-Inseln, leben rund 840 000 Menschen, etwa dreimal so viele wie auf allen anderen Inseln zusammen; über sechs Millionen Besucher pro Jahr kommen hinzu.

Das entsprechende Gewimmel beschränkt sich jedoch auf die Metropole Honolulu mit Waikiki. O'ahu ist weit weniger zersiedelt, als man den Zahlen nach befürchten könnte. Es ist nach wie vor eines der schönsten Tropenparadiese der Welt und besitzt mit der Großstadt Honolulu die sicher ungewöhnlichste Stadt der USA, die zwischen Bergen und Meer, ungeachtet der Hochhäuser und Touristenströme, Lokalkolorit und besonderen Charme bewahrt hat. Die Verbindung von Ost und West, die bunte ethnische Vielfalt, die funktionierende multikulturelle Gesellschaft allein sind schon faszinierend. Und wo sonst gibt es zwei erloschene Vulkankrater mitten in der Stadt? Honolulu hat nicht nur Strände, sondern auch viele große Parks und Grünflächen, mächtige Straßenbäume und sogar tropischen Regenwald im Stadtgebiet. Engagierte Bürgergruppen werben mit Slogans wie »Keep Honolulu clean« oder »Hawai'i is too small for litter« (… zu klein für Abfälle) für ein sauberes Stadtbild und bestehen darauf, daß im ganzen Staate Hawai'i keine *billboards* – Reklametafeln – die Landschaft verschandeln. Zwei kleine ruhige Städte, Kane'ohe und Kailua liegen auf der den Passatwinden zugewandten Seite und werden vom Tourismus wenig berührt.

O'ahus traditionelle Einnahmequellen, Ananas und Zucker, haben in den letzten Jahrzehnten stark an Bedeutung verloren; große Anbauflächen im Innern der Insel sind aufgegeben worden. O'ahu lebt hauptsächlich vom Tourismus, vom internationalen Handel und Wandel zwischen USA, Australien und Fernost, und vom amerikanischen Verteidigungshaushalt, der den Unterhalt der militärischen Stützpunkte und des dazugehörigen Personals nebst Familien finanziert.

Das Staatswappen von Honolulu ziert das Eingangstor des Iolani Palace

Honolulu: Treffpunkt von Ost und West

von Elisabeth Piper

■ (S. 306) Über Honolulu wird viel Negatives gesagt: zuviel Asphalt und Beton, zuviele Autos und Touristen. Die Stadtväter stehen vor großen Problemen, wie überall auf der Welt. Aber Honolulu ist wie kaum eine andere Stadt von der Natur mit Vorzügen beschenkt. Es liegt an einer herrlichen Meeresbucht, im Rücken durch Berge geschützt, die genügend Regenwolken für den natürlichen Wasserhaushalt einfangen. Exotische Blumen, Blütenbäume und tropische Baumriesen, zum Beispiel gewaltig ausladende Banyanbäume, deren Äste sich auf starke Luftwurzeln stützen, gedeihen üppig in den öffentlichen Parks und an Straßen. Selten ist es in Honolulu unangenehm heiß, denn trotz hoher Luftfeuchtigkeit kommt fast immer eine leichte, erfrischende Brise vom Meer her.

Wie konnte mitten im Pazifik eine Stadt von der Größe und Bedeutung Honolulus entstehen? Die stetig von Nordost wehenden Passatwinde, auf englisch *trade winds* – Handelswinde – genannt, bliesen die westlichen Segelschiffe im 18. und 19. Jahrhundert fast von selber nach Hawai'i. In Honolulu fanden die Seefahrer eine geschützte Bucht vor, einen natürlichen Tiefwasserhafen, ideal für große Segelschiffe, ideal auch, um nach langer harter Reise die Überholung der Schiffe mit den Annehmlichkeiten des Südseelebens zu verbinden.

Die Polynesier hatten bis dahin in verstreuten Siedlungen gelebt. Sie brauchten keine Häfen, denn ihre Boote konnten auf jeden beliebigen Strand gleiten.

Je mehr die *hono lulu*, die ›geschützte Bucht‹, zum wichtigen Stützpunkt westlicher Walfang- und Sandelholzschiffe wurde, desto mehr Polynesier und Neuankömmlinge siedelten sich dort an. Es waren die Seefahrer aller Nationen, durch die eine lebhafte Großstadt mitten im endlosen Stillen Ozean heranwuchs. Heute ist Honolulu wie eh und je Drehscheibe von Handel und Verkehr im pazifischen Raum. Hochhäuser und Glaspaläste der großen Banken und Handelsfirmen bestimmen die Skyline von Downtown Honolulu.

Waikiki – Traumstrand am Diamond Head

Auch am berühmten Strand von Waikiki überwiegen die Hochhäuser. Zum Glück, denn die Konzentration des Tourismus auf einen abgegrenzten kleinen Hotelbezirk hat Zersiedelung verhindert und große, baumreiche Grünflächen erhalten. Die angrenzenden Parks sind immer noch größer als ganz Waikiki, und die Hawaiianer sind entschlossen, diesen Zustand beizubehalten.

Früher war Waikiki eine sumpfige, mückengeplagte Gegend mit Taro-Feldern, die der Ala-Wai-Kanal 1922 trockenlegte. Palmen, Grasflächen und Golfplätze säumen den Kanal; hier und da sitzen Angler am Ufer. Aus Waikiki ist eine Stadt in der Stadt geworden, eine Welt für Touristen, in der Tag und Nacht Unterhaltung zu haben ist. Wer mit irrigen Vorstellungen kommt und hier Südsee-Romantik sucht, ist auf dem fal-

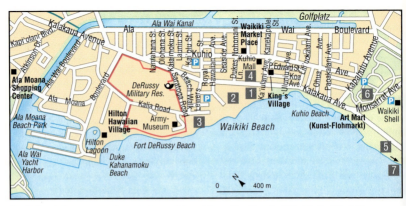

Waikiki *1 Moana Surfrider Hotel   2 Royal Hawaiian Hotel   3 Halekulani Hotel
4 International Market Place   5 Kapi'olani Park   6 Honolulu Zoo   7 Waikiki Aquarium*

schen Dampfer. Die meisten Touristen sind gern in Waikiki und fühlen sich wie in einem Supermarkt voller exotischer Annehmlichkeiten. Sie genießen, was nahe liegt, was bequem und überschaubar ist.

Schwimmen ist in dem gleichbleibend warmen, türkisblauen Wasser eine Wonne; das vor der Küste gelegene Riff schützt vor gefährlichen Strömungen und Fischen. Überall vor den großen Hotels am Strand preisen *beach boys* Surfkurse und Fahrten mit Kanus oder Auslegerbooten an. Strände, Parks, komfortable Hotels, hunderterlei Geschäfte, Restaurants aller Art, Theater, Segeltouren inclusive Dinner, *luaus,* Hula-Tänze mit Gesang, und natürlich Nachtleben mit Nonstop-Unterhaltung: aus diesen Zutaten schneidern sich viele Hawai'i-Touristen ihren Traumurlaub nach Maß.

Bevor sich in Waikiki zahllose Hotels jeder Preisklasse zusammendrängten, gab es direkt am Meer schon das weiß getünchte Moana, das rosarote, im spanisch-maurischen Stil erbaute Royal Hawaiian und das Halekulani-Hotel. Diese drei wurden 1967 von einer Gutachterkommission offiziell zu Waikikis Fore-

most Landmark Buildings erklärt, zu Wahrzeichen für Waikiki also. Das 1901 erbaute Moana ist das älteste, mit einer Veranda, deren Überdachung auf weißen Säulen ruht. Es ist elegant restauriert worden und heißt jetzt **Moana Surfrider** 1. Im Garten spendet ein über hundert Jahre alter Banyanbaum Schatten.

Das **Royal Hawaiian Hotel** 2 wurde von einer Reederei erbaut. Die Eröffnung im Jahre 1927 war ein gewaltiges Ereignis, bei dem ganz Honolulu auf den Beinen war. Während des zweiten Weltkriegs diente das Hotel als Erholungsstätte für die Streitkräfte, hauptsächlich für U-Bootfahrer. Nach dem Krieg konnte es nur schwer wieder Fuß zu fassen; es wurde 1959 zunächst an Sheraton verkauft. Die spätere Übernahme durch japanische Investoren führte in der Öffentlichkeit zu einem Aufschrei der Empörung, weil der vergleichsweise kleine rosa Bau zwischen all den Giganten ringsum als Kleinod hawaiischer Geschichte empfunden wird.

Das dritte berühmte Hotel, das **Halekulani** 3, entstand aus dem 1907 eröffneten Ha'u Inn. Ein riesiger Kiawebaum mit farnartigen Blättern und zartgelben Blüten spendet noch heute Schatten auf einer Terrasse, wo – so wird erzählt – der Schriftsteller Jack London kettenrauchend auf seiner Schreibmaschine Stories schrieb und sich dabei betrank.

Im Herzen der Hotelmeile liegt der **International Market Place** 4, wo bis spät in die Nacht neben allerhand Brauchbarem viel Kitsch angeboten wird, wie in Touristenschwerpunkten der Welt nun einmal üblich. Wer sich über das Warenangebot erhaben fühlt, sollte aber wenigstens den riesenhaften Banyanbaum bestaunen, unter dessen mächtiger Krone sich der Freiluft-Basar eingerichtet hat. Der Wunderbaum steht unter Denkmalschutz.

Die Hotelmeile geht über in den **Kapi'olani Park** 5, der leicht zu Fuß zu erreichen ist. Hier kann man picknicken, joggen, Tennis spielen, Golf trainieren, Ballspielen oder im Schatten der Bäume sitzen und lesen – oder die berühmte Kodak Hula Show (s. S. 104) genießen. Täglich erholen sich hier Tausende von

Waikiki Beach mit dem Royal Hawaiian Hotel im Hintergrund

Die KODAK Hula Show –
eine 50jährige Tradition

Verfehlen kann man die Kodak Hula Show nicht: Ihr Stammplatz ist neben der Waikiki-Konzertmuschel im Kapi'olani-Park, dicht beim Zoo.

Wer diese Show verschmäht, weil er das bunte Südseespektakel für reinen Touristenrummel hält, hat selber Schuld. Natürlich handelt es sich um ein Happening für Touristen, und schon der Name sagt, welche Firma hier bei freiem Eintritt Werbung im Auge hat: Emsiges Klicken von Fotoapparaten untermalt die Vorführungen. Doch die Show, die seit über 50 Jahren besteht, hat ihre liebenswürdige Eigenart und ist sehenswert.

Manche der grauhaarigen Musikantinnen in ihren *mu'umu'us* alter Schule sind seit Jahrzehnten dabei. Früher haben sie getanzt, jetzt spielen sie Gitarre und Ukulele. Die Show ist ihnen ans Herz gewachsen und Teil ihres Lebens geworden.

Auch die jungen Tänzerinnen sind mit Enthusiasmus dabei. Sie fädeln ihre traditionellen ›Grasröcke‹ selber auf. Diese Röcke bestehen aus echten Ti-Blättern, nicht etwa aus Plastik. Die Mädchen ziehen die Ti-Pflanzen zu Hause im Garten. Die Röcke wickeln sie nach der Vorstellung sorgfältig in Folie und bewahren sie im Kühlschrank auf, dann halten sie sich tagelang frisch. Auch die *le'is,* die am Ende der Show als Geschenke im Publikum verteilt werden, wurden von den Mitwirkenden aus frischgepflückten Blüten aufgefädelt. Es empfiehlt sich, 20 Minuten vor Beginn der Show zu kommen, wenn man sich in aller Ruhe einen angenemen Platz im Schatten aussuchen will.

Die **Waikiki Shell** im Kapi'olani Park ist bei den Einheimischen außerordentlich beliebt. In der großen Konzertmuschel finden zahlreiche große Veranstaltungen statt, Konzerte mit dem

Einheimischen nach der Arbeit. Sonntags sieht man zahlreiche Großfamilien asiatischer Herkunft beim Picknick. Das riesengroße Grundstück schenkte König David Kalakaua seinen Untertanen mit der erklärten Absicht, »einen Platz unschuldiger Erfrischung zu schaffen für alle, die dem Staub der Stadtstraßen entkommen wollen«. Er ließ auf dem öden Gelände von seinem botanisch bewanderten Schwager einen bildschönen Park anlegen, der sich vom Meer 700 m landeinwärts erstreckt. 1877, am 11. Juni, dem Kamehameha-Tag, übergab Kalakaua das wahrhaft königliche Geschenk als ersten öffentlichen Park und nannte ihn zu Ehren seiner Frau Kapi'olani Park.

Honolulu Symphony Orchestra und mit international berühmten Künstlern, auch Musicals und Veranstaltungen mit bezauberndem Lokalkolorit, zum Beispiel Hula Shows für Einheimische, sprich Kenner. Man sollte auf Ankündigungen achten und eventuell den Ticket-Vorverkauf nutzen, denn die meisten der Veranstaltungen unter freiem Himmel sind sehr begehrt. Auf der ansteigenden Wiese hinter den teureren Sitzreihen kann man sich samt mitgebrachter Unterlage und Picknick billig und zwanglos zwischen *locals* niederlassen und sich fast einheimisch vorkommen.

Der angrenzende **Honolulu Zoo** 6 hat einen guten Tierbestand, imposante Banyan- und andere tropische Bäume. Hier gibt es übrigens die einzigen Schlangen auf Hawai'i. Wer sich nicht für Zoos interessiert, den reizt vielleicht der **Artist of O'ahu Exhibit,** ein Kunst-Flohmarkt, der sich am Wochenende am Zoo entlang ausbreitet.

Etwas weiter auf der Kalakaua Avenue in Richtung Diamond Head befindet sich das **Waikiki Aquarium** 7. Hier erhält man einen guten Einblick in die Meeresflora und -fauna der hawaiischen Gewässer. Neben der prächtigen Unterwasserwelt tropischer Korallenriffe lassen sich auch die seltenen hawaiischen Mönchsrobben beobachten. Im *book-*

Denkmal des Surfidols Duke Kahanamoku am Strand von Waikiki

sind Einheimische mit am Strand und in Parks, und umgekehrt ist es auch für Touristen ein Leichtes, von Waikiki aus Honolulu und ganz O'ahu zu entdecken. Vieles läßt sich gut zu Fuß oder mit dem Bus erschließen. Kommerzielle Touren hingegen sind oft oberflächlich und teuer dazu.

Wer **TheBus** (ein Wort) öfter benutzt, sollte sich einen Fahrplan kaufen, die Busse fahren recht pünktlich. Mit Umsteigen verliert man zwar Zeit, aber die Knotenpunkte liegen an Einkaufszentren mit Eisdielen, kleinen Restaurants usw., die das Warten erleichtern.

Downtown Honolulu

In **Old Downtown,** an der Merchant Street zwischen Fort- und Nu'uanu Street, stehen die ältesten Geschäftsgebäude der Stadt, die noch den Charakter althergebrachter überseeischer Niederlassungen haben. Von hier aus gelangt man auf der Fort Street zum Hafen mit dem **Hawai'i Maritime Center** 1 am Pier 7. Schon von weitem grüßt der **Aloha Tower** 2. Er war Symbol des Willkommens in der Zeit, als Hawai'i-Besucher noch mit Schiffen anreisten und der Turm die Häuser ringsum überragte. Jetzt steht er unter Denkmalschutz und wirkt eher beschaulich klein. Der Rundblick von der Aussichtsplattform ist immer noch schön. Um den Turm herum, wo früher die Hafenanlagen waren, befindet sich heute eine Plaza mit Restaurants, Cafés, Geschäften inmitten von Blumen und tropischen Gewächsen.

Das **Kalakaua Boathouse Museum** im Hawai'i Maritime Center beherbergt eine hervorragende Sammlung aus der maritimen Geschichte Hawai'is – von den polynesischen Seefahrern über die

store des Aquariums findet sich eine hervorragende Auswahl von Büchern über die Flora und Fauna Hawai'is.

Das oft gescholtene Waikiki ist ein Schwerpunkt des Tourismus, aber ein Touristen-Ghetto ist es nicht. Überall

Walfänger bis zum Beginn der Kreuzschiffahrt-Ära. Zwischen Aloha Tower und Museum ankert die **Falls of Clyde** 3, eines der wenigen erhaltenen Viermast-Schiffe. Der Segler, 1878 in Glasgow gebaut, beförderte bis 1920 zwischen San Francisco und Honolulu anfangs Passagiere, später nur Fracht. Als er abgewrackt werden sollte, wurde er mit Spenden angekauft, restauriert und als Museumsschiff am Pier festgemacht. Hier kann man sich in Passagierkabinen, Kapitänskajüte, Mannschaftsdeck und Kombüse umsehen und sich vorstellen, wie es war, als die Reisezeit nach Hawai'i noch in Wochen statt in Stunden berechnet wurde.

Neben der Falls of Clyde liegt die seetüchtige Nachbildung eines hawaiischen Auslegerkanus, die »**Hokule'a**«. 1976 und 1980 wurde dieses Kanu nur mit Hilfe der traditionellen einheimischen Navigationsmittel von Hawai'i nach Tahiti und zurück gesegelt (vgl. S. 26 f.).

Weithin sichtbar ist der Wasserturm der **Dole Pineapple Cannery** 4 mit seinem Tank in Form einer Ananas. Die Ananas-Konservenfabrik der Dole Company liegt an der Iwilei Road, in der Nähe des Honolulu-Hafens und des Nimitz Highway. Die Fabrik, die nicht mehr besichtigt werden kann, bildet zusammen mit dem Dole Cannery Square eine Art Ananas-Supermarkt. In der Erntezeit, im Sommer, können pro Tag über 3 Mio. Konserven hergestellt werden.

Historisches Honolulu

Im Regierungsviertel, dem Hawai'i Capital District steht der **Iolani Palace** 5, der einzige Königspalast auf amerikanischem Boden. König Kalakaua und Königin Kapi'olani ließen ihn 1879 bauen. 1895, nach dem Sturz der Monarchie, verbrachte die letzte Königin, David Kalakauas Schwester Lili'uokalani, hier nach einem fehlgeschlagenen Staats-

Honolulu Downtown *1* Hawai'i Maritime Center *2* Aloha Tower *3* Falls of Clyde *4* Dole Pineapple Cannery *5* Iolani Palace *6* Archives of Hawai'i *7* State Capitol Building *8* Ali'iolani Hale *9* Honolulu Hale *10* Washington Place *11* Mission Houses Museum *12* Kawaihao Church *13* Wo Fat Building *14* Honolulu Academy of Arts

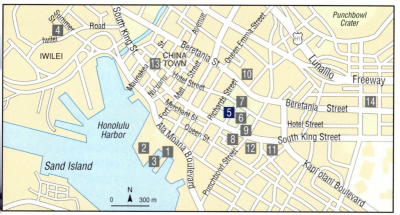

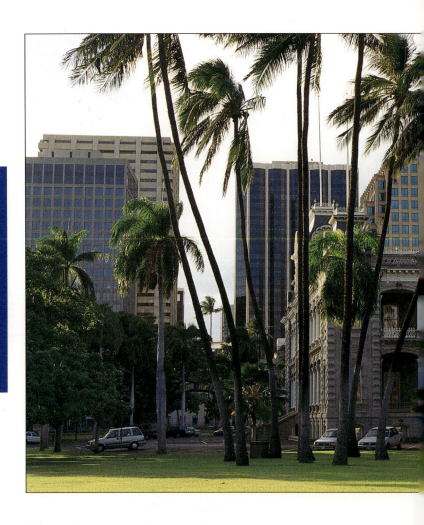

streich neun Monate unter Hausarrest. Der Palast wurde lange als Parlamentsgebäude benutzt. Auch die Polizei war hier untergebracht, wie in der immer noch gelegentlich wiederholten alten Krimi-Serie »Hawai'i 5-0« zu erkennen ist. Inzwischen ist der Palast sorgfältig als Museum restauriert und hat einen Förderkreis, dessen Mitglieder Besucher-Führungen veranstalten.

Die angrenzenden **Iolani Barracks,** 1870 gebaut, dienten als Unterkunft für die Königlichen Wachen. Der Royal Bandstand wurde 1883 für die Krönung von König David Kalakaua und Königin Kapi'olani gebaut und ist heute noch Musikpavillon. Jeden Freitagnachmittag spielt dort die Royal Hawaiian Band für Einheimische und Touristen. Auf dem Grundstück des Iolani-Palastes pflanzte Präsident Roosevelt 1934 einen jetzt prächtig herangewachsenen Kukui-Baum, auch *candlenut tree* (Kerzennußbaum) genannt. 1959 wurde der *kukui*

Der ehemalige Königspalast Iolani Palace

fangreiche Sammlung von Hawaiiana ist eine Fundgrube für alle, die sich eingehend mit Geschichte und Folklore des Archipels beschäftigen wollen.

Dicht beim Iolani-Palast erhebt sich aus einem spiegelnden Teich das von Grünanlagen umgebene moderne Parlamentsgebäude, das **State Capitol Building** 7, das 1969 eingeweiht wurde. Die Architektur mit offenem Innenhof, Teichen und Springbrunnen ist voller Symbolik für Meer, Vulkane, Inseln und Palmen. Besucher können in den 5. Stock fahren und die Aussicht genießen. Die Bebauung zum Meer hin soll laut Planung niedrig bleiben.

Dem Iolani-Palast etwas entfernter gegenüber steht das einige Jahre ältere Justizgebäude von Honolulu, das **Ali'iolani Hale** 8, das anfangs ebenfalls als Königspalast geplant war. Die große Bronzestatue vor dem Gebäude stellt Kamehameha I. mit zur Versöhnung ausgestreckten Armen dar, den König, der die blutigen Kämpfe zwischen den einzelnen Inseln beendete und sie unter seiner Regierung vereinigte. In der Woche um den 11. Juni, dem 1871 offiziell zum Feiertag erklärten Kamehameha Day, trägt der bronzene König an Hals und Armen verschwenderisch viele meterlange *leis*. Zu seinen Ehren findet ein farbenprächtiger Umzug statt, die Kamehameha-Parade, an der sich prachtvolle traditionelle Pa'u-Reiterinnen und -Reiter, wie Mark Twain sie schon bewunderte, herrliche Festwagen und sämtliche ethnischen Gruppen begeistert beteiligen. Wer als Tourist das Glück hat, am Tag der Parade (meist ein Sonnabend) in Honolulu zu sein, darf sich das Fest, das die Einheimischen zu ihrer eigenen Freude ver-

zum offiziellen hawaiischen Staatsbaum erklärt, zur Erinnerung daran, wie vielseitig die Polynesier die Pflanze zu nutzen wußten. Sie gewannen Öl für ihre Steinlampen aus den Nüssen, Farbe für ihren Rindenstoff *tapa,* Medizin, Lack und vieles mehr aus Blättern, Rinde und Wurzeln. Ein *lei* aus dunklen, glänzenden Kerzennüssen war und ist besonders kostbar.

Gleich neben dem Iolani-Palast liegen die **Archives of Hawai'i** 6. Diese um-

Statue König Kamehamehas I.

anstalten, auf keinen Fall entgehen lassen. Tip: Besonders schöne Fotos sind bei der Aufstellung der Parade in Downtown Honolulu möglich, wenn sich die

Pa'u-Reiterin

taufrischen Teilnehmer bereitmachen – und womöglich noch schönere nach der Parade. Im Kapi'olani Park nämlich löst sich der Festzug in fröhliche Gruppen auf, die sich entspannt an Picknicks laben.

Zu den architektonisch interessanten Gebäuden im Regierungsviertel zählen auch das 1929 im neo-spanischen Stil erbaute Rathaus, **Honolulu Hale** 9 (King-/Ecke Punchbowl Street) und die Residenz des Gouverneurs, **Washington Place** 10 (Beretania Street), ein eleganter Bau aus Korallenfels und Holz. Das schöne weiße Haus im Kolonialstil gehörte früher der letzten Königin Lili'uokalani, die es von ihrem bürgerlichen Ehemann geerbt hatte und bis zu ihrem Tode 1917 bewohnte.

Einen Meilenstein in der Geschichte der Hawai'i-Inseln setzte 1820 die Ankunft der christlichen Missionare, die sich durch die grausamen Tabus der Südsee-Religion und die Willkür der Walfänger gleichermaßen als Erretter der einheimischen Bevölkerung sahen. Die jungen Prediger (ihr Durchschnittsalter betrug 25 Jahre) hatten außer ihrem frommen Eifer auch große praktische Talente: sie bauten Häuser, schreinerten Möbel, druckten Bücher und lehrten Lesen und Schreiben. Ihre Frauen unterrichteten im Nähen.

Die Missionsanlage mit den Häusern, in denen meist mehrere Missionarsfamilien zugleich denkbar beengt lebten, ist original erhalten und als **Mission Houses Museum** 11 auf der 553 King Street zu besichtigen. Das erste Haus entstand mit Hilfe hölzerner Fertigteile, vorsorglich aus Boston mitgebracht. Angesichts der historischen Fotos drängt sich der Eindruck auf, daß die schwarz zugeknöpften Missionare und ihre Frauen am schönen Südseeklima mehr Leid als Freude gehabt haben müssen.

Kawaiahao Church 12, 957 Punchbowl Street, Honolulus älteste Kirche, wurde 1842 von Reverend Hiram Bingham gebaut. Die Steine wurden aus den reichlich vorhandenen Korallenblöcken geschlagen. In der großen, hellen Kirche fanden Krönungszeremonien, königliche Hochzeiten, Taufen und Trauerfeiern statt. Sonntag morgens wird hier ein hawaiischer Gottesdienst gefeiert. Hinter der Kirche befindet sich eines der ältesten Schulgebäude Hawai'is. Es wurde in der für Hawai'i typischen Lehmziegel-Bauweise *(adobe)* errichtet.

Honolulus Chinesenstadt

Die **Chinatown**, über 130 Jahre alt, ist keine große Chinesenstadt wie in San Francisco oder New York, aber es fehlt nicht an Exotik. Das bunte Leben und

Treiben, das hier wie in jedem asiatischen Geschäftsviertel herrscht, läßt sich am besten auf der Maunakea Street erfahren. Es gibt Restaurants und Bars, kleine chinesische Nudelfabriken, fernöstliche Spezialitätengeschäfte mit Gewürzen, Parfums und Medikamenten, die nach jahrhundertealten chinesischen Rezepten hergestellt sind, es gibt Porzellan, Jadeschmuck, Schönes aus Seide und Brokat. Neben Alltäglichem wie Gemüse und Obst überrascht das Ungewöhnliche: Tätowier-Studios und chinesische Akupunkturpraxen bieten ihre Künste an; Fischhändler verkaufen farbenprächtige Fische zum Verspeisen, die man hierzulande nur in Aquarien bewundern kann. Le'i-Macher, oft die ganze Familie, fädeln in offenen Läden Berge von frischen Blüten auf. Die wunderschönen Blumenketten warten heutzutage in Kühlschränken auf Käufer; das

Le'i-Macher in Chinatown

ist nicht mehr malerisch, dafür aber praktischer als früher.

Mit seinem pagodenförmigen Dach und der farbenprächtigen Fassade ist das **Wo Fat Building** 13 (*wo fat* heißt Frieden, Gesundheit) an der Ecke von Hotel- und Maunakea Street ein architektonisches Wahrzeichen Honolulus. Hier befindet sich auch das älteste Chop Suey Restaurant in Honolulu. Zweimal, 1886 und 1900, brannte das Chinesenviertel nieder, zweimal wurde es wieder aufgebaut. Sehr zu empfehlen sind die Führungen des Chinese Chamber of Commerce und der Chinatown Historical Society.

Ein Besuch der **Honolulu Academy of Arts** 14 lohnt vor allem für diejenigen, die sich für fernöstliche und hawaiische Kunst interessieren. So reichhaltige Sammlungen kostbarer japanischer und chinesischer Malereien und Graphiken bekommt man in Europa kaum zu sehen. Bemerkenswert ist auch die Sammlung zeitgenössischer Kunst. Das Gebäude des Museums, das 1928 eingeweiht wurde, stammt aus der Zeit vor dem Ersten Weltkrieg. Wunderschöne Innenhöfe und Gärten laden zum Verweilen ein. Ein Förderkreis unterhält das kleine Restaurant, in dem engagierte Damen als freiwillige Helferinnen die Speisen servieren. Natürlich ist die Academy nicht nur Museum, sondern auch lebendiger Lehrbetrieb. Wer sprachkundig ist, länger bleibt und künstlerische Neigungen hat, sollte sich nach Kursen erkundigen.

Rand von der Innenseite her erklettern, was ordentliches Schuhwerk voraussetzt. Man kommt auf der Ostseite durch einen Tunnel in den Krater. Die schmalen, steinigen Pfade zur Höhe sind strekkenweise mit Geländern versehen und für Durchschnittswanderer in einer knappen Stunde zu ›erschnaufen‹, am besten in der Frühe, bevor die Sonne auf die Hänge brennt. Diamond Head war nach dem Angriff auf Pearl Harbor ein wichtiger Ausguck. Kurz vor dem Kraterrand führt der Weg daher durch ein paar alte, betonierte Beobachtungsposten. Dafür wird fürsorglich die Mitnahme einer Taschenlampe empfohlen, doch wer die vergißt, kommt dennoch zurecht.

Die südlich des Kraters verlaufende Diamond Head Road führt an einem *beach park* vorbei nach **Kahala,** einem schönen Villen-Stadtteil mit einem besonderen Klein-Klima: Wenn es auf der Windseite und in den Bergen in Strömen regnet, bleibt es im leeseitig gelegenen Kahala meist sonnig. – Die **Kahala Mall** mit Kino, Restaurants und Läden ist ein besonders schönes, ruhiges Einkaufszentrum (mit Bushaltestelle).

Am östlichen Ende des Kahala Beach liegt in einem Park eines der exklusivsten Hotels, das **Kahala Hilton** **2**, fern vom sonstigen Tourismus. Wegen der vielen Berühmtheiten, die dort absteigen, wird es von Journalisten oft scherzhaft Kahollywood Hilton genannt. Der dazugehörige Badestrand ist öffentlich und sogar mit dem Bus erreichbar. Jedes Jahr im Januar ist das Kahala Hilton ein Mekka der Golfer, da gleich nebenan das Hawaiian Open Golf Tournament stattfindet.

Der zweite erloschene Vulkan erhebt sich landeinwärts mitten in der Stadt.

Ausflüge in die nähere Umgebung von Honolulu
Siehe Karte S. 114/115

Jeder der beiden großen erloschenen Vulkankrater in Honolulu ist einen Ausflug wert. Der **Diamond Head Crater** **1** in Waikiki schiebt sich wie der Bug eines gigantischen Schiffes ins Meer. Das massige Wahrzeichen von O'ahu ist für den anfliegenden Reisenden noch genau so ein aufregender Anblick wie vordem für den Schiffspassagier. Noch immer ist der Leuchtturm am Diamond Head für die Schiffahrt enorm wichtig.

Um die schöne Aussicht auf die Bucht von Waikiki mit ihren lang anrollenden Wellen und den vielen Surfern vom Krater aus zu genießen, muß man den

Hier auf dem Pu'owaina (›Opferhügel‹) brachten die Polynesier ihren Göttern noch im 18. Jahrhundert Menschenopfer dar. Heute heißt der alte Krater seiner Form wegen **Punchbowl** 3, Punschschüssel, und so nennt ihn auch jeder, selbst die Militärs, obwohl im Innern des Kraters ein großer Ehrenfriedhof mit fast 30 000 Soldatengräbern liegt. Auch die Angehörigen der Soldaten können sich hier bestatten lassen. In einer Ehrenhalle sind die Namen von über 18 000 vermißten Soldaten eingemeißelt. Der **National Cemetery of the Pacific** 4 wird manchmal das ›Arling-

ton der Südsee‹ genannt. Schon 1941 wurden Tote des japanischen Angriffs hier bestattet, aber erst ab 1949 wurden Gefallene von anderen Kriegsschauplätzen hierhin überführt. 1966 wurde die Anlage in ihrer jetzigen Form der Öffentlichkeit übergeben. Für deutsche Besucher ist es besonders beeindruckend, im Ehrenmal die großen Wandmosaiken mit Landkarten der pazifischen und asiatischen Kriegsschauplätze des Zweiten Weltkrieges zu studieren, auf denen die Amerikaner noch drei Monate lang verlustreich kämpfen mußten, während in Europa schon wieder die Lichter ange-

Ausflüge in die nähere Umgebung von Honolulu 1 Diamond Head Crater 2 Kahala Hilton 3 Punchbowl Crater 4 National Cemetary of the Pacific 5 Mount Tantalus 6 Contemporary Museum 7 Bishop Museum 8 Foster Botanic Garden 9 University of Hawai'i 10 Arizona Memorial/Pearl Harbor

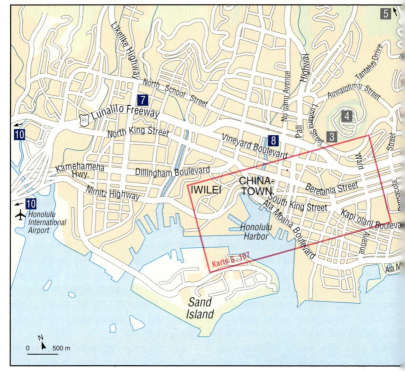

gangen waren. Am Memorial Day, dem 1. Mai, schmücken Pfadfinder jedes Grab mit Fähnchen und einem *lei*. Von der Aussichtsplattform auf dem Kraterrand hat man eine herrliche Aussicht auf Honolulu und den Zwillingskrater Diamond Head. Der Wall der Punchbowl war im 19. Jahrhundert zum Schutze des Hafens mit Kanonen bestückt, die zum Glück nie im Kampf zu feuern brauchten. Sie durften sich stattdessen mit Salutschüssen nützlich machen.

In unmittelbarer Nähe der Punchbowl beginnt der Tantalus Drive, der auf den **Mount Tantalus** 5 führt; die Auto- oder Busfahrt hinauf läßt sich daher gut mit einem Besuch des National Cemetery verbinden. Die Straße führt in unzähligen Zickzackkurven durch üppigen tropischen Regenwald fast bis auf die Kuppe des rund 600 m hohen Berges. Mehrere öffentliche Parks bieten unterwegs herrliche Ausblicke auf Honolulu. Es lohnt sich, oben einen Südsee-Sonnenuntergang abzuwarten. Der Tantalus Drive setzt sich als Round Top Drive fort, der wieder ins Tal führt. Kurz vor seiner Einmündung in die Manoa Road geht rechts die Makiki Street ab, die über den Makiki Heights Drive wieder Richtung Punchbowl Crater und Tantalus Drive führt.

Am Makiki Heights Drive liegt das **Contemporary Museum** 6. Es bietet wechselnde Ausstellungen zeitgenössischer Kunst, ist von Gärten umgeben, hat einen Museums-Shop und ein Gourmet-Restaurant.

Vom Bishop Museum zur University of Hawai'i

Das **Bernice Pa'uahi Bishop Museum**  7 wurde 1889 von Charles Bishop gegründet, dem ersten Bankier auf Hawai'i, zur Erinnerung an seine verstorbene Frau, die hawaiische Prinzessin Bernice Pa'uahi. Es bietet die weitaus beste Gelegenheit, sich eingehend über Geschichte, Land und Leute zu unterrichten, denn es enthält die bedeutendsten völkerkundlichen, naturgeschichtlichen und archäologischen Sammlungen des pazifischen Raumes. Die Menge der ausgestellten Gegenstände ist überwältigend: Holzgeschnitzte hawaiische Götter, historische Surfboards, Waffen, Gebrauchsgegenstände, Schmuck, wertvolle Federsammlungen, Helme und kostbare Federmäntel der Ali'i-Häuptlinge. Für einen einzigen Umhang wurden bis zu einer halben Million Federn des seltenen Mamo-Vogels gebraucht.

Ali'i-Krieger mit Federhelm (ca. 1790–1800)

Dem Bishop Museum angeschlossen sind eine Fotosammlung, ein Planetarium mit Observatorium und eine wissenschaftliche Bibliothek. Im Museums-Shop werden neben Büchern und Souvenirs auch authentische, aus Koa-Holz geschnitzte Skulpturen und Schalen, Tapa-Stoffe und andere Hawaiiana angeboten. Bernice Bishop war sehr reich und stellte große Summen aus ihrem Vermögen der Erziehung hawaiischer Kinder zur Verfügung. Die von ihr gegründeten, 2,5 km nordöstlich des Museums

Das Bishop Museum beherbergt die bedeutendsten ethnologischen, naturgeschichtlichen und archäologischen Sammlungen des pazifischen Raumes

gelegenen **Kamehameha Schools** bemühen sich bis heute erfolgreich um hawaiische Traditionen.

Am Ausgang des Nu'uanu-Tals, Vineyard Boulevard, liegt der **Foster Botanic Garden** 8, der von der Organisation ›Honolulu Botanic Gardens‹ betreut wird. Dieser Verband bemüht sich, Pflanzen und Bäume aus anderen Teilen der Welt in geeigneter Umgebung anzusiedeln. Königin Kalama verkaufte 1855 dem Deutschen William Hillebrand ein Gelände von zwei Hektar, auf dem der Arzt und Botaniker verschiedene eingeführte Bäume anpflanzte. 1867 übernahm Thomas Foster das Grundstück, erweiterte es im Lauf der Zeit und legte einen großen botanischen Garten an, den er 1930 der Stadt schenkte. Besonders sehenswert sind die unzähligen wildwachsenden Orchideen und die schon von Hillebrand angepflanzten, inzwischen riesigen Bäume, die unter Denkmalschutz stehen. Zum 100. Jahrestag der ersten japanischen Einwanderung erhielt der Garten 1968 den Bronzeabguß eines Buddhas aus dem 13. Jahrhundert.

Das Riesengelände der **University of Hawai'i** 9 liegt im Manoa-Tal und ist über die University Avenue zu erreichen. Wegen der zeitweise erheblichen Parkprobleme empfiehlt es sich aber, den Bus zu benutzen, der diese Gegend gut bedient. Umfangreiche Informationen bekommt man im **Students Center,** Auskünfte über alle Bereiche der Universität und über kulturelle Ereignisse in der Stadt. Im Obergeschoß des Centers werden Kunstwerke hawaiischer Künstler gezeigt. In der vorzüglichen Universitäts-Buchhandlung gibt es eine große Auswahl wissenschaftlicher Literatur über den pazifischen Raum und die zahlreichen sehr guten eigenen Veröffentlichungen der Universität zum Thema Hawai'i.

Pearl Harbor

Mit dem Bus gelangt man leicht nach Pearl Harbor 10, dem 13 km nordwestlich von Honolulu Harbor gelegenen Militärhafen mit dem **Arizona Memorial**. Seit 1980 gibt es für die Besucher des Ehrenmals ein schönes, der Bedeutung des Ortes angemessenes Visitor Center mit einem kleinem Uferpark. Von hier aus setzen Boote der amerikanischen Marine die Besucher kostenlos zum Ehrenmal über. Bei großem Andrang werden Nummern ausgegeben. Die ungefähre Abfahrt wird mitgeteilt, so daß die Wartezeit zum (ebenfalls kostenlosen) Besuch eines Dokumentarfilms genutzt werden kann. Er zeigt die »Arizona« als seetüchtiges Schiff, ihr Untergang durch den japanischen Bombenangriff vom Dezember 1941 (Originalaufnahmen aus japanischen und amerikanischen Kriegsarchiven) und spätere Unterwasseraufnahmen des Wracks. Bücher, Broschüren und Nachdrucke von Dokumenten zum historischen Thema bietet eine Buchhandlung im Visitor Center an.

Vom Arizona Memorial aus ist es nicht weit zum U-Boot **Bowfin**. Pensionierte Navy-Offiziere und andere Privatleute gründeten einen Trägerverein namens Pacific Fleet Submarine Memorial Association, der das U-Boot restauriert und Besuchern zugänglich gemacht hat. Der Verein unterhält das Boot und den Bowfin Park als Gedenkstätte für die 3505 Opfer untergegangener amerikanischer U-Boote. In der engen »Bowfin« müssen durchschnittlich große Besucher fast überall den Kopf einziehen. Moderne U-Boote sind dagegen geradezu komfortabel und können Wochen und Monate unter Wasser bleiben. Wer sich für U-Boote interessiert, kann im **Pacific Submarine Museum** noch mehr darüber erfahren.

Der Tag, an dem die Bomben fielen

Augenblicke, die das Schicksal der gesamten Welt beeinflussen, sind rar. Pearl Harbor ist einer davon. Am 7. Dezember 1941, veränderten japanische Flugzeuge nicht nur das paradiesische Hawai'i, sondern die ganze Welt, als ihre Bomben und Torpedos Pearl Harbor und große Teile der Insel O'ahu in eine Hölle mit Explosionen, Bränden, sterbenden Menschen, sinkenden Schiffen, zerstörten Flugzeugen, schwarzen Rauchschwaden und Sirenengeheul verwandelten. In wenigen Stunden versank mit der amerikanischen Pazifikflotte eine Ära. Der idyllische Außenposten der USA wurde zum Frontlager.

Der japanische Angriff war grauenhaft perfekt. Mehr als 350 Sturzkampfbomber und andere Flugzeuge warfen schwere Bomben und neuartige, flachgängige Lufttorpedos auf Pearl Harbor, wo alle acht großen Schlachtschiffe und 88 weitere Schiffe der US-Pazifikflotte in Wochenendruhe vor Anker lagen. Tiefflieger bombardierten und beschossen zwei Stunden lang Kasernen und Flugplätze auf ganz O'ahu und ließen 2409 Tote und 1178 Verwundete zurück. 1177 Menschen riß allein die untergehende »Arizona« mit in den Tod. Auch unter der Zivilbevölkerung gab es Tote und Verletzte.

Vorbereitet hatte Japan den Angriff bereits seit April. Unbemerkt, in kleinen Gruppen, unter völliger Funkstille, versammelten sich bis zum 22. November Flugzeugträger, Schlachtschiffe, Tanker und U-Boote in einer versteckten Bucht auf den entlegenen Kurilen-Inseln im Norden Japans. Die starke Flotte lief am 26. November 1941 aus und steuerte Hawai'i auf einer extrem nördlichen, von Stürmen durchtobten Route an, so daß keine Entdeckung zu befürchten war.

Am 7. Dezember, um sechs Uhr morgens, startete die erste Angriffswelle japanischer Flugzeuge von ihren Trägerschiffen rund 200 Seemeilen nördlich von Hawai'i. Ihr Anflug wurde auf dem einzigen eingeschalteten Radar auf O'ahu von zwei erstaunten Soldaten entdeckt, die den Bildschirm aus Interesse an der nagelneuen Technik nach Dienstschluß beobachteten und ihren Vorgesetzten anriefen. Der aber winkte ab: Keine Sorge, zwei Gruppen eigener Flugzeuge würden von einem Übungsflug zurückerwartet. Das stimmte leider. 30 amerikanische Flugzeuge, die kaum noch Sprit hatten, kehrten mitten im Chaos des Angriffs zurück. Daß sie fast alle heil landen konnten, grenzt an ein Wunder.

Einen Angriff auf Hawai'i hatte niemand für möglich gehalten, wohl aber Sabotage im Lande. Deshalb standen auf den Militärflugplätzen die Flugzeuge zur besseren Bewachung dicht beieinander im Freien: ein ideales Bombenziel. 328 Flugzeuge wurden zerstört oder beschädigt. Von paradiesischer Verträumtheit auf den Inseln zeugt auch, daß Radio Hawai'i mit voller Leistung sendete. Die anfliegenden Japaner konnten nach dem Sender ihren Kurs korrigieren und erhielten zu

Das Arizona Memorial, Ehrenmal für die bei dem Angriff auf Pearl Harbor umgekommenen amerikanischen Marine-Soldaten

Gitarrenklängen auch noch einen wertvollen Wetterbericht.

So spektakulär er auch war, bedeutete der Angriff auf Hawai'i militärisch weniger, als die Japaner erhofft und die Amerikaner befürchtet hatten. Von 96 Schiffen in Pearl Harbor wurden zwar 21 versenkt oder schwer beschädigt, darunter alle acht Schlachtschiffe, aber die moderneren Flugzeugträger befanden sich zur Zeit des Angriffs auf hoher See in Sicherheit. Sämtliche Reparaturanlagen und Tanklager blieben unbeschädigt, so daß die meisten Schiffe in erstaunlich kurzer Zeit repariert werden konnten. Sogar fünf der gesunkenen Schlachtschiffe konnten gehoben, repariert und wieder in Dienst gestellt werden.

Bei der »Arizona« gelang dies nicht. Vergebliche Versuche, wenigstens die Toten zu bergen, kosteten zwei Taucher das Leben. So ließ man das Schiff als Sarg der Seeleute an seinem Liegeplatz, der *battleship row.* Bei niedrigem Wasserstand kann man in der Tiefe den Rumpf des Schiffes erkennen. Noch immer dringt eine leichte Ölspur daraus hervor. Seit 1962 überspannt ein weißes Ehrenmal die ehemalige Kommandobrücke. Die Namen der 1177 Toten sind in eine Marmortafel eingemeißelt, und zwar alphabetisch, nicht nach militärischem Rang geordnet.

Das liebliche Hawai'i verwandelte sich nach dem Angriff in eine Festung. Die USA, stürzten sich erbittert und mit ganzer Kraft in den Krieg gegen Japan. Der Schock des japanischen Überfalls auf das damalige ›Territorium Hawai'i‹ saß tief und war mit dem Ende des Krieges längst nicht überwunden. Nie wieder würden sich die USA im Schlaf überrumpeln lassen: dieser Gedanke beeinflußte jahrzehntelang die Verteidigungsstrategie. Als kurz vor dem 50. Pearl Harbor-Gedenktag der damalige Präsident Bush die bis 1991 aufrecht erhaltene Alarmbereitschaft der USA abblies, war das ein überzeugenderer Beweis für das Ende des Kalten Krieges als alle Worte.

Inselrundfahrt auf O'ahu

von Elisabeth Piper

Die meisten Ausflüge auf O'ahu sind auf drei Arten möglich: im Leihwagen, mit kommerziellen Touren oder mit öffentlichen Bussen. Unternehmenslust und Geldbeutel entscheiden. Geführte Touren sind bequem, aber fremdbestimmt. Wer selber im Auto losfährt, sieht und erlebt mehr, aber nur, wenn er sich vorher gut informiert. ›TheBus‹ fährt überall hin, hat Lokalkolorit und ist am billigsten, aber man muß sich über die Routen im klaren sein und den Fahrplan kennen. Unentbehrlich ist daher der »Bus and Travel Guide«, den es in Reisebüros zu kaufen gibt.

Für alle Ausflüge sollte man sich genügend Zeit nehmen. Um eine Vorstellung vom Zeitbedarf zu bekommen: der berühmte Rundbus Nr. 52, der *Circle Island Bus,* fährt die Route von Honolulu über den Pali und den Kamehemeha-Highway längs der gesamten Ost- und Nordküste und zurück über das Zentralplateau in gut vier Stunden. Von Honolulu kommt man auf die Windward-Seite von O'ahu, d. h. die den Passatwinden zugekehrte Küste, entweder über die quer über die Koolau Range führenden Autostraßen Pali Highway 61 und Likelike-Highway 63 oder aber über die Uferstraßen im Süden (Hwy. 72) und im Norden (Hwy. 83). Eine dritte Autostraße (Interstate H 3) von Pearl City nach Kane'ohe soll 1996 eröffnet werden.

Entlang der Koolau-Bergkette zur Nordküste

(Honolulu – Kailua – La'ie: ca. 90 km)

Dies ist die wohl faszinierendste Tour auf O'ahu, für die man sich einen ganzen Tag Zeit nehmen sollte. Entlang der rund 50 km langen Koolau-Bergkette mit ihren zerklüfteten, in den Himmel ragenden Wänden bieten sich immer wieder bestechende Ausblicke. In Jahrtausenden haben die regenreichen Passatwinde gigantische Riefen in die Lavafelsen gekerbt und zusammen mit dem von den Bergen reichlich herabfließenden Wasser für eine üppige tropische Vegetation gesorgt. An der Küstenstraße, die sicher zu den schönsten der Welt zählt, reihen sich wie Perlen an einer Schnur zahlreiche *beach parks*, Buchten und Badestrände.

Der Pali Highway (Hwy. 61) führt durch das Nu'uanu Valley zum berühmten Pali-Aussichtspunkt. Auf dem Wege dahin bietet sich noch die Chance für einen lohnenden Abstecher zum **Queen Emma Summer Palace**  (s. S. 312). Das weiße Holzgebäude, 1847 erbaut, diente als kühle Sommerresidenz. Queen Emma erbte das Haus 1857 von ihrem Onkel John Young II. Heute wird es von den ›Daughters of Hawai'i‹ als Museum betrieben – mit alten Möbeln und persönlichen Gegenständen der Königin. Im angrenzenden Nu'uanu Park wachsen Banyan-, Kukui-, Monkeypod- und Mangobäume.

Die Straße zum 400 m hoch gelegenen **Nu'uanu Pali Lookout** **2** zweigt vom Pali Highway ab, ist gut ausgeschildert und führt durch dämmrigen Regenwald mit Bambus, Eukalyptus, Ti-Pflanzen und wildem Ingwer. Von der Aussichtsplattform schweift der Blick weit über das reizvolle grüne Tal und die Meeresbuchten von Kailua und Kane'ohe bis zur kleinen Mokoli'i-Insel, die wegen ihrer Form auch ›Chinaman's Hat‹ heißt (s. S. 129). Wer dicht an die Mauer der Aussichtsplattform tritt, spürt die enorme Kraft der Passat-Winde, die hier auf die Berge treffen und wie durch eine Düse gepreßt über den Paß fegen. Die bis zu 1000 m hohen steilen Gipfel der Pali-Berge umschließen die grüne Ebene wie eine gigantische Wand. Noch vor wenigen Jahren lag noch viel ursprünglicher Regenwald zu Füßen des Pali Lookout, inzwischen haben sich die Siedlungen vergrößert und es sind noch einige Golfplätze gebaut worden.

Blick vom Nu'uanu Pali Lookout über die Meeresbuchten von Kailua und Kane'ohe

Inselrundfahrt O'ahu ▷

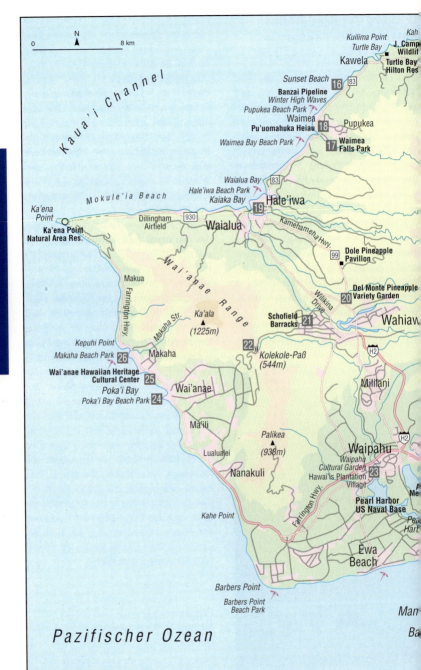

Pazifischer Ozean

Pazifischer Ozean

kahoa Point

La'ie

Punalu'u

12

Kahana Bay Beach Park
Kahana Bay

Kahana

11

Ka'a'awa

83

Sugar Mill Ruins

Mokoli'i Island

Waiahole Beach Park

Waiahole

Ka'alaea

He'eia
Kea Pier

Mokapu

Mokapu Peninsula

Kahalu'u

836

Byodo-In-
Temple

10

He'eia

Kailua Bay

Haiku
Gardens

9

8

Kane'ohe

7

Kailua

Kailua Beach Park

Moku Lua Islands

Wailea Point

H3

(Straße im Bau)

ea

61

Ho'omaluhia
Botanic Garden

83

awa
ights

63

Likelike Hwy.

**Nu'uanu Pali
Lookout**

2

Nu'uanu Pali
State Park

Maunawili

Bellows Air
Force Station

**Queen Emma
Summer Palace**

1

(614 m)
Mt. Tantalus

Manoa Str.

Waimanalo

6

Bellows Field Beach Park

Waimanalo Beach

H1

61

Sand
Island

**Manoa
Falls**

Manoa
Valley

72

Waimanalo Beach

Manana Rabbit Island

5

Sea Life Park

Makapu'u Beach Park

Honolulu

Wai'alae
iki

Kuli'ou'ou

Sandy Beach Park

Waikiki

H1

72

4

Halona Blowhole

loana Beach Park

Kahala

Portlock

3

Koko Head Regional Park

Koko Head

Hanauma Bay

Diamond
Head Crater

Maunalua
Bay

Kaiwi Channel

Das Wort *pali* bedeutet Kliff oder Klippen. Über den Nu'uani Pali trieb König Kamehameha 1795 bei der Eroberung der Insel die feindlichen Krieger. Reste der alten Pali-Straße, die einmal dem geschichtlichen *trail* der Hawaiianer von Kene'ohe nach Honolulu folgte, sind noch zu sehen. Die alte Straße wurde nach der Fertigstellung des modernen Highways für den Verkehr gesperrt. Heute ist sie zum Teil von dichter Vegetation überwuchert; streckenweise sind noch das ursprüngliche Kopfsteinpflaster und die alten kunstvollen Brücken und Geländerkonstruktionen sichtbar. Es lohnt sich, eine dreiviertel Stunde für einen interessanten Spaziergang einzuplanen.

Mit zahlreichen Kurven und durch zwei Tunnels führt der Pali Highway in das Tal hinunter bis nach Kailua. Dorthin kann man auch über die zwar viel längere, aber in Teilen ebenfalls sehr reizvolle Küstenstraße 72 gelangen, die bei Kailua auf den Pali Highway stößt.

Hat man sich für die Küstenstraße entschieden, gelangt man über Waikiki und Kahala zur **Maunalua Bay** und weiter zum **Koko Head.** Der erloschene Vulkankrater liegt in dem 500 ha großen Koko Head Regional Park und bildet an einer Seite wie ein riesiger abgebrochener Zahn die berühmte **Hanauma Bay** **3**, offiziell Hanauma Bay State Underwater Park, ein Paradies für Schnorchler und Taucher. Vom hochgelegenen Parkplatz windet sich ein steiler Pfad hinunter zu der smaragdgrün bis tiefblau schimmernden Bucht. Der schöne Sandstrand ist von schlanken Kokospalmen gesäumt. Die gesamte Bucht mit ihren Korallenriffen steht einschließlich ihrer Fauna und Flora unter Naturschutz, Angeln ist also verboten, und so sind die Fische sehr zutraulich und fressen aus der Hand. Besonders an Wochenenden ist die Hanauma Bay stark besucht. Werktags und besonders am frühen Morgen ist es ruhiger und das Wasser noch glasklar. Dann sind auch gute Unterwasseraufnahmen möglich. Die Ausrüstung zum Schnorcheln kann für ein paar Dollar an einem Kiosk gemietet werden.

Der nächste interessante Punkt an der Uferstraße ist das **Halona Blow Hole** **4**, ein unter Wasser liegender alter Lavatunnel, in den die Brandung Wasser preßt, das dann mit Getöse wie ein Geisyr senkrecht nach oben schießt. Je nach Stärke der Brandung gebärdet sich die Fontäne mal mehr, mal weniger spektakulär.

Koko Head Park, Sandy Beach und der drei Kilometer entfernt liegende Makapu'u Beach Park mit Blick auf Rabbit Island erfreuen sich bei den Einheimischen großer Beliebtheit. Beide Strände sind berühmte Treffpunkte für geübte Surfer. Touristen sollten diesen Sport hier nicht versuchen. Mächtige Brandung, gefährliche Strömungen und versteckte Korallenblöcke führen jedes Jahr zu Unfällen. Von Sandy Beach führt eine Straße zum **Koko Crater Botanic Garden,** einem Ziel für die Liebhaber der Wüstenflora.

Die hohen Felsen über dem **Makapu'u Point** sind beliebter Startpunkt für O'ahus Drachenflieger. Hoch über der Bucht sieht man die bunten Gleitflieger ihre Kreise ziehen. Etwa einen Kilometer weiter kommt man zum **Sea Life Park** **5** (s. unter Makapu'u, S. 316). Er ist eine Touristen-Attraktion, die auch von den Waikiki-Hotels aus mit Zubringerbussen direkt zu erreichen ist. Unter freiem Himmel mit Blick auf das Meer werden u. a. trainierte Killerwale, Delphine und Rob-

Hanauma Bay, Paradies für Wassersportler

ben vorgeführt. Im riesigen Meerwasseraquarium mit über 2000 Fischarten kann man Tauchern zusehen, denen die Fische aus der Hand fressen. Sehr lohnend ist auch die Besichtigung des **Pacific Whaling Museum** im Park. In diesem Walfang-Museum sind z. B. auch die unglaublich zierlichen Schmuckstücke und Gebrauchsgegenstände wie kleine Nadelbüchsen ausgestellt, die von rauhen Walfängern aus Walfischknochen geschnitzt wurden. Natürlich gibt es auf dem Parkgelände auch ein Restaurant und Läden. Im Sea Life Park werden außerdem marinebiologische Forschungen betrieben und verwaiste Jungtiere der vom Aussterben bedrohten hawaiischen Mönchsrobbe hochgepäppelt.

Die Uferstraße führt dann an zwei kleineren *beach parks* vorbei. Kurz hinter Waimanalo Beach zweigt eine Seitenstraße ab zum **Bellows Field Beach Park** 6, einem der schönsten Uferparks mit Grillplätzen, Picknicktischen und Rettungswachen. Aufgrund der guten sanitären Einrichtungen eignet er sich auch zum Zelten. Das nötige *permit* erhält man beim Department of Parks and Recreation in Honolulu (S. 307). Der Platz ist jedoch Teil eines Militärflughafens und daher nur von freitags 12 Uhr bis Sonntags um Mitternacht für die Öffentlichkeit zugänglich. Am Strand, der sich bestens zum Schwimmen eignet, muß man, wie bei vielen *beach parks* auf der Windseite, um kleine blaue Quallen einen Bogen machen: die Berührung mit diesen sogenannten ›Portuguese man-of-war‹, die hier bei bestimmten Strömungen manchmal auftauchen, kann unangenehm brennen.

Nun führt die Straße landeinwärts durch die Waimanalo-Ebene, die noch bis 1947 überwiegend aus Zuckerrohrfeldern bestand und in der heute Obst,

Gemüse und Blumen angebaut werden. Nach wenigen Kilometern stößt die Straße auf den Pali Highway (Hwy. 61), die Autostraße Honolulu–Kailua. Zweigt man hier rechts ab, kommt man in die Stadt **Kailua** und zum **Kailua Beachpark,** dem Mekka der Windsurfer und schönsten Strandpark an der Ostküste.

Kailua/Kane'ohe: O'ahus preisgünstige Windseite

Wenn Honolulu noch glänzt und glitzert, schimmern an der gegenüberliegenden Küste der Insel O'ahu nur die Sterne am Himmel. Dort liegen die ruhigen Wohnorte **Kailua** 7 (S. 315) und **Kane'ohe** 8 (S. 315), die den meisten Touristen unbekannt bleiben. Die beiden Städtchen sind die größten Ansiedlungen in *Windward O'ahu,* der ›Windseite‹, so genannt, weil der Nordost-Passat die meiste Zeit des Jahres frisch und stetig auf diese Seite O'ahus trifft.

Nachtlokale und Hotels gibt es nicht in Kailua und Kane'ohe, wohl aber private Unterkünfte mit *Bed and Breakfast* und Ferienwohnungen. Alles ist ruhiger, preisgünstiger, vom Tourismus weitgehend ausgespart. Wer gern fern von Betriebsamkeit eigene Wege geht, kommt sich fast ein bißchen einheimisch vor.

Ohne Leihwagen kommt man bei einem längeren Aufenthalt kaum aus, trotz des guten Busnetzes. ›TheBus‹ fährt zwar preiswert überall hin, kostet aber bei häufiger Benutzung von Nebenstrecken wertvolle Ferienzeit durch Umsteigen.

Beliebt ist O'ahus Windseite vor allem bei passionierten Wassersportlern. Kailua ist ein Mekka der Windsurfer. Spezialgeschäfte bieten alles, was man für diesen Sport braucht, und wer will, kann sich sogar *boards* nach eigenen Wün-

Kailua Beach ist ideal für Wassersportler und Erholung suchende Leute

schen bauen lassen. In der weiten Bucht von Kailua ist das türkisblaue Wasser noch klarer als vor Waikiki. Die Wellen sind nicht gar so hoch, so daß selbst weniger erfahrene Windsurfer Erfolgserlebnisse haben können. Südseemäßige Sonnenuntergänge wie in Honolulu sind auf Oʻahus Windseite zwar nicht zu bewundern, dafür finden Sonnenaufgänge für Frühaufsteher statt, die den Strand im Morgenlicht zu schätzen wissen. Zu günstigeren Zeiten für Langschläfer steigt der Mond mit fabelhaften Silberbahnen aus dem Meer. Es lohnt sich, die Mondaufgangszeiten im Kalender zu suchen.

Kailua ist attraktiver als das benachbarte Kaneʻohe, denn es besitzt mit seinem großen Kailua Beach Park ein tropisches Paradies mit weißem Sandstrand, grünem Rasen, Palmen und allem, was an Einrichtungen dazugehört. Über kleine Pfade ist von der Straße aus auch jeder Strand hinter Privathäusern zu-

gänglich, denn Grundstücke am Meer dürfen nicht abgesperrt werden. Kaneʻohe dagegen besitzt keine besonders schönen Strände im Stadtgebiet.

Noch vor 35 Jahren war Kailua ein Dörfchen, heute leben hier rund 55 000 Menschen, von denen viele zur Arbeit nach Honolulu fahren. Auch vom kleineren Kaneʻohe pendeln viele Berufstätige täglich gen Westen. In den Uferparks an der Windseite tummeln sich selbst an Werktagen überwiegend Einheimische am Strand, darunter viele, die erst abends anfangen zu arbeiten: Musiker und Kellner zum Beispiel oder Hotel- und Verkaufspersonal mit Spätschicht. Überlaufen ist trotzdem keiner der Strände, allenfalls ist sonntags etwas mehr Betrieb.

Die Frage, warum es im reizvollen Kailua keine Hotels gibt, beantwortet eine Hausfrau, die selber gelegentlich zahlende Gäste aufnimmt, sehr deutlich:

»Weil wir hier keinen Tourismus haben wollen.« Bei *Bed and Breakfast* halte sich alles in Grenzen, meint sie, auch gegen ein paar Ferienwohnungen sei nichts einzuwenden. Gewerbliche Vermietung ist untersagt, doch private Vermietungen werden in Kleinanzeigen der beiden Tageszeitungen angeboten und auch durch Agenturen vermittelt. Um nicht mit den Bestimmungen in Konflikt zu geraten, haben Ferienwohnungen zwar Mikrowelle, Kaffeemaschine und vielleicht eine kleine Heizplatte, aber keine Kochherde. So können sie gerade noch als eine Art von ›Bett und Frühstück‹ gelten. Und wer will auch schon in einem Hawai'i-Urlaub ›Kochorgien‹ veranstalten? Picknicks machen mehr Spaß. Schließlich verfügen die meisten der leicht zu erreichenden palmenreichen *beach parks* über Grillplätze sowie Süßwasserduschen und Toiletten für einen langen Tag am Meer.

Einkaufsgelegenheiten gibt es in Kailua und Kane'ohe reichlich, vom netten kleinen lokalen Markt bis zu Kaufhäusern und großen Supermärkten, die teilweise rund um die Uhr geöffnet sind. Picknickgerecht verpackt findet man stets das jahreszeitliche Angebot an einheimischem Obst. Mundgerecht zerschnittene Ananas sind auch bei einheimischen Kunden beliebt, die sich das lästige Putzen der stachelhäutigen Früchte gern ersparen. In der prallen Sonne ausgereifte Ananas und Papayas sind traumhaft süß und saftig. Unvergleichlich sind auch reife, eßfertige Mangofrüchte, die zu putzen kein Urlaubsvergnügen wäre. Inzwischen gibt es auch viele Restaurants, vor allem in Kailua: freundliche Coffee Shops und andere, relativ bescheidene Eßgelegenheiten sowie lokale und internationale Restaurants. Wer besonders elegant ausgehen will, fährt abends eben nach Honolulu, wo bestimmt jeder auf seine Kosten kommt.

Um von Kailua kommend nach Norden zu gelangen, muß man auf dem Highway 61 wieder ein kleines Stück nach Westen, Richtung Honolulu, fahren und dann nach rechts auf den Highway 83 abzweigen. Er heißt bis Kane'ohe Kamehameha Highway und trifft dort auf den Liklike Highway. Von hier ab gibt es zwei Straßen (Hwy. 836 und Hwy. 83) nach Norden: der Highway 836 durch Kane'ohe verläuft küstennäher als der Highway 83; man kann außerdem einen Abstecher zum **He'eia Kea Pier** nördlich von Kane'ohe machen und mit Glasboden-Booten zu den Korallengärten der Bucht fahren.

Der Highway 83 zweigt etwa einen Kilometer nach dem Highway 836 als Kahekili Highway in Richtung Norden ab. Da heißt es gut aufpassen, denn wer diese Abzweigung in Kane'ohe verpaßt, hat Pech und landet wieder in Honolulu. Nach etwa 2 km auf dem Kahekili Highway erreicht man die schönen **Haiku Gardens** 9 mit ihrer tropischen Vegetation, den hawaiischen Grashütten, Fischteichen und einem preiswerten Restaurant.

Wenige Kilometer weiter folgt das **Valley of the Temples.** Dieses landschaftlich eindrucksvoll gestaltete ›Tal der Tempel‹ ist ein Friedhof für alle Glaubensrichtungen. Das bedeutendste Bauwerk ist der **Byodo-In-Temple** 10, eine Replik des 900 Jahre alten gleichnamigen Tempels in Kyoto, Japan, der sich mit leuchtendroten Säulen majestätisch von den tiefgrünen Felsen im Hintergrund abhebt. Der Tempel wurde 1968 im Gedenken an die erste japanische Einwanderung 1868 errichtet. Er wird noch heute von den Buddhisten der Insel genutzt. Man kann die Anlagen

Der japanische Byodo-In-Temple ist der bedeutendste im Tal der Tempel

und wenn man sich die Schuhe ausieht, auch den Tempel besichtigen.

Ab Kahalu'u heißt der Highway 83 dann wieder Kamehameha Highway und führt überwiegend an der Küste entlang. Dichte Vegetation wechselt sich ab mit zahlreichen Stränden und *beach parks,* an denen mehr Einheimische als Touristen zu finden sind. Der nächste Ort ist **Waiahole** mit dem gleichnamigen großen, gepflegten, landschaftlich besonders schönen *beach park* mit nahen grünen Bergen im Hintergrund. Im Meer liegt Mokoli'i im Blickfeld, ein hübsches Inselchen, das meist **Chinaman's Hat** genannt wird, weil es so ähnlich wie ein Chinesenhut aussieht. Dicht am Strand, vorbei an der Ruine einer alten Zuckermühle und mehreren *beach parks,* führt die Straße bei **Ka'a'awa** [11] (S. 314) zur traditionellen, 70 Jahre alten **Crouching Lion Inn,** der ersten Gaststätte überhaupt in diesem Bereich der Insel. Sie liegt auf einem grünen Hügel mit schö-

ner Aussicht auf einen Felsen, dessen Form mit einiger Phantasie an einen kriechenden Löwen erinnert und daher zur Sagenbildung angeregt hat. Im Gebäude befindet sich auch eine Kunstgalerie.

Die Straße umrundet nun die Kahana Bay und führt vorbei an weiteren *beach parks* nach **Punalu'u** [12] (S. 316). Hier rückt das Gebirge dicht ans Meer, für Bebauung und Straße sind an manchen Stellen nur 100 m übrig. Punalu'u ist ein hübscher Erholungsort. Hier befindet sich die **Punalu'u Art Gallery,** die älteste Kunstgalerie auf der Windseite, die eine Auswahl von Werken hawaiischer Künstler zeigt. Der Eigentümer selbst ist spezialisiert auf Kunstwerke aus Bienenwachs, es sind aber auch Schnitzarbeiten und Ölgemälde zu sehen, u. a. von Peter Hayworth, einem weit über Hawai'i hinaus bekannten Künstler.

Zum etwa 30 m hohen Wasserfall **Kaliuwa'a Sacred Falls** bei Punalu'u führt ein schmaler, unbequemer, langer Fußweg durch eine Felsschlucht. In dem engen Tal wird es früh dunkel, der Weg ist zum Teil steil und glitschig. Ein Ausflug dorthin ist deshalb nur etwas für zähere Naturen.

Die Uferstraße führt weiter zu der etwa 10 km weiter nördlich liegenden Mormonensiedlung **La'ie 13** (S. 315). Der Ort ist überwiegend von hawaiischen und samoanischen Mormonen bewohnt, ein ›Salt Lake City‹ im Pazifik, das 1921 entstand. 1954 fing das Church College der Mormonen in Hawai'i mit 153 Studenten klein an, inzwischen ist es der Hawai'i Campus der Brigham Young University im amerikanischen Bundesstaat Utah, mit rund 1800 Studenten, von denen sich viele im 1963 gegründeten **Polynesian Cultural Center** ihr Studium verdienen. Leitgedanke der Mormonen war, jungen Polynesiern das notwendige Wissen für eine veränderte Welt zu geben, ihnen aber ihre ethnische Identität zu lassen. Skeptiker gaben der Einrichtung wenig Chancen, weil sie meinten, Touristen hätten an den Modelldörfern wohl kaum Interesse. Inzwischen zählt das Kulturzentrum fast eine Million Besucher im Jahr.

Bei La'ie liegt auch der schon 1919 gebaute **Mormon Tempel 14**. Das prachtvolle Gebäude hebt sich strahlendweiß von den tiefgrünen Bergen im Hintergrund ab. Der Tempelbezirk kann von Nicht-Mormonen besichtigt werden, nicht aber der Tempel selbst. Knappe Strandbekleidung ist nicht erlaubt, Rau

Im Polynesischen Kulturzentrum in La'ie erfährt der Besucher alles über die verschiedenen Südsee-Kulturen

Schaukasten der Südseekulturen:
Das Polynesische Kulturzentrum

Das Polynesian Cultural Center liegt in La'ie an der Nordostspitze der Insel O'ahu, ganz in der Nähe der mormonischen Brigham Young Universität, der es angeschlossen ist. Junge Menschen aus allen Teilen der pazifischen Inselwelt verdienen sich dort ihr Studium durch ihre Mitarbeit.

Weil die überlieferten Kulturen der Südseevölker vom Aussterben bedroht sind, tragen die Studenten und Studentinnen dazu bei, die Lebensart ihrer Vorfahren zu erhalten. Sie zeigen handwerkliche Fertigkeiten, Künste, Kostüme und Tänze ihrer Heimat und geben gern Auskunft über die Traditionen der jeweiligen Südsee-Region, aus der sie stammen. An ihrer Herzlichkeit und ihrem ungekünstelten Eifer wird spürbar, daß ihnen viel an der Kultur liegt, die sie den Touristen nahebringen wollen.

Alle sieben Dörfer des Kulturzentrums sind mit dem Baumaterial und in der Konstruktionsweise errichtet, wie es in Hawai'i, Tahiti, Samoa, Tonga, Fiji, den Marquesas-Inseln und Neuseeland einmal üblich war. Es sind Museumsdörfer, doch sehr lebendige. Jeden Nachmittag findet ein Kanu-Umzug, jeden Abend eine polynesische Show statt. Wer will, kann in kleinen *workshops* manches lernen. Außerdem ist es die beste Gelegenheit, Typisches in aller Ruhe zu fotografieren.

Auf beeindruckende Weise führen die Studenten beispielsweise vor, wie man behend auf die Palme geht: Mit Hilfe eines Gürtels oder Tuchs klettern sie die schlanken Bäume hoch. Sie zeigen auch, wie die starke grüne Schutzhülle einer Kokosnuß schnell und geschickt entfernt wird und wie ein Schlag mit einem spitzen Stein auf die richtige Stelle die Nuß sauber aufbricht, ohne daß ein Tropfen Kokosmilch verlorengeht. Nüsse sind freilich nicht der einzige Gewinn aus dem Leben mit der Palme: Hüttendächer, geflochtene Matten und Hüte belegen anschaulich, was die Kokospalme den Polynesiern gab und gibt. Ein praktischer Rat: Genügend Zeit sollte man mitbringen für das Zentrum. Pauschaltouren von Honolulu aus versprechen etwa zwei bis drei Stunden Aufenthalt. Gründlichere Naturen sollten einfach selber hinausfahren. Der Bus hält vor der Tür.

Touristen merken nur bei zwei Gelegenheiten, daß es sich hier um ein Unternehmen der Mormonen handelt. Erstens ist das Kulturzentrum sonntags geschlossen und zweitens – da hat das dumme Lied ausnahmsweise recht – gibt es kein Bier auf (dieser Stelle von) Hawai'i, überhaupt nichts Alkoholisches. Und auch keinen Tee oder Kaffee. Nur gute und zahlreiche Obstsäfte, Milch, Mineralwasser und, als Zugeständnis an den Wandel der Zeiten, inzwischen auch Cola.

chen ebenfalls nicht. Auch den Campus der Brigham Young Universität kann man besichtigen.

Etwa 3,5 km nördlich der Mormonensiedlung liegt **Kahuku** 15 (S. 314), einst eine Arbeitersiedlung zwischen Zuckerrohr- und Ananasfeldern. Heute bietet der Ort mehrere gute Restaurants und Läden. Die **Kahuku Sugar Mill** wurde nach ihrer Stillegung mit sämtlichen Anlagen als äußerst ansprechendes Museum renoviert. Leider konnte es sich mit seinen Läden und Restaurants nicht halten. Die meisten Tour-Veranstalter sparten das Eintrittsgeld: Die *guides* zeigten nur die turmhohe Zuckerrohr-Waschanlage kurz von draußen, ohne das Gelände zu besuchen. Jetzt sind nur noch Überreste der Anlage zu besichtigen, in der einige Verkaufsstände für Erfrischungen und Souvenirs ausharren.

Paradies für Surfer: O'ahus Nordküste

(La'ie – Hale'iwa: ca. 30 km)

Bei Kahuku durchquert der Highway 83 eine fruchtbare Ebene im Landesinneren, um dann bei Kawela wieder auf die Küste zu treffen. Fast an der Nordspitze O'ahus liegt das **Turtle Bay Hilton Golf und Tennis Resort,** das einzige Hotel seiner Art außerhalb von Honolulu. Diese Ferienanlage am Meer bietet alle Möglichkeiten für sportliche wie für ruheliebende Gäste. In der nahe gelegenen Turtle Bay, eine auch der Öffentlichkeit zugängliche Bucht, ist ganzjährig gefahrloses Schwimmen möglich. Der Strand lädt zu kilometerlangen Spazier-

Surfbretter früher und heute: Leichte und wendige Boards aus Kunststoff (links) und die bis zu 6 m langen Bretter aus Holz, die die Polynesier seinerzeit benutzten (mitte)

gängen in Richtung **Kahuku Point** ein, dem nördlichsten Punkt von O'ahu. Vom höhergelegenen Ufer der Ferienanlage läßt sich das Meer mit gewaltiger Brandung und waghalsigen einheimischen Surfern bis zum spektakulären Sonnenuntergang beobachten.

Ab der Turtle Bay verläuft der Highway 83 weiter in Küstennähe bis südlich von Hale'iwa, dem größten Ort des Nordbezirks. Hier trifft er auf die nach Westen in Richtung des Ka'ena Points führende Straße 930, den Farrington Highway. Das ganze Nordufer ist eine Aneinanderreihung von Stränden und *beach parks,* die aber in puncto Ausstattung und Gefahren sehr verschieden sind. Besonders in den Wintermonaten donnert im Norden eine riesige Brandung mit oft tückischer Strömung an die Küste. Die weltberühmten Surfstrände dort sind bei starker Brandung nur für erfahrene Athleten geeignet, nicht aber für normale Urlaubsschwimmer. Nur bei geringer Brandung im Sommer oder in sehr geschützten Buchten sollten sich weniger gute Schwimmer trauen, doch können auch hier plötzlich höhere Wellen mit starker Unterströmung anrollen.

Zwischen Sunset Beach und Waimea Bay Beach Park gibt es im Winter die längsten Wellen der Welt. Dieser Küstenabschnitt ist ein internationaler Treffpunkt der kühnsten Surfer, aber auch ein Ort zahlreicher Unglücksfälle und heroischer Rettungstaten. Am **Sunset Beach** 16 treten auch die berühmten, in Film und Fotos in aller Welt oft gezeigten röhrenförmigen Brandungswellen auf, in die geübte Surfer todesmutig hineinfahren. Wie der Name schon anmerkt, kann man hier auch wunderschöne Sonnenuntergänge genießen.

Beim Pupukea Beach Park zweigt eine Nebenstraße ab zum **Waimea Falls Park** 17 (s. unter Waimea, S. 316), dem größten botanischen Garten Hawai'is. Auch altes hawaiisches Kulturleben wird hier gezeigt. Der Garten kann zu Fuß oder von einem Rundfahrtbus aus besichtigt werden. Der Wasserfall ist im Frühjahr eindrucksvoller als nach der trockeneren Jahreszeit, aber Tausende tropischer Pflanzenarten und kulturelle Veranstaltungen sowie historische Hula-Tänze aus der Frühzeit, alte Spiele usw. lohnen immer einen Besuch. Restaurant und Imbiß sind vorhanden.

Das Waimea-Tal und seine Küste waren in früheren Jahrhunderten stark besiedelt. 1894 jedoch brach eine katastrophale Flutwelle in das Tal ein und zerstörte alle Häuser. Die Überlebenden zogen in einen anderen Teil der Insel. Oberhalb des Waimea Beach Parks liegt O'ahu's größte vorgeschichtliche Tempelstätte, **Pu'uomahuka Heiau** 18, ein National Historic Landmark und State Monument. An dieser geheiligten Stelle wurden die polynesischen Götter verehrt, denen hier auch Menschenopfer dargebracht wurden.

In dem kleinen Plantagen- und Fischerdorf **Hale'iwa** 19 (S. 306) mit seinen alten Holzhäusern und den *false fronts,*

Ananasernte

den klassischen Westernfassaden, spürt man noch den ländlichen Charme der Vergangenheit. Aber als Mittelpunkt der Surfer und Beach-Boy-Szene hat der kleine Ort auch Galerien, *gift shops,* Boutiquen und Restaurants angezogen, die genauso in die Szene passen wie die *health food stores* und die Zentren für Yoga, Zen und andere exotische Disziplinen. Im Restaurant Jameson's by the Sea kann man dann beim Dinner den herrlichen Sonnenuntergang beobachten.

Durchs Innere der Insel

(Hale'iwa – Wahiawa – Waipahu – Honolulu: ca. 50 km)

Hinter Hale'iwa beginnt der Highway 99. Er verläuft über die zentrale Hochebene O'ahus zwischen den beiden langen Gebirgsketten der Insel: Im Osten liegen die Ausläufer der Ko'olau Mountains, im Westen die Wai'anae Mountains, deren höchster Berg, der **Mt. Ka'ala,** mit rund 1200 m auch der höchste Berg von O'ahu ist. Auf dem Zentral-Plateau fährt man durch große Zuckerrohr- und Ananasfelder. Als James Dole 1906 seine Ananas-Konservenfabrik in Honolulu eröffnete, waren die Hawai'i-Inseln größter Ananas-Produzent der Welt. Heute produzieren sie weniger als 15 % der Welternte.

An der Abzweigung des Highway 80 vom Kamehameha Highway (Hwy. 99), nordöstlich der Schofield Barracks, befindet sich der **Del Monte Pineapple Variety Garden** 20. Er informiert den Besucher über die Geschichte des Ananas-Anbaus in Hawai'i, während der in der Nähe gelegene Dole Pineapple Pavillon in erster Linie verkaufsorientiert ist.

Ein großer Teil des Zentralplateaus ist militärisches Gebiet. Durch das Buch von James Jones »Verdammt in alle Ewigkeit« und vor allem den gleichnamigen Film sind die **Schofield Barracks** 21 und die Wheeler Airforce Base berühmt geworden. Das Gelände kann betreten werden. Es gibt ein kleines Militärmuseum, das jedoch viele Ausstellungen an das Army Museum in Waikiki abgegeben hat. Im westlich verlaufenden Gebirgszug ist der **Kolekole-Paß** 22 zu erkennen, durch den am 7. Dezember 1941 die japanischen Flugzeuge im Tiefflug unbemerkt eindringen konnten. Mit Erlaubnis des Militärstandortes darf man durch die *barracks* bis zum Paß fahren und dort die Aussicht genießen – um dann allerdings wieder zurückzufahren, denn die Straße hinunter zur Küste ist für den öffentlichen Verkehr gesperrt.

Die vom Highway 99 südlich der Schofield Barracks abzweigende Straße 750 führt zu **Hawai'is Plantation Village** 23, einem typischen alten Plantagendorf aus teilweise restaurierten, teilweise nachgebildeten Häusern. Es liegt im **Waipahu Cultural Garden** und gibt einen Eindruck von der harten Plantagenarbeit und den Lebensbedingungen. Selbst bei Hitze müssen sich die Arbeiter durch feste Kleidung gegen scharfkantiges Zuckerrohr und stachelige Ananas schützen.

Über Pearl City geht es auf dem Highway 1 zurück nach Honolulu.

Die Wai'anae-Küste: O'ahus trockener Westen

(Honolulu – Makaha – Honolulu: ca. 110 km)

In eine Rundfahrt läßt sich O'ahus Westküste nicht einbeziehen, weil es an der Nordwestspitze, beim Kaena Point, keine Verbindung nach Norden gibt. Man erreicht diesen Teil der Insel nur

Ananas und Nostalgie

Auf allen Hawai'i-Inseln sind Hala-Bäume (Pandanus) weit verbreitet, deren Samenbüschel einer Ananasfrucht ähnlich sehen. Sie werden *mock pineapple* (Schein-Ananas) genannt oder auch ›Touristen-Ananas‹, weil sie manche Touristen zu dem Irrtum verleiten, Ananas wachse auf Bäumen. Um echte Ananas zu sehen, empfiehlt sich auf O'ahu ein Ausflug zu den rostroten Feldern im Norden der Insel. Der Ananas-Anbau ist zwar durch die Konkurrenz aus Billiglohnländern sehr zurückgegangen, doch den Eigenbedarf der Insel deckt er noch immer.

1899 begann der Ananas-Anbau im großen Stil durch den Unternehmer James D. Dole, der 1906 die glänzende Idee hatte, eine eigene Konservenfabrik dazu zu bauen. In den 20er Jahren setzte die Dole Pineapple Company eine schlichte Verkaufsbude nördlich von Wahi'awa in die Felder, weil viele neugierige Touristen kamen, die sich mit eigenen Augen davon überzeugen wollten, daß die exotischen Ananasfrüchte in langen Reihen am Boden wachsen wie in kalten Gegenden die Kohlköpfe. An diesem Verkaufsstand konnten sich die Touristen den Genuß ausgereifter Früchte frisch vom Felde gönnen und Ansichtskarten kaufen.

Der patente Unternehmer errichtete bald einen gastlicheren Pavillon, der Dank großer Nachfrage mehrfach erweitert und erneuert wurde. Dieser *Dole Pineapple Pavillion* ist für die meisten kommerziellen Touren immer noch ein stärkerer Magnet als der *Del Monte Variety Garden*. Es gibt mundfertige Ananas, Ananas-Saft, Ananas-Eis, T-Shirts in Ananas-Dosen und allen möglichen Schnickschnack, aber auch interessante Fotos aus der Frühzeit des Anbaus, nostalgisch zusammengestellt mit den Dosenetiketten, die Grafiker daraus gestaltet haben: z. B. wie der große Boß Mr. Dole auf dem Felde eigenhändig eine Frucht prüft, einmal auf einer vergilbten Ansichtskarte zu sehen, einmal auf einem bunten Aufkleber.

Die Konkurrenz der Firma Dole schlief ebenfalls nicht. 1954 richtete die Del Monte Company ihren Del Monte Variety Garden ein. Hier kann man zwanglos herumwandern und sich über den Sortenreichtum und die Geschichte des Ananas-Anbaus in Hawai'i informieren.

Die Universität Hawai'i erreichte durch Züchtung, daß Ananasfrüchte mit der Zeit zylindrischer wurden, also besser in die Dose paßten. Das verminderte den Abfall beträchtlich. Ein ›Abfallprodukt‹, das sich nicht vermeiden, aber gut verwenden läßt, ist der Saft, der beim Zerschneiden der reifen Früchte anfällt. Und die vergleichsweise etwas holzige Mitte der Frucht, die herausgeschnitten wird, landet in Hawai'i als eine Art Löffel im *mai tai,* einem beliebten Cocktail. Wer frische, sonnenverwöhnte Ananas aus dem Urlaub mitnehmen möchte: Stabil verpackte Früchte kann man noch am Flughafen kaufen und mitschleppen oder verschicken lassen.

über den Highway 1 ab Pearl City Richtung Westen und den Highway 93. Auf demselben Wege muß man auch wieder zurück.

Die Westküste liegt im Windschatten der Wai'anae-Bergkette und ist die trockenste Region der Insel, da die Wolken nur selten über die Berge gelangen. Hier leben hauptsächlich Einheimische, die ihre Heimat ganz gern für sich behalten möchten. Touristen sind dort an manchen Stellen nicht besonders gern gesehen, es kommen aber auch nur wenige vorbei.

Bei Kahe Point erreicht man die Küste, ein trockener Landstrich aus schwarzen Felsen und weiten weißen Sandstränden. Etwa 40 km von Honolulu entfernt liegt Nanakuli. Von hier bis nach Makaha finden sich zahlreiche *beach parks* mit weiten Sandstränden. Nicht an allen Stränden ist das Schwimmen sicher, da Strömungen und starke Wellen gefährlich werden können. Nur der **Poka'i Beach Park** 24 ist gepflegt und erlaubt das ganze Jahr sicheres Schwimmen. Entlang der Straße tauchen kleine Farmen und zum Teil etwas verfallene Siedlungen auf, die fast ausschließlich von Hawaiianern und einer wachsenden Anzahl von Samoanern bewohnt werden. In dieser ärmlichen Gegend zeigt sich eine gewisse Fremdenfeindlichkeit, und in den letzten Jahren ist die Kriminalität hier angestiegen. Auch in verschlossenen Autos sollten keine Wertgegenstände zurückgelassen werden.

Ein besonderes Erlebnis ist der Besuch eines traditionellen Gottesdienstes der samoanischen Bevölkerungsgruppe, die mehrheitlich an der Wai'anae-Küste lebt. Der beeindruckende Chorgesang kann in der Samoan Church of Hawai'i in Nanakuli, der First Samoan Church in Maili und der Wai'anae Samoan Church in Lualualei Valley gehört werden.

Die westlichen Strände, besonders die weiter nördlichen zwischen Makaha und Ka'ena Point, sind Fundgruben für einheimische Muschelsammler. Hier ist die begehrte kleine runde Puka-Muschel zu finden, aus der Halsketten aufgezogen werden – *puka* heißt ›Loch‹. Am teuersten sind Ketten aus ganz dünnen Puka-Muscheln.

In der Nähe von **Makaha** an der Wai'anae-Küste sind in den letzten Jahren Eigentums-Ferienwohnungen *(condominiums)* und Hotels mit Golf- und Tennisplätzen entstanden. Oberhalb des Sheraton Hotels liegt das **Wai'anae Hawaiian Cultural and Art Center** 25 (s. unter Wai'anae, S. 316). Hier werden hawaiische Traditionen und Kunsthandwerk unterrichtet. Besucher sind willkommen. **Makaha Beach** 26 (s. unter Wai'anae, S. 316) wird im Winter zum Tummelplatz der Surfer, wenn sich bei internationalen Wettbewerben die besten Wellenreiter der Welt mit den einheimischen Talenten ein nasses Stelldichein geben. In den Sommermonaten ist die Brandung ruhiger und zum Schwimmen geeignet. Ab Makaha Beach Park ist das ganze letzte Stück des Highway 93 ziemlich uneben und aufgrund wilder Siedlungen nicht sehr empfehlenswert. Auch der Bus Nr. 51 macht bereits bei Makaha kehrt. Am **Makua-Ka'ena State Park** endet die Straße. Durch die Dünenlandschaft des Naturschutzgebietes geht es etwa 3 km nur zu Fuß weiter bis zum **Ka'ena Point,** dem westlichsten Punkt der Insel – etwas für Wanderer, die die Einsamkeit lieben.

Auf der ›Garteninsel‹ Kaua'i

Fast die ganze Insel ist über und über saftig grün, die Pflanzen wuchern und gedeihen wie in einem riesigen Gewächshaus. Der Name ›Garden Island‹ stimmt, und das Wetter paßt dazu. Nirgendwo sonst auf Hawai'i gibt es üppigere Gärten, prächtigere Blumen. Dschungelatmosphäre und idyllische Südseestrände haben auch Amerikas Filmindustrie angezogen, die besonders an Kaua'is Nordküste Drehorte für Dutzende von Filmproduktionen fand. Für Filme wie »South Pacific«, »Blue Hawai'i« mit Elvis Presley, Tom Sellecks Erfolgsserie »Magnum« und den in jüngster Zeit gedrehten Hit »Jurassic Park« von Steven Spielberg war die tropische Urweltlandschaft in Kauai's Wildnis die passende Kulisse.

Kaua'i ist die älteste der acht größeren Inseln Hawai'is. Sie tauchte vor etwa vier Millionen Jahren aus dem Meer auf, entstanden durch die Tätigkeit eines einzigen großen Schildvulkans, des Wai'ale'ale. Deshalb ist auf Kaua'i das Vulkangestein am stärksten verwittert und hat sich in fruchtbare Krume verwandelt. Oxydiertes Eisen im Boden bewirkt die auffällige Färbung des Bodens, was besonders deutlich auf den Landwegen zwischen den Zuckerrohrfeldern im Südwesten der Insel zu sehen ist. Die schwere, rote Erde wirkt zwischen dem Grün »wie eine aufgerissene Wunde«, wie es Michener in seinem Roman »Hawaii« einmal passend beschrieb.

Der Wai'ale'ale, der seine Aktivitäten schon vor Tausenden von Jahren eingestellt hat, zieht die regenschweren Passatwolken an wie ein Magnet. Diese Regenmassen formten die Gestalt der Insel. Da gibt es tiefe, erodierte Schluchten, die bis zu 1000 m abfallen; die einzigen für größere Schiffe navigierbaren Flüsse; und die von Regen, Wind und heftigem Wellengang zerklüftete, schwer zu erreichende Nordwestküste. Im Inneren der Insel liegt das über 1000 m hohe Koke'e-Plateau mit dem meist in Nebel oder Regen gehüllten Alakai-Sumpf. Die Nordostküste von Na Pali bis Wailua ist noch feuchter, kühler und grüner als die Westseite von Koloa bis zum Polihale Beach Park.

Die Hawaiianer leben mit den Naturgewalten. Hautnah. Am anderen Ende der Inselkette verändert der Vulkan Kilauea immer wieder die Struktur von ›Big Island‹ Hawai'i, schafft neues Land, löscht Dörfer und Straßen aus. Auf Kaua'i spürt man wenig von dieser vulkanischen Urgewalt. Dafür scheint es die Wirbelstürme anzuziehen. Zweimal innerhalb von nur zehn Jahren fegten sie über die Insel hinweg. 1982 hinterließ der Hurrikan »Iwa« Schäden in Höhe von fast 250 Mio. Dollar, und es dauerte einige Monate, bis sich das Leben auf Kaua'i wieder normalisiert hatte. Man sprach von der Jahrhundertkatastrophe. Sie war es nicht, denn am 11. November 1992 überfiel »Iniki« die Insel und hinterließ die schwersten Verwüstungen seit Menschengedenken. Windgeschwindigkeiten von 160 km/h bis 380 km/h rasierten ganze Bergkämme kahl, verursachten Schäden von fast zwei Milliarden Dollar. Viele Häuser der Insel waren beschädigt oder zerstört. Nur ein Hotel konnte geöffnet bleiben. Ein halbes Jahr herrschte der Ausnahmezustand, und die Touristen blieben der Insel auch im Jahr darauf noch fern. So waren die wirtschaftlichen Folgeschäden enorm. Erst drei Jahre später läßt sich von einer völligen Normalisierung sprechen.

Am schnellsten erholt hat sich die Natur selbst, hier zeigten sich die enormen regenerativen Kräfte der ›Garteninsel‹. Schon ein Jahr nach dem Hurrikan war alles wieder grün, und ein weiteres

Jahr schloß auch die meisten der noch verbliebenen Vegetationslücken. Einige Buchten sind nun begradigt, ein paar Strände verschwunden, dafür andere dazugekommen. Die Insel ist so schön wie immer. Nur manche der kunstvoll angelegten Gärten und Anlagen haben noch nicht die alte Pracht erreicht, und einige der Häuser und Hotels sind noch nicht wieder aufgebaut oder renoviert – meistens, weil Schadensregelungen noch nicht abgeschlossen sind oder den Eigentümern das Geld ausgegangen ist.

Eine Inselrundfahrt ist auf Kaua'i nicht möglich, da die Straße im Norden von der unzugänglichen Na Pali-Steilküste unterbrochen wird. So bieten sich von Lihu'e für die Erkundung der Insel zwei bis drei Tagesausflüge an. Auf diesen Touren, die man auch jeweils in 5–6 Stunden schaffen kann, lassen sich mit einigen Abstechern alle Sehenswürdigkeiten der Insel erschließen.

Bis zum Ende der Straße bei Ke'e Beach an der Na Pali-Küste sind es etwa 50 km, wenn man nicht noch einen Abstecher zu den Wailua Falls und zur Fern Grotto macht. Bei der Erkundung der Südküste über Waimea zum Polihale State Park (ebenfalls ca. 50 km) hat man dort das Ende der Straße erreicht. Auf jeden Fall sollte man über Koloa einen Abstecher zum Po'ipu Beach machen. In Waimea oder Kekaha muß man sich dann entscheiden, ob man anschließend noch den Ausflug ins Koke'e-Hochland zum Waimea Canyon und zum Kalalau Lookout an der Na Pali-Küste machen oder hierfür noch einmal eine Extra-Tour einplanen möchte. Letzteres ist zu empfehlen, denn es gibt viel zu sehen, und die Straße ins Hochland ist sehr kurvenreich und sollte langsam befahren werden.

Der Berg Wai'ale'ale im Alaka'i-Sumpf

Drehorte für Südsee-Filme –
Von Lihu'e zur Na Pali-Küste

Karte s. S. 146/147

Lihu'e **1** (S. 318) ist mit seinen 7000 Einwohnern kommerzielles Zentrum und Verwaltungssitz der Insel. Östlich von Lihu'e befindet sich der moderne Airport und südlich der für den Plantagenbetrieb so wichtige Naturhafen der Nawiliwili Bay. Rings um das kleine Städtchen erstrecken sich wie ein grünes Meer weite, wogende Zuckerrohrfelder, und die Schornsteine der alten Zuckermühle am westlichen Ende der Rice Street erinnern daran, welche historische Bedeutung ›König Zucker‹ für Lihu'e hatte.

Im letzten Viertel des 19. Jahrhunderts hatte sich Lihu'e zu einer von Deutschen dominierten Siedlung entwickelt – es war praktisch eine deutsche Kleinstadt geworden. Verantwortlich dafür waren vor allem zwei Unternehmer: Heinrich Hackfeld und Paul Isenberg. Sie bauten die großen Zuckerrohrplantagen in Lihu'e, Koloa und Kekaha auf. 1882 gründete man sogar eine deutsche Schule, so etwas wie ein Gegenstück zur Iolani School der englischsprachigen und der Kamehameha School für die hawaiische Bevölkerung. Auch die lutherische Kirche bestimmte das kulturelle Leben in Lihu'e, vor allem unter ihrem langjährigen Pastor Paul Isenberg, einem Bruder des Plantagengründers. Fast 1300 deutsche Einwanderer, vor allem aus dem Hannoverschen und dem Oldenburgischen kamen nach Kaua'i, um für die Firma H. Hackfeld und Co. Bewässerungsanlagen und Zuckerrohr-Plantagen anzulegen. Es war durchaus nicht so, daß sie alle als *lunas*, als Aufseher anfingen. Allerdings hatten sie einen besseren Start, sie erhielten höhere Löhne und wurden schneller befördert als die anderen Arbeiter.

An die deutsche Vergangenheit Kaua'is erinnert noch die **Old Lutheran Church** aus dem Jahre 1883 mit ihrem schönen barocken Altar und dem alten Pionierfriedhof auf einem Hügel an der Ho'omana Road. Auch die von einem botanischen Garten umgebenen **Haleko Shops** an der Haleko Road zeigen typisch deutschen Baustil. Sie gehörten früher deutschen Plantagenaufsehern und beherbergen heute Geschäfte und Restaurants. Das **Kaua'i Museum** mit seiner griechisch-römischen Fassade an der Rice Street, der Hauptstraße Lihu'es, gibt einen guten Einblick in die wechselvolle Geschichte der Insel – vom alten Hawai'i über die Ära Captain Cooks bis hin zur Plantagenzeit. Zum Museum gehört noch das William Hyde Rice Building mit einem schönen Modell eines hawaiischen Dorfes und einer Sammlung hawaiischer Tapa-Matten, Gebrauchsgegenständen, Waffen und Werkzeugen. Der Museum Shop führt Kunsthandwerk, Hawaiiana und topographische Karten der Insel.

Etwas außerhalb von Lihu'e, an der Nawiliwili Road (Hwy. 58), liegen in einer schönen Gartenlandschaft die ehemaligen Plantagengebäude des aus einer Missionarsfamilie stammenden Zuckerbarons George Wilcox. Die 1864 gegründete Plantage war noch bis in die 30er Jahre in Betrieb. 1980 wurde das Anwesen als **Grove Farm Homestead** in ein Museum umgewandelt und vermittelt seither einen hervorragenden Einblick in das frühe Plantagenleben. Zum liebevoll restaurierten, mit den eleganten Möbeln und persönlichen Gegenständen der Wilcox-Familie eingerichteten Haupt-

haus gehören noch die ehemaligen Wohnquartiere der Plantagenarbeiter. Das Anwesen wird von Nachfahren der Wilcox-Familie unterhalten.

Lihu'e

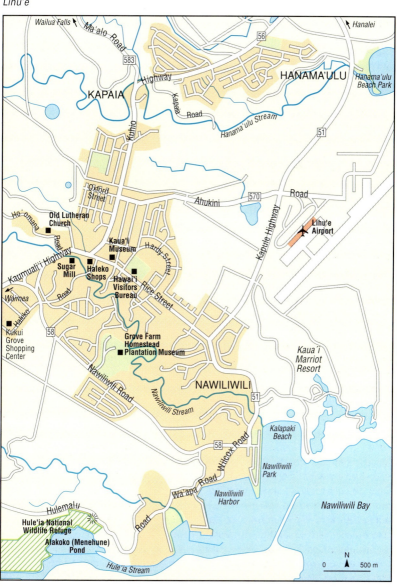

Weiter auf der Nawiliwili Road gelangt man zum Hafen mit dem angrenzenden **Kalapaki Beach.** 1987 wurde um das Kaua'i Marriot Resort eine tropische Lagunenlandschaft angelegt, mit schön gelegenen Restaurants, Golfplätzen und einem der besten Badestrände der Inseln. Hier bietet sich ein hübscher Blick über die Bucht auf die dschungelbewachsene Hoary Head-Bergkette, es läßt sich gut Schnorcheln und auch Surf-Anfänger können einen Versuch wagen. Der Strand ist öffentlich, will man auch Pool und Duschen benutzen, sollte man wenigstens Gast in einem der Restaurants sein.

Nicht weit entfernt, liegt südwestlich von Lihu'e der **Alakoko Pond,** auch als ›Menehune Fishpond‹ bekannt. Vom Aussichtspunkt hat man einen schönen Blick über das Flußpanorama mit den Hoary Mountains im Hintergrund. Der Fischteich ist uralt, niemand kann recht erklären, wann und wie er entstanden ist. Wie meistens in solchen Fällen wird man dann in der hawaiischen Mythologie fündig. Demnach sollen hier die *menehune,* Hawai'is sagenhafte Gnome, tätig gewesen sein. Den Auftrag eines königlichen Geschwisterpaares ausführend, haben die fleißigen Arbeiter hier in einer einzigen Nacht mit einem 300 m langen Damm eine Bucht des Hule'ia-Flüßchen abgegrenzt – unter ihrer üblichen Bedingung, daß kein Sterblicher ihnen dabei zuschauen dürfe. Natürlich waren die Geschwister neugierig und belauschten im Mondlicht das kleine Volk, wie es in einer endlosen Menschenkette die Steine für den mächtigen Bau herbeischaffte. Gegen Morgengrauen entdeckten die *menehune* die beiden und brachen die Arbeit ab. Zur Strafe wurden die beiden Königskinder in Felssäulen verwandelt, die noch heute am Berghang über dem Fluß zu sehen sind.

Angeblich wurde der Damm erst 1880 von chinesischen Fischzüchtern vollendet. Der Teich wird heute noch benutzt, aber sein Geheimnis wartet immer noch darauf, gelöst zu werden. Die Bauweise des Dammes läßt sich mit keiner der bekannten Techniken des alten Hawai'i erklären. Ein Display im Kaua'i Museum vermittelt weitere Informationen zum Thema *menehune.* Mit *manahune* bezeichneten die Tahiter Angehörige der untersten Klasse oder Sklaven. So vermuten Wissenschaftler, daß die kleinwüchsigen *menehune* wohl mit den ursprünglichen Bewohnern Hawai'is, die von den Marquesas-Inseln kamen, identisch sind. Sie wurden dann von den mehrere hundert Jahre später aus Tahiti kommenden Polynesiern unterworfen und als Sklaven beschäftigt.

Von Lihu'e an die idyllische Nordküste
(Lihu'e-Hanalei-Ke'e Beach: 65 km)

Beim Örtchen Kapaia, nördlich von Lihu'e, zweigt die Ma'alo Road zu den 7 km entfernten **Wailua Falls** 2 ab. Ein Abstecher, der sich lohnt. Der Wasserfall stürzt in zwei, nach starken Regenfällen auch in mehreren Kaskaden über eine Felswand in den unteren Flußlauf. Hawaiische Krieger bewiesen hier ihren Mut, indem sie von den Klippen in den Pool am Fuß der Fälle sprangen. Heute benutzt man lieber den Pfad, wenn man ein kühles Bad nehmen möchte.

Ein ideales Plätzchen zum Picknick, Campen oder Baden (hervorragend auch für Kinder geeignet) bietet der **Hanama'ulu County Beach Park** 3, mit schönem Strand, einer Lagune und kleinen Frischwasser-Pools im Hanama'ulu-Flüßchen. Weiter geht es auf dem Highway 56 nach **Wailua** 4 (S. 320).

Der Alakoko Pond, auch Menehune Fishpond genannt, ist ein uralter Fischteich

Der 2000-Einwohner-Ort erstreckt sich über das Hügelland der Nounou Ridge und ist von der Straße aus kaum zu bemerken. Von der Wailua Marina aus wird eine Schiffstour einige Meilen den Wailua River hinauf zur **Fern Grotto** 5 angeboten. Wer gegen Touristenshows allergisch ist, sollte vielleicht Abstand nehmen. Animation und gemeinsame Hula-Stunde während der Bootsfahrt sind nicht jedermanns Sache. Dennoch, die Fahrt auf dem breiten Urwaldfluß, übrigens der einzig schiffbare auf Hawai'i, mit seinen dicht bewachsenen Uferbänken bietet schöne Ausblicke über historisches Land. Dem Flußlauf folgte über die alte Königsstraße, und an den Ufern des Wailua gibt es zahlreiche hawaiische Begräbnisstätten. Die Tour stellt auch die einzige Möglichkeit dar, zur Grotte zu gelangen. Die große, kühle Felsenhöhle ist von üppig wuchernden eingliedrigen Farnen eingerahmt, die hier durch die Feuchtigkeit eines Was-

serfalls prächtig gedeihen. Selbst von der Decke der Höhle hängen sie wie ein lichtgrüner Vorhang herab. In der Grotte, die sich durch eine gute Akustik auszeichnet, singt die Bootsbesatzung den »Hawaiian Wedding Song« – für manche vielleicht des touristisch Guten zuviel. Mitunter ist es aber auch passend, denn der hübsche Ort wird von amerikanischen und japanischen Touristen auch gerne für Trauungen gewählt.

Für Hochzeiten wird auch die Anlage des **Coco Palms Resort** häufig in Anspruch genommen. Die im polynesischen Stil errichteten Hotelgebäude stehen inmitten einer ehemaligen Kokospalmenplantage mit einer idyllischen Lagune, die früher der königlichen Fischzucht vorbehalten war. Das Südsee-Ambiente wurde auch von Hollywood gern genutzt. Hier wurden Filme

Übersichtskarte Kaua'i ▷

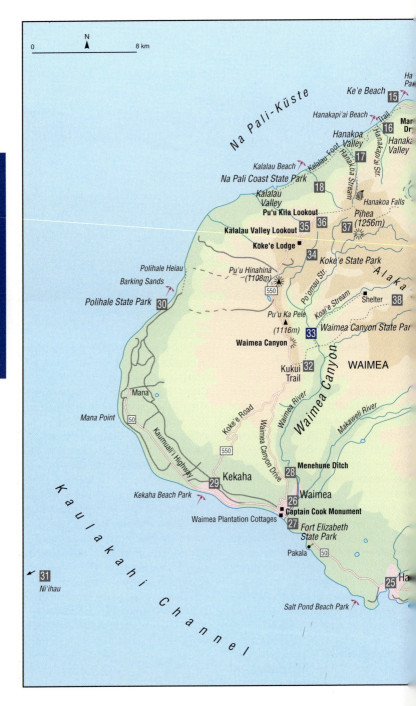

N

0   8 km

Na Pali-Küste

Ke'e Beach
Ha
Pa
15

Hanakapi'ai Beach
16
Mar
Dr

Hanakoa
Valley
17
Hanaka
Valley

Kalalau Beach
Na Pali Coast State Park
18

Kalalau
Valley

Hanakoa Falls

Pu'u Kīla Lookout
Pihea
(1256m)

Kalalau Valley Lookout
35 **36**
37

Koke'e Lodge
34
Koke'e State Park

Alaka

Polihale Heiau
Pu'u Hinahina
(1108m)
Po'omau Str.

Barking Sands
550
Koai'e Stream
Shelter
38

Polihale State Park **30**

Pu'u Ka Pele
(1116m)
Waimea Canyon State Par

33

Waimea Canyon
WAIMEA

Kukui
Trail
32

Mana
Waimea River
Makaweli River

Mana Point
50

Kaumuali'i Highway
Koke'e Road
Waimea Canyon Drive
Waimea Canyon

550

28 **Menehune Ditch**

Kekaha
26 **Waimea**

29
Captain Cook Monument

Kekaha Beach Park
Waimea Plantation Cottages
27
Fort Elizabeth
State Park

Pakala
50

K a u l a k a h i
31
Ni'ihau
25
Ha

C h a n n e l

Salt Pond Beach Park

Blick in das Hanalei Valley mit Taro-Feldern und dem Hanalei River

wie »South Pacific«, »Blue Hawai'i«, »Raiders of the Lost Ark« und die TV-Serie »Fantasy Island« gedreht. In der von Columbia Pictures für den Film »Sadie Thompson« (mit Rita Hayworth) gebauten Hochzeitskapelle wurden seitdem über 2000 Paare getraut.

Im **Lydgate State Beach Park** ⑥, an der Südseite der Flußmündung, findet man die Reste des **Hauola Honaunau,** einer vorgeschichtlichen Zufluchtsstätte. Entlang der Route 580 am nördlichen Wailua River gibt es noch ein paar mehr: den Malae Heiau mit Felszeichnungen, den Holoholoku Heiau, wo Menschenopfer dargebracht wurden, und der Pohaku Ho'ohanau Heiau mit den heiligen Geburtssteinen der königlichen Mütter. Kurz vor dem Plantagenstädtchen Kapa'a kann man im **Coconut Plantation Market Place** eine Lunchpause einlegen oder einkaufen. **Kapa'a** ⑦ (S. 318) ist neben Lihu'e der größte Ort der Insel. Im langgestreckten, etwas zersiedelten Ort gibt es neben Hotels und Ferienwohnungen gute Einkaufsmöglichkeiten, eine breite Palette von Restaurants und Cafes – auch *health food* sowie neben etlichen pittoresken Holzhäusern ein halbes Dutzend Kirchen der verschiedensten Glaubensrichtungen.

Im alten Plantagenort **Kilauea** ⑧ kann man sich wieder an zwei hübschen, kleinen Kirchen erfreuen: der katholischen St. Sylvester's Church mit den Wandmalereien des hawaiischen Künstlers Jean Charlot, und der blumengeschmückten Christ Memorial Episcopal Church. Leuchtturmfans werden sich das **Kilauea Lighthouse** ⑨ am nördlichsten Zipfel der Insel auf keinen Fall entgehen lassen. Der 1913 gebaute Leuchtturm liegt auf einer Landzunge hoch über dem Meer, mit prächtiger Aussicht von beiden Seiten des Steilufers. Für Naturfreunde interessanter ist das **Kilauea Point National Wildlife Refuge,** ein Schutzgebiet für Seevögel. Über den Klippen segeln Laysan-Albatrosse und Fregattvögel und an der Steilküste nisten große Kolonien von Sturmtauchern und Tölpeln. Manchmal sieht man vor der Küste auch Wale und Mönchsrobben. Im Shop des Visitor Center erhält man detaillierte Informationen über die Vogelwelt des Schutzgebietes und Bücher über Hawai'is Flora und Fauna.

Bei Kalihiwai führt eine Straße hinunter zum **Anini Beach County Park** 🔟. Der Strand ist durch ein vorgelagertes Korallenriff geschützt. Bis dahin ist das Wasser flach, ein hervorragendes Revier zum Schnorcheln und Windsurfen, am Strand ist auch Camping möglich. Mehrere Windsurfing-Schulen nutzen die ruhige Bucht für ihre Kurse. Die Uferklippen sind dicht begrünt und mit Pandanus, Palmen, Mango und *hau,* einer gelbblühenden Hibiskusart, bewachsen.

Kurz vor Princeville weist ein Schild des Hawai'i Visitor Bureau auf den **Hanalei Valley Scenic Overlook** 🔟 hin, den man nicht versäumen sollte. Weit schweift der Blick über das liebliche Tal mit den sattgrünen schachbrettartigen, überfluteten Taro-Feldern, durchzogen vom silbrigen Band des Hanalei River und umsäumt von einem Kranz blaugrüner Berge. Spannt sich dann noch ein kräftiger Regenbogen darüber, was häufig der Fall ist, bietet sich ein märchenhaft schöner Anblick. Ein großer Teil des Tales ist Naturschutzgebiet, in dem zahlreiche seltene Vögel ihre Brutstätten haben. Die Straße schlängelt sich dann hinunter ins Tal, wird schmaler und überquert sogar einspurig die alte kleine Holzbrücke über den Fluß, auf dem geruhsam farbenfrohe Kajaks vorbeitrei-

*Die Wai'oli Mission
Church in Hanalei*

ben. Direkt an der Brücke zweigt die Ahiki Road ab. Die einsame Landstraße folgt dem Fluß talaufwärts, vorbei an malerischen kleinen Farmhäuschen.

Auf einer Peninsula, hoch über der Hanalei Bay, liegt **Princeville** 12 (siehe unter Hanalei, S. 317). Hier ist auf dem Gelände einer ehemaligen Ranch ein 4500 ha großes luxuriöses Ferien-, Sport- und Erholungszentrum mit Hotel, Villen, Eigentumswohnungen und mehreren wunderschönen Golfplätzen entstanden. Vom kleinen Airport lassen sich Hubschrauberflüge über die Insel buchen, und von den Po'ipu Stables, etwa 1 km östlich von Princeville gelegen, kann man auf dem Pferderücken die Gegend erkunden. Die Trailritte, für die keine Reiterfahrung notwendig ist, führen ins Hanalei-Tal oder durch tropische Vegetation hinunter zum Strand.

In **Hanalei** 13 (S. 317), einem verträumten Ort an der Mündung des gleichnamigen Flusses, gibt es mehrere Kirchen, ein bescheidenes, kleines Museum mit unregelmäßigen Öffnungszeiten und einige gute Restaurants. Das alte Gebäude des ehemaligen Ching Young Store beherbergt heute Ausstellungs- und Verkaufsräume der Artisans Guild of Kaua'i, einer örtlichen Künstlerkooperative. Etwas weiter, im angenehm übersichtlichen **Ching Young Village Shopping Center** mit seinen kleinen Geschäften und Restaurants ist alles zu haben, was man für den Urlaub braucht: ein Lunchpaket, frisches Obst aus der Umgebung, die Ausrüstung für eine Schnorcheltour oder eine Trailwanderung. Captain Zodiac vermittelt aufregende Schlauchbootabenteuer entlang der wilden Na Pali-Küste.

In einer gartenähnlichen Anlage am Ortsausgang steht die von Palmen umgebene **Wai'oli Hui'ia Church,** eine malerische grüne Holzkirche aus dem Jahr 1912, in der sonntags klangvolle hawaiische Hymnen erklingen. Dahinter befindet sich das **Wai'oli Mission House,** das bereits 1837 vom Missionarsehepaar William Alexander und seiner Frau Mary Ann erbaut wurde. Mit seinen umlaufenden zweistöckigen *la-*

nais paßt es sich ganz dem Klima an. Im Laufe der Jahre bewohnten mehrere Missionarsfamilien das Haus, am längsten die alteingesessene Wilcox-Familie. Abner und Lucy Wilcox zogen 1846 hier ein, und noch vor einigen Jahren befand sich das Haus im Familienbesitz. Die Teilnahme an einer Führung ist lohnend, denn man erhält einen guten Eindruck davon, wie die Missionare im vorigen Jahrhundert auf Hawai'i gelebt haben. Auf dem Gelände befindet sich außerdem noch die 1841 erbaute **Wai'oli Mission Church,** ein schlichtes Gebäude, das heute als Versammlungshalle dient. *Wai'oli* heißt ›heilendes‹ oder ›singendes‹ Wasser, ein passender Name für Kirche und Missionshaus.

Auch wenn man nicht baden möchte, lohnt der Besuch der sichelförmigen **Hanalei Bay,** in die der Hanalei River und drei kleinere Flüßchen münden. Die liebliche Bucht ist eine häufig genutzte Kulisse für Südseefilme und ein bevorzugter Ankerplatz für Fischerboote und die stattlichen Yachten der pazifischen Gewässer. Es gibt mehrere *beach parks* mit hervorragenden Möglichkeiten zum Picknick, Schwimmen, Segeln und Surfen. Oft kann man die Boote des Hanalei Canoe Club beim Training beobachten, und die Sonnenuntergänge sind hier besonders prächtig.

Die nächsten 10 km bis zum Ende der Straße bei Ke'e Beach sind pure Südsee-Idylle. Die Straße wird schmaler und führt über einspurige Brücken. Üppige Tropenvegetation vor steilen Bergkegeln, ein Traumstrand folgt dem anderen – immer wieder haben sie Hollywood als Kulisse gedient. Als besonders fotogen gilt **Lumaha'i Beach** ⁤14⁤, bekannt aus dem Film »South Pacific«. Vom Aussichtspunkt führt zwischen Pandanus-Bäumen ein Pfad hinunter zum Strand. Schwimmen ist hier wegen der

Bei Ke'e Beach

Strömung jedoch nicht ganz ungefährlich. In den großen domartigen Felsenhöhlen bei **Ha'ena** soll die Göttin Pele ihren Wohnsitz gehabt haben, bevor sie zu den Vulkanen der großen Insel Hawai'i übersiedelte.

Die Straße endet schließlich bei **Ke'e Beach** ⁤15⁤ (s. Abb. S. 20/21). Ein weiter Sandstrand mit großen schattigen Bäumen, glasklarem blauem Wasser, geschützt durch ein vorgelagertes Riff, bieten beste Bade- und Schnorchelmöglichkeiten. Folgt man dem Strand ein paar hundert Meter in nördlicher Richtung, öffnet sich der Blick auf die Na Pali-Steilküste. Eine noch schönere Aussicht auf die schroff ins Wasser tauchenden Seeklippen auf der einen Seite und den Strand von Ke'e Beach auf der anderen hat man vom trail selbst, der hier beginnt. Nur eine kurze Wanderung bis zur ersten Anhöhe genügt, um einen guten Eindruck zu bekommen.

Blick auf die Na Pali-Küste ▷

Richtig Reisen
Tip

Trekking an Kaua'is wilder Na Pali-Küste

Eine der schönsten, wenn auch schwierigsten Wanderungen auf den Inseln bietet Kaua'is wildromantische Na Pali-Küste. Vom Ausgangspunkt bei Ke'e Beach bis zum Kalalau Valley sind es knapp 18 km. Schon vor Jahrhunderten benutzten Hawaiianer den **Kalalau Trail,** um zu ihren Taro-Feldern in den fruchtbaren Tälern entlang der Küste zu gelangen. Für die Übernachtungen auf den drei Zeltplätzen benötigt man ein *permit,* das man beim State Park Office in Lihu'e erhält. Vier Tage sollte man für diesen Ausflug schon einplanen.

Gleich hinter dem Ausgangspunkt zum *trail* bei Ke'e Beach steigt der Pfad an. Schon nach wenigen hundert Metern bietet sich ein wunderschöner Blick auf die leuchtendblau schimmernde Bucht. Der Weg führt durch dichten Regenwald mit üppigen Schlingpflanzen, durch Pandanus-Gestrüpp und an steilen Hängen entlang. Immer wieder fällt der Blick auf die grandiose Küstenlinie. Nach etwa 3 km ist **Hanakapi'ai Valley** 16 , erreicht. Bis hierher ist der *trail* relativ leicht und auch für weniger anstrengende Tageswanderungen zu empfehlen. Schon auf diesen wenigen Kilometern läßt sich die beeindruckende Schönheit der Na Pali-Küste erleben. Das liebliche Hanakapi'ai-Tal hat einen hübschen weißen Sandstrand, und auch Zeltplätze sind vorhanden. Ein ideales Plätzchen für ein Picknick und ein erfrischendes Bad.

Danach geht es wieder steil bergan. Mit dem schweren *backpack* kommt man auf dem schmalen, oft rutschigen Pfad nur mühsam voran. Jeder Schritt muß überlegt sein. Die Täler von Honolulu und Waiahuakua werden durchquert. Immer wieder müssen Bäche mit glitschigen Felsbrocken durchwatet werden, und die Luft ist feucht und drückend – nur auf den Anhöhen bringt eine frische Seebrise Erleichterung. Palmen, Mimosen, Kukui-, Guajaven- und Bergapfelbäume säumen den *trail,* und aus dem Grün leuchten hübsche, lila blühende Mimosen und weiß-rosafarbige Orchideen. Die knallroten Bergäpfel schmecken würzig-saftig und auch der säuerliche Saft der Guajaven bietet eine willkommene Erfrischung. Bergäpfel und Guajaven gibt es im Sommer im Überfluß. Oft ist der Pfad dicht mit Guajave-Früchten übersät, die einen schweren, aromatischen Duft verströmen.

Nach zehn beschwerlichen Kilometern ist die kleine Schutzhütte im **Hanakoa Valley** 17 erreicht. Im terrassenförmigen Urwald liegen versteckt fünf oder sechs Zeltplätze. Hier wird das Nachtlager aufgeschlagen, und danach ist noch Zeit für ein kühles Bad in einem Felsenpool im Hanakoa Stream. Ein kurzer Seitenpfad führt oberhalb des Flüßchens zu einem Wasserfall. Wegen der starken Brandung und gefährlicher Strömungen ist das Schwimmen im Meer nicht zu empfehlen.

Am nächsten Morgen brechen wir früh auf, um die noch kühle Luft zu nutzen. Über lange Strecken windet sich der *trail* in luftiger Höhe an einem schmalen Grat entlang. Noch von hier oben kann man bis auf den Grund des klaren türkisfarbenen Meeres sehen. Manchmal führt der Pfad durch Kukui-Wäldchen oder an kargen, mit Agaven bedeckten Hängen vorbei, dann wieder ist er fast zugewuchert, so daß man sich mit Händen und Füßen mühsam den Weg durchs Gestrüpp bahnen muß.

Ungefähr 16 km vom Beginn des *trails* windet sich der Pfad dann an der Ostflanke der zerfurchten steilen Pali-Klippen hinunter ins **Kalalau Valley** 18. Er führt vorbei an den Überresten eines alten *heiau* (hawaiische Tempelstätte), durch ein schattiges Kukui-Wäldchen und verwilderte Kaffeebaumbestände, über mit Steinmauern befestigten Taro-Terrassen, die seit über einem halben Jahrhundert verlassen sind. Das Tal ist von einem mächtigen Amphitheater steil aufragender Vulkanklippen umge-

ben. Die von Wind und Wetter tief zerfurchten Felswände sind mit dichtem grünen Bewuchs überzogen. Im Licht der Abendsonne schimmern sie wie leuchtende Smaragde. Aus den Alaka'i-Sümpfen vom Hochplateau über dem Tal stürzt Wasser in einen klaren See. Zwischen Meer und üppiggrünem Tal erstreckt sich ein weiter gelber Sandstrand. Neben einer großen Sanddüne befindet sich der Eingang einer etwa 30 m tiefen Höhle, die in ihrem Innern einen glasklaren kalten Süßwassersee birgt, in den große Tropfen glitzernd von der Höhlendecke fallen. Nach einer schweißtreibenden Wanderung bietet sich hier ein herrlicher Badespaß. Ein Aufstieg aus dem Tal zum Kalalau Lookout ist nicht möglich. Will man die anstrengende Rückwanderung auf dem *trail* nicht machen, besteht die Möglichkeit, sich nach vorheriger Vereinbarung von den Zodiac-Booten abholen zu lassen, die entlang der Küste Exkursionen unternehmen. Informationen sind bei der Division of State Parks in Lihu'e erhältlich (S. 318).

Kaua'is Südküste

Von Lihu'e nach Waimea

Die Fahrt führt auf dem Highway 50 durch den Süden der Insel. Noch vor dem kleinen Ort Puhi liegen rechterhand die **Kilohana Plantation Estates** 🔢, in den 30er Jahren von dem wohlhabenden Pflanzer Gaylord Wilcox erbaut. Das prachtvolle, im Tudorstil errichtete Herrenhaus ist von einer weitläufigen Gartenanlage umgeben und wunderschön restauriert. Einige der Räume werden als Boutiquen und Galerien genutzt, und im exzellenten Restaurant Gaylord's at Kilohana werden Lunch oder Dinner zu einem besonderen Erlebnis.

Knapp 8 km hinter Puhi biegt die Maluhia Road (Route 520) nach Süden ab und führt durch den **Eukalyptus Tree Tunnel,** einen Eukalyptus-Hain, der sich zur Zeit allerdings nicht mehr ganz wie ein Tunnel über die Straße wölbt. Es wird wohl noch ein paar Jahre dauern, bis die vom Hurricane »Iniki« gerissenen Lücken geschlossen sind.

Weiter geht es durch Zuckerrohrfelder nach **Koloa** 🔢 (s. unter Po'ipu Beach, S. 320), einem alten Plantagenort, der heute noch etwa 1500 Einwohner zählt, im vorigen Jahrhundert jedoch einmal das wirtschaftliche Zentrum der Insel war. Seit dem Zweiten Weltkrieg geht es mit der Zuckerindustrie ständig bergab, und schon lange bringt der Tourismus der Region mehr ein als die Plantagenwirtschaft. So wohnen in den pittoresken rotgestrichenen Holzhäusern von ›Old Koloa Town‹ auch keine Plantagenarbeiter mehr. Man hat die historischen Gebäude restauriert und Geschäfte, Souvenirläden und Restaurants darin eingerichtet. Sehenswert sind noch die schönen alten Kirchen und Tempel: die **Koloa Church** von 1837, die **St. Raphaels's Catholic Church** aus dem Jahre 1856, und die bald nach der Jahrhundertwende errichteten Tempel der buddhistischen Hongwanji und Jodo Mission.

Die Koloa Sugar Plantation war 1835 die erste erfolgreiche Zuckerrohrplantage auf Hawai'i. Wenige Jahre später wurde auch eine **Zuckermühle** gebaut, von der heute nur noch verfallene, mit Sträuchern überwachsene Schornsteinreste auf einem kleinen Platz neben der Hauptstraße übriggeblieben sind. Daneben befindet sich ein kleines Stückchen Land mit den verschiedenen Zuckerrohrsorten und dazugehörigen Erklärungen sowie eine Bronzestatue mit einer Tafel zu Ehren der vielen Plantagenarbeiter, die aus aller Herren Länder nach Hawai'i geholt wurden, um hier in Schwerstarbeit den Wohlstand der Inseln zu begründen. Die Skulptur zeigt die sieben etnischen Gruppen, die das größte Kontingent der Plantagenarbeiter stellten: Hawaiianer, Chinesen, Japaner, Portugiesen, Puertoricaner, Koreaner und Filipinos.

Koloas ruhige Hauptstraße wird von den Kronen mächtiger alter Monkeypod-Bäume überschattet, aus üppig wucherndem Grün lugen hier und da Siedlerhäuschen. Noch ist die ländliche Atmosphäre bewahrt, obwohl zunehmend Touristen aus dem nahegelegenen Ferienzentrum Po'ipu kommen, um durch den schmucken Ort zu bummeln.

Von Koloa führt ein **Abstecher** an die Küste. Unterwegs wird die Landschaft

Spouting Horn

zunehmend trockener. Bei Koloa Landing ist die Küste erreicht. Wo im vorigen Jahrhundert einmal die Walfangschiffe überwinterten, beginnt heute Kaua'is beliebteste Urlaubsregion: **Po'ipu Beach** 21 (S. 320), mit zahlreichen Hotels, Golf-plätzen und Ferienwohnungen. Die ge-schützten Buchten und schönen weiten Sandstrände von Po'ipu liegen im Wind-schatten der Berge im Landesinneren, so daß sich kaum ein Wölkchen an die Sonnenküste verirrt. Im Po'ipu Beach County Park kann man das ganze Jahr über sicher schwimmen, und auch für planschende Kinder ist der Park gut ge-eignet. Gleich daneben bietet Bren-necke's Beach das beste *bodysurfing.*

In westlicher Richtung führt eine Straße zum **Spouting Horn** 22. Hier drücken die anbrandenden Wellen in eine Lavaröhre, und aus einer Spalte im Fels schießt das unter Druck stehende Meerwasser dann wie ein Geysir in die Luft. Eine Attraktion, die von keinem Tourbus auf seiner Inselrundfahrt aus-gelassen wird. Deshalb finden sich hier auch zahlreiche Verkaufsstände mit An-denken und allerlei Kitsch. Doch manch-mal sind auch wertvollere Mitbringsel dabei – wie die hübschen Ketten aus echten Ni'ihau-Muscheln. Der Touristen-rummel stört etwas, das Panorama der rauhen Lavaküste ist dennoch beein-druckend.

Wieder zurück in Koloa, geht es von dort auf der Route 530 durch das liebli-che Lawa'i-Tal. Bei Lawa'i sollte man dem **Pacific Tropical Botanical Gar-den** 23 (S. 319) ein paar Stunden wid-men. Auf dem knapp 120 ha großen Areal auf beiden Seiten des Lawa'i-Flüß-chens wachsen in üppiger Pracht um die 6000 tropische Pflanzenarten, darunter allein mehrere hundert Palmenarten und etwa 50 verschiedene Bananen-stauden. Aber auch viele äußerst sel-tene und vom Aussterben bedrohte ha-waiische Spezies, schließlich befindet sich hier die weltweit größte Sammlung endemischer Flora. Die Gärten sind in verschiedene Sektionen aufgeteilt, unter anderem in Abteilungen für seltene und gefährdete Pflanzen, tropische Früchte, Heilpflanzen, Gewürze, Blumen sowie Nutz- und Zierpflanzen.

Der älteste Teil dieser faszinierenden Anlage entstand bereits in den 70er Jah-ren des vorigen Jahrhunderts, als Queen Emma hier eine Sommerresidenz mit schönen Gärten unterhielt. Mehrere Ge-nerationen der wohlhabenden Allerton-Familie vergrößerten die einzigartige botanische Sammlung. 1964 erhielten die Gärten durch eine Charta des US-Kongresses ihren gemeinnützigen Sta-tus als wissenschaftliches Forschungs-institut. Außer den Lawa'i-Gärten unter-hält Pacific Tropical Botanical Garden noch Anlagen im Limahuli Valley an der Nordküste von Kaua'i und in Hana auf Maui.

Der Aufgabenbereich der Institution ist vielfältig: Man widmet sich dem Stu-dium seltener und vom Aussterben be-drohter Pflanzen, besonders im Hinblick auf die weltweit schrumpfenden Regen-wälder; man sucht nach neuen pflanz-lichen Wirkstoffen für die Heilmittelfor-schung und beschäftigt sich vorrangig mit der einheimischen Flora. So haben die Wissenschaftler des Botanischen Gartens in den letzten Jahren mehrere Dutzend bisher unbekannte Spezies auf Hawai'i entdeckt. Obwohl die Gärten be-sichtigt werden können, dienen sie doch vor allem der Forschung. Daher ist für die rund zweistündige geführte Tour eine Voranmeldung erforderlich.

Ein paar Kilometer weiter, bei **Kala-heo,** gibt es noch einen weiteren se-henswerten Botanischen Garten. Die im Besitz der Alexander-Familie befind-

An einer Tankstelle in Hanapepe

lichen **Olu Pua Gardens** 24 gehörten früher zum Park ihres großen Plantagenhauses. Hier gibt es einen Palmengarten, einen Bereich für eßbare Pflanzen, einen für Ziersträucher und in einem Abschnitt wuchert Regenwald mit exotischen Gewächsen.

Noch bevor man auf dem Highway 50 das Städtchen **Hanapepe** 25 (S. 317) erreicht, bietet sich eine schöne Aussicht auf das liebliche Hanapepe Valley mit seinen Taro-Feldern. Die urigen Holzhäuser mit den Westernfassaden in ›Old Hanapepe Town‹ beherbergen jetzt Künstler und Galerien, Boutiquen und den Hanapepe Bookstore mit Café und Espresso-Bar. Westlich vom Ort zweigt eine Straße ab zum **Salt Pond Beach Park** – ein schönes Fleckchen zum Baden, Schnorcheln, Windsurfen und Campen. Auf dem Weg zum Strand kommt man an Salzteichen vorbei. Hier ließ man schon zu Captain Cooks Zeiten das Meerwasser verdunsten, um dann die salzige Kruste zu ›ernten‹.

Waimea 26 (S. 321) liegt auf historischem Boden. Am 20. September 1778 betrat James Cook an der Waimea Bay zum ersten Mal hawaiisches Terrain und wurde von den Eingeborenen begeistert begrüßt. **Captain Cook's Landing,** eine einfache Gedenktafel in der Nähe des Lucy Wright Beach Park, erinnert an den Moment, an dem Hawai'is moderne Geschichte anfing. Im Ort selbst, direkt neben dem Highway 50, hat man ein ebenso schlichtes Denkmal aufgestellt.

Auf der anderen Seite des Waimea River, auf dem hochgelegenen Ufer nahe der Mündung des Flusses, können im **Fort Elizabeth State Park** 27 die verfallenen Reste einer russischen Befestigungsanlage aus dem vorigen Jahrhundert besichtigt werden. Georg Anton Scheffer, ein deutscher Arzt in russischen Diensten, zugleich aber auch Abenteurer und politischer Hasadeur, kam 1816 nach Hawai'i. Angeblich im Auftrag von Zar Alexander überredete Scheffer Kauai's Oberhäuptling, Kau-

*Zuckerrohrtransporter und Zuckerrohr-
mühle bei Kekaha*

muali'i, die Insel unter russischen
Schutz zu stellen. Dann baute er 1817 in
Waimea ein Fort nach dem in Europa
üblichen, sternförmigen Grundriß von
ungefähr 120 m Durchmesser. Die Mauern, etwa 4 m hoch, wurden nach der
hawaiischen Tradition ohne Mörtel
hochgezogen. Scheffer nannte das Fort
Elizabeth und ließ die russische Flagge
über Kaua'i wehen. Allerdings nur ein
paar Monate, dann hatte Kaumuali'i es
sich anders überlegt, und Scheffer mußte in ziemlicher Eile Hawai'i verlassen.
Auch der russische Zarenhof bestritt,
von diesem Auftrag gewußt, geschwei-
ge ihn erteilt zu haben. Das versicherte
jedenfalls der russische Weltreisende
Otto von Kotzebue, als er auf seiner For-
schungsreise in Hawai'i Station machte,
und Kamehameha die Angelegenheit
zur Sprache brachte.

Nachdem Kamehameha bereits zweimal mit einer mächtigen Flotte zur Invasion Kauai'is angesetzt hatte und dabei
nur durch Unwetter und Seuche um den

Erfolg gebracht wurde, unterstellte sich
Kaumuali'i ›freiwillig‹ dem großen König.
Jetzt wollte er es wohl nicht auf eine
dritte Invasion ankommen lassen. Noch
bis 1853 benutzten hawaiische Truppen
das Fort als Garnison, dann verfiel es
und wurde als Steinbruch benutzt.

In der Waimea Bay landeten 1820
auch die ersten Missionare. In der 1853
erbauten Kirche wird sonntags ein Gottesdienst in hawaiischer Sprache abgehalten. Am Ufer des Waimea River entlang führt eine landschaftlich reizvolle
Straße zum **Menehune Ditch** 28, ein
von Steinmauern eingefaßter Wasser-
graben, wieder ein Bau, den die *menehune,* das mythologische Zwergenvolk
Hawai'is, errichtet haben sollen. Archäo-
logisch bedeutungsvoll, denn hier wurden behauene oder glattgeschliffene
Steine verwendet, wie sie sonst nirgendwo auf den Inseln zu finden sind.
Schon der englische Kapitän George
Vancouver, der 1793 in Waimea an Land
ging, schrieb in seinem Reisebericht von
einer fast 8 m hohen Mauer am Fluß.
Heute sind allerdings nur noch die Reste
eines 20 m langen Grabenstücks erhalten, da das historische Bauwerk als ein
bequemer Steinbruch genutzt wurde.

Am Ortsausgang von Waimea liegen
in einem ausgedehnten Kokospalmen-
Hain die **Waimea Plantation Cottages,**
praktisch die einzige Übernachtungs-
möglichkeit westlich von Po'ipu. Hier
hat man mehrere Dutzend alter Cottages und Häuser, die man aus verlasse-
nen Plantagensiedlungen holte, um sie
vor Verfall oder Abriß zu bewahren, wieder aufgebaut und stilgetreu restauriert.
So kann der Gast noch einmal die Atmosphäre der großen Plantagenzeit des
19. Jahrhunderts schnuppern.

Kekaha 29 lebt vom Zucker. Schon
bevor man den Ort erreicht, begegnet
man riesigen Lastern, wahren Mon-

stern, die breiter wirken als die Straße. Sie sind beladen mit Bergen von wüstem, dreckigem Gestrüpp. An der Zuckermühle fährt ein Laster nach dem anderen vor. Mächtige Greifer packen das staubige, vom Abflämmen geschwärzte Zuckerrohr und heben es auf ein Förderband. Dann verschwindet es in der Fabrikhalle, um mehrfach gewaschen, zerhackt und zu Melasse aufbereitet zu werden. Ein Prozeß, der Unmengen von Wasser benötigt. Die Melasse wird dann im Hafen von Lihu'e verladen und zur endgültigen Raffinade zum Festland verschifft. Aus der großen Halle klingt dumpfes Stampfen und Zischen, und der hohe Schornstein stößt Dampfwolken aus. Ein schwerer süßlicher Geruch liegt in der Luft, der alles durchdringt und schon Kilometer von der Mühle entfernt zu riechen ist.

Von Kekaha führt der Highway 50 noch bis nach **Mana,** früher eine florierende Plantagensiedlung, jetzt nur noch als Ghost Town auf der Karte verzeichnet. Danach geht es auf ungeteerten Landstraßen weiter, durch endlos wogende grüne Zuckerrohrfelder, bis schließlich der **Polihale State Park** 30 erreicht ist. Riesige, ausgedehnte Sanddünen versperren den Blick aufs Meer. Beim Laufen über die Sandflächen entsteht ein eigenartiges, fast ›bellendes‹ Geräusch. »Barking Sands« hat man die Dünen deshalb genannt. Der Park hat Picknicktische, Toiletten, Duschen und Campingmöglichkeiten. Die ›verbotene Insel‹ Ni'ihau ist von hier gut zu sehen – besonders stimmungsvoll bei Sonnenuntergang. Am nördlichen Ende des Parks, wo die Na Pali-Küste beginnt und steile Klippen ins Meer ragen, liegt der **Polihale Heiau,** ein einsamer, verwunschener Ort. Der hawaiischen Sage zufolge treten von hier die Seelen der Verstorbenen die Reise ins Totenreich *Milu* an, das die Hawaiianer in den tiefen Gewässern vor der Küste vermuteten.

Auf die ›verbotene‹ Insel Ni'ihau gelangt man nur mit dem Hubschrauber

Ni'ihau – Die ›verbotene Insel‹

Die 29 km lange und 10 km breite Insel Ni'ihau 31 (S. 319) auf der anderen Seite des Kaulakahi Channel gehört verwaltungsmäßig zu Kaua'i. Seit 1864 ist die gesamte Insel in Privatbesitz. Damals verkaufte König Kamehameha IV. sie für 10 000 Dollar an die reiche Kapitänswitwe Elizabeth Sinclair aus Neuseeland, die auf der Insel eine Schafzucht aufbaute. Ihren Nachkommen, der Familie Robinson, gehört die Insel noch heute.

Die etwa 250 Bewohner sind fast alle reinblütige Hawaiianer, die sich hier viele der alten Traditionen ihrer Vorfahren bewahrt haben und auch noch Hawaiisch sprechen. Sie arbeiten für die Robinsons als Rinder- und Schafzüchter, sammeln Honig und die nur hier vorkommenden kostbaren Ni'ihau-Muscheln, die zu Schmuckstücken verarbeitet und auf den anderen Inseln verkauft werden. Man lebt auf der Insel in schlichten Holzhäusern und benutzt in der Regel das Pferd als Fortbewegungsmittel. Telefone gibt es ebensowenig wie ein Elektrizitätsnetz. Im einzigen Dorf, Pu'uwai, gibt es eine Grundschule. Die älteren Kinder besuchen die High School auf Kaua'i und bleiben während dieser Zeit auch dort. Die meisten von ihnen kehren jedoch auf ihre Insel zurück.

Um die hawaiische Tradition auf Ni'ihau zu bewahren, verwehren die Robinsons seit über hundert Jahren generell den Zugang zur Insel. Aber die hawaiischen Bewohner können natürlich jederzeit die Insel verlassen. Um als Fremder auf die Insel zu gelangen, muß man eine persönliche Einladung von den Robinsons oder einer der auf Ni'ihau lebenden Familien haben. Zur Sicherstellung der medizinischen Versorgung der Insel haben die Robinsons auf Kaua'i einen Hubschrauber stationiert. Um Kosten zu sparen und das teure Fluggerät auch auszunutzen, sind jetzt in begrenztem Maße Kurzbesuche auf der Insel möglich. Die etwa zweistündigen Exkursionen werden ausschließlich von Ni'ihau Helicopters durchgeführt.

Vom Hubschrauber aus erscheint Ni'ihau meist wie eine braune, dürre Steppenlandschaft. Nur nach kräftigen Regenfällen, die im Windschatten von Kaua'i jedoch selten sind, nimmt die Insel eine sattgrüne Farbe an. Eigenartigerweise gibt es sogar zwei größere Seen in der Mitte der Insel. Gelandet wird an der vom Dorf abgelegenen Küste. Hier kann man am Strand nach den begehrten weißen Ni'ihau-Muscheln suchen. Für eine Kette sind allerdings tausend oder mehr nötig, dafür reicht die Zeit zum Sammeln nicht. Im kristallklaren Wasser am Riff bei Pu'ukole Point, einem der besten Unterwasserreviere Hawai'is, läßt sich gut schnorcheln. Ein Dorfbesuch ist nicht eingeplant, aber manchmal begrüßen die Einheimischen die durchaus willkommenen Besucher.

Traumtäler: Waimea Canyon und Kalalau Valley Lookout

Zwei Straßen führen zum schönsten Canyon des Pazifik – von Waimea der Waimea Canyon Drive, und von Kekaha die Koke'e Road (Route 550). Beide Routen sind landschaftlich reizvoll. Bevor man jedoch in Richtung Canyon fährt, sollte man entweder in Waimea oder in Kekaha noch einmal Benzin und Luftdruck überprüft haben, die nächsten 35 km bis zum Kalalau Lookout kommt keine Tankstelle mehr. Für den Ausflug nimmt man sich wenigstens einen halben, besser einen ganzen Tag Zeit.

Nach einigen Kilometern Fahrt durch grüne Zuckerrohrfelder steigt der Waimea Canyon Drive steil an und windet sich kurvenreich am Canyonrand entlang. Etwa 10 km von Waimea entfernt treffen beide Straßen aufeinander. Schon der Blick zurück auf das weite Panorama der Küstenebene ist beeindruckend. Viel schönere kommen noch.

Zugang zum Canyongrund hat man nur über den **Kukui Trail** `32` (s. »Richtig Reisen-Tip« S. 167), dessen Ausgangspunkt etwa 4 km nach dem Zusammentreffen von Koke'e Road und Waimea Canyon Drive liegt. Die Wanderung ist mühsam und nur abgehärteten Naturen zu empfehlen. Lohnend ist aber der leichte und kurze (0,5 km) Rundgang des **Iliau Nature Loop**, der vor dem Beginn des Kukui Trails liegt. Hier kann man etwa ein Dutzend nur auf Kaua'i wachsender Pflanzenarten finden. Darunter über hundert Exemplare der seltenen, ein bis vier Meter hohen *iliau*, einer Verwandten der Silberschwert-Pflanze auf Maui. Nur einmal in ihrem Leben blüht die *iliau* mit unzähligen winzigen gelben Blütenkelchen.

Der Hauptaussichtspunkt, gut ausgeschildert als **Waimea Canyon Lookout** (950 m hoch), ist nach weiteren 5 km erreicht. Von hier aus präsentiert sich der Canyon von seiner schönsten Seite. Aber auch die nächsten beiden *lookouts* sollte man nicht auslassen. Vom **Pu'u Ka Pele Lookout** (1116 m hoch) kann man den Waipo'o-Wasserfall sehen und vom **Pu'u Hinahina Lookout** (1108 m hoch) den Canyon in seiner ganzen Länge bis hin zum Meer überblicken.

Der Grand Canyon des Pazifik

`33` Die etwa 23 km lange Schlucht des **Waimea Canyon** im Westen Kaua'is wird oft als »Grand Canyon des Pazifik« bezeichnet. Nicht ganz zu Unrecht. Von den Ausmaßen her ist diese, in Millionen Jahren von Wind und Regen geschaffene, große Erosionsnarbe im vulkanischen Gestein der kleinen subtropischen Insel natürlich nicht mit dem Grand Canyon zu vergleichen. Dennoch erinnert das überwältigende Panorama der bis 850 m steil abfallenden Wände in ihrer Formenvielfalt und ihren lebhaften Farbenspielen von Rosa-, Orange-, Ocker- und Blautönen an den großen Bruder auf dem Festland der USA. Da der Waimea Canyon aber wesentlich mehr Niederschläge als der Grand Canyon erhält, gedeiht in der Waimea-Schlucht eine reiche Vegetation. Bis auf die gelb-roten Hänge, die zu steil oder steinig für Pflanzenbewuchs sind, durchziehen daher Flächen von brillantem Grün das Tal, an einen farbenprächtigen

Teppich erinnernd. An windstillen Tagen stehen am tiefblauen Himmel oft weiße Wolkengebirge über dem Tal. Ein Augenschmaus für Maler und Fotografen.

Doch der Canyon entwirft auch andere, nicht minder eindrucksvolle Impressionen: Oft liegt er unter grauen Nebelschwaden fast verborgen; oder dunkle Wolken, aus denen sich Wassersäulen herabsenken, jagen durch die Schlucht. Vom Rande des Canyons aus lassen sich manchmal wilde Ziegen beobachten, die auf atemberaubend steilen Graten und Wänden weiden.

Zum Kalalau Valley Lookout

Nach dem letzten Ausblick in den Canyon führt die Straße durch einen Urwald aus Eukalyptus- und Ohia-Bäumen. Manche der Baumriesen sind von Schlingpflanzen völlig überwuchert. Aus dem dichten Grün leuchten fremdartige, prächtige Blüten. Mit viel Glück hört oder sieht man auch einen der nur auf Hawai'i lebenden Vögel wie *apapane*, *elepio* und *i'iwi*.

Der etwa 750 m hoch gelegene und 1800 ha große **Koke'e State Park** 34 (S. 318) bietet mit seinen zahlreichen Forellenbächen und insgesamt 80 km *hiking trails* unterschiedlicher Schwierigkeitsgrade hervorragende Möglichkeiten zum Wandern, Campen und Angeln. In den dichten Wäldern finden sich die nach Lakritz duftenden Mokihana-Beeren, Lobelien und Iliau-Bäume, die nur auf Kaua'i vorkommen.

Die **Koke'e Lodge** vermietet ein Dutzend einfache, aber komplett eingerichtete Blockhütten, geeignet für 4–6 Personen. Die idyllisch gelegenen *cabins* sind auch bei den Einheimischen sehr begehrt und müssen deshalb Monate im voraus reserviert werden. Im Restaurant

der Lodge mit dem gemauerten Kamin und einer schönen Bar aus Koa-Holz kann man die kühlen Abende gemütlich verbringen. Das kleine **Koke'e Natural History Museum** zeigt Fotos und Displays über Flora, Fauna und Geologie der Region. Hier sind auch detaillierte Karten der vielen *trails* erhältlich. Im nördlichen Teil des Parks bestehen Campingmöglichkeiten. *Permits* und Angelscheine erhält man beim State Department of Land and Natural Resources in Lihu'e. Aufenthalt in der Lodge und auf dem Campingplatz sind jeweils auf fünf Tage begrenzt.

Die Straße führt weiter an einer Satellitenbeobachtungsstation der US Air Force vorbei, von der aus die Apolloflüge überwacht wurden. Kurz darauf ist der **Kalalau Valley Lookout** 35 erreicht. Vom Aussichtspunkt, 1256 m über dem Meer, wandert der Blick über das weite, mit dichten Urwäldern bewachsene Kalalau-Tal, das von den zerklüfteten, senkrechten Felswänden der Na Pali-Berge umsäumt wird. Je nach Wetter und Tageszeit erscheinen sie dunkel und unheimlich, oder wie aus leuchtender Jade geschnitten. Weit unten verschmelzen im steilen Licht der Mittagssonne Meer und Horizont in einem tiefen, schimmernden Blau. Von hier oben führt kein Abstieg ins Tal. Es ist nur von der See oder von Ke'e Beach auf einer ganztägigen schwierigen Wanderung entlang der Na Pali-Küste zu erreichen (s. S. 154 f.). Oft ist das Tal von Wolken verhangen. Es lohnt sich jedoch zu warten, denn auch bei schlechtem Wetter vertreibt meistens ein stürmischer Wind die Wolken aus dem Tal, wenn auch nur für Minuten – ein Drama, nicht weniger grandios als die sonnenüberstrahlte Landschaft.

Man kann noch ein Stück weiter fahren, bis zum **Pu'u o Kila Lookout** 36,

Wanderung in den Waimea Canyon

Von den Aussichtspunkten kaum erkennbar, windet sich ein schmales Bändchen durch die Schlucht: der Waimea-Fluß, gespeist von den vielen Bächen, die vom Alaka'i-Sumpf in den Canyon fließen. Über den **Kukui-Trail,** einen allerdings schwierigen Wanderweg, der immer wieder schöne Ausblicke in den Canyon bietet, gelangt man zur Talsohle. Durch den Höhenunterschied von fast 800 m, braucht man für die 8 km (hin und zurück) wenigstens einen halben Tag. Auf dieser Wanderung sieht man Buschveilchen, Ohia-Eisenholzbäume, den Wiliwili-Baum mit seinen orange- und gelbfarbigen Blüten oder den *kukui,* der auch Kerzennußbaum genannt wird, weil die ölhaltigen Nüsse im alten Hawai'i als Lichtquelle verwendet wurden. Auch seltene Tiere und Pflanzen sind im Canyon beheimatet. Vor wenigen Jahren wurde hier eine völlig neue Baumspezies entdeckt.

Das Wasser des Waimea-Flusses hat die gelblich-braune Färbung des Alaka'i-Sumpfwassers, ist aber nach dem Abkochen trinkbar. Will man das Tal erwandern, folgt man dem Kukui-Trail hinunter bis zum Wiliwili Camp am Ufer des Waimea River (dann sollte man eine Übernachtung einplanen). Von hier aus führt der **Waimea Trail** flußaufwärts.

Dann geht es weiter auf dem **Koai'e Trail** durch den gleichnamigen Canyon (25 km eine Strecke). Hier hat die Landschaft fast alpinen Charakter. Der *trail* folgt dem mit Felsbrocken übersäten Gebirgsbach, vorbei an den terrassenförmigen Ruinen vorgeschichtlicher hawaiischer Siedlungen. Die alten Steinmauern lassen Gedanken an die *akua* aufkommen, die Geister und Gespenster, die nach Meinung vieler Hawaiianer an solchen Orten auch heute noch ihr Unwesen treiben. Früher wurden in den Wäldern die großen Koa-Bäume für den Bau der Kanus geschlagen und durch das Tal an die Küste gebracht. Für den gesamten *trail* (18 km hin und zurück) sollte man zwei Tage einplanen; entlang des *trails* befinden sich drei Zeltplätze mit Unterständen.

Kalalau Valley

167

dann ist das Ende der Straße erreicht. Noch einmal ein schöner Blick ins Tal – bei klarem Wetter auch über den Alaka'i Swamp bis zum Wai'ale'ale. Vom Pu'u o Kila-Aussichtspunkt führt ein knapp 1,5 km langer, leicht begehbarer Jeep-Trail am Rand der Pali-Klippen entlang, immer wieder schöne Blicke ins Tal gewährend. Auf den letzten paar hundert Metern wird der Trail unwegsamer und führt jetzt durch feuchteres Gebiet mit immer dichter werdender Vegetation, bis er schließlich in einem Dickicht am **Pihea Lookout** 37 endet. Kurz vor dem Aussichtspunkt biegt der **Pihea Trail** in den Alaka'i Swamp ab. Bei trockenem

Wetter lohnt sich eine kurze Wanderung. Sie vermittelt einen kleinen Eindruck von dieser urweltlichen Sumpflandschaft. Die Jeepstraße ist das Resultat eines mißlungenen Versuchs, die wenigen noch fehlenden Kilometer bis Ke'e zu überbrücken, um so die Straße ganz um die Insel herumzuführen. Zum Glück mißlungen, denn so blieb die wilde, entlegene Schönheit der Na Pali-Klippen erhalten.

Am feuchtesten Ort der Erde: Die Alaka'i-Sümpfe am Fuße des Wai'ale'ale

Der **Alaka'i Swamp** 38 liegt auf einem etwa 50 km² großen bewaldeten Plateau am Fuße des 1569 m hohen Wai'ale'ale und des noch 29 m höheren Kawaikini. In dieser Höhe führen die Passatwinde die meiste Feuchtigkeit mit sich, die sich dann in den kühleren Luftschichten in den Bergen abregnet. Hier strömen die enormen Wassermengen dann in unzähligen Kaskaden hinab, um sich in Form von zahlreichen Bächen und einigen formidablen Flüssen ins Meer zu ergießen. Nach Norden fließen der Hanalei, der Lumaha'i und der Wainiha River; nach Westen der breite Wailua River; nach Süden der Waimea und der Hanapepe River. Dabei wirkt der Alaka'i-Sumpf wie ein riesiger Schwamm. Der Wai'ale'ale fängt die meisten Regenwolken ein. Hier wurden durchschnittlich über 12 000 mm jährlich registriert – im Jahre 1982 sogar mit 17 348 mm ein absoluter Rekord gesetzt.

Bei ihren Bemühungen, die Niederschlagsmenge auf dem Wai'ale'ale genau zu messen, haben die Wissenschaftler des U.S. Geological Survey seit 1910 immer wieder größere Auffangbehälter auf dem Gipfel aufgestellt. Bis man schließlich 1928 mit einem Niederschlagsmesser von 22 000 mm die richtige Größe gefunden hatte. Nach dem Zweiten Weltkrieg wurde auch dieses dann durch ein modernes Meßgerät ersetzt und die Wetterstation mit Hilfe eines Hubschraubers gewartet. Auch das erschien den Wissenschaftlern vom US-Wetterdienst zu teuer und zu beschwerlich. Man gab die Station auf. Heute kann man die Meßgeräte mit dem riesigen Behälter im Kaua'i-Museum in Lihu'e besichtigen.

Gelegentlich verschlägt es einmal einen Jäger auf der Jagd nach Wildschweinen und wilden Ziegen in die Gipfelregionen. Nur wenige Wanderer erschließen sich die urweltliche Landschaft des Alaka'i-Sumpfes auf dem mühsamen *trail* durch die morastige Wildnis. Seit ein paar Jahren hat man Teile des Alaka'i Swamp Trails durch einen mit Planken befestigten *boardwalk* verbessert. Dadurch wird die fragile Struktur des Sumpfgebietes geschützt, und auch weniger erfahrene Trekker können so wenigstens einen Eindruck von diesem ursprünglichen Feuchtgebiet erhalten.

Im Alaka'i Plateau gibt es tiefe Schluchten, die das Gebiet entwässern. Ein Wanderer, der vom *trail* abgekommen ist, verirrt sich leicht. Es gibt Stellen, wo er bis zur Hüfte in der dicken Morastschicht einsinken kann. Selbst mancher Einheimische ist aus diesem Gebiet nicht mehr zurückgekommen. Die Regel, einem Wasserlauf zu folgen, um wieder auf sicheres Terrain zu gelangen, gilt hier nicht: Man würde nur zu irgendeiner Klippe kommen, über die das Wasser in die Tiefe stürzt. Auch das Klima hat hier seine Tücken. Es kann empfindlich kalt werden, und die Sonne ist selten zu sehen. Entweder regnet es, oder schwere Dunstschwaden hängen

Urweltliche Landschaft im Alaka'i Swamp

in der Luft. Bäume und abgestorbene Äste sind mit dickem Moosbewuchs bedeckt, der sich wie ein nasser Schwamm anfühlt und alle Formen unwirklich erscheinen läßt. Außer seltenen Vogelarten, die nur noch hier überleben, hausen im Sumpfwald wilde Schweine und Ziegen, die sich dem Leben im Sumpf angepaßt haben und eigenartig häßlich aussehen. Auch die Flora ist mit seltsamen Exemplaren vertreten, wie dem Lapa Lapa-Baum, dessen Holz sogar in ganz grünem Zustand noch brennt und dessen Laub auch bei nicht spürbarer Luftbewegung ständig zittert. Oder die Ape Ape-Pflanze, deren große Blätter einen ausgezeichneten Regenschirm abgeben.

Kein Wunder, daß die alten Hawaiianer auf dem wolkenverhangenen Wai'ale'ale und dem unzugänglichen Alaka'i Swamp den Sitz der Götter und ihrer Heerscharen von Waldkobolden vermuteten.

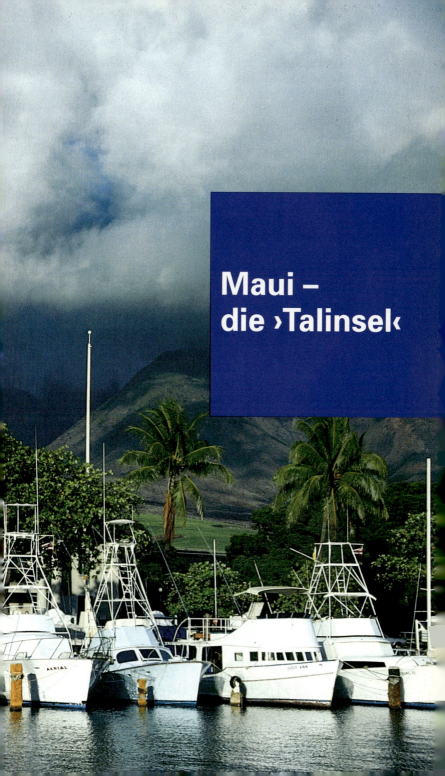

Maui –
die ›Talinsel‹

Maui, die zweitgrößte Insel Hawai'is, lockt mit vielen touristischen Leckerbissen: mit vorzüglichen Stränden, eindrucksvollen Kratern, ehrwürdigen Denkmälern und wildem Dschungel. Ursprünglich bestand die Insel aus zwei Landmassen; der Isthmus, der heute beide verbindet, bildete sich durch Erosion. Die große Senke hat der Insel Maui den Spitznamen, ›Talinsel‹, gegeben.

Für einen geruhsamen Badeurlaub empfehlen sich die Hotels und Ferienanlagen entlang der Kahului Bay oder der Ma'alaea Bay im Westen – hier in den *resorts* bei Kihei und Ka'anapali. Für Rundfahrten auf der Insel sollte man mindestens zwei bis drei Tage einplanen. Weite Entfernungen sind auf der Insel nicht zu bewältigen. Dennoch addieren sich die Kilometer und nehmen viel Zeit in Anspruch. Dazu kommt, daß man bei einigen Strecken, die oft schmal und kurvenreich sind, wieder zum Ausgangspunkt zurückkehren muß.

Walfänger und Missionare: Historisches Lahaina

(S. 324). Mit seinen engen Straßen, auf denen vor über 100 Jahren schon Mark Twain und Hermann Melville spazieren gingen, und den Holzhäuschen mit ihren falschen Westernfassaden verbreitet Lahaina noch heute viel 19. Jahrhundert-Atmosphäre. Der ganze Ort ist ein lebendes Museum. 1964 wurde das ganze Städtchen zur National Historical Landmark erklärt und unter Denkmalschutz gestellt.

Die turbulente Geschäftigkeit der Front Street mit ihren Boutiquen, Kunstgalerien, Bars und Restaurants und einem Schuß Nostalgie und Traditionsbewußtsein bestimmt heute das Image von Lahaina. Eine Mischung von Geschichte, robuster Geschäftigkeit und bunten

Historische Darstellung des Walfangs

Dra by F. A. Olmsted.

Lith. of End.

THE ATTACK

touristischen Treiben, wo neben T-Shirt-Boutiquen auch elegante Mode, Kunsthandwerk und Antiquitäten zu haben sind. In den alten Gebäuden gibt es heute keine *grog shops* mehr (so hießen die Seemannskneipen der Walfängerzeit), was aber nicht heißen soll, daß man auf seine Drinks verzichten muß.

Der zwischen den 2000 m hohen West Maui Mountains und der ruhigen See eingebettete Ort mit seinen Brotfruchtbäumen und fruchtbaren Bananen- und Taro-Plantagen war schon im 18. Jahrhundert von geschichtlicher Bedeutung. Damals war der Ort die Residenz von Mauis großem Häuptling Kahekili. Nachdem Kamehameha I. die Truppen Mauis im Iao-Tal vernichtend geschlagen hatte, baute er hier seine Machtbasis aus und machte Lahaina in der Zeit von 1810 bis 1845 zur Hauptstadt des vereinigten Königreichs Hawai'i. Kamehameha III. proklamierte hier die Religionsfreiheit und entwarf zusammen mit den Missionaren Hawai'is erste Verfassung.

In diese Zeit fiel auch der Höhepunkt der Walfang-Ära. Hunderte der stolzen Dreimast-Segelschiffe ankerten zur gleichen Zeit vor Lahaina – ein halbes Tausend war es im Jahre 1846. Die ersten Walfangschiffe, die »Bellina«, der »Duke of Bedford« und die »Equator« ankerten 1819 vor Lahaina und die nächsten vier Jahrzehnte war der Ort Treffpunkt der Walfänger. Hier nahmen sie Proviant auf und suchten vor den rauhen Winterstürmen des nördlichen Pazifik Schutz. Dann schwärmten die Seeleute durch den Ort, die zahlreichen Kneipen waren voll, und die einheimischen Mädchen bandelten gern mit den Seeleuten an. Lahaina, das ›Sündenbabel‹ des Pazifik, war das Ziel der Sehnsüchte aller Matrosen zwischen San Francisco und dem Chinesischen Meer.

Die ersten Missionare kamen 1823 aus Neuengland nach Lahaina. Sie waren entsetzt über das wüste Treiben in diesem Hort der Unmoral und nahmen den Kampf gegen den Teufel, sprich Walfänger, auf. Durch ihren Einfluß bei der königlichen Familie schafften sie es, auch den Hawaiianern ihre Anschauungen von Moral und christlichen Tugenden zu vermitteln. Die Walfangschiffe wurden mit einem Tabu belegt, und die Mädchen trauten sich nicht

Auch heute noch kommen Wale in die Bucht von Lahaina

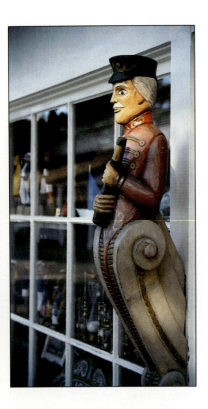

Ab 1846 ging es mit dem Walfang rapide bergab. In Kalifornien war das große Goldfieber ausgebrochen, und die Schiffe ließen sich für die Versorgung der Goldsucher profitabler einsetzen. Viele Mannschaften verließen in San Francisco auch einfach ihr Schiff, um selbst auf Goldsuche zu gehen. Ab 1860 wurden Lampenöl und Schmierfette, die bisher aus Waltran gewonnen wurden, zunehmend durch Produkte ersetzt, die man aus dem neuentdeckten Erdöl gewann. Durch die Fertigstellung der Transpazifik-Eisenbahn entwickelte sich San Francisco innerhalb kurzer Zeit zum wichtigsten Pazifikhafen und lief Lahaina den Rang ab. Als die Seeleute fortblieben, kamen die Plantagenarbeiter. 1860 entstanden die ersten Zuckerrohrplantagen und -mühlen, und der Strom der Neuankömmlinge aus China und Japan, danach auch aus anderen Ländern, riß lange Zeit nicht ab.

In Lahaina erinnert noch vieles an die Zeit der Walfänger, Missionare und Plantagenarbeiter. Auch die Wale haben nichts von ihrer Bedeutung für den Ort verloren. Im Herbst kommen Tausende von Buckelwalen aus dem Nordpazifik bei Alaska in die Gewässer um Hawai'i. Von November bis Mai paaren sie sich hier und bringen ihre Jungen zur Welt. Die Wale stehen unter Schutz und fühlen sich hier ungestört. In dieser Zeit kommen viele Besucher hierher, um die Wale zu beobachten, die dann Lahainas Hauptattraktion sind. Mehrere Unternehmen und auch gemeinnützige Organisationen führen Whalewatching-Touren durch, müssen dabei aber auf die Wale Rücksicht nehmen und dürfen nicht zu nahe an sie heranfahren, um die Tiere nicht zu stören. Diese Touren erfreuen sich größter Beliebtheit und bringen der Tourismusindustrie viele zusätzliche Millionen ein.

mehr an Bord. Daß diese neuen ›Moralgesetze‹ nicht ohne weiteres von den rauhen Walfängern akzeptiert wurden, war klar. 1825 drohte ein Mob wütender Seeleute vom englischen Walfänger »Daniel«, das Haus des Missionars William Richards niederzubrennen und ihn umzubringen, wenn die Gesetze gegen Prostitution nicht aufgehoben würden. Glücklicherweise retteten tapfere Gemeindemitglieder den unerschrockenen Gottesstreiter. Auch als zwei Jahre später die Mannschaft des Walfängers »John Palmer« die Schiffskanonen auf das Missionarshaus abfeuerten, wurde das schlimmste verhütet. Aber die Missionare setzten sich durch und schafften es sogar, bei den Walfängern einen gewissen Respekt zu erlangen.

Spaziergang durch Lahaina

Die meisten historischen Sehenswürdigkeiten liegen in einem kleinen Bereich an der Front Street und der Waine'e zwischen Shaw und Papalaua Street. Man erschließt sie sich am besten zu Fuß.

Von der See her schon von weitem sichtbar, ist das weiße, von Palmen umstandene **Pioneer Inn** 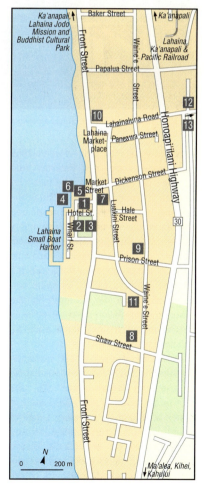 mit seinem leuchtendroten Dach zu einem Wahrzeichen für Lahaina geworden. Das im Plantagenstil erbaute Holzgebäude mit der doppelstöckigen Veranda erinnert an die turbulente Walfangzeit. Obwohl erst 1901 erbaut, also ein halbes Jahrhundert später, ist seine Geschichte nicht weniger spannend. George Freeland, Angehöriger der legendären kanadischen Royal Canadian Mounted Police, war ›seinem Mann‹ bis ins ferne Hawai'i auf den Fersen. Lahaina muß ihn dann so bezaubert haben, daß er seinen Dienst quittierte und hier das Pioneer Inn und später noch eine Tankstelle und ein Kino errichtete. Lange Jahre war das Hotel das einzige des Ortes. Es befindet sich immer noch im Besitz der Gründerfamilie. 1964 wurde es renoviert und ein Anbau kam hinzu. Die schlichten, preiswerten Zimmer im alten Teil des Gebäudes haben nichts an Atmosphäre verloren, Restaurant und Bar sind mit zahlreichen Memorabilia aus der Walfängerzeit eingerichtet. Und der Old Whaler's Saloon mit einem Honky-Tonk-Piano ist immer noch ein beliebtes *watering hole* der Einheimischen, wo es mitunter wohl ebenso hoch her geht wie in den Seemannskneipen des alten Lahaina.

Ein paar Schritte weiter die Wharf Street entlang, vorbei am kleinen Yachthafen und der Pier, wo die Ausflugsboote anlegen, gelangt man zum **Court-** **house** 2. Nachdem 1858 der Palast Kamehamehas III. zusammen mit zahlreichen anderen Gebäuden einem Feuer

Lahaina *1 Pioneer Inn 2 Courthouse 3 Banyanbaum 4 Carthaginian II 5 Brick Palace 6 Hauola Stone 7 Baldwin Home 8 Waine'e Church and Cemetary 9 Hale Pa'ahoa (Gefängnis) 10 Wo Hing Society Temple 11 Hongwanjii Buddhist Mission 12 Pioneer Sugar Mill Co. 13 Lahainaluna Seminary/Hale Pa'i*

Das Pioneer Inn, traditionsreiches Hotel und Wahrzeichen Lahainas

zum Opfer gefallen war, wurden 1959 die Korallenblöcke des Palastes zum Bau des neuen Gerichtsgebäudes verwendet. Heute ist in dem Gebäude die Lahaina Arts Society untergebracht, und man kann hier Gemälde, Zeichnungen, Poster und Kunsthandwerk erstehen. Am Ende der Wharf Street ist noch eine Ecke des ursprünglichen Forts aus den 1830er Jahren zu sehen. Es sollte aufsässige Seeleute, die mit ihren Schiffskanonen ihren Willen durchsetzen wollten, abschrecken und diente auch als Lahainas erstes Gefängnis.

Auf dem großen Platz zwischen Courthouse und Front Street wächst ein imposanter **Banyanbaum** 3, der größte der Insel. Er kam 1873 als 2 m hoher Schößling aus Indien. Lahainas Sheriff William Smith pflanzte ihn zum 50. Gedenktag der Ankunft der Missionare. Gestützt durch viele Luftwurzeln, die sich inzwischen selbst zu dicken Stämmen entwickelt haben, überschattet die mächtige Krone des Baumes eine Fläche von fast 3000 m². Unter ihm finden Festivals, Konzerte und gelegentlich auch ein Kunstmarkt statt. Abends lärmen in den Zweigen unzählige Mynahbirds.

Am Wharf liegt die Brigg **Carthaginian II** 4 verankert, Replika eines der typischen Frachtsegler, die den Pazifik im vorigen Jahrhundert durchpflügten. Nachdem die erste Carthaginian 1972 auf dem Weg zum Trockendock in Honolulu auf See verloren ging, kaufte Lahainas historische Gesellschaft in Europa ein anderes Segelschiff, das 1920 bei der Krupp-Werft in Kiel vom Stapel lief. Eine Mannschaft aus Lahaina überführte das Schiff von Dänemark nach Maui. In Lahaina wurde das alte Segelschiff dann entsprechend umgebaut und authentisch restauriert. Im Schiffsrumpf ist ein Museum mit Ausstellun-

Die Carthaginian II, Nachbau eines typischen Frachtseglers aus dem 19. Jahrhundert

gen über Wale und Walfang eingerichtet.

Unter den schattigen Bäumen nördlich vom Pioneer Inn stand der alte **Brick Palace** 5, das erste im europäischen Stil erbaute Steinhaus. Kamehameha I. ließ es 1802 auf einem aufgeschütteten Plateau errichten, das zum Meer hin von einer Steinmauer umgeben war. In dem Gebäude wollte er die Kapitäne europäischer Schiffe bewirten. Es existierte über 70 Jahre und wurde überwiegend als Lagerhaus benutzt. Direkt am Wasser, nur ein paar Schritte weiter, weist ein Schild des Visitor Bureau auf den historischen **Hauola Stone** 6 hin. Solchen Steinen wurden früher heilende Kräfte zugeschrieben. Vom Wasser umspülte Steine wie der Hauola Stone sollten gebärenden Frauen die Schmerzen lindern. Nach der Geburt wurde die Nabelschnur dann unter dem Stein vergraben.

Das 1834 gebaute **Baldwin Home** 7 mit dem angrenzenden **Masters Reading Room** unter schattigen Bäumen an Front und Dickenson Street sind die ältesten Gebäude in Lahaina. Die aus solidem Stein und Korallenfels gemauerten Häuser wurden von der Lahaina Restoration Foundation originalgetreu restauriert. Sie zeigen anschaulich, wie die Missionare vor über 150 Jahren in Hawai'i gelebt haben. Reverend Dwight Baldwin war einer der bekanntesten Missionare in Hawai'i. Er kam 1830 auf die Inseln, zuerst nach Waimea auf Kaua'i, dann nach Lahaina, wo er über 30 Jahre als Arzt und Pastor der Waine'e Church wirkte. Das Baldwin-Haus diente nicht nur als Wohnquartier für die große Familie des Missionars, hier wurden auch Medikamente ausgegeben und Kranke behandelt, es war Zentrum der Missionsarbeit und ein gastfreundliches Haus zugleich. Hier empfingen die Bald-

Die Front Street in Lahaina

wins Mitglieder der königlichen Familie, Schiffskapitäne, andere Missionare und Reisende. Das benachbarte Gebäude mit dem Masters Reading Room enthielt ursprünglich Wirtschaftsräume der Missionare, bis man dann im Obergeschoß einen Lese- und Aufenthaltsraum für Schiffsoffiziere und deren Familien einrichtete. Heute ist das alte Gebäude Sitz der gemeinnützigen Lahaina Restoration Foundation, die zahlreiche historische Stätten in Lahaina unterhält und auch mit Auskünften und Informationsmaterial dienen kann.

Waine'e Church and Cemetary 8 an der Waine'e und Shaw Street reflektieren älteste christliche Tradition in Lahaina. Hier wurde von 1828 bis 1832 die erste gemauerte Kirche der hawaiischen Inseln errichtet, ein Gotteshaus mit Platz für über 3000 Gläubige. Dennoch stand kein guter Stern über dieser Kirche. Sie wurde zweimal von einem Wirbelsturm

zerstört, einmal brannte sie aus. 1951 bis 1953 wurde sie das letzte Mal aufgebaut und als Waiola Church geweiht. Die jetzige Kirche mag eher unscheinbar und wenig bemerkenswert erscheinen. Aber der alte Friedhof neben der Kirche mit seinen halb versunkenen Grabsteinen und verwitterten Inschriften macht nachdenklich, führt zurück in Hawai'is christliche Anfänge. Dort sind Mitglieder der königlichen Familie, Missionare und Seeleute begraben: unter ihnen die verehrte Königin Keopuolani, die erste christlich getaufte Hawaiianerin, Kaumuali'i, der letzte König Kaua'is und Häuptling Hoapili, Kamehamehas engster Berater. Einer der ersten Missionare Mauis, Reverend William Richards, wurde in Waine'e bestattet.

Das Gefängnis **Hale Pa'ahao,** ›Haus der eisernen Fesseln‹ 9 an der Prison Street wurde 1852 mit den Steinen des abgerissenen alten Forts gebaut. Es wurde ein größeres Gefängnis benötigt, hauptsächlich zur Ausnüchterung für randalierende Seeleute, für rücksichtslose Reiter, die immer häufiger die Straßen von Lahaina unsicher machten, aber auch für Unmoralische, die Ehebruch begingen oder den Sabbat mißachteten – insofern hatten sich die strikten Vorstellungen der Missionare inzwischen durchgesetzt. Das von einem gepflegten Garten umgebene Gebäude dient heute häufig als originelle Umgebung für Hochzeiten und Empfänge.

An die Plantagenzeit erinnern die buddhistischen Tempel Lahainas, als große Ströme von Plantagenarbeitern aus China und Japan auf die Insel kamen. Interessant sind die Neujahrsfeiern der japanischen und chinesischen Bevölkerung sowie das farbenprächtige Bon Memorial Festival im August. Der wunderschön restaurierte zweistöckige **Wo Hing Society Temple** 10 wurde 1912 von der örtlichen Gemeinde der mehrere hundert Jahre alten chinesischen Chee Kung Tong-Bruderschaft als Kulturzentrum errichtet. Die meisten der chinesischen Plantagenarbeiter blieben jedoch nicht auf Maui, und so verfiel der Tempel langsam, bis dann 1983 die Lahaina Restoration Foundation das historische Bauwerk in ein Museum umwandelte. Im Erdgeschoß informiert eine Ausstellung über die Rolle der chinesischen Gemeinde Lahainas, und im oberen Stockwerk befindet sich ein taoistischer Altar. Im angrenzenden **Cookhouse** kann man die Gerätschaften der Gemeinschaftsküche besichtigen. In riesigen Woks wurde über den Feuerstellen das Essen zubereitet. Im Cookhouse Theatre werden auch Filme gezeigt, die Thomas Edison zwischen 1898 und 1903 auf Hawai'i gedreht hat.

Seit 1910 treffen sich die Mitglieder von Lahainas größter buddhistischer Gemeinde in der **Hongwanjii Buddhist Mission** 11 an der Ecke Waine'e und Luakini Street. Das jetzige Tempelgebäude wurde 1927 errichtet. Etwas außerhalb Lahainas, am Ende der Ala Moana Street in der Nähe des Mala Wharfs, liegt der **Lahaina Jodo Mission and Buddhist Cultural Park,** ein hübscher kleiner Park mit einem sehenswerten japanischen Tempel und der größten Buddha-Statue außerhalb Asiens.

An der seit 1860 arbeitenden **Pioneer Sugar Mill Co.** 12 vorbei führt die Lahainaluna Road zu einem Aussichtspunkt hoch in den Bergen über Lahaina mit schönem Blick über ganz West-Maui. Hier befindet sich die älteste amerikanische Schule westlich der Rocky Mountains. Das von den Missionaren bereits 1831 gegründet **Lahainaluna Seminary** 13 begann als eine Lehranstalt für begabte Erwachsene. Einer ihrer bekanntesten Schüler und späteren Lehrer war der 1795 in Kona geborene David Malo. Sein in der hawaiischen Sprache geschriebenes Werk »Hawaiian Antiquities« ist ein einzigartiges und authentisches Zeugnis der alten hawaiischen Kultur. Auf dem Schulgelände steht unter schattigen Bäumen auch das schlichte, weißgetünchte **Hale Pa'i,** das ›Druckhaus‹, in dem 1836 die erste Druckkerei Hawai'is eingerichtet und Lahainas Ruf als Druckzentrum begründet wurde. Gedruckt wurden hier vor allem religiöse Traktate, Choräle, Schulbücher, die hawaiische Bibel, Wörterbücher, aber auch so profane Drucksachen wie Geldscheine, Regierungsdokumente und Handbücher. Auch die erste hawaiische Zeitung wurde hier produziert. Eine Ausstellung gibt einen Überblick über die Publikationen der Lahainaluna-Presse und auch ein Modell der ersten Druckmaschine wird gezeigt.

Traumstrände:
Die Küstenregion im Westen Mauis

Von Lahaina nach Wailuku
(Lahaina – Ka'anapali – Wailuku: ca. 130 km)

Von **Lahaina** 1 fährt man nur ein paar Minuten bis nach **Ka'anapali Beach** 2 (S. 322) mit den breiten feinen Sandstränden. An sechs Kilometern der schönsten *beaches* liegen hier die exklusiven Strandhotels mit Golf- und Tennisplätzen. Dort ist alles zu haben, was das Touristenherz begehrt: Restaurants, Nachtleben, Snackbars, Swimmingpools, Galerien, Boutiquen, Geschäfte. **Whalers Village and Museum** ist ein Freiluft-Komplex von über 40 attraktiven Geschäften und Restaurants sowie einem kleinen Museum mit einer erstaunlich guten Ausstellung von allerlei Relikten aus der Walfang-Ära: Harpunen und Geräte, die zum Verarbeiten des Waltrans gebraucht wurden, historische Fotografien und alte Stiche sowie eine umfangreiche Sammlung von *scrimshaw*, den kunstvollen Schnitzarbeiten aus Walknochen, mit denen die Seeleute sich früher die Zeit vertrieben.

Sämtliche Wassersportarten sind an den Stränden der *resorts* möglich, und an den *activity desks* der Hotels lassen sich alle Exkursionen auf der Insel arrangieren. In Ka'anapali Beach ist alles zu Fuß oder mit dem kostenlosen Ka'anapali Resort Trolley erreichbar, und nach Lahaina kommt man mit dem ebenfalls kostenlosen Lahaina Express, so daß man den Leihwagen kaum braucht. Parken ist ohnehin ein Problem in Lahaina. Man kann auch mit dem **Sugar Cane Train,** der restaurierten Lahaina-Ka'anapali and Pacific Railroad, nach Lahaina fahren. Die gemütliche Fahrt mit der alten Plantagenbahn durch 10 km wogende dunkelgrüne Zuckerrohrfelder dauert etwa 30 Minuten und macht vor allem den Kindern Spaß. Zuckerrohr wurde schon 1849 an den Hängen der West Maui Mountains um Ka'anapali und Lahaina angebaut. Später wurde die Pioneer Mill errichtet, zu der man das Zuckerrohr mit Ochsengespannen brachte, bis schließlich die Schienen der Plantagenbahn gelegt wurden.

Anfang der 60er Jahre begann man mit dem Bau des Ka'anapali Beach Resorts, zu dem heute ein halbes Dutzend großer Hotels gehören. Das luxuriöseste mit Wasserfällen und tropischen Fischteichen ist das **Hyatt Regency Maui.** Nicht so exklusiv, aber ebenfalls mit herrlichem Strand und dabei erheblich preisgünstiger ist das **Ka'anapali Beach Hotel.** Die Angestellten des Hotels sind besonders freundlich, hier werden *workshops* über alte hawaiische Traditionen und kunsthandwerkliche Techniken veranstaltet, und auf der Speisekarte stehen auch original hawaiische Rezepte.

Nördlich von Ka'anapali führt der Highway 30 durch Zuckerrohrfelder und Ananasplantagen. Die Küstenstraße, die von Honokowai nach Kapalua führt, bietet schöne Aussichten auf die Inseln Moloka'i und Lana'i, wenn auch die Strände nicht so attraktiv sind wie die in

Übersichtskarte Maui ▷

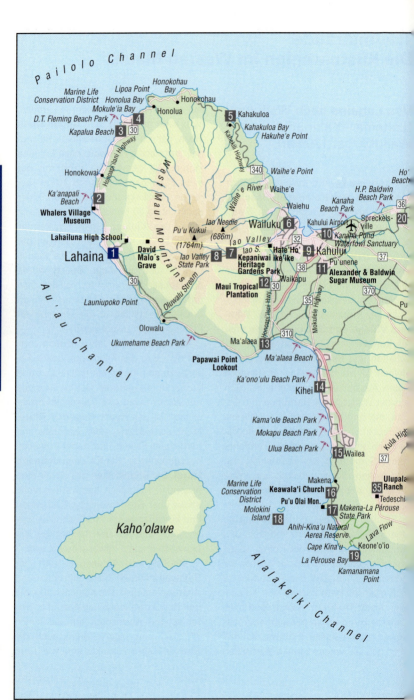

P a i l o l o   C h a n n e l

Honokohau Bay

Lipoa Point

Marine Life Conservation District

Honolua Bay

Mokule'ia Bay

D.T. Fleming Beach Park

Kapalua Beach

Honolua

Honokohau

Kahakuloa

Kahakuloa Bay

Hakuhe'e Point

3

4

30

5

Honokowai

Ka'anapali Beach

2

Whalers Village Museum

Lahailuna High School

Lahaina

1

30

David Malo's Grave

W e s t   M a u i   M o u n t a i n s

Pu'u Kukui (1764m)

Iao Needle (686m)

Iao Valley State Park

Iao Valley

Kepaniwai ike'ike Heritage Gardens Park

Olowalu Stream

8 **7**

Iao S.

Hale'Ho'

Waihe'e River

Waihe'e

Waiehu

340

Wailuku

6

32

9 Kahului

Kahului Airport

Ho' Beach

H.P. Baldwin Beach Park

Kanaha Beach Park

Spreckels-ville

20

36

10

Kanaha Pond Waterfowl Sanctuary

37

11

Pu'unene

Alexander & Baldwin Sugar Museum

370

38

Waikapu

12

Maui Tropical Plantation

30

Au'au   Channel

Launiupoko Point

Olowalu

Ukumehame Beach Park

Papawai Point Lookout

Ma'alaea

13

310

Ma'alaea Beach

Honoapi'ilani Hwy

Mokulele Highway

35

Pu

Ma'alaea Beach

Ka'ono'ulu Beach Park

Kihei

14

Kama'ole Beach Park

Mokapu Beach Park

Ulua Beach Park

15 Wailea

Kula High

37

Makena

Keawala'i Church

16

Pu'u Olai Mon.

17

Molokini Island

18

Marine Life Conservation District

Makena-La Pérouse State Park

35

Ulupala Ranch

Tedeschi

Ahihi-Kina'u Natural Aerea Reserve

Cape Kina'u

La Pérouse Bay

19

Keone'o'io

Lava Flow

Kamanamana Point

Kaho'olawe

A l a l a k e i k i   C h a n n e l

Kaulanapueo Church

Twin Falls 22 Huelo

Ulumalu

Kailua

Waikamoi Ridge Trail Nature Walk

360

23 Kaumahina State Wayside

24 *Ke'anae Peninsula*

Puohokamoa Falls 25 Ke'anae

Ke'anae Arboretum 26 Wailua

27

Nahiku

Pua'aka'a State Wayside

Hana Highway

Hana Airport

360 28 *Wai'anapanapa State Park*

Ka'eleku

Haleakala Crater Rd. Hana Bay Ka'uiki Head

Park Head Quarters Hana 29

378

Haleakala National Park 38

Visitor Center *Haleakala Crater* *Waiho'i Valley* Hamoa

Pu'u Ula'ula (3055m)

Kumu'iliahi 30 *Kipahulu Valley*

Botanical *Haupa'akea Pk. (2570m) (2792m)* Palikea

Waimoku Falls *Wailua Falls*

31 Wailua

Makahiku Falls 32 Ohe'o Gulch (Seven Pools)

Lelekea

Kaupo Ranch 33 Kipahulu

Puka'auhuhu 34 **Huialoha Church**

Wai'o pai **St. Joseph Church** Kaupo

Pakowai Point *Kalaeoka'ilio Point*

ni Highway

A l e n u i h a h a   C h a n n e l

N

0 8 km

Ka'anapali oder bei Kapalua. Dort trifft man auf mehrere schöne Strände: **Kapalua Beach** 3, der vor ein paar Jahren zum besten Badestrand der USA gewählt wurde, und bei Meile 31 der **D. T. Fleming County Beach Park** 4, der zu den beliebtesten Stränden Mauis gehört. Hier gibt es Picknicktische, Barbecue-Grills, Duschen und genügend Parkplätze. **Mokule'ia Bay und Honolua Bay** sind Unterwasser-Schutzgebiete mit guten Möglichkeiten zum Tauchen und Schnorcheln. Im Winter ist Schwimmen gefährlich, nur die Surfer schätzen dann die mächtigen Wellen, hier fast so hoch wie an O'ahus Nordufer. Der beste Aussichtspunkt ist auf dem Lipoa Point.

Hinter Honokohau führt der Highway 30 um die Nordspitze der Insel und wird dann zur Nummer 340. Dabei ändert er nicht nur seine Bezeichnung, sondern auch seine Beschaffenheit. Die nächsten ca. 20 km ist die Straße nicht mehr befestigt. Sie ist schmal, voller Unebenheiten und ruppiger Schlaglöcher und schlängelt sich durch tief eingeschnittene Täler. Ringsum leben vor allem Hawaiianer, die mit ihren *pick-up trucks* ihre haarsträubenden Fahrkünste demonstrieren und damit für die eigentliche Gefahr auf der Straße sorgen. Wohl deshalb und wegen der schlechten Straße, deren Zustand sich je nach Wetter ändert, schließt der Leihwagenvertrag die Benutzung aus. Man muß also entscheiden, ob man dennoch nach Kahului weiterfahren oder nach Lahaina zurückkehren will. Meistens ist die Straße bei einiger Vorsicht befahrbar. Ein Erlebnis ist sie allemal.

Im ganz und gar nicht touristischen Dörfchen **Kahakuloa** 5 leben ein paar hawaiische Familien, die ihren *taro* anbauen und zu *poi* verarbeiten, Fischfang betreiben und gelegentlich auf Jagd gehen. Hier kann es durchaus passieren,

daß einem auf der schmalen Straße ein *pick-up truck* begegnet, auf dem Kühler ein erlegtes Wildschwein angebunden, und auf der Ladefläche ein halbes Dutzend Einheimische, die lärmend ihr Jagdglück feiern. Im weiteren Verlauf wird die Straße noch schlechter, führt durch zerklüftetes Gelände an steilen Klippen entlang und ist dabei oft so schmal, daß es gerade für eine Wagenbreite reicht. Mitunter gleicht die Straßendecke einer Kraterlandschaft, so daß oft genug im Schritttempo gefahren werden muß. Bei Waihe'e wird die Fahrbahn wieder eben und läßt sich zügig bis nach Wailuku befahren.

Wailuku und Kahului, verbunden durch die Ka'ahumanu Avenue, sind heute zur größten Stadt der Insel zusammengewachsen. Die meisten Einwohner leben in Kahului. **Wailuku** 6 (s. unter Kahului, S. 322) zählt zwar nur knapp 11 000 Einwohner, ist aber Sitz der County-Verwaltung. Kahului hat wenig Sehenswertes zu bieten, aber Wailuku sollte man sich einmal ansehen. Wenn es auch hier mittlerweile moderne Gebäude gibt, hat sich das Städtchen doch einen gewissen historischen Charme bewahrt, vor allem um High, Market und Vineyard Street. Am besten erschließt man sich die engen und hügeligen Straßen mit den malerischen Holzhäusern zu Fuß.

Die 1837 errichtete und 1876 umgebaute **Ka'ahumanu Church** an der Ecke von Main und High Street ist die älteste Kirche der Insel. In der weiß-grün gestrichenen Kirche im typischen Neuengland-Stil werden am Sonntagmorgen um 9 Uhr Gottesdienste in hawaiischer Sprache abgehalten. Ebenfalls an der Main Street liegt das von 1833 bis

Blick ins Iao Valley bei Wailuku

1850 erbaute **Hale Ho'ike'ike**. Die aus verputzten Steinen gebaute frühere Residenz des Missionars Edward Bailey und seiner Familie beherbergt heute ein historisches Museum. Das ›Bailey House‹, wie es auch genannt wird, ist mit Möbeln und anderen Gegenständen der Missionarszeit eingerichtet. Auch hawaiische Artefakte aus vorchristlicher Zeit, Tapa-Stoffe, Steinwerkzeuge, Kalebassen, kunstvolle Arbeiten aus Holz und Federn und ein Auslegerkanu sind zu sehen.

Jetzt folgt die Main Street als Iao Valley Road dem gleichnamigen Flüßchen. Nach ein paar Kilometern ist der **Kepaniwai Heritage Gardens Park** [7] erreicht. Die schön angelegten Gärten sind als Ziel fürs Wochenend-Picknick bei den Einheimischen sehr beliebt. Verschiedene Gebäude erinnern an die ethnische Vielfalt der Insel. Da gibt es neben einem portugiesischen Haus und einer koreanischen Wohnstätte auch eine chinesische Pagode, ein japanisches Teehaus mit Garten, eine hawaiische Grashütte. Nichts in dem lieblichen Tal, außer dem Namen Kepaniwai, ›das Wasser dämmen‹, erinnert an die blutige Schlacht, die hier vor über 200 Jahren stattfand, als Kamehameha mit seinen Truppen die Verteidiger Mauis besiegte. Das Wasser des Wailuku-Flusses soll rot vom Blut der getöteten Krieger gewesen sein und ihre Körper stauten den Fluß auf.

Im **Iao Valley State Park** [8] endet die Straße und Wanderpfade stoßen weiter in eine dichte grüne Tropenvegetation vor. Hier ragt das Wahrzeichen des Tals empor, die fast 370 m hohe **Iao Needle,** eine grünbemantelte Basaltnadel, die über Jahrtausende der Erosion widerstanden hat, während weichere Gesteinsschichten von den unermüdlichen Wasserfluten weggewaschen wur-

den. Umgeben ist sie von himmelaufwärts ragenden Felswänden, die durch die ständigen Niederschläge einen dichten grünen Pelz bekommen haben (s. Abb. S. 185).

Kahului [9] (S. 322) ist Mauis Hafenstadt und mit 16 500 Einwohnern die größte Stadt der Insel. Sie hat sich in den letzten beiden Jahrzehnten wirtschaftlich schnell entwickelt, und zahlreiche Einkaufszentren, Geschäfte und Industrien sind neu entstanden. Außerdem liegt hier der größte Flughafen, wo die meisten Touristen ankommen. Ein paar preiswertere Hotels am Kahului Harbor offerieren häufig günstige Pauschalangebote einschließlich Auto und Übernachtung.

Der Weg vom Airport nach Kahului führt am **Kanaha Pond Waterfowl Sanctuary** [10] vorbei. In diesem wenig besuchten Schutzgebiet haben neben Enten und Gänsen auch seltene hawaiische Wasservögel wie *Hawaiian Stilt* und *Hawaiian Coot* ihren Lebensraum. Der nahegelegene **Kanaha Beach County Park** ist durch ein vorgelegenes Riff geschützt und wird deshalb gern von Familien mit Kindern besucht. Auch Windsurfer finden hier ein gutes Revier.

Im **Alexander and Baldwin Sugar Museum** [11] (s. unter Kahului, S. 322) im kleinen Ort Pu'unene, südlich von Kahului am Highway 35, erfährt man alles über die Geschichte des Zuckerrohranbaus auf Maui. Das kleine Museum ist im schön restaurierten, ehemaligen Haus des Managers der Zuckermühle untergebracht. Fotos von Plantagenarbeitern und Arbeitsvorgängen, Geräte und andere Gegenstände aus dem vorigen Jahrhundert und funktionierende Modelle runden das Bild ab. Beim Rundgang gibt es akustische Untermalung, die Geräusche einer Zuckermühle wäh-

rend der Produktion werden vom Band abgespielt. Gleich nebenan befindet sich die richtige Zuckermühle, mit hohem Schornstein, staubiggrau und wenig attraktiv – wie ein Industriebetrieb eben.

Sehr viel grüner und lieblicher sieht es in der **Maui Tropical Plantation** 12 (s. unter Kahului, S. 322) aus. Die Musterplantage beim kleinen Ort Waikapu am Highway 30 nach Lahaina zeigt, was so alles in Maui angebaut wird. Da gibt es Taro-Felder, Bananen, Papaya, Mango, Ananas, Macadamianus-Bäume und natürlich auch Zuckerrohrfelder. Tropische Blumen sorgen für prachtvolle Farben. Eine kleine Tram fährt die Besucher durch das Gelände. Das Ganze ist lehrreich und hübsch anzusehen. Wer gerne mehr Unterhaltung möchte, kann abends einer hawaiischen Show zuschauen.

Ma'alaea 13 ist nur ein kleiner Bootshafen. Von hier aus lassen sich Exkursionen nach Molokini Island unternehmen (s. S. 188). Ein paar Kilometer weiter bietet der **Papawai Point Lookout** einen schönen Meeresblick bis nach Molokini und Kaho'olawe. Von Dezember bis Mai kommen Wale bis in Ufernähe und lassen sich vom *lookout* gut beobachten. Bis Lahaina folgen noch einige *beach parks,* die aber eher zum Picknick als zum Schwimmen geeignet sind, wie Ukumehame und Launiupoko State Park. Die Straße führt jetzt an Meeresklippen vorbei und durchquert das schmale Olowalu Valley mit seinen Zuckerrohrfeldern. Wenig später ist man in Lahaina angelangt.

Mauis Sonnenküste: Von Kihei zur La Pérouse Bay

Noch vor wenigen Jahrzehnten war die etwa 15 km lange Küste im Südwesten der Insel eine abgeschiedene Gegend. Eine karge, mit stachligen Kiawe-Sträuchern und -Bäumen bestandene Graslandschaft, deren Bewohner von Landwirtschaft und Fischfang lebten. Einige der einheimischen Familien hatten auch ein Wochenendhaus hier, um die schönen sonnigen Sandstrände im Regenschatten des Haleakala zu nutzen. Heute hat sich in der Region ein ziemlicher touristischer Wildwuchs entwickelt. Dicht an dicht säumen Hotels, Ferienhäuser, Shopping Center, Geschäfte und Fast Food-Restaurants die Uferstraße vom

Südende des Ma'alaea Beach bis Wailea. Kaum findet sich ein Plätzchen, von dem man noch ungehindert aufs Meer blicken kann. An besonderen Sehenswürdigkeiten hat die Kihei-Region also nicht viel zu bieten. Dennoch, wie Perlen an einer Schnur reihen sich hier die Sandstrände. Das Wetter ist meistens schön, und vom Strand aus stören die Hotelbauten nicht mehr. Von hier hat man ungehinderte Ausblicke auf die West Maui Mountains, auf die Nachbarinseln Lana'i, Kaho'olawe und die kleine Felseninsel Molokini. Die Bedingungen für alle möglichen Wassersportarten, besonders Windsurfen, Schnorcheln und Tauchen, sind hervorragend. Außerdem gibt es hier auch preisgünstigere Zimmer und Ferienwohnungen als in anderen vergleichbar guten Strandlagen.

Der langgestreckte **Ma'alaea Beach** ist wegen der ständigen steifen Brise mehr bei Windsurfern als bei den Sonnenanbetern beliebt. Der Sand ist fest und eignet sich daher gut zum Joggen und Strandwandern. Von der Kihei Road gibt es zahlreiche bequeme Zugänge zum Strand. Ab **Kihei** 14 (S. 323) folgt dann ein *beach park* nach dem anderen. Der Ort hat praktisch kein richtiges Zentrum und zieht sich über die nächsten 10 km bis nach Wailea hin. Erst bei Makena hören Verkehr und Tourismusbetrieb auf. **Ka'ono'ulu Beach Park** am Anfang von Kihei und der **Kama'ole Beach County Park** mit seinen drei Stränden am südlichen Ende des Ortes bieten gute Bademöglichkeiten, auch für Familien mit Kindern.

Bei **Wailea** 15 (s. unter Kihei S. 323) endet der Wildwuchs der Hotels und Ferienwohnungen. Bis Makena hat Alexander & Baldwin mehrere stilvolle *resorts* mit herrlichen Anlagen und Golfplätzen errichtet. Trotzdem sind die schönen weißen Sandstrände öffentlich

zugänglich. An allen Stränden kann man sicher schwimmen, und es gibt genug Parkplätze, Picknicktische und Duschen. **Mokapu** und **Ulua Beach** sind auch für Schnorchel-Freunde interessant.

In der Nähe des Makena Landing Beach Parks sollte man sich die hübsche **Keawala'i Church** 16 aus dem Jahr 1832 ansehen. Die aus großen Korallen- und Lavafelsen gebaute Kirche wurde 1952 restauriert. Sonntagmorgens hört man hier klangvolle hawaiische Gesänge und auch Teile der Predigt in hawaiischer Sprache.

Hinter Makena beginnt das letzte unberührte Stück der Westküste Mauis. Hier gibt es noch einsame Strandabschnitte, man kann *bodysurfen* und Schnorcheln. Der **Makena-La Pérouse State Park** 17 hat zwei schöne Badestrände. An dem einen, der Little Makena Beach, badet man auch ohne Textilzwang. Der mit Kiawe-Bäumen bestandene Park liegt auf einer Halbinsel mit einem 120 m hohen Vulkankegel, dem **Pu'u Ola**. Im Winter und Frühjahr lassen sich häufig Wale beobachten, die hier nahe ans Ufer kommen. Die Sonnenuntergänge vom Pu'u Ola mit den Silhouetten der Inseln Lana'i und Kaho'olawe sind vielleicht die schönsten auf Maui.

Etwa 6 km vor der Küste liegt **Molokini Island** 18 (s. unter Kihei, S. 323). Eigentlich keine Insel, sondern die Reste eines uralten versunkenen Vulkankraters. Der sichelförmige Felsen umschließt ein Unterwasserparadies mit Korallenriffen und unzähligen farbenprächtigen Fischen. Die glasklaren Wasser um die Felseninsel sind als Marine Life Conservation District geschützt. In den *resorts* in Wailea, aber auch in Lahaina kann man beim Ocean Activities Center halb- oder ganztägige Schnorchel- und Tauchexkursionen buchen.

Molokini Island

Weiter südlich führt eine Jeepstraße durch die **'Ahihi-Kina'u Natural Area Reserve** bis zur **La Pérouse Bay** 19. Wieder ein Unterwasserschutzgebiet mit zahlreichen Korallen- und Fischar-ten, hervorragend zum Tauchen und Schnorcheln geeignet. Die öde Land-schaft aus Paho'eho'e-Lava ist Teil des letzten Ausbruchs des Haleakala 1790. Die Bucht ist nach dem französischen

Navigator benannt, der als erster Europäer auf Maui landete.

Nun muß man die Strecke von La Pérouse Bay bis zum Beginn der Kihei Road wieder zurückfahren. Es gibt zwar eine Jeepstraße von der Makena Road zur Ulupalakua Ranch am Kula Highway (Hwy. 31), aber diese nur wenige Kilometer lange Querverbindung ist privat und darf zur Zeit nicht befahren werden.

Regenwälder, Kurven, Steilküsten: Entlang der Ostküste und ins Inselinnere

Die Straße nach Hana
(Kahului – Pa'ia – Hana: 90 km)

Die Fahrt auf dem Hana Highway (Hwy. 36) von Pa'ia nach Hana im Osten der Insel Maui gehört zu den faszinierendsten Erlebnissen eines Hawai'i-Aufenthaltes. Grund genug also, nicht zu hetzen, sondern sich für diesen Streckenabschnitt mindestens drei bis vier Stunden Zeit zu nehmen. Von Kahului bis Twin Falls (ca. 30 km) verläuft alles noch bequem, doch danach geht die Strecke über in eine schmale, sich windende Straße, die aber in gut befahrbarem Zustand ist. Die vielen T-Shirts mit der Aufschrift »We survived the Road to Hana« sind doch etwas übertrieben. Dennoch muß man sich intensiv aufs Fahren konzentrieren, denn der Highway ist eine endlose Folge von Haarnadelkurven (es sollen über 600 sein) und führt über 54 einspurige schmale Brücken. Unter schwierigsten Bedingungen wurde die Straße 1927 buchstäblich aus der Steilküste gehackt. Oft klebt sie direkt an der Steilküste und führt durch wuchernde Urwälder mit rauschenden Wasserfällen. Die Dörfer bestehen oft nur aus ein paar Häusern, wo die Menschen noch nach alter Tradition von dem leben, was Land und Meer bieten.

Von Kahului führt der Highway 36 durch Plantagenland mit verstreuten Siedlerhäusern. **Spreckelsville** erinnert an den deutschen Zuckerbaron und Finanzier Claus Spreckels, der zeitweise größter Geldgeber des hawaiischen Königshauses war (vgl. S. 39). Der von stattlichen Kokospalmen umsäumte **Baldwin Beach County Park** ist bei den Einheimischen sehr beliebt.

›König Zucker‹ war auch für die Gründung von **Pa'ia** [20] (S. 326) in den 1870er Jahren verantwortlich, und noch arbeitet die etwas heruntergekommen aussehende alte Zuckermühle im oberen Teil des Ortes. Um 1930 hatte Pa'ia an die 10 000 Einwohner und war der größte Ort der Insel. ›Lower Pa'ia‹, der Ortsteil an der Küste, ist heute keine *sugar town* mehr. Nach dem Zweiten Weltkrieg zogen die meisten Plantagenarbeiter ins nahe Kahului, und Pa'ia degenerierte zum schläfrigen Nest. In den 60er Jahren bevölkerte dann eine bunte Hippieschar den Ort und bizarre *shops* und Cafés wurden eröffnet.

Heute macht der kleine Ort mit seinen alten Holzhäusern zwar immer noch einen etwas vergessenen Eindruck, aber seit er zum Mekka der Windsurfer geworden ist, bevölkert junges Volk aus USA und Übersee die Restaurants und

Ho'okipa Beach, ein Mekka der Windsurfer

Cafés. *Windsurf shops* tragen den neuen Bedürfnissen Rechnung, und auch mehrere Künstler und Galerien haben sich in den historischen Gebäuden stilvoll eingerichtet. Die **Maui Crafts Guild** vertritt an die drei Dutzend einheimische Künstler und Kunsthandwerker mit einem breiten Angebot kreativer Meisterwerke: Taschen aus schön bemalter Rohseide, Schmuck, Keramik, Skulpturen aus handgemachtem Papier und einheimischen Hölzern, Collagen, Zeichnungen, Aquarellen und Ölgemälden. Im Pa'ia General Store kann man sich fürs Picknick eindecken und sollte auch die Tankstelle nutzen, da bis Hana keine weitere mehr kommt. Am Ortsausgang liegt die **Mantokuji Mission,** ein hübscher japanischer Tempel mit pagodenförmigen Schindeldächern. Zum Tagesanbruch und -ausklang wird der mächtige Gong des Tempels geschlagen.

Ein paar Kilometer östlich von Pa'ia kann man schon von der Straße aus beobachten, wie die Windsurfer mit akrobatischen Sprüngen Wind und Wellen bei **Ho'okipa Beach** 21 meistern. An diesem ›hot spot‹ der internationalen Windsurfer-Szene kämpfen die weltbesten Profis um die hohen Preisgelder der Wettbewerbe wie Marui-O'Neill Invitational und Citizen Aloha Classic. Sonnendurchglühter Sandstrand, schaumgekrönte Superwellen, dazu der richtige Wind und braungebrannte Stars mit regenbogenfarbigen Segeln, das ist der Stoff für zahllose Fernsehreportagen, Werbespots und Surfposter – ein Wirtschaftsfaktor von über 10 Millionen Dollar.

Hinter Pa'ia führt die Straße durch die Siedlungen und weiten Ananasfelder der Heiku-Region. Danach wird es einsamer, und kurz vor Huelo beginnt dann mit der Nummer 360 der eigentliche Hana Highway, die ›Straße zum Himmel‹, wie sie von den Hawaiianern genannt wird. Im winzigen Dörfchen

Huelo 22 steht die 1853 aus Korallenfels gebaute Kaulanapueo Church. Von hier hat man einen hübschen Blick über Dorf und Meer. Die Straße wird nun schmal und kurvenreich, führt durch üppige Vegetation mit Eukalyptus-, Bergapfel- und Guajavebäumen. Auch tropische Blütenpflanzen wie verschiedene farbenprächtige Ingwerarten, Helikonien und *hau,* eine gelbblühende Hibiskusart, tauchen jetzt häufiger im dichten Grün entlang der Straße auf. Im Sommer und Herbst leuchten dann die wohlschmekkenden roten Fruchtbüschel der Erdbeer-Guajaven aus dem Buschwerk. Die pflaumengroßen Früchte werden von den Einheimischen gern zu Marmelade verarbeitet.

Ein paar Kurven weiter folgt **Kailua.** Das Dorf wird überwiegend von Arbeitern der Alexander & Baldwin-Plantage bewohnt. Sie unterhalten das ausgedehnte East Maui Irrigation Ditch System, ein über 100 km langes Bewässerungssystem aus Tunneln und Gräben, das aus den reichlichen Niederschlägen an der Nordflanke des Haleakala gespeist wird. Das Wasser wird für die endlosen Zuckerrohrfelder Zentral-Mauis benötigt. Bei Meile 8 sind Dämme und Tunnel gut zu sehen.

Dann windet sich die Straße durch einen dichten Bambuswald, und kurz vor Meile 10 führt der knapp 2 km lange **Waikamoi Ridge Trail Nature Walk** 23 durch dichten Regenwald mit hohen, von Schlingpflanzen überwucherten Bäumen, üppigen Ti-Pflanzen, Frauenhaarfarnen, Helikonien und Ingwergewächsen, darunter auch der ›Shampoo‹-Ingwer mit seinen rötlichen, zapfenförmigen Blüten. Wenn man sie drückt, kommt eine duftende Flüssigkeit her-

aus. Die alten Hawaiianer wuschen sich damit das Haar. Hin und wieder bieten sich schöne Ausblicke in das Tal und auf die Küstenformation.

Bei Meile 11 überquert die Straße das Puohokamoa-Flüßchen. Ein paar Autos können auf einer kleinen Ausbuchtung der Straße neben der Brücke parken. Schon von der Brücke aus genießt man den Blick auf die beiden Kaskaden de

State Wayside findet man dann einen gut ausgestatteten Rastplatz mit beeindruckender Aussicht auf die von schwarzem Strand und dramatischer Steilküste umrahmte Honomanu Bay. Allerdings ist hier auch viel Betrieb.

Zehn Kilometer weiter, nach zahlreichen Kurven und schmalen Brücken, ist der erste Höhepunkt des Hana Highway erreicht: Die **Keanae Peninsula** **25**, entstanden durch einen frühen Paho'eho'e-Lavafluß des Haleakala, erreicht man über eine Seitenstraße, die vom Highway abzweigt und sich hinunter zur Küste windet. Etwas später hat man dann bei Meile 17 von einem *lookout* einen schönen Blick über die liebliche Halbinsel mit ihren verstreut liegenden Farmhäusern. Zahlreiche Taro-Felder breiten sich aus wie ein grüner Flickenteppich, hin und wieder unterbrochen von Bananenstauden, Palmen und kleinen Buschgruppen. Die schlichten Holzhäuschen von **Keanae** sind umgeben von sorgfältig gepflegten Gärten, die farbenprächtige Bougainvillea und Kroton zieren. Nahe der Küste steht die fast anderthalb Jahrhunderte alte Kirche aus Korallenfels, malerisch umsäumt von stattlichen Kokospalmen. Die meisten Einwohner der kleinen Siedlung sind reinblütige Hawaiianer. Sie leben wie vor Urzeiten vom Fischfang und dem Ertrag ihrer Felder. Vom schwarzen Kieselstrand aus werden Boote und Auslegerkanus in die anbrandenden Wellen geschoben, und ein paar Jugendliche erproben ihre selbstgemachten Surfbretter. Vor den Häusern des Ortes ist minunter rhythmisches Klopfen zu hören. Hier werden nach alter Tradition Taro-Knollen zu *poi* gestampft. Die aus Korallenstein gemauerte kleine Kirche am Ende der Peninsula ist sehenswert.

Kunstvoll angelegte Taro-Felder kann man sich auch im **Keanae Arboretum**

Puohokamoa Falls **24**. Von der Parkbucht aus führt ein kurzer Pfad wie durch einen dunklen grünen Tunnel hinunter zu einem Pool am Fuß der Fälle. Hier ist ein erfrischendes Bad möglich und ein Schutzdach gewährt auch bei Regen Gelegenheit zum Picknick. Ein paar hundert Meter flußaufwärts gelangt man zu einem weiteren Wasserfall mit Felsenpool. Bei der **Kaumahina**

26, oberhalb der Peninsula betrachten. Der ›Lehrgarten‹ ist vom Highway aus gut ausgeschildert. Ein Pfad führt durch die Anlage mit vielen endemischen Pflanzen und Bäumen, weiter an einem Flüßchen entlang durch tropischen Regenwald bis zu den Taro-Feldern im höher gelegenen Ende des Tals. Bewässert werden die Felder vom kleinen Pi'ina'au-Flüßchen, dessen Uferbänke dicht bewachsen sind mit Farnen, Teppichen rosa- und weißblühender Impatiens, rotem Ingwer und den regenschirmgroßen Blättern der Ape'Ape-Pflanze, auch ›Elefantenohren‹ genannt. Sehenswert ist der Teil mit den seltenen endemischen Maui-Palmen und lehrreich die Sammlung hawaiischer Nutzpflanzen mit mehreren Arten der wichtigsten Kulturpflanze *taro*, hawaiischem Zuckerrohr, das schon von den ersten Polynesiern eingeführt wurde, Brotfruchtbäumen und diversen Bananensorten. Der Pfad durch das Arboretum ist leicht zu begehen, aber die Luft ist schwül und drückend, und es gibt leider auch viele Mücken hier.

Ein paar Kilometer weiter liegt **Wailua 27**, noch ein verträumtes hawaiisches Dorf, das man ebenfalls über eine kurze Seitenstraße erreicht. Sehenswert ist die hübsche katholische Kirche des Ortes, die St. Gabriel's Church mit ihren zwei über den Eingang gemalten roten Herzen. Als man Mitte des vorigen Jahrhunderts Baumaterialien für die Kirche brauchte, geschah ein ›Wunder‹. Über Nacht häufte ein Sturm Massen von Sand und Korallenbrocken am Ufer der Wailua Bay an, genau ausreichend für den Bau des Gotteshauses. Nach etlichen Kurven, Brücken und Wasserfällen gelangt man nach **Pua'a Ka'a State Wayside**, einem idyllischen Picknickplatz. Ein Flüßchen mit zwei natürlichen farnumsäumten Felsenbecken und kleinen Wasserfällen bietet Gelegenheit für eine erfrischende Abkühlung.

Fischerhaus an der Straße nach Hana

Das Gelände der Hana Ranch mit dem Fagan Memorial bei Hana

Gleich nach der Abzweigung zum Hana Airport, wo sich bequeme Besucher des Hana Hotels einfliegen lassen, führt bei Meile 32 eine andere kleine Seitenstraße zum knapp 50 ha großen **Wai'anapanapa State Park** 28. Der einsame Park liegt in einer wildromantischen Küstenlandschaft mit zahlreichen vorgeschichtlichen Stätten, Gräbern und verfallenen *heiaus*. Er ist auch ein idealer Ausgangspunkt für Wanderungen in der Umgebung von Hana. Neben Picknickeinrichtungen und Zeltplätzen stehen auch ein Dutzend volleingerichteter *cabins* für bis zu sechs Personen zur Verfügung. Die *cabins* sind begehrt und müssen deshalb lange im voraus reserviert werden (Anfragen und Reservierung über das Department of Land and Natural Resources in Kahului/Wailuku, S. 322).

Vom Park führt ein befestigter Weg durch wuchernde Vegetation zu zwei Lavahöhlen am Meer, den **Wai'anapa-napa Caves**. In die erste Höhle kann man ohne Probleme hineinschwimmen. In die zweite dahinter gelangt man entweder nur durch ein ›Fenster‹ über der Höhle, oder, indem man ein Stück unter Wasser schwimmt – mit Maske und Unterwasserlampe. Beides sollte nur in Begleitung eines örtlichen *guide* unternommen werden. Zum Park gehört die schöne Pa'iloa Bay mit ihrem schwarzen Sandstrand.

Um die Höhlen ranken sich grausige Legenden von Popoalaea, einer unglücklichen Prinzessin, die sich hier vor ihrem eifersüchtigen Gemahl Kaka'e vergeblich versteckte und erschlagen wurde. Hawaiianer behaupten, daß sich das Wasser der Höhlen auch heute noch zu bestimmten Zeiten blutrot färbt. Will man dieser poetischen Auslegung nicht folgen, bietet sich als Erklärung an, daß manchmal unzählige rote Krebschen in die Höhlen kommen und die rötliche Färbung des Wassers verursachen.

Vom schwarzen Sandstrand des *beach parks* führt ein *trail* an der Lavaküste entlang, vorbei an den Überresten eines alten *heiau,* bis er schließlich an einem steinigen Küstenabschnitt bei Hana endet. Das letzte Stück bis zum Ort läuft man auf einer unbefestigten Straße. Für diese Wanderung braucht man etwa anderthalb bis zwei Stunden. Der *trail* war früher Teil der alten Königsstraße, die um Ost-Maui herumführte und von Häuptling Pi'ilani im 16. Jahrhundert gebaut wurde.

Hana

29 (S. 321) Die kleine verträumte Siedlung im grünen Hügelland rings um die Hana Bay war früher ein geschäftiger Plantagenort. Bereits Mitte des vorigen Jahrhunderts begann man mit dem Zuckerrohranbau und holte Arbeiter aus China, Japan, Portugal und den Philippinen hierher. 1944 wurde die Produktion eingestellt, und die Zukunft des Ortes sah düster aus. Dann kam Paul Fagan, ein wohlhabender Investor aus San Francisco nach Hana, kaufte mehrere tausend Hektar Land, gründete eine Ranch und baute das Hana Hotel. Heute lebt der Ort hauptsächlich von dieser Ranch und dem inzwischen luxuriöser gewordenen Hotel Hana-Maui. Auf der Ranch arbeiten viele mischblütige Hawaiianer, die außerdem noch ein Stückchen Farmland bearbeiten und Fischfang betreiben.

Fagan fühlte sich dem Ort und seinen Menschen besonders verbunden und verbrachte den Rest seines Lebens in Hana. Auf dem Lyon's Hill, mitten im grünen Weideland der Ranch, erinnert ein großes Kreuz aus Lavasteinen an den Wohltäter des Ortes. Obwohl das **Fagan Memorial** auf Privatland liegt, kann man zur Bergkuppe hinaufgehen. Von dort hat man einen schönen Blick über Hana und die Bucht.

Nicht weit vom Fagan Monument, zwischen Keawa Place und Hauoli Street, liegt das **Hotel Hana-Maui** – eigentlich

Flohmarkt in Hana

ein Dutzend luxuriös eingerichteter kleiner Bungalows, stilvoll eingegliedert in eine wunderschöne tropische Gartenanlage mit Palmen, Obstbäumen, und verschwenderisch blühenden Sträuchern und Pflanzen. Dazu gehört noch das Haupthaus mit offener Lobby und zwei Restaurants. Man sollte sich die Anlage ansehen, auch wenn man nicht dort übernachten möchte. In der Nähe des Hotels kann wieder eine der malerischen Kirchen besichtigt werden. Die aus Korallenblöcken gemauerte **Wananalua Church** wurde schon 1838 von den Missionaren auf dem Grund einer alten Tempelstätte errichtet – als symbolisches Zeichen für die Macht des neuen Gottes.

Das **Hana Cultural Center Museum** an der Uakea Road ist zwar klein, hat aber Atmosphäre und zeigt eine gediegene Sammlung haiwaiischer Werkzeuge, Poi-Bretter und -Stampfer, Fischhaken, Steinlampen und alte Tapa-Stoffe. Das Hana Courthouse nebenan gehört mit zum Besichtigungsprogramm.

Sehenswert ist vor allem der legendäre **Hasegawa General Store,** der so recht zum Lebensstil von Hana paßt und der in Hawai'i in einem populären Lied besungen wird. Der alte *store* brannte vor einigen Jahren ab, ist aber inzwischen im alten Kino des Ortes neu eröffnet worden – mit dem gleichen sympathischen, dichtgedrängten Chaos aus Lebensmitteln, Gerätschaften, Ersatzteilen, Filmen und Kleidung bis zu Hawaiiana: Gemischtwaren im wahrsten Sinne des Wortes.

Über Uakea Road und Keawa Place gelangt man zum **Hana Beach Park** am Südende der Bay. Am Kau'iki Head, einem 120 m hohen Vulkankegel östlich des Strandes, kämpften einst die Krieger des Königs von Maui gegen die Eroberer von der großen Insel. Hier wurde Ka'ahumanu, die Lieblingsfrau Kamehamehas und spätere Königin, geboren. Vom Strand führt ein Pfad zu einer Tafel, die auf den historischen Ort in einer Höhle hinweist.

Von Hana nach Kipahulu
Hana – Kipahulu (17 km)

Südlich von Hana geht es auf dem Pi'ilani Highway (Hwy. 31) weiter zum **Kipahulu Valley** 30, einer breiten und tiefen Regenwaldschlucht, die sich vom Ostrand des Haleakala über 1000 m tief zum Meer herunterzieht. Der obere Teil des Tals ist als ›geschützte Wildnis‹ nur Forschern zugänglich. In der üppigen Flora des Kipahulu-Tals finden sich einige der seltensten endemischen Vögel und Insekten. Die Straße schlängelt sich jetzt eng an der Küste entlang und ist noch schmaler geworden, auch die Schlaglöcher nehmen zu. Dafür hat der Verkehr deutlich abgenommen, und die Ausblicke auf steile Felsenklippen, tiefe Urwaldtäler und zahlreiche Wasserfälle sind noch beeindruckender als zuvor. Etwa 12 km hinter Hana können die schönsten Fälle der ganzen Strecke bewundert werden: die 30 m hohen **Wailua Falls** 31. Ein kurzer, schlüpfriger *trail* führt an Brotfrucht- und Kukui-Bäumen vorbei zu den moosbewachsenen Felsen am Fuß der Fälle. In einem Tal zwischen Straße und Meer ragt ein großes weißes Kreuz empor: das Grabmal für den hawaiischen Missionar Keo, der in der Mitte des vorigen Jahrhunderts auf Maui segensreich wirkte.

Von der alten Brücke, die den **Oheo Gulch** 32 des Kipahulu-Tales überquert, blickt man auf eine Reihe von terrassenförmigen natürlichen Felsbecken im Flußlauf, die zu einem erfrischenden Bad einladen (das Schwimmen im Meer ist jedoch gefährlich). Sie werden häufig

Am Oheo Gulch laden natürliche Felsenbecken zu einem erfrischenden Bad ein

die ›Seven Pools‹ genannt, obwohl der Ohe'o Stream wenigstens 20 dieser Bekken ausgewaschen hat. Hier beginnt das Küstengebiet des Haleakala National Parks. Ein kurzer *trail* mit einer Kletterpartie über große Felsbrocken führt zu den Becken im unteren Flußlauf. Zu den verschwiegeneren Pools im oberen Flußlauf führt der **Waimoku Falls Trail,** der bei der Ranger Station beginnt. Schon nach weniger als einem Kilometer ist man bei den Makahiku Falls, die aus fast 60 m Höhe in die Tiefe stürzen. Ganz in der Nähe lädt ein idyllischer kleiner Pool zu einem erfrischenden Bad ein. Weiter führt der gut markierte Wanderweg durch Bambushain und dämmerigen Urwald, bis nach etwa drei Kilometern die Waimoku Falls erreicht sind. Über 120 m hohe Pali-Klippen schäumt und sprüht das Wasser in ein flaches Felsenbecken.

Bei **Kipahulu** 33 erinnert der einsam aufragende Schornstein einer Zuckermühlen-Ruine an die Blütezeit des Zuckerrohranbaus, der sich aber schon 1925 in dieser entlegenen und nur schwer zugänglichen Region nicht mehr lohnte. Seitdem sind die ehemaligen Plantagen Ranchland. Unter hohen Bäumen des kleinen Friedhofs neben der historischen Palapala Ho'omau Church liegt Charles A. Lindbergh begraben, der Pilot des ersten Transatlantik-Fluges.

Hinter der Kipahulu Ranch hört die geteerte Straße auf. Ein Schotterweg mit zahllosen Schlaglöchern windet sich noch einige Kilometer weiter, dann ist Schluß. Am paradiesisch einsamen Ende der Welt haben sich hier zwischen den kleinen Ranches noch einige Genießer niedergelassen: Superreiche und Filmstars, die vor Journalisten und Publicity die Flucht ergriffen haben.

Einsame Küsten, Rodeos und Blumenfelder: Von Kaupo bis nach Makawao

Die Straße von Kipahulu entlang der Südküste ist nach heftigen Regenfällen in schlechtem Zustand, gelegentlich auch durch Erdrutsche gefährdet und deshalb für den öffentlichen Verkehr gesperrt. Nur die Einwohner des Örtchens Kaupo dürfen offiziell weiterfahren und haben den Schlüssel für die Straßensperre. Häufig steht das Tor allerdings offen, oder ein Anwohner läßt einen Besucher durch. Leihwagenfirmen lehnen in der Regel die Verantwortung ab, es sei denn, man hat einen Wagen mit Allradantrieb gemietet. Will man dennoch die Fahrt fortsetzen, geschieht das auf eigenes Risiko. Bei trockenem Wetter sind mit etwas Geschick und Vorsicht die rund 10 km bis zum Beginn der asphaltierten Straße, kurz hinter Kaupo, jedoch durchaus befahrbar. Die einzige Alternative besteht darin, dieselbe Strecke über Hana zurückzufahren.

Ein paar Kilometer hinter Kipahulu wird die Straße dann schmal und holprig. Bei Lelekea verläuft sie so dicht am Rand der Steilküste entlang, daß bei schwerer See die Gischtfetzen bis ans Wagenfenster spritzen. Kurz nach der Abzweigung zur **Huialoha Church** (erbaut 1859) auf einer windzerzausten Peninsula führt die Straße in den kleinen Ort **Kaupo** 34 (S. 323). Der rustikale Kaupo Store ist Mittelpunkt und auch Nachrichtenbörse für die zwei Dutzend Einwohner des Ortes. Die meisten von ihnen arbeiten als *paniolos* auf der Kaupo Ranch. Wenn der *store* geöffnet ist, sollte man einmal hineinschauen. Gegenüber gibt es bei ›Auntie Akis‹ *kau kau wagon* leckere Hamburger. Neben ihrem kleinen Imbiß betreiben sie und ihr Mann Charley noch etwas Rinder-

und Pferdezucht – und **Charley's Trail Rides.** Seit Jahren schon sind diese Trailritte durch das Bergland der Kaupo Ranch und die wildromantische Schlucht des Kaupo Gap hinauf in den Krater des Haleakala ein echtes Abenteuer. Für Archäologen sind einige, bis in das 16. Jahrhundert zurückgehende Heiau-Ruinen in der Umgebung von Kaupo interessant.

Nach einer holprigen Fahrt entlang der steil abfallenden Klippen trifft man ein paar Kilometer hinter Kaupo wieder auf geteerte Straße. Über alte Lavafelder, mit schönen Panorama-Aussichten auf Kaho'olawe und Molokini, folgt der Highway 31, hier Pi'ilani Highway ge-

nannt, der Südküste, um schließlich das grüne Ranchland der etwa 10 000 ha großen 'Ulupalakua Ranch 35 zu erreichen. Mitte des letzten Jahrhunderts erstreckte sich auf dem Gelände der Ranch eine große Zuckerrohrplantage. Die Ruinen der alten Makee Sugar Mill aus dem Jahre 1878 und das gemauerte Gefängnis sind noch zu sehen. Heute wird hier Rinder- und Schafzucht betrieben – und in der Tedeschi Winery auch ein ganz trinkbarer Wein angebaut und gekeltert. Der heutige Besitzer der Ranch, Pardee Erdmann, schloß sich mit Emil Tedeschi, einem Winzer aus dem kalifornischen Napa Valley zusammen. Sie sahen in den sanften sonnigen Hängen des Haleakala das Potential für ein gutes Weinbaugebiet. Ab Beginn der 70er Jahre experimentierten sie mit zahlreichen Rebsorten, bis sie die richtige für Klima und Boden fanden. Heute produzieren Hawai'is einzige Winzer vier verschiedene Weine: Maui Brut Champagne, Rose Ranch Cuvee, Maui Blush und Maui Nouveau, dazu kommt noch ein sehr beliebter trockener Ananaswein. Die Maui-Weine haben eine solche Qualität erreicht, daß sie bei Staatsempfängen in Washington serviert werden. Eine Besichtigung des Weinbaugebietes ist möglich, und stilvolle Weinproben gibt es im hundert Jahre alten Gemäuer des früheren Gefängnisses der Ranch. Die dicken Steinmauern sorgen für angenehme Kühle und wohltemperierte Weine.

Ab 'Ulupalakua heißt die Straße dann Kula Highway (Hwy. 37). Sie führt zunächst durch hügeliges Weideland, auf dem verstreut mannshohe Opuntien-Kakteen wachsen. Hinter Keokea beginnt Mauis *upcountry*. Die Region zwischen Kula und Makawao liegt auf einer Höhe zwischen 600 und 1200 m und ist der Gemüsegarten Hawai'is. Auf den Feldern um **Kula** 36 (S. 324) wachsen Kartoffeln, Tomaten, Salat und die berühmten süßen Maui-Zwiebeln. Drei bis vier Ernten im Jahr bringen die fruchtbaren Böden und das sonnige milde Klima hervor – allerdings nur bei ständiger Bewässerung. Die Region liegt im Windschatten des Haleakala. Deshalb müssen täglich an die sechs Millionen Liter Wasser von der wesentlich feuchteren Nordseite umgeleitet werden. Gelegentliche Dürreperioden und der hohe Wasserbedarf sind wahrscheinlich der Hauptgrund dafür, daß die Region dem hohen Erschließungsdruck bisher widerstanden und ihr ländliches Aussehen bewahrt hat.

Ein Fest fürs Auge sind die weiten Blumenfelder: duftende Nelken, Chrysanthemen und vor allem die königliche Protea, die aus ihrer Heimat Südafrika und Australien nach Hawai'i kam. Form und Farben dieser exotischen Blütenköpfe sind von einer unglaublichen Vielfalt: leuchtendrot und silberfarben, zartrosa und gelborange, glänzend, seidenmatt, pelzig, stachelig und schuppenförmig; manche sind nur wenige Millimeter groß, andere dagegen erreichen Durchmesser von bis zu 30 cm. Man muß sich diese Pracht einfach einmal ansehen. Die Blüten sind lange haltbar, und die auf Maui wachsenden von einer besonderen Qualität. Floristen in aller Welt wissen dies zu schätzen. Der Versand der Blumen ist ein Millionengeschäft. Mehr über Kulas Blumen erfährt man auf der **Cloud's Rest** und der **Sunrise Protea Farm,** wo ein halbes Hundert Sorten dieser exotischen Riesenblüte zu sehen sind. Geerntet wird das ganze Jahr, Höhepunkt der Blüte ist von September bis Januar. In den **Kula Botanical Gardens** kann man unter Kukui- und Koa-Bäumen spazierengehen und Orchideen, Protea und Ingwerblü-

Roter Ingwer (Alpinia purpurata)

Torch Ingwer (Etlingera elatior)

ten bewundern. Zur Lunch- oder Dinner-Pause bietet sich die Kula Lodge an. Im guten Restaurant der Lodge mit Panoramafenstern gibt es die spektakuläre Aussicht dazu. Ein weithin sichtbares Wahrzeichen Kulas ist die **Church of the Holy Ghost.** Die achteckige weiße Kirche mit dem grazilen Türmchen wurde 1897 für die wachsende Gemeinde portugiesischer Einwanderer gebaut.

Etwa 10 km weiter führt der Highway 37 an den beiden Orten Pukalani und Makawao vorbei. **Makawao** 37 (S. 326) hat mit seinen alten Holzhäusern und typischen Westernfassaden noch ganz die Atmosphäre eines Cowboystädtchens. Gelegentlich sieht man *paniolos* in den Ort reiten, um ihre Besorgungen zu erledigen. Wie stolz der Ort auf seine Cowboy-Tradition ist, zeigt sich beim großen Makawao-Rodeo am ersten Wochenende im Juli. Das Rodeo ist das größte der Inseln. Über 200 *paniolos* nehmen teil und kämpfen um erhebliche Preisgelder. Dann herrscht Trubel im kleinen Ort. Von April bis August zeigt man seine Reiterkünste bei den Polo-Wettkämpfen. In seiner jüngeren Geschichte

hat die *cowboy town,* wie andere pittoreske Orte, zunächst Alternativkultur – von der noch Bioläden und ein Yogazentrum übriggeblieben sind – und schließlich Tourismus angezogen. So sind inzwischen auch die entsprechenden Geschäfte, Boutiquen, Kunsthandwerksläden und Restaurants vorhanden.

Von Kula oder Makawao bietet sich eine Anschlußtour zum Haleakala an. Hat man das rustikale Örtchen Pa'ia noch nicht gesehen, bietet sich die landschaftlich interessantere Baldwin Ave. (Hwy. 390) für die Weiterfahrt nach Kahului an. Hier kommt man an einem Kunst- und Kulturzentrum, an einigen hübschen Kirchen und an einer alten Zuckermühle vorbei. Im **Hui Noeau Visual Arts Center,** dem ehemaligen Landhaus der Baldwin-Familie, finden Vorträge und *workshops* statt, hier werden Kunst- und kunsthandwerkliche Ausstellungen gezeigt. Das schöne, im spanischen Stil erbaute Haus inmitten einer sehr gepflegten Gartenanlage ist sehenswert. Auf dem Highway 37 gelangt man in einer guten Viertelstunde nach Kahului.

Zum Haus der Sonne:
Im Haleakala National Park

38 (S. 321) Die eineinhalbstündige Fahrt auf dem Haleakala Highway (Hwy. 37) von Kahului zum Gipfel des Haleakala führt durch ein ganz anderes Hawai'i. Auf hügeligen grünen Weiden grasen Rinderherden, und Gemüseplantagen wechseln mit Eukalyptuswäldchen ab. Im Frühjahr leuchten überall die blau-violetten Blüten der Jacaranda-Bäume in verschwenderischer Pracht. Von den höheren Lagen bieten sich herrliche Blicke über den Isthmus. Um dieses ländliche Maui kennenzulernen, empfiehlt es sich, den Highway 37 auch einmal zu verlassen und auf den kleinen Straßen der Region zwischen Kula und Makawao weiterzufahren.

Will man den Sonnenaufgang auf dem 3055 m hohen Gipfel des Haleakala erleben, sollte man allerdings den direkten Weg (Hwy. 37, 377 und dann 378) wählen, um rechtzeitig oben zu sein. Von Kahului benötigt man für die 60 km lange Strecke etwa anderthalb bis zwei Stunden, von Lahaina fährt man eine Stunde länger. Im Sommer geht die Sonne um 6 Uhr, im Winter ungefähr eine Stunde später auf. Die genaue Zeit und Wetterbedingungen lassen sich telefonisch bei der Rangerstation oder einer speziellen Wetteransage (✆ 5 72-77 49) für den Haleakala erfahren. Vor der Gipfelfahrt sollte man auftanken und sich auch mit Proviant versorgen, da es unterwegs weder Tankstellen noch Verpflegung gibt.

Auf dem Gipfel ist zu dieser frühen Stunde schon viel los: Dutzende warten, in warme Decken gehüllt, auf das grandiose Schauspiel, wenn die urweltliche Kraterlandschaft unter den ersten Strahlen der Sonne allmählich Gestalt annimmt. Eine fast mystische Erfahrung. Hier oben in über 3000 m Höhe ist es empfindlich kalt, und da man für eine Hawai'i-Reise wohl kaum die dicke Winterjacke eingepackt hat, müssen eben ein paar Decken aus dem Hotel herhalten. Wenn man sich auch nicht mitten in der Nacht auf den Weg machen möchte, sollte man jedoch unbedingt den frühen Morgen wählen, denn dann sind meistens noch keine Wolken im Krater, und man kann ihn in seiner ganzen Länge überblicken. Bei klarer Sicht bietet auch der späte Nachmittag bis zum Sonnenuntergang ein eindrucksvolles Panorama.

Auf der 60 km langen Fahrt von Kipahulu zum Gipfel des Haleakala werden über 3000 Höhenmeter überwunden. Damit gehört die Straße sicher zu den steilsten Autostraßen der Welt. Um so erstaunlicher ist es, daß die gleiche Strecke auch in einem mörderischen Wettlauf, dem ›Run to the Sun‹ bewältigt wird. Der Rekord steht bei unter fünf, der Durchschnitt bei etwa acht Stunden. Bequemer haben es da die Radfahrer, die von Pa'ia mitsamt den Mountainbikes auf den Gipfel gebracht werden, um von dort die Serpentinen hinunterzuflitzen. Die Fahrräder sind übrigens eine Spezialanfertigung mit überdimensionierten Bremsen.

Mit rund 35 km Umfang ist der etwa 12 km lange und 4 km breite Krater des Haleakala einer der größten der Erde. Der vor rund 200 Jahren zum letzten Mal ausgebrochene Vulkan gilt als ruhend nicht als erloschen. Ein neuer Ausbruch ist nicht sehr wahrscheinlich, da sich de

Der ›Run to the Sun‹, ein mörderischer Wettlauf auf den Gipfel des Haleakala

dafür verantwortliche *Hot Spot* in Richtung Osten von Hawai'i wegbewegt. Der riesige Krater des Schildvulkans ist jedoch nicht durch eine Eruption entstanden. Ursprünglich muß der Gipfel noch etwa 1000 m höher gewesen sein. Gewaltige Erosionskräfte haben dann über Hunderttausende von Jahren die heutige Gestalt einer großen Gipfelmulde geformt. Der Name Haleakala bedeutet übrigens ›Haus der Sonne‹. Nach einer alten hawaiischen Sage fing hier der Gott Maui mit einem Netz die Sonne ein, die immer zu schnell über die Insel eilte. Sie mußte versprechen, länger zu scheinen: für bessere Ernten, mehr Zeit zum Fischen und zum Trocknen des Tapastoffes.

Etwa 116 km² des Vulkangebiets gehören zum **Haleakala National Park.** Der Park, landschaftlich und evolutionsgeschichtlich so vielfältig wie kaum ein anderer, ist eine International Biosphere Reserve der Vereinten Nationen (UN). Er umfaßt mehrere Klima- und Vegetationszonen, von der subalpinen Trockenzone am Gipfel bis hinunter zur feuchttropischen Küstenregion des Kipahulu Valley mit seiner reichen Flora und Fauna, darunter äußerst seltene Vögel, Pflanzen und Insekten. Gleich am Anfang des Nationalparks führt von der Crater Road eine Stichstraße zum **Hosmer Grove Campground,** einem kleinen grasbewachsenen Zeltplatz, umgeben von hohen Douglasien, Kiefern, Wacholdern, Redwoods und Eukalyptusbäumen. Der Platz ist nicht nur als Ausgangs- oder Endpunkt für Kraterwanderungen beliebt, er bietet auch schattige Picknickplätze mit Tischen und einen etwa 800 m langen Rundweg, der als bequemer Naturlehrpfad angelegt wurde. Die meisten der Bäume, die man

Gehört zu den faszinierensten Erlebnissen auf Maui: eine Wanderung in den Haleakala-Krater ▷

hier sieht, sind das Ergebnis eines Experiments: sie wurden um 1910 von dem Förster Ralph Hosmer angepflanzt, um herauszufinden, welche Bäume sich am besten als Nutz- und Schutzwald eignen. Hosmer Grove ist auch das einzige, mit dem Auto bequem erreichbare Gebiet auf Maui, wo man Hawai'is seltene endemische Waldvögel wie *'i'wi*, *apapane* und *amakihi* beobachten kann.

Nach einem Kilometer ist das **Haleakala National Park Headquarters** erreicht. Ein kurzer Aufenthalt lohnt sich – schon wegen des hervorragenden Informationsmaterials: Bücher, Karten, Trailbeschreibungen sowie Filme, Poster, Karten und dergleichen. Die Ranger antworten geduldig auf alle Fragen, und hier sollte man sich auch eintragen, wenn man längere Wanderungen in den Krater unternehmen will. Auch ein paar zutrauliche Nene-Gänse und die nur auf dem Haleakala und im Hochland von ›Big Island‹ vorkommenden Silberschwert-Gewächse sind hier zu sehen. Wie eine Kugel aus feinen, silbrigglänzenden Lanzen sieht diese ungewöhnliche Pflanze aus. Sie wächst auf sonnendurchglühten, kargen Aschefeldern und hält auch eisige Kälte aus. Nach etwa 10–15 Jahren bildet die ausgereifte Pflanze im Sommer ihren ein bis zwei Meter hohen, rötlich-lilafarbenen Blütenstand. Sobald sich dann die Samen gebildet haben, stirbt die Pflanze ab und verdorrt. Seit das einst vom Aussterben bedrohte Silberschwert unter strengen Schutz gestellt wurde und auch die Hauptschädlinge des Parks, die wilden Ziegen, unter Kontrolle gebracht wurden, hat sich die Pflanze in den letzten Jahrzehnten erstaunlich vermehrt.

Beim **Leleiwi Overlook** kommt man dann aus dem Staunen nicht heraus. Vom Aussichtspunkt in knapp 2700 m Höhe fällt der Blick zum ersten Mal in die riesige Caldera. Umgeben von fast 800 m steil abfallenden Lavaklippen entfaltet sich unten eine bizarre Mondlandschaft mit sanften pastellfarbenen Hängen, Sandflächen und Hügeln. Aus dem geröllübersäten Kraterboden erheben sich zahlreiche Aschekegel, die von hier oben so klein wirken und doch bis zu 300 m

Haleakala National Park

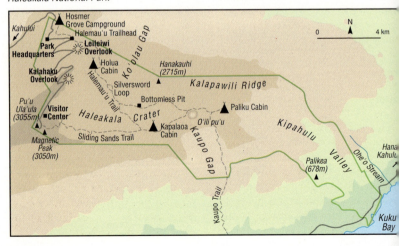

hoch sein können. Bei wechselndem Tageslicht ändert sich ihre Farbe: blaugrau und zartlila schimmernd, auch gelb, okkerfarben und rotbraun. Beeindruckend, wie die tieferstehende Sonne die Formen der Tuffkegel plastisch herausmodelliert, bis sie dann immer längere Schatten werfen und schließlich ganz in ihnen aufgehen. Auch die über den Krater eilenden Wolken mit ihren Schattenspielen tragen zu diesem Schauspiel bei, bringen Bewegung in die starre Landschaft – oder verhüllen sie auch ganz. Dann, wenn die Passatwinde schwere Regenwolken durch die tiefe Spalte des Koolau Gap an der Nordseite der Caldera drücken. Manchmal jedoch verschafft der wolkenverhangene Gipfel auch ein Erlebnis der ganz besonderen Art. Wenn hier an der Leleiwi-Klippe graue Wolken den Blick in den Krater versperren und die Nachmittagssonne im richtigen Winkel steht, kann es zu einem seltsamen Phänomen kommen, ›Specter of the Brocken‹ genannt. Im nebligen Dunst über dem Krater erscheint der eigene Schatten, umgeben von einem fast geschlossenen zarten Regenbogen.

Den nächsten Aussichtspunkt, **Kalahaku Overlook,** nimmt man besser auf dem Rückweg wahr, dann läßt es sich einfacher in den Parkplatz fahren. Ein kurzer Rundweg führt durch eine kleine Geröllfläche mit zahlreichen Exemplaren der faszinierenden Silberschwert-Gewächse. Dann erreicht die Kraterstraße das **Crater Rim Visitor Center,** 17 km vom Parkeingang entfernt. Wieder ein bezaubernder Blick in den Krater. Auch hier beantworten Ranger Fragen. Displays informieren über Geologie, Flora und Fauna des Parks. Um die Mittagszeit wird ein Vortrag über die Geologie des Haleakala angeboten, und in den Sommermonaten kann man auch an einer anderthalbstündigen, vom Ranger geführten Wanderung auf einem Teil des **Sliding Sands Trails** in den Krater teilnehmen. Vom Visitor Center führt ein kurzer Weg auf den White Hill mit einem schönen Blick in die Caldera. Zum eigentlichen Gipfel, dem **Pu'u Ulaulau,** mit 3055 m Mauis höchster Punkt, fährt man dann noch ein paar hundert Meter weiter. Auf dem Red Hill, wie der Gipfel auch genannt wird, hat man von einem verglasten Pavillon direkt über der Caldera einen eindrucksvollen Blick in den Krater und weit über die Insel bis hin zum azurfarben schimmernden Meer mit den anderen Inseln ›Big Island‹ (Hawai'i), Kaho'olawe, Lana'i und Moloka'i. Die weißen Kuppeln nebenan gehören zur ›Science City‹, einer von der Universität Hawai'i und der NASA betriebenen Forschungsstation, die aber nicht besichtigt werden kann.

Der Krater läßt sich auf annähernd 50 km *hiking trails* erwandern. Während die längeren *hikes* gute Kondition erfordern und nur mit entsprechender Ausrüstung unternommen werden sollten, genügt schon eine ein- bis zweistündige Wanderung auf dem Sliding Sands Trail, um völlig andere Eindrücke vom Krater zu gewinnen. Aber auch auf eine kurze Tour sollte man Sonnenschutzmittel und Trinkwasser mitnehmen. Besonders empfehlenswert sind die von den Rangern organisierten Wanderungen. Auch auf dem Pferderücken läßt sich der Krater erkunden. Trailritte unterschiedlicher Länge werden von einer Ranch zu vertretbaren Preise angeboten.

Mit dem Rucksack in den Haleakala

14.30 Uhr. Unser Mietauto lassen wir auf dem Parkplatz oberhalb von Hosmer Grove zurück. Zum Gipfel versuchen wir zu trampen. Ein Ranger nimmt uns bis zum Beginn des Sliding-Sands-Trail mit.

15.30 Uhr. Mit warmer Kleidung, Zelt, Schlafmatte und Proviant auf dem Rükken steigen wir in die Caldera ab. Der Anblick der Aschewüste in der schon tiefstehenden Sonne ist grandios. Bis zu 300 m hohe Aschekegel in dem Einbruchskrater werfen schon die ersten Schatten und verändern langsam ihre Farben: rostrot, lachsrot, dann wieder gelbfarben oder auch blaugrau.

Silberschwert

16 Uhr. Erste Rast, aber nicht nur, um den Schweiß von der Stirn zu wischen, sondern um ein floristisches Unikum zu bewundern. Eine Kolonie des endemischen Silberschwertes glänzt silbern im staubigen Gegenlicht, wirkt fast deplaziert in dieser ausgedörrten Aschewüste und verleiht der Szenerie einen fremdartigen Charakter.

17 Uhr. Der Kraterboden ist erreicht. Vor uns liegt ein schwarzer Lavastrom. Bizarre, scharfkantige Lavabrocken, dunkler Sand und die Flanke eines Aschekegels müssen überquert werden. Staub, intensive Sonneneinstrahlung, bei jedem Schritt nachgebende Asche erschweren das Wandern. In der tiefstehenden rötlichen Sonne werden die schwarzen Schatten länger und betonen die vulkanischen Formen der Kegel und Lavaströme, die Farben werden von Minute zu Minute intensiver, zartes Rosa einer Ascheflanke wechselt über Rotbraun zu dunklem Scharlachrot.

18.30 Uhr. Das Tagesziel, der Holua-Zeltplatz, ist erreicht. Das Zelt ist schnell aufgebaut, genauso schnell ist die Dunkelheit auf leisen Sohlen gekommen. Nur die Bergspitzen des Hanakauhi glühen noch im letzten Sonnenlicht. Es wird empfindlich kalt.

8.30 Uhr. Zwei Nene-Gänse erledigen in der Nähe ihre Morgenwäsche. Bis auf wenige Meter lassen uns die hawaiischen Wappenvögel heran, die an das extreme Klima hier in rund 2200 m Höhe hervorragend angepaßt sind.

10 Uhr. Wir stehen in der Wetterküche am Koolau-Gap, der Durchbruch-

stelle eines Lavastroms aus der Caldera heraus. Hier werden die Wolken vom ständig wehenden Passat in den Krater hineingedrückt, lösen sich dann aber über dem Kraterboden in nichts auf. Wie von einem Riesengebläse werden die Wolkentürme und Nebelschwaden zu Fetzen, herumwirbelnden Spiralen und ausgefransten Walzen verformt, teilweise fällt aus diesem grauweißen Chaos Regen, der nicht immer den Boden erreicht, sondern noch in der Luft verdampft. Es ist ein beeindruckendes Naturschauspiel, wie die Wolkenwand einige hundert Meter vor-, dann wieder zurückwandert, uns mal mit

Nebel und Regen beglückt und dann wieder die Sonne freigibt. Diese Wetterküche ist gleichzeitig die fließende Grenze zwischen der staubigen Aschewüste hinter uns und sattem Grün, Büschen und Farnbäumen vor uns.

10.30 Uhr. Der Aufstieg vom Kraterboden durch die Wand seitlich vom Koolau Gap ist mühsam und schweißtreibend. Farnbäume, Nebel und Regen liegen bald hinter uns, die Außenseite des Kraters ist erreicht, noch einmal schweift der Blick über das weite Rund der Caldera.

12.30 Uhr. Der Parkplatz bei Hosmer Grove ist erreicht.

Hans Ullmann

Verträumte Idylle – die ›freundliche‹ Insel Moloka'i

Ob Moloka'i zu Recht ›The Friendly Island‹ genannt wird, ist vom Tourismus bisher kaum getestet worden. Die kleine Insel im Herzen des Archipels, etwa 60 km lang und 16 km breit, knapp 20 Flugminuten von den Wolkenkratzern Honolulus entfernt, ist nur dünn besiedelt. Von den weniger als 7000 Einwohnern sind etwa 40 % rein- oder halbblütige Hawaiianer (außer Ni'ihau der höchste Prozentsatz der Inseln). Die nächstgrößere Bevölkerungsgruppe bilden mit 25 % die Filipinos, die einst als Arbeiter für die Ananasplantagen auf die Insel kamen.

Zwischen Moloka'i und den anderen größeren Inseln gibt es hervorragende Flugverbindungen. Hawaiian Air, Aloha Island Air und Air Molokai bieten zusammen täglich etwa zwei Dutzend Flüge an. Wenn man etwas flexibel ist, sind Reservierungen meistens gar nicht nötig. Nur den Leihwagen sollte man rechtzeitig vorbestellen. Die schönste Aussicht hat man auf einem Aloha Island Air-Flug, der von Maui über Kalaupapa nach Moloka'i führt. Die kleine Twin Otter fliegt dabei so ziemlich auf gleicher Höhe mit den über 1000 m hohen Klippen der Nordküste. Ohne Mehrpreis bietet sich ein Blick, den man sonst nur auf einem 100 Dollar-Hubschrauberflug hat. Darüber hinaus gibt es noch eine preiswerte Fährverbindung mit Maui (auch Pauschalangebote für eine Tagestour inklusive Leihwagen sind an jeder Hotelrezeption zu buchen). Zweimal täglich verkehrt die »Maui Princess« zwischen Lahaina und Kaunakakai.

Auf dem Flug von Honolulu trifft man unter den Mitreisenden überwiegend Einheimische, die Verwandte besuchen, Geschäftsleute oder Rancharbeiter. Dabei verdient es die Insel eigentlich gar nicht, von Touristen ignoriert zu werden. Einsame Täler wie im Bilderbuch, Fi-

scher, die ihre Netze auswerfen, Bauern in den Feldern, auf einsamen Straßen *paniolo,* die hawaiischen Cowboys, hoch zu Roß. All das macht die Insel höchst abwechslungsreich. Sie ist es auch landschaftlich. Die relativ trockene Westhälfte besteht überwiegend aus hügeligem Weideland, und die schönsten Sandstrände säumen die Küste. Die gebirgige Osthälfte hat im Norden die höchsten Seeklippen der Welt und üppig grüne, aber schwer zugängliche Täler. An den Hängen des Mount Kamakou erstreckt sich unberührter Regenwald. Die **Kamakou Preserve,** ein 1100 ha großes Naturschutzgebiet, beherbergt ein einmaliges Ökosystem. Der **Pepe'opae Bog** ist wohl das älteste und unberührteste Feuchtgebiet der Inseln, mit endemischer Flora und Fauna, wie sie vor der Besiedelung durch die Polynesier existierte.

Früher war der Ananas-Anbau der wichtigste Wirtschaftsfaktor der Insel,

und noch Anfang der 80er Jahre lieferte die Del Monte Ananas Company jährlich über 6000 Tonnen Ananas zur Weiterverarbeitung nach Honolulu. Wachsende Kosten und die immer härter werdende Konkurrenz aus Taiwan und den Philippinen bedeuteten das Aus für den traditionsreichen Anbau der Frucht. Vor einigen Jahren zog Del Monte sich von der Insel ganz zurück – über 20 % Arbeitslosigkeit (die höchste der gesamten Inselgruppe) waren die Folge. Die weiten, hügeligen Anbauflächen sind jetzt überwiegend Weideland. Auch Gemüse wird angebaut. Das Land ist fruchtbar, die Erträge sind gut. Dennoch hält sich der wirtschaftliche Erfolg in Grenzen, denn der Transport der leicht verderblichen Produkte nach Honolulu und den Tourismuszentren der anderen Inseln ist teuer.

Ein Hauptproblem der Insel war früher die Wasserversorgung. Wasser gab es zwar in großen Mengen, aber nur an der dem Wind zugekehrten, zerklüfteten Nordküste, die fast unbewohnt ist. Heute bringt ein 8 km langer Tunnel das Wasser aus dem regenreichen Waikolu-Tal durch die Berge zur trockenen Westebene. Mit dem Bau dieses Tunnels wurde auch die entscheidende Voraussetzung für die touristische Erschließung der Westküste mit ihren schönen Sandstränden geschaffen.

Der größte Landbesitzer und Arbeitgeber der Insel ist die 55 Jahre alte Moloka'i-Ranch (ca. 22 000 ha), auf der über 6000 Rinder weiden. Auf dem Gebiet der Ranch leben auch zahlreiche Axishirsche, die von König Kamehameha V. Mitte des 19. Jahrhunderts aus Indien eingeführt wurden und sich rasch vermehrten. Zusammen mit wilden Ziegen, Schweinen und Flugwild bieten sie Anreiz für Jäger, deren Lizenzgebühren eine weitere Einnahmequelle der Ranch bilden. Die Entscheidung der Moloka'i Ranch, über 2600 ha Land an eine große

Kaunakakai ist die Einkaufsstadt für die Bewohner der umliegenden Siedlungen

Siedlungsbaugesellschaft vom Kontinent zu verkaufen, verursachte eine bittere Kontroverse, die bis heute anhält. Die Kaluako'i Company baute an der Westküste Moloka'is in den letzten Jahren eine große Hotelanlage und Feriendörfer mit Eigentumswohnungen und einem Golfplatz.

Historisch gesehen führt Moloka'i den Beinamen ›die freundliche Insel‹ sicher zu Unrecht. Damals war die Insel als *Moloka'i Pule O'o,* das ›Molokai des mächtigen Gebets‹ bekannt. Seine Priester, die *kahunas,* waren wegen ihrer spirituellen Kräfte auf allen Inseln bekannt und auch gefürchtet. Über Jahrhunderte hinweg blieb die Insel deshalb von Stammeskriegen verschont. Erst Kamehameha I. besiegte Ende des 18. Jahrhunderts die Krieger von Moloka'i. Auch für die Leprakranken der hawaiischen Inseln, die man lange Zeit nach Kalaupapa brachte, war Moloka'i eher ein Ort des Schreckens. Entsprechend hieß die isolierte Halbinsel auch Makanalua, ›Das sichere Grab‹. Es heißt, daß der heutige Beiname der Insel erfunden

wurde, um den schlechten Ruf aus dem vorigen Jahrhundert aufzubessern.

Schon in einem Tag kann man einen guten Eindruck von Moloka'i bekommen. Es lohnt aber, sich ein paar Tage Zeit zu nehmen. Die wenigen Hauptstraßen sind befestigt, und man kommt mit dem Leihwagen an die meisten Sehenswürdigkeiten heran.

Ihr ländlicher Charakter, der noch viel vom alten Hawai'i verspüren läßt, die wenigen Touristen und ihre beschauliche Ruhe lassen die Insel heute in einem friedlichen Licht erscheinen. Leicht bietet sich auch die Gelegenheit, mit den Einheimischen ein Gespräch anzufangen, *to talk story,* wie sie in ihrem Pidgin-Englisch sagen. Eher als anderswo auf Hawai'i nimmt man sich hier noch die Zeit zum Geschichtenerzählen. Man kommt tatsächlich in eine andere Welt, wenn man nach dem Flug von Honolulu auf Moloka'is kleinem Flugplatz Ho'olehua landet. Wo sonst auf einem Flughafen würde man wohl einen Reiter im *western outfit* sehen, der lässig sein Pferd am Zaun festmacht.

Kaunakakai – ›Die Hauptstadt‹

■ (S. 327) Vom Flugplatz gelangt man auf dem Highway 460 in südöstlicher Richtung zum knapp 12 km entfernten Hauptstädtchen Kaunakakai mit seinen etwa 2000 Einwohnern. Kurz vor dem Ort führt die Straße am **Kapuaiwa Coconut Grove** vorbei. Das Palmenwäldchen mit einigen Hundert stattlichen Kokospalmen wurde von König Kamehameha V. in den 60er Jahren des vorigen Jahrhunderts angelegt. Damals sollen hier sogar über 1000 Palmen gestanden haben. Auf der anderen Seite der Straße erstreckt sich Moloka'is **Church Row,** mit einem halben Dutzend kleiner Kirchen und einer Missionsschule ein gutes Beispiel für die Gläubigkeit der Hawaiianer. Sonntagmorgens herrscht hier Hochbetrieb.

Die **Ala Malama**, Kaunakakais Hauptstraße, erstreckt sich nur über ein paar Blocks. Sie wirkt so schläfrig wie mittags die *main street* einer Stadt im Wilden Westen. Die Häuser mit den hölzernen Western-Fassaden stammen noch aus der großen Plantagenzeit der 30er Jahre. Ein paar bescheidene Krämerläden, einige Restaurants und Bars, eine Tankstelle und ein *drugstore*, in dem wirklich alles zu haben ist, was man auf der Insel benötigt, machen bereits das Geschäftszentrum aus. Schon die strikten Bauvorschriften verhindern, daß die Gebäude in den Himmel wachsen: bei 10 m – die Größe einer mittleren Kokospalme – ist Schluß.

Und dann gibt es noch das Kamoi-Filmtheater, wo allerdings schon vor Jahren der letzte Film über die Leinwand flimmerte. Bemerkenswert ist dagegen jedoch die **Kanemitsu Bakery**. In der seit 70 Jahren im Besitz der Familie Kanemitsu befindlichen Bäckerei werden unter anderem jeden Tag 1000 Brote gebacken (ganz ohne Konservierungsmittel, wie die Besitzerin versichert), die überall auf den Hawai'i-Inseln verkauft werden. Zur Bäckerei gehört

Kaunakakai

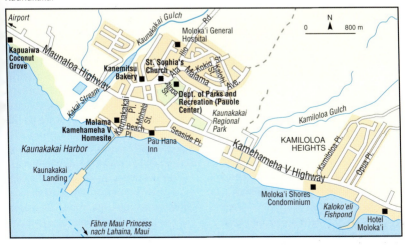

auch ein kleiner *coffee shop*, wo es leckere Sandwiches, Omelettes und auch ein paar hawaiische Spezialitäten gibt. Man kennt sich hier in Kaunakakai und hält auch gern ein kleines Schwätzchen auf der Straße. Die einzige Unruhe in diese Idylle bringen die *pick-up trucks*, mit denen die Hawaiianer von den *homesteads* zum Einkaufen fahren. Mit der ganzen Familie oder einer Schar Jugendlicher auf der Ladefläche, versteht sich.

In Kaunakakais Hafen wundert man sich über die große Pier, die breit und aus massivem Beton gebaut, fast einen Kilometer ins Meer hinausführt. Sie paßt so gar nicht zu dem verschlafenen Nest. Dennoch herrschte hier noch bis vor wenigen Jahren Hochbetrieb, als die großen Frachtkähne jährlich Zigtausende Tonnen Ananas luden und in die Konservenfabriken nach O'ahu brachten. Heute lebt der alte Trubel nur noch auf, wenn die »Maui Princess« anlegt.

Auf den Spuren des alten Hawai'i: Zum Halawa Valley

Siehe Karte S. 218/219

Der wohl schönste Ausflug auf der Insel ist die Fahrt von **Kaunakakai** 1 zum Halawa Valley. Der Highway 450 ist durchgehend geteert, wenn er auch auf dem letzten Viertel schmal und kurvenreich verläuft. Für die knapp 45 km bis zum Halawa-Tal sollte man etwa 1,5–2 Stunden Fahrzeit rechnen. Dabei ist zu beachten, daß es auf der Strecke keine Tankstellen und Restaurants gibt. Lediglich in Puko'o bietet ein kleiner *general store* ein paar Sandwiches.

Entlang der Südküste bis zum abgeschiedenen Halawa-Tal leben die meisten der eingeborenen Hawaiianer auf kleinen Siedlerstellen, die 1920 durch den *Homestead Act* geschaffen wurden. Durch diese Landreform erhielten alle Einheimischen, die mehr als 50 % hawaiischer Abstammung waren, bis zu 16 ha neuen Siedlungsraum. Bedingung war, diesen auch landwirtschaftlich zu nutzen. So werden hier heute noch Süßkartoffeln, Zwiebeln und Taro angebaut. Der natürliche Reichtum der Insel liefert den Rest: Avocados, Bananen, Papayas, Mango und *lauhala*, die spitzen Blätter des Pandanus-Baumes, die zum Flechten von Hüten und Matten gebraucht werden. Aus dem Meer holt man *limu* (ein eßbares Seegras), Meersalz aus felsigen Uferbecken, und das Riff sorgt für reichhaltigen Fischfang.

Moloka'i ist reich an archäologischen Schätzen. Besonders entlang der Südküste gibt es viele vorgeschichtliche Kultstätten, und auch die größten und am besten erhaltenen prähistorischen Fischteiche *(fishponds)* auf Hawai'i. Die Insulaner machten sich die hier besonders flachen Küstengewässer zunutze und grenzten die manchmal bis zu 10 Hektar großen Meeresflächen mit durchlässigen Wällen aus Korallen und Lavasteinen ein. Durch kleine vergitterte Öffnungen kommen die jungen Fische hinein – aber nicht mehr hinaus, wenn sie fetter geworden sind. Über 50 dieser Fischteiche sind seit dem 13. Jahrhundert angelegt worden. Einige werden

Die hübsche Kirche ›Our Lady of Sorrows Church‹ in Kalua'aha

noch heute genutzt, viele liegen versteckt und sind nur über privaten Grund zu erreichen. Leicht zu besichtigen ist der **Ali'i Fishpond** ◻, er liegt knapp 4 km hinter Kaunakakai in einem kleinen, von Kokospalmen umsäumten *beach park*. Gleich darauf folgt der **One Ali'i Beach County Park**, der gute Picknick- und Campingmöglichkeiten bietet.

Bei **Kawela** ◻ landete Kamehameha I. 1795 mit seinen Kriegskanus. In einem schwer zugänglichen Tal oberhalb des Ortes befinden sich noch Reste einer *pu'ukaua*, einer befestigten Zuchtsstätte, wo die Krieger Moloka'is von den Truppen Kamehamehas vernichtend geschlagen wurden. Gleich hinter Kawela führt die Straße durch den **Kakahai'a National Wildlife Refuge** und **Kakahai'a Beach Park.** Hier lassen sich seltene endemische Vögel wie Hawai'i-Ente, Moorhühner und Kraniche beobachten oder herumliegende Kokosnüsse aufsammeln. Häufig sieht

man hier auch Hawaiianer ihr Netz auswerfen oder *limu* ernten.

Kamalo ◻ ist einer der wenigen natürlichen Häfen der Insel. Bevor Kaunakakai zum wirtschaftlichen Mittelpunkt wurde, landeten hier Kanus und auch kleinere Schiffe. Immer noch kann man am Kamalo Wharf den Fischern zuschauen. Der Landesteg ist über eine unbefestigte Straße bei Meile 10 zu erreichen.

Nicht zu übersehen und jedermann zugänglich sind die vielen kleinen Kirchen an der Küstenstraße, von denen einige noch von den ersten Missionaren gebaut worden sind. Gleich hinter Kamalo steht die **St. Joseph's Church**, eine schlichte weiße Holzkirche mit einem schlanken Turm. Innen hängt ein Bild von Pater Damien, der die Kirche 1876 erbaute. Etwa einen Kilometer weiter, in einem sumpfigen, mit Sträuchern und Mangroven bewachsenen Gelände zwischen Straße und Meer, wurde Luftfahrtgeschichte geschrieben. Hier befindet sich **Smith and Bronte Landing** 5, wo Ernest Smith und Emory Bronte am 14. Juli 1927 nach 25 Stunden den ersten zivilen Transpazifik-Flug von Kalifornien nach Hawai'i beendeten – mit einer Bruchlandung in einem Kiawe-Dickicht. Vom Wäldchen ist allerdings nicht mehr viel zu sehen, wenig geschichtsbewußte Zeitgenossen haben die alten Kiawe-Bäume zu Grillkohle verarbeitet.

Auf den nächsten drei Kilometern sieht man die **Keawa Nui** und **Ualapu'e Fishponds**, zwei besonders eindrucksvolle Beispiele hawaiischer Aquakultur, die als nationale historische Denkmäler registriert wurden. Wer sein Picknick vergessen hat, kann im **Wavecrest Ge-**

neral Store in **Ualapu'e** Getränke und Verpflegung bekommen. Für den Rest der Tour zum Halawa Valley ist man dann auf sich selbst gestellt.

Kalua'aha 6 (S. 327) lohnt einen kleinen Aufenthalt. Gleich am Ortseingang ist die älteste Kirche von Hawai'i, die **Kalua'aha Church** mit ihren dicken Steinmauern, zu besichtigen. Sie wurde 1844 von Moloka'is erstem Missionar Reverend H. R. Hitchcock und seiner Frau errichtet. Am Ende des Ortes steht die 1874 von Damien erbaute und wieder schön restaurierte **Our Lady of Sorrows Church**. In einem von Palmen umgebenen Pavillon nahebei befindet sich eine hölzerne Statue des berühmten Priesters.

Übersichtskarte Moloka'i

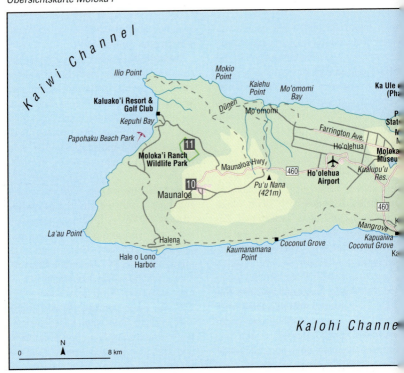

Etwa einen Kilometer weiter führt der Wailau Trail zu einer der größten vorgeschichtlichen Tempelstätten Hawai'is, der **Ili'ili'opae Heiau 7**, im 13. Jahrhundert erbaut, etwa 90 m lang und 30 m breit. Heute ist nur noch die große Steinplattform zu sehen – die Grashütten, hölzernen Statuen und Opfergerüste sind längst vergangen. Der Sage nach haben die *menehune*, Angehörige einer legendären kleinwüchsigen Rasse aus prähistorischer Zeit, ihn aus glattgeschliffenen Steinen in einer Nacht erbaut. Dabei mußten sie ihr Baumaterial vom Wailau-Tal an der Nordküste quer durch das gebirgige Inselinnere schleppen. Jeder *menehune* erhielt für seine Arbeit eine Krabbe. Daher der Name

Ili'ili-opae, ›Tempel der Krabbe‹. Später war dieser *heiau* berüchtigt durch seine mächtigen Priester, die hier ihre Menschenopfer brachten. Die Kultstätte liegt auf privatem Land und darf nur mit vorheriger Erlaubnis betreten werden. (Arrangiert werden kann das bei Molokai Tourism oder auch vom Hotel aus). Am besten besichtigt man den *heiau* auf einer Tour mit **Molokai Wagon Ride** (s. unter Kalua'aha, S. 327). Die Kutschentour startet von einem versteckten *beach* bei Meile 15. Beim Wegweiser zur Mapulehu Mango Grove führt eine Straße zu einem kleinen weißen Haus mit Picknickplatz am Strand. Die Tour wird von drei Hawaiianern organisiert und hat viel Lokalkolorit. Auf der Fahrt

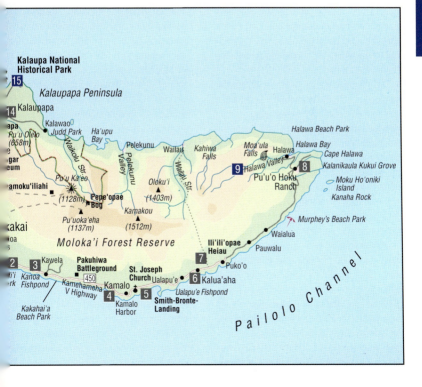

zum Tempel geht es durch die **Mapu-lehu Mango Grove**, eine der größten Mangopflanzungen der Welt. Wissenswertes über Geschichte und örtliche Pflanzenwelt wird lebendig vermittelt, ab und zu greift der Wagenführer zur Gitarre, und zum Schluß der Tour zeigt man noch einmal, wie Kokosnüsse geschält und ein Fischernetz auf traditionelle Weise geworfen wird.

Die Landschaft wird nun immer grüner. Die Fahrt geht vorbei an buntgestrichenen, manchmal etwas verwitterten Farmhäuschen und Tälern mit üppiger Vegetation, wo auch noch Taro angebaut wird. Kurz vor Meile 20 sind die Überreste einer alten Zuckermühle aus den 70er Jahren des vorigen Jahrhunderts zu sehen, und gleich darauf ist **Murphey's Beach Park** erreicht. Der schöne, von einem vorgelagerten Riff geschützte Strand ist eine der wenigen passablen Badegelegenheiten an dieser Strecke, und beim gemütlichen Picknick hat man einen schönen Blick auf die Küste von Maui.

Die Straße ist inzwischen schmaler geworden. Scharfe Kurven erfordern langsameres Fahren, bieten aber immer wieder schöne Ausblicke auf einsame Buchten. Vor der Küste ragen aus dem schimmernden Wasser des Paiolo Channel **Moku Ho'oniki Island** mit dem Kanaha Rock heraus, beides Vogelschutzgebiete. Bei Kanaha Point verläßt die Straße die Küste und führt jetzt steil ansteigend ins Landesinnere. Links und rechts erstreckt sich hügeliges Weideland, auf dem Rinder und Pferde weiden. Wir sind im Gebiet von Pu'u o'Hoku, dem ›Berg der Sterne‹. Früher gehörte die **Pu'u o'Hoku Ranch** 8 dem Millionär Paul Fagan, der später die berühmte Hana Ranch auf Maui errichtete. Auf der Ranch kann man sich den Weg zu einem Ausblick auf die **Kalani-kaula Kukui Grove** zeigen lassen: ein Kukui-Hain, wo im 16. Jahrhundert der große Priester Lanikaula begraben wurde. Noch heute achten Hawaiianer das Kukui-Wäldchen als eine heilige Stätte. Manche glauben, daß das *mana*, der mächtige Geist der alten *kahunas*, noch immer hier weilt.

Halawa Valley

Von Pu'u-o'Hoku schlängelt sich die Straße durch schöne Eukalyptus-, Eisenholz-, Guajaven-, Kukui- und Koa-Bestände. Nach einer Kehre, hoch über dem Meer, bietet sich ganz unverhofft ein weitreichender Blick über ein üppiggrünes Tal, von steilen, dunkelgrün bewachsenen Felswänden umschlossen. Dort unten am Ende der Straße liegt das sagenumwobene **Halawa Valley** 9, das seit mehr als 1300 Jahren von Polynesiern besiedelt ist. Fern, am Ende des Tals, schimmern die silbrigen Bänder der Moa'ula und Hipuapua-Wasserfälle. Tief unter dem Aussichtspunkt erstreckt sich das Halbrund der Halawa Bay mit Sandstrand und endlosen Reihen weißgekrönter Wellen. Noch einen guten Kilometer schlängelt sich die Straße ins Tal hinab. Man fährt vorbei an einem Gebäude, das früher wohl einmal eine Kirche war, überquert das Halawa-Flüßchen, und am Ende der Straße ist der **Halawa Valley Beach Park** erreicht. Die einheimische Jugend übt sich hier im Surfen, und im flachen Flußbett werfen Fischer ihr Netz aus. In der Mündung des Flusses – oder bei ruhiger See auch in der Bucht – kann man gut schwimmen. Es gibt auch ein paar Picknicktische und Toiletten, aber kein Trinkwasser. Offiziell ist Camping über Nacht nicht erlaubt – die Einheimischen halten sich jedoch nicht daran.

Fischer im Halawa Valley

Das Halawa Valley ist das größte Tal an der wildzerklüfteten Nordostküste Moloka'is und das einzige, das mit dem Auto erreicht werden kann. Als die ersten Weißen auf die Inseln kamen, war das Gebiet dicht bevölkert, und an die tausend bewässerte Taro-Felder wurden bewirtschaftet. Und noch vor Jahrzehnten lebten hier Hunderte von Fischern und Taro-Farmern – bis 1946 nach einem Seebeben im Nordpazifik eine haushohe Flutwelle, ein sogenannter Tsunami, das Tal zerstörte. Heute leben hier nur noch einige Familien, die wie ihre Vorfahren Taro anbauen und ihre Netze auswerfen. Die spektakulären Wasserfälle am Ende des Tals sind ein lohnendes Wanderziel. Dort hat die Wucht des fallenden Wassers ein natürliches Becken ausgewaschen, in dem es wie in einem *whirl pool* sprudelt. Die 75 m hohen **Moa'ula Falls** sind nach etwa 3,5 km auf einer etwa 1–1¹/₂-stündigen Wanderung zu erreichen.

An sich ist diese Wanderung nicht schwierig. Manchmal ist jedoch der Weg nicht leicht zu finden, denn Hinweisschilder werden gelegentlich entfernt und üppig wuchernde Vegetation sorgt ebenfalls für Verwirrung. Auch starke Regengüsse können die Wanderung zur Rutschpartie werden lassen. Am besten erkundigt man sich vorher bei den Einheimischen noch einmal nach dem Zustand des *trails.* Wo die Teerstraße das Tal erreicht, zweigt links eine unbefestigte Straße ab. Bei der kleinen, grün und weiß gestrichenen Holzkirche hält man sich links, um dem Weg etwa einen halben Kilometer, an einigen Häusern vorbei, bis zu ihrem Ende zu folgen. Hier führt der eigentliche *trail* entlang einer Steinmauer weiter. Nach etwa hundert Metern biegt der Pfad rechts ab zum normalerweise flachen Halawa Stream, der auf Felsbrocken überquert werden muß. Auf der anderen Seite folgt er dem Flußbett bis zur

Mangos

nächsten Gabelung, an der man sich links hält, bis zu den Wasserfällen. Man überquert einige Bäche, teilweise geht es durch dichten Dschungel mit unzähligen Grünschattierungen, an Bergapfelbäumen, riesigen Mango-, Guajaven- und Maulbeerbäumen vorbei. Hier und da sieht man noch Überreste verfallener Häuser oder Taro-Felder. Im satten Grün leuchten die Flecken wilder Orchideen. In der Luft liegt der aromatische Geruch der Guajave-Früchte und der Duft von Blüten des weißen Ingwers. Köstlich schmecken die Mangofrüchte, die hier von März bis Oktober reifen.

In den sprudelnden Wassern am Fuße der Fälle haust, so will es eine alte Moloka'i-Legende, der Seedrache Mo'o. Der Wanderer, der ein erfrischendes Bad nehmen möchte, sollte dem Rat der Legende folgen und mit einem ins Wasser geworfenen Ti-Blatt die Probe machen. Treibt das Blatt oben, ist der Drache gerade nicht zu Hause und das Baden gefahrlos. Sinkt es, dann sollte man es vielleicht besser ein anderes Mal versuchen oder aber – in ein Ti-Blatt gewickelt – eine kleine Opfergabe bringen.

Der Westen der Insel

Von Kaunakakai aus führt der Highway 460 vorbei am Ho'olehua Airport durch das trockene Hügelland Westmolokai's. Nach etwa 25 km ist das Plantagendorf **Maunaloa** 10 (S. 328) erreicht, das 1923 von der Firma Libbys für die Arbeiter der Ananasplantagen errichtet und danach von der Dole Pineapple Co. verwaltet wurde. Nachdem der Ananasanbau auf der Insel Anfang der 90er Jahre eingestellt worden ist, brachen für den kleinen Ort schlechte Zeiten an. Man arbeitet für die Moloka'i Ranch, es gibt einige interessante kleine Geschäfte für Kunsthandwerk und ein populäres Restaurant, **Jojo's Café**, mit einer stilvollen antiken Einrichtung. Gleich daneben lohnt sich der Besuch einer ›Drachenfabrik‹, der **Big Wind Kite Factory**, mit einem Riesenangebot handgefertigter bunter Drachen in allen Formen und Farben. Man kann zusehen, wie sie gefertigt werden und erhält auch Unterricht im ›Drachenfliegenlassen‹. Der Ort befindet sich auf historischem Boden, denn hier an den Hängen des alten Vulkans Mauna Loa soll der Legende nach der hawaiische Hula entstanden sein. Von hier brachte die Göttin Laka ihn auf die anderen Inseln Hawai'is.

Auf der Kaluako'i Road, die etwa 2 km vor Maunaloa vom Highway 460 abzweigt, gelangt man zu den schönen Stränden der Kepuhi Bay, mit dem stilvoll in die Landschaft eingefügten **Kaluako'i Hotel and Golf Club**. Das 1977 errichtete Hotel sowie zwei Kondominium-Komplexe bilden das einzige größere, touristisch erschlossene Gebiet Moloka'is, das aber erst nach kontroversen Auseinandersetzungen mit Umweltschützern errichtet wurde. Südlich von Kaluako'i erstreckt sich der kilometerweite, einsame Sandstrand der Papohaku Beach, sicher der schönste auf Moloka'i. Im **Papohaku Beach Park** sind alle zum Camping notwendigen Einrichtungen vorhanden. Das erforderliche *permit* sollte man sich vorher in Kaunakakai besorgen.

Vom Kaluakoi Resort aus werden 1$^1/_2$ stündige Touren mit dem Mini-Van zum nahen **Moloka'i Ranch Wildlife Park** 🔢 (s. unter Kepuhi Beach, S. 328) organisiert. In dem 320 ha großen Wildpark lassen sich über 800 asiatische und afrikanische Tiere wie Antilopen, Kudus, Zebras und Giraffen in einer ihrer Heimat ähnlichen Umgebung fotografieren. Die Nachzucht von Großwild, das an zoologische Gärten in aller Welt verkauft wird, ist für die Moloka'i Ranch eine zusätzliche Einnahmequelle.

Von Kaunakakai zum Kalaupapa Lookout

Nur 16 km nördlich von Kaunakakai liegt der Pala'au State Park mit dem Kalaupapa Lookout, dem wohl schönsten Aussichtspunkt der Insel. Er ist in weniger als einer halben Stunde Fahrt durch die trockene Ebene von Zentral-Moloka'i über die Highways 460 und 470 zu erreichen. Die Straße führt durch die kleinen Plantagenorte Kualapu'u und Kala'e. Bei Kualapu'u blickt man auf ein riesiges Wasserreservoir, das durch einen 8 km langen Tunnel aus dem regenreichen Waikolu-Tal gespeist wird.

Kurz vor **Kala'e** 🔢 (S. 327) lohnt das **Meyer Sugar Mill Museum** einen Besuch. Die historische Zuckermühle, die von 1878 bis 1889 in Betrieb war, ist für 1,5 Mio. Dollar hervorragend restauriert und funktionstüchtig gemacht worden und dient heute als Museum und Forschungszentrum für Zuckerrohranbau und -produktion. Außerdem lassen sich hier die gesammelten Schätze der Familie Meyer bewundern – Memorabilia aus der großen Zeit der Zuckerrohrplantagen. Rudolph Wilhelm Meyer, ein deutscher Landvermesser und Ingenieur,

kam 1850 nach Hawai'i. Er heiratete Dorcas Kalama Waha, eine *ali'i* von hohem hawaiischen Adel, zeugte elf Kinder und wurde bald einer der bedeutendsten Männer auf Moloka'i. Zu seinen vielen Aufgaben gehörte die Aufsicht über die riesigen Ländereien König Kamehamehas auf der Insel, die bis dahin fast ausschließlich für Rinderzucht genutzt worden waren. Meyer sorgte dabei für wirtschaftlichen Aufschwung durch Anbau von neuen Nutzpflanzen wie Kaffee, Weizen, Kartoffeln, Bananen und vor allem Zuckerrohr.

Etwa einen Kilometer hinter Kala'e beginnt der **Pala'au State Park** 🔢, ein populärer Camping- und Picknickplatz der Einheimischen. Linkerhand liegen die Maultierställe der **Moloka'i Mule Rides**. Von hier beginnen die Trailritte hinunter zur Kalaupapa Peninsula. Rechts führt eine Abzweigung zum Ausgangspunkt des *trails* (nähere Informationen bei Destination Moloka'i in Kaunakakai, S. 327). Vom Parkplatz des State Parks führt ein knapp 200 m langer Pfad durch hügeliges, mit Eisenholzbäu-

Pater Damien – der Heilige von Hawai'i

Als 1848 mit den chinesischen Plantagenarbeitern die Lepra auf die Inseln kam, wurde dieser unzugängliche Ort zum Gefängnis für die Aussätzigen. Von den Hawaiianern wurde die Lepra *ma'i pake*, die ›chinesische Krankheit‹, genannt. Im Gegensatz zu den Weißen waren die Hawaiianer und Asiaten besonders anfällig. Da man keine Heilmittel kannte, bestimmte König Kamehameha V. diese entlegene Halbinsel als natürliche Isolierungsstätte, um der Seuche Einhalt zu gebieten. Erst 1946 wurde ein Antibiotikum entdeckt, das den Verlauf der Krankheit arretierte. 1969 gab es dann auch Medikamente, die eine Ansteckung ausschlossen. Von da an war der Aufenthalt in der Kolonie freiwillig.

1866 wurden die ersten 35 verzweifelten Opfer am Ufer ausgesetzt. Unterkünfte oder sonstige Einrichtungen gab es nicht. Kalaupapa war ein Ort des Grauens. Unter erbärmlichsten Verhältnissen vegetierten die Aussätzigen dahin. Erst der belgische Pater Damien Joseph de Veuster, der 33jährig hier 1873 an Land ging, brachte ein wenig Trost und Hoffnung in ihr Leben. Er sorgte dafür, daß menschenwürdige Unterkünfte, ein Hospital und auch eine Kirche gebaut wurden und kümmerte sich aufopferungsvoll um seine Gemeinde. Langsam begannen sich die Verhältnisse in Kalaupapa zu bessern, das Schicksal der Verbannten in der abgeschiedenen Kolonie erregte Aufmerksamkeit und Anteilnahme, mehr Freiwillige kamen nach Kalaupapa und unterstützten Pater Damien bei seiner selbstlosen Arbeit. Zahlreiche bekannte Persönlichkeiten, unter ihnen der englische Schriftsteller Robert Louis Stevenson, besuchten die Kolonie und berichteten über ihre Eindrücke. 1889 starb Pater Damien in dem Bewußtsein, daß nun für seine Zöglinge gesorgt war. Als einer der wenigen Weißen hatte er sich die schreckliche Krankheit zugezogen. Er wurde gleich neben seiner kleinen Holzkirche auf dem Friedhof von Kalawao begraben. Heute erinnert an dieser

Stelle ein Gedenkstein an den barmherzigen Pater, dessen Gebeine 1936 in sein Heimatland Belgien überführt wurden. Als ›Damien von Moloka'i‹, Diener der Menschheit‹, wurde er im Mai 1994 von Papst Johannes Paul II. selig gesprochen.

Der Phallic Rock ist einer alten Legende zufolge die Versteinerung des Fruchtbarkeitsgottes Lono

nen bestandenes Gelände zum **Phallic Rock**, einer anatomisch beeindruckend realistisch geformten Steinskulptur aus grauer Vorzeit. Einer alten Legende zufolge ist er die Versteinerung des Fruchtbarkeitsgottes Nanahoa, dessen Wirkung angeblich bis heute nicht nachgelassen hat: so verhilft er unfruchtbaren Frauen, die nach einer Opfergabe an diesem Ort die Nacht verbringen, zu Kindersegen.

Ein anderer Pfad führt vom Parkplatz durch von würzigem Duft erfüllte Eisenholz-, Koa-, Zypressen- und Pinienbestände zum **Kalaupapa Lookout**, einem fast 600 m über dem Meer gelegenen Aussichtspunkt. Von hier hat man einen überwältigenden Blick hinunter auf die von den steil abfallenden Pali-

Klippen hermetisch abgeschlossene Peninsula und die Siedlung **Kalaupapa** 14 (S. 327) mit ihren schmucken Holzhäuschen und Kirchen. Die gesamte Halbinsel, einschließlich der ehemaligen Lepra-Kolonie, wurde zum **Kalaupapa National Historic Park** 15 erklärt (s. »Richtig Reisen-Thema«, S. 226). Es gibt drei Möglichkeiten, auf die Halbinsel zu gelangen: mit Moloka'i Mule Rides auf dem Maultierrücken, zu Fuß auf dem Maultier-Trail, oder mit einem nur fünfminütigen Flug von Moloka'is Flugplatz Ho'olehua. Auf jeden Fall darf man sich in der Kolonie nur in Begleitung eines Führers von **Damien Tours**, einer örtlichen Organisation, bewegen (Informationen unter Kaunakakai und Kalaupapa, S. 327).

Im Maultier-Treck
zur alten Lepra-Station im
Kalaupapa National Historic Park

Frühmorgens holt ein Kleinbus die Gruppe der Reisenden vom Hotel ab. Nach kurzer Fahrt ist die Ranch erreicht, wo die Maultiere zugeteilt werden. Kurze Verhaltensregeln, ein bißchen Probereiten, der übliche Verzicht auf mögliche Schadenersatzforderungen, dann formiert sich der Treck und schaukelt in Richtung Steilküste.

Ein schmaler Pfad führt die steilen Lavaklippen zur Lepra-Kolonie hinunter, die von einer der schönsten Küstenlandschaften der Welt umgeben ist. Schon die erste Kehre gibt den Blick frei in eine gähnende Tiefe: kaum wahrnehmbar das feine weiße Band der Brandung, die hier oben gar nicht zu hören ist. Wie Spielzeuge wirken die Häuser von Kalaupapa. Der schlüpfrige Pfad mit seinen Löchern, Felsbrocken und bloßgelegten Baumwurzeln scheint eher für eine Bergziege als für die großen Maultiere geeignet. Dennoch, die beruhigenden Bemerkungen des Maultierführers und die stoische Ruhe der trittsicheren Mulis flößen auch den Ängstlichen Vertrauen ein. So geht es Kehre um Kehre abwärts. Die Sonne brennt, und man ist froh, den schattenspendenden Hut dabei zu haben. Auf der einen Seite ragt die steile, grünbewachsene Wand empor, auf der anderen geht es ins Nichts. Ab und zu rutscht ein Muli aus. Bis es sich wieder fängt: ein Augenblick, in dem das Herz stillzustehen scheint.

Gelegentlich ist nach einer Kehre die lange sich hinabschlängelnde Kette der Mulis mit ihren Reitern zu sehen. Die erste Ängstlichkeit macht einem kribbelnden Hochgefühl Platz. Auch die Umgebung wird intensiver wahrgenommen: üppig wuchernde Vegetation, der aromatische Duft von feuchter Erde gärenden Guava-Früchten und nassem Grün, vermischt mit dem kräftigen Geruch der Tiere und des ledernen Sattelzeugs. Nach fast zweistündigem Ritt wird unten am Strand abgesattelt, die mitgebrachten Picknickbehälter werden entladen. Die Tiere bekommen ihre wohlverdiente Ruhepause in einem schattigen Wäldchen in der Nähe. Unsere *tourguides*, alle Bewohner der ehemaligen Lepra-Kolonie, warten schon in den Fahrzeugen.

Der Besuch der Kolonie mit den hübschen kleinen hölzernen Häusern und Kirchen ist ein bewegendes Erlebnis. Die Wiesen sind übersät mit vergessenen Gräbern, und man sieht auffallend viele Hunde und Katzen herumlaufen. Sie sind für die Einwohner wohl der Ersatz für Kinder, die es hier unten nicht gibt. Obwohl man die gefürchtete Krankheit heute unter Kontrolle hat und keine Ansteckungsgefahr mehr besteht dürfen sich Kinder unter 16 Jahren nicht in der Kolonie aufhalten – auch nicht als Besucher.

Noch kurz vor der Jahrhundertwende lebten hier um die tausend Kranke.

Heute wohnen weniger als hundert, ausschließlich ältere Menschen in der Siedlung. Zwar sind sie nicht mehr gezwungen, hier zu leben. Da bei vielen aber das Leiden erst im fortgeschrittenen Stadium unter Kontrolle gebracht werden konnte und sie mit ihren zum Teil stark verstümmelten Gliedmaßen in der Gesellschaft auch heute noch mit

dem sozialen Stigma der Aussätzigen biblischer Zeiten behaftet wären, bleiben sie lieber in Kalaupapa. Sie haben Frieden mit ihrem tragischen Schicksal geschlossen und fühlen sich hier in dem kleinen tropischen Paradies wohl. Als vor Jahren Bestrebungen laut wurden, die Kolonie aufzulösen, protestierten die Bewohner. Hawai'is Kongreß-Abgeordnete setzten durch, daß die Kalaupapa-Halbinsel mit der Kolonie zu einem historischen Nationalpark erklärt wurde und seine Bewohner lebenslanges Wohnrecht erhielten.

Unsere *guides*, bei denen nur wenig sichtbare Zeichen der Krankheit zurückgeblieben sind, sprechen ohne Scheu über die traurige Geschichte und das heutige Leben in der Kolonie. Beim kurzen Besuch des Dorfes fällt die Stille auf. Bewohner sind kaum zu sehen, sie halten sich zurück und möchten verständlicherweise von den Touristen nicht bemitleidet werden. Man zeigt uns das Hospital und andere Gemeinschaftseinrichtungen und bietet gastfreundlich Erfrischungsgetränke an.

Wir fahren jetzt ein paar Kilometer weiter auf die andere Seite der Halbinsel, nach Kalawao, wo die ursprüngliche Siedlung stand. Schon 1888 hatte man das Dorf von dort an seinen heutigen Platz verlegt, weil er windgeschützter ist und es eine bessere Wasserversorgung gab. In Kalawao steht noch die **St. Philomena Catholic Church**, die ursprünglich 1872 in Honolulu erbaut und 1873 von Pater Damien, in Teile zerlegt, nach Kalawao verschifft wurde. Im angrenzenden kleinen Friedhof, wo der Pater bis zur Überführung nach Belgien begraben lag, befindet sich heute eine stets geschmückte Gedenkstätte. Nicht weit von hier steht inmitten üppiger tropischer Vegetation die protestantische **Siloama Church of the Healing Spring.**

Vom Palmenhain neben der Kirche schweift der Blick über die dunkelgrüne Steilküste Nord-Moloka'is. Tief zerklüftet taucht sie übergangslos aus dem tiefen Blau des Meeres auf, und leuchtendgrün ragen die spitzen Kegel verstreuter Inseln aus dem Wasser. So überwältigend schön ist dieses Fleckchen Erde, daß die Verzauberung seine traurige Vergangenheit verdrängt – ein Ort, der wie ein Garten Eden wirkt und der doch für so viele Menschen die Hölle war.

Lana'i –
The
›private
Island‹

Lana'i, die kleinste der sechs Hauptinseln, liegt abseits vom Touristenstrom. Eigentlich besteht sie nur aus einem großen erloschenen Vulkankrater, dem Palawai. Die 2600 Einwohner sind von einer recht bunten ethnischen Herkunft: Chinesen, Hawaiianer, Weiße, Japaner und vor allem Filipinos, die heute die Mehrheit der Bevölkerung stellen. Sie alle lebten bis Anfang der neunziger Jahre vom Ananasanbau. Mit über 6400 ha Anbaufläche war die hier ansässige Dole Plantation die größte Ananasplantage der Welt. Heute gehört Lana'i immer noch Castle & Cooke und seiner Tochterfirma, der Dole Food Company, die Ananas ist jedoch von der Insel verschwunden. Zwei luxuriöse Ferienanlagen *(resorts)* sind dafür seit 1991/92 in Betrieb, die Lodge at Koele im Hochland bei Lana'i City und das Manele Bay Hotel am Hulopoe Beach im Süden der Insel.

Obwohl der Tourismus nun so ziemlich die einzige Einnahmequelle ist, ist die Insel jedoch keinesfalls überlaufen. Man setzt hier nicht auf Massenbetrieb. Die beiden *resorts* haben zusammen 350 Zimmer, dazu kommt das kleine Plantagenhotel in Lana'i City mit 10 Zimmern. Wirtschaftlich geht es der Insel trotzdem nicht schlechter, denn heute bietet der Tourismusbetrieb mit über 600 Arbeitsplätzen mehr Jobs, als jemals im Ananasanbau benötigt wurden. Das Grasland wird jetzt für Viehzucht genutzt, und man baut Küchenkräuter und Gemüse für die Restaurants der beiden *resorts* an. In Anbetracht des exklusiven Urlaubsrefugiums, das den Gästen heute geboten wird – mit einmaligen Golfplätzen, hervorragenden Restaurants und allen Freizeitmöglichkeiten wie Tennis, Reiten oder Tauchen – heißt die Insel denn auch nicht mehr ›The Pineapple Island‹, sondern ›The Private Island‹.

Ein Blick in die Geschichte Lana'is

In der hawaiischen Sagenwelt war Lana'i einst von bösen Geistern bevölkert, die den Menschen den Aufenthalt auf der Insel unmöglich machten. Erst dem trickreichen Königssohn Ka'ulu'laau, der auf das unheimliche Lana'i verbannt wurde, weil er auf seiner Heimatinsel Maui zu viele Streiche verübt hatte, gelang es, die bösen Kräfte zu überwinden. Der überlieferten Geschichte nach erfolgte tatsächlich im frühen 15. Jahrhundert von Maui aus die erste Besiedelung der Insel. In den nächsten Jahrhunderten lebten auf Lana'i bis zu 3000 Menschen von Taro und Fischfang. Politisch waren sie dem größeren Maui untergeordnet, bis die hawaiischen Kriege des 18. Jahrhunderts auch Lana'i in Mitleidenschaft zogen. 1778 wurde Lana'i von den Kriegern der großen Insel Hawai'i unter König Kalaniopu'u völlig verwüstet und entvölkert. Nachdem Kamehameha I. die Inseln vereinigt hatte errichtete er seine Sommerresidenz bei Kaunolu an der Südküste von Lana'i Jetzt folgte ein gewisser Aufschwung der aber nur ein paar Jahrzehnte anhielt Anfang des 20. Jahrhunderts lebten nur noch ein paar Dutzend hawaiische Familien auf der Insel.

Der erste Ausländer, der nach Lana'i kam, war ein Chinese. 1802 versuchte er sich im Anbau von Zuckerrohr – ohne großen Erfolg, nach nur einer Ernte zog er weiter. Auch den Missionaren Baldwin und Richards war die Insel für den Seelenfang zu unergiebig: nach einem kurzen Aufenthalt 1836 verließen sie Lana'i wieder. Die nächsten, die ihr Glück versuchten, waren Mormonen, die 1854

Strand am Manele Bay Hotel

die Insel ansteuerten, um hier in der Ebene von Palawai ihr irdisches Paradies zu gründen. Eine mehrjährige Dürre beendete das Experiment. Erfolgreicher war dann der Mormone Walter Murray Gibson, der 1860 auf die Insel kam, um sein ›Königreich‹ zu errichten. Er kaufte das Palawai-Ranchland für wenig mehr als 60 Cent pro Hektar. Gibson wurde später in Honolulu Herausgeber einer Zeitung, Abgeordneter, Minister, und schließlich Ministerpräsident unter König Kalakaua. Sein Traum vom Inselparadies erfüllte sich jedoch nicht. Auch er mußte schließlich aufgeben. Die riesigen Ländereien gingen wieder in den Besitz der hawaiischen Krone über.

Dann versuchte Charles Gay sein Glück. Gay, Sproß der Sinclair-Familie, die bereits im Besitz der Insel Ni'ihau war, kaufte die Palawai-Ranch und weitere Ländereien dazu. 1908 gehörte ihm praktisch die ganze Insel. Eine mehrjährige Dürre beendete Gays Fortune, und seine Ländereien gingen an die Baldwin-Familie. 1922 wechselte die Insel erneut den Besitzer. Für 1,1 Millionen Dollar, etwa 30 Dollar pro Hektar, wurde sie an die Dole Company verkauft. Nach Jim Doles eigener Schätzung war sie wenigstens 20 Millionen wert. 70 Jahre lang trug die Insel dann die größte Ananasplantage der Welt. Lana'i wurde ein Synonym für ›Dole Plantation‹.

Lana'i – Reiseziel für Individualisten

Lana'i hat für Reisende, die das Besondere suchen, viel zu bieten: Über 30 000 ha offenes Land mit Wäldern, Schluchten, Wüstenstrichen und wenig besuchten Stränden und Küsten, wo überall noch Reste des ›alten Hawai'i‹ zu finden sind. Nur eine knappe halbe Flugstunde von Honolulu entfernt, ist die Insel heute sowohl ein Ziel für luxusgewohnte Touristen, wie auch ein Geheimtip für Jäger, Abenteuerlustige und Hartgesottene, die mit dem Geländewagen das unwegsame Land für sich entdecken wollen.

Nach Lana'i gelangt man mit dem Schiff von Lahaina (Maui) aus oder mit den Flügen der Hawaiian Air und Aloha Island Air von Honolulu, Maui und Moloka'i. Der kleine Flugplatz der Insel, oder besser gesagt die Landebahn, liegt 8 km außerhalb von Lana'i City.

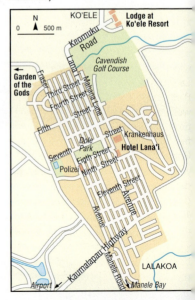

Lana'i City

Die Siedlung **Lana'i City**  (S. 329), die eigentlich eher ›Lana'i Village‹ heißen müßte, wurde 1924 vom Ananas-Baron Jim Dole für seine Plantagenarbeiter gegründet. Charakter und Atmosphäre des Ortes, der in 500 m Höhe in einer grünen, parkähnlichen Landschaft am Fuße des Berges liegt, ist einzigartig in Hawai'i. Umgeben von stattlichen hohen Araukarien, den *Norfolk Pines*, die überall das Bild der Insel bestimmen, erinnert er eher an ein kalifornisches Bergdorf. Im Städtchen mit seinen knapp zwei Dutzend gitterförmig angelegten Straßen leben fast alle 2600 Inselbewohner. Die kleinen Holzhäuser mit ihren pastellfarbenen, grün, gelb und rosa gestrichenen Wellblechdächern geben dem Ort auch heute noch den Charme einer alten Plantagenstadt. In den Gärten wachsen Azaleen und Kamelien, und Hühner scharren im Schatten von Bananenstauden und Papaya-Bäumen.

Der Ort hat eine Schule, ein Krankenhaus, ein halbes Dutzend Kirchen, ein paar Restaurants und altmodische *general stores*, aber immer noch keine Touristenläden, wenn man von einer kleinen Galerie und ein paar Geschäften absieht, in denen örtliches Kunsthandwerk verkauft wird. Die meisten der Läden gruppieren sich um den Dole Park in der Mitte des Ortes. An der Südwestecke des Parks ist eine Polizeistation, daneben das Gefängnis mit drei freistehenden, eher harmlos wirkenden Gefängniszellen. Dann ist da noch das weiße, im Plantagenstil mit Wellblechdach errichtete und von hohen Araukarien umgebene **Hotel Lana'i** mit seinen 10 Zimmern und einer großen Veranda. Jim Dole baute es Anfang der 20er Jahre, um seine Gäste und Geschäftsfreunde unterzubringen. Bis 1990 war dies das einzige Hotel und auch das einzige Restaurant der Insel. Das durch

Laden in Lana'i City

rustikale Holzbauweise und Wellblechdach eher bescheidene Aussehen täuscht. Das Hotel ist stilvoll renoviert und komfortabel eingerichtet, und vor allem ist es wesentlich erschwinglicher als die beiden *resorts* der Insel. Auch ein hübscher 9-Loch Golfplatz gehört zum Ort. Er ist sogar äußerst preiswert – Besucher werden gebeten, eine Spende (etwa 5 Dollar) zu hinterlassen.

Wesentlich mehr muß man für das Golf-Vergnügen schon ausgeben, wenn man auf dem prachtvollen Grün der **Lodge at Koele**  im kühlen Hochland nördlich von Lana'i City spielen möchte. ›The Experience at Koele‹, der spektakuläre 18-Loch-Platz der Lodge, von Greg

Norman entworfen, wird von Experten als einer der attraktivsten in Nordamerika angesehen. Außer einer nicht unerheblichen Anforderung an die Spieltechnik bietet er wunderschöne Fernblicke auf das tiefblaue Meer mit den Inseln Maui und Moloka'i. Die große weiße 102-Zimmer-Lodge mit ihrem tief heruntergezogenen Ziegeldach, umgeben von hundertjährigen Araukarien, strahlt eher die Atmosphäre eines noblen englischen Herrenhauses als die eines der üblichen

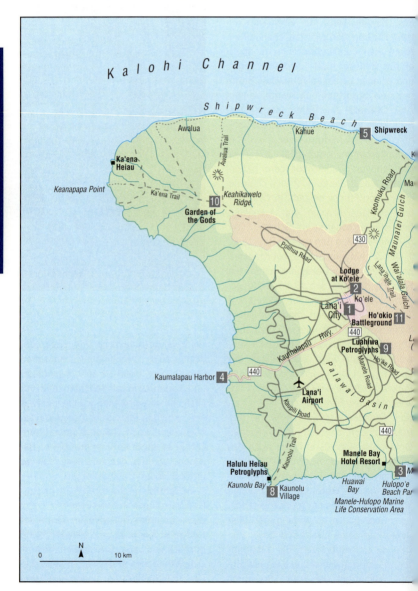

Inselhotels aus. Gediegener Luxus, die Verwendung von edlem hawaiischem Holz, eine imposante Halle mit zwei Kaminen, prachtvolle Gärten, Orchideenhaus, Swimming Pool und Tennis sowie eines der besten Restaurants Hawai'is stehen so ganz im Gegensatz zur urwüchsigen Insellandschaft, die man von der Lodge aus mit dem Jeep oder auch auf dem Pferderücken entdecken kann.

Um die Insel zu erkunden, mietet man sich am besten einen Allrad-Geländewagen. Es gibt nur etwa 40 km befestigte Straßen. Die meisten der roten Feldwege führen durch ehemalige Ananaspflanzungen, die sich jetzt wieder in Grasland verwandeln, und sind im allgemeinen recht gut zu befahren. Andere Wege, besonders in entlegeneren Gebieten, können nach Regenfällen selbst für Jeeps unpassierbar sein. Daher ist es ratsam, sich vor Beginn einer Tour über den Zustand der Wege und den augenblicklichen Schwierigkeitsgrad der geplanten Tour zu informieren. Man sollte sich auch eine detaillierte Beschreibung der Route geben lassen. Mit einem normalen Leihwagen kann man praktisch nur kurze Ausflüge zur Manele Bay, zum Kaumalapau Harbor und zur Nordküste unternehmen.

Im Süden von Lana'i, 12 km vom Ort entfernt, liegen zu beiden Seiten einer Peninsula der Hulopo'e Beach und die Manele Bay. Das Gebiet wurde zu einem sogenannten Marine Life Conservation Area erklärt; hier bestehen exzellente Möglichkeiten zum Tauchen, Schnorcheln oder Schwimmen. **Manele Bay** 3 ist ein kleiner Bootshafen, wo die Einheimischen auf der Hafenmauer angeln, an ihren Booten arbeiten oder ein Schwätzchen halten. Um die Jahrhundertwende wurde von hier das Vieh der Lana'i Ranch verschifft. Hoch über dem Hulopo'e Beach liegt das neue **Manele Bay Hotel Resort**, das sich mit seinen 250 Zimmern, weißen Mauern, Veran-

Übersichtskarte Lana'i

Die Luahiwa Petroglyphs in der Palawai-Ebene

den und Rundbögen architektonisch gelungen in die Landschaft eingliedert. Dazu gehören außer Tennisplätzen und Swimming Pool ein bemerkenswerter Golfplatz, »The Challenge at Manele«, von Jack Nicklaus inmitten von Lavaklippen unter genialer Ausnutzung von natürlichen Hindernissen angelegt. Eine Herausforderung an die Spielkunst mit weitschweifendem Blick über eine beeindruckende Küstenlandschaft. Der **Hulopo'e Beach Park** auf der anderen Seite der Halbinsel bietet einen schönen Sandstrand, gefahrloses Schwimmen und Schnorcheln, einen Felsenpool für Kinder und ein halbes Dutzend Zeltplätze.

Auf dem Highway 440 gelangt man von Lana'i City nach **Kaumalapau Harbor** 4, wo bis zum Ende der ›Ananas-Ära‹ die großen Frachtbarken anlegten und zur Erntezeit im Sommer bis zu 1,5 Millionen Ananas verladen und zur Dosenfabrik nach Honolulu verschifft

wurden. Die Hafenanlagen sind zwar wenig attraktiv, aber in einer guten viertel Stunde ist man am Meer, hat eine schöne Aussicht auf die Küste und kann hier den beeindruckendsten Sonnenuntergang der Insel erleben.

In Richtung Norden schlängelt sich die **Keomoku Road** (Hwy. 430) von Lana'i City über die Berge zur Nordostküste hinunter. Die Straße ist gut geteert, man genießt bei einigen *lookouts* das herrliche Panorama und kann auch einen Blick in Lana'is rote Canyons werfen. Schon von der Straße aus sieht man vor der Küste das große Wrack eines Transportschiffes. Dann hört die geteerte Straße auf und, mit einem gewöhnlichen Leihwagen ist das Ende der Fahrt erreicht.

Mit dem Geländewagen, oder zu Fuß, gelangt man in nordwestlicher Richtung weiter zum **Shipwreck Beach** 5, einem mehrere Kilometer langen Strand, wo immer noch die Überreste der an

Einzigartige Felsenlandschaft im Nordwesten Lana'is: der Garden of the Gods

den Korallenriffen gestrandeten Schiffe verstreut liegen. Ebenfalls nur mit dem Jeep oder zu Fuß läßt sich die Tour in südöstlicher Richtung entlang des Keomuku Beach fortsetzen. Hier erreicht man nach etwa 9 km **Keomuku** 6, früher ein Plantagenort der Maunalei Sugar Company. Als die Zuckerrohrmühle kurz nach der Jahrhundertwende geschlossen wurde, verließen auch seine Bewohner den Ort. Die verwitterten Reste der Häuser wurden weggeräumt, und heute steht in einem idyllischen Palmenhain nur noch eine altersschwache hawaiische Holzkirche, die **Malamalama Church** – ein malerisches Motiv für Fotografen. Sie soll jetzt wieder restauriert werden. Den Niedergang der Zuckerrohrmühle und der alten Siedlung sahen die Hawaiianer als Strafe der Götter für die schwere Verletzung eines Tabus an. Die Sugar Company hatte nämlich für den Bau eines Eisenbahndammes durch die Zuckerrohrfelder die

Steine von einer Tempelstätte geholt. Noch heute sieht man die Spuren am **Kahe'a Heiau**. Er liegt ein paar Kilometer südlich von Keomuku bei Halepalaoa Landing. Schließlich erreicht man nach weiteren 8 km am Ende der Jeepstraße **Naha** 7, einen ehemaligen Fischerort, wo es gute Möglichkeiten zum Angeln und Speerfischen gibt.

Ein weiterer lohnender Ausflug mit dem Geländewagen führt nach **Kaunolu Village** 8 zur Südwestspitze der Insel. Über die Manele Road (Hwy. 440) und die Kaupili Rd. zu erreichen, findet man dort am Ende einer ausgefahrenen steinigen Jeepstraße die Überbleibsel dieses ehemals blühenden Fischerdorfes. Der Platz mit den Resten von über 100 Hausstätten und zahlreichen Grabmalen ist heute ein National Historic Landmark und zu einer Fundgrube für Archäologen und Anthropologen geworden. Kaunolu war auch die Sommerresidenz von Kamehameha I., der sich hier von der Hitze

Lahainas erholte. Sein Haus stand auf einem Felsen über der Bucht. Ganz in der Nähe liegt der **Halulu Heiau**, eine historische Tempelstätte mit Steinzeichnungen vogelähnlicher Figuren, wie sie nur auf Lana'i gefunden wurden.

Noch beeindruckendere Steinzeichnungen sind in der Palawai-Ebene zu finden, erreichbar über Manele Road (Hwy. 440) und Ho'ike Road. Nach etwa 1,5 km auf der Ho'ike Rd., einer jetzt verwitterten Schotterstraße, gelangt man über Feldwege (genaue Zeichnung im Hotel geben lassen) in nördlicher Richtung zu den großen braunschwarzen Felsbrocken, auf denen die **Luahiwa Petroglyphs** 9 eingeritzt sind. Neben Symbolen und Stabfiguren von Menschen, Tieren und Göttern werden Szenen aus dem täglichen Leben, Tanz und Jagd dargestellt. Man vermutet, daß sie aus dem 18., zum Teil auch aus dem 19. Jahrhundert stammen (s. S. 237).

Ebenfalls schwer zu finden, und auch nur mit Geländewagen oder zu Fuß über ein Gewirr von alten Plantagenstraßen und Wegen zu erreichen, ist der **Garden of the Gods** 10, eine einzigartige, bei schwindendem Licht fast unheimliche Felsenlandschaft im Nordwesten der Insel (s. S.237). Die unbefestigten Wege führen durch die Grasflächen der ehemaligen Ananasfelder und Wälder von Lantana, Eisenholz, Eukalyptus und Araukarien. Man braucht schon die Hilfe von Einheimischen, um zu diesem unwirtlichen Canyon aus erodierter roter Erde mit seinen bizarren Felsformationen zu kommen. Am beeindruckendsten ist diese Gegend bei Sonnenuntergang, wenn die eigenartigen Skulpturen in prächtigen Farben von leuchtendem Gelb und Rot bis zu zartem Violett schimmern – wobei man bedenken sollte, daß der Heimweg im Dunkeln nicht leichter zu finden sein dürfte als der Hinweg.

Auf dem Munro Trail

In eine völlig andere Landschaft gelangt man auf dem Munro-Trail, einer Jeepstraße, die nördlich von Lana'i City bei Koele vom Highway 430 nach Süden abzweigt und bis zur Spitze des Mount Lana'ihale führt. Diese Tour ist wohl der Höhepunkt eines Insel-Aufenthaltes. Der etwa 10 km lange *trail* windet sich an Berghängen und Schluchten entlang, durch Regenwald und Bestände von Araukarien, Eisenholz, Eukalyptus und Bergfarnen, aus denen Blumen und Beeren hervorleuchten. Zuerst erreicht man den **Maunalei Gulch**, eine Schlucht, von der durch die Berge gebohrte Tunnel Wasser nach Lana'i City und zu den Plantagen leiten. Die nächste tiefe Schlucht ist die **Ho'okio Gulch**. Hier, am **Ho'okio Battleground** 11, wurde 1778 Lana'is Streitmacht durch die Eroberer von der großen Insel Hawai'i besiegt und bis auf den letzten Mann niedergemacht. Ein paar Einbuchtungen im Felsenkamm, die Verteidigungsstellungen der Lana'i-Krieger, sind noch zu erkennen. Kurz vor dem Lanai'hale führt ein Seiten-Trail zu einem Aussichtspunkt an der 700 m tiefen **Hauola Gulch**, Lana'is tiefstem Canyon. Nun führt der *jeep trail* über einen sich auf 30 m verengenden Grat. Am **Lana'ihale** 12 ist schließlich der mit 1026 m höchste Punkt der Insel erreicht. Hier bietet sich eine herrliche Aussicht: dunkelgrüne Täler, weites Tiefland und wie auf einem schimmernden blauen Spiegel die anderen Inseln. An einem klaren Tag sind vom ›Hale‹, wie der Berg bei den Einheimischen genannt wird, alle anderen Inseln Hawai'is mit Ausnahme von Kaua'i zu sehen.

Gleich nach dem letzten *lookout* führt der Awehi Trail zur Küste bei Naha. Der *trail* ist steil und unwegsam – nur etwas

Norfolk Pines bestimmen das Landschaftsbild auf Lana'i

für wahre Geländewagenprofis. Besser fährt man auf dem Munro Trail hinunter ins Palawai Basin und kehrt über die Ho'ike Road auf den Highway 440 zurück.

Der Munro Trail wurde nach dem neuseeländischen Botaniker George Munro benannt, der kurz nach 1900 als Manager der Lana'i Ranch für die Insel verantwortlich war. Als Munro auf die Insel kam, war sie wenig bewaldet, und Wassermangel stellte ein großes Problem dar. Lana'i, im Windschatten von Maui gelegen, erhielt zu wenig Niederschläge.

Zwar blies der Passatwind genügend regenschwere Wolken über die Berggrate am Lana'ihale, aber sie regneten nicht ab. Munro sann auf Abhilfe und pflanzte überall auf den Bergketten die *Norfolk Pines* seiner neuseeländischen Heimat. Diese Araukarien gediehen in diesem Klima prächtig, und bald ragten die Wipfel in die Wolken und fingen die Feuchtigkeit ein. So bescherte Munros vorausschauende Tatkraft der Insel den Regenwald und eine stabile Wasserscheide.

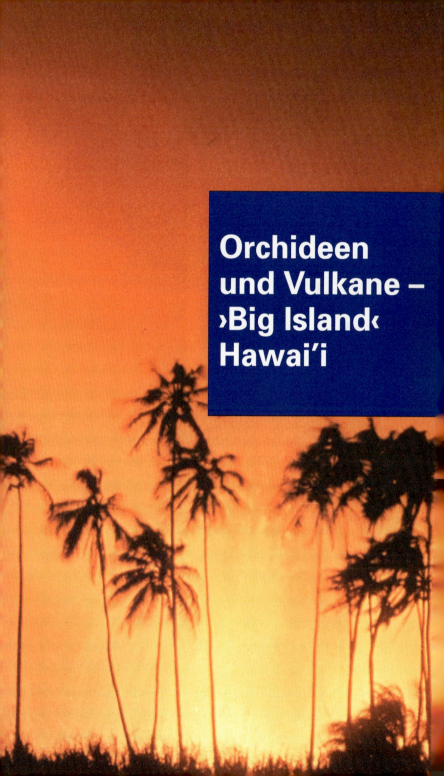

Orchideen und Vulkane – ›Big Island‹ Hawai'i

Schwarze Lavafelder, unwirkliche Mondlandschaften, brodelnde Vulkane, dichte Regenwälder, Weideland und Zuckerrohrfelder, Orchideen, tropische Sandstrände und Schnee zum Skifahren, alles das ist Hawai'i. Da beide, der Bundesstaat und die Insel den offiziellen Namen »Hawai'i« führen, wird die jüngste und größte der Inseln meistens ›Big Island‹ genannt, um Verwechslungen zu vermeiden. ›Big Island‹ ist mehr als doppelt so groß wie alle übrigen Inseln der Kette zusammengenommen, aber nur 120 000 Menschen leben hier, ein Zehntel der Gesamtbevölkerung. Wegen der aktiven Vulkane trifft auch der Spitzname ›Volcano Island‹ zu, und ›Orchid Island‹ rühmt die Orchideen, die hier wild wachsen oder kultiviert werden.

›Big Island‹ entstand aus fünf Vulkanen. Alle sind sogenannte Schild-Vulkane. Wegen ihrer dünnflüssigen Lava bildeten sie keine steilen Explosionskegel. Die Lava floß sanft ab, so daß Schicht auf Schicht flache, sich bis ins Meer erstreckende Hänge entstanden bzw. entstehen. Ganz im Nordwesten erhebt sich der etwa 1670 m hohe Kohala, der schon vor vielen tausend Jahren erloschen ist. Seine Flanken sind wie die Steilküsten der älteren Inseln zu Klippen und tiefen Canyons erodiert. Weiter südlich liegt der Hualalai, er ist 2521 m hoch und zuletzt 1801 ausgebrochen. Der wahrscheinlich älteste Vulkan ist der häufig schneebedeckte Mauna Kea, mit 4205 m der höchste Berg der Hawai'i-Inseln. Vor ungefähr 4000 Jahren brach er zuletzt aus. Die beiden noch tätigen Vulkane liegen im Hawai'i Volcanoes National Park. Es sind der Mauna Loa, 4170 m hoch, und der Kilauea, 1242 m hoch, die derzeit noch beide dicht über dem *Hot Spot* liegen und entsprechend ›fleißig‹ sind. Beide haben je zwei soge-

Der schneebedeckte Mauna Kea

nannte *Rift Zones*, Bruchzonen, aus deren Rissen Lava hervorbrechen kann, wenn die Vulkane aktiv werden.

Obwohl ein Großteil der Insel aus kahlen Lavafeldern besteht, präsentiert sich ›Big Island‹ ausgesprochen abwechslungsreich, was Landschaften, Klima, Szenerie, alte Geschichte und Betätigungsmöglichkeiten angeht. Zwar findet man hier nicht so viele prächtige Badestrände wie auf den anderen Inseln, dafür aber schwarze, rote und sogar grüne. Hervorragende Gelegenheiten bieten sich fürs Wandern, Reiten, Campen und für Fahrten mit dem Jeep in einsame Berggegenden. Vor allem die Begegnung mit der sich stets verändernden Landschaft der noch tätigen Vulkane am Kilauea ist eine einmalige Erfahrung.

Wie auf den anderen Inseln weht der Passat fast zehn Monate des Jahres und bringt dem Nordosten üppige Regenfälle, während der im Windschatten liegende Westen überwiegend trocken bleibt. Landwirtschaftliche Erzeugnisse sind neben Zuckerrohr die zarten Macadamia-Nüsse, Kona-Kaffee und Blumen wie Anthurien und Orchideen, die in alle Welt verschickt werden. Die Parker Ranch auf ›Big Island‹ ist die größte im Privatbesitz befindliche Ranch der USA. Sie deckt den größten Teil des Rindfleischbedarfes der Inseln.

Die Hotels konzentrieren sich hauptsächlich an der Kona-Küste und in Hilo, angefangen von einfachen Appartements mit Küche bis zum vornehmen Hotel am Meer. In Hilo liegen die Hotels an der Küste der Waiakea-Halbinsel und um den Waiakea-See; Konas Hotels erstrecken sich von Kailua bis zur South Kohala-Küste.

Die Hauptstadt Hilo besitzt neben Kailua/Kona den einzigen Airport, der vom US-Festland aus angeflogen wird. Es ist also möglich, seine Rundreisen von Honolulu aus zu starten und von Hilo oder Kona aufs amerikanische Festland zurückzufliegen.

Eine Rundreise um die Insel ist möglich, wobei die gesamte Strecke ca. 360 km lang ist. Wenn man nur zwei Tage zur Verfügung hat, bietet sich eine Teilung in die Strecken Hilo bis Kailua und Kailua über Waimea bis Hilo an. Wenn man ›alles‹ sehen will, braucht man mindestens vier Tage (neben den Routenkarten s. auch Übersichtskarte in der hinteren Umschlagklappe).

Hilo – Tropenstadt an der Mondsichelbucht

■ (S. 331) Hilo an der ›Mondsichelbucht‹ – das bedeutet der Name auf hawaiisch – ist mit seinen 42 000 Einwohnern zwar die Hauptstadt der ›großen Insel‹, hat aber dennoch den Charakter eines geruhsamen Plantagenstädtchens behalten. Wettergegerbte rustikale Holzhäuser mit roten und grünen Wellblechdächern, die durch den häufigen tropischen Regen eine rostbraune Patina angesetzt haben, mischen sich mit wenigen modernen Bauten. Die historischen Gebäude der Downtown mit den farbig angestrichenen Fassaden sind erhalten geblieben und werden sorgfältig restauriert. Hier an der **Keawe Street** 1 sind jetzt kleine Geschäfte, Boutiquen und Galerien untergebracht. Die alten Holzhäuser mit ihren überdachten Bürgersteigen als Regenschutz sind typisch für das Straßenbild.

Traumstrände findet man in Hilo nicht, und wenn hier im Jahr bis zu 400 cm Niederschläge gemessen werden, so sind es an der sonnigen Kona-Küste kaum mehr als 35 cm. Deshalb bleiben die meisten Besucher der Insel auch lieber in Kona. Aber dafür ist in und um Hilo eine üppiggrüne Tropenvegetation mit herrlichen Blumen zu bewundern, und die Hauptattraktion der ›großen Insel‹, der Vulkan mit seinen Lavaströmen, ist schnell und bequem zu erreichen.

Die Region war schon vor 900 Jahren bevölkert und Mittelpunkt lebhaften Handels. Hier am Wailuku-Fluß bauten die Hawaiianer Taro an, betrieben Fischfang und tauschten ihre Produkte. Im vergangenen Jahrhundert wurde die Bucht von Hilo dann Anlaufpunkt für Händler und Walfänger und auch für Reisende, die sich für die aktiven Vulkane interessierten. Auch heute noch ist die geschützte Bucht als einziger Tiefwasserhafen der Insel für Frachter und

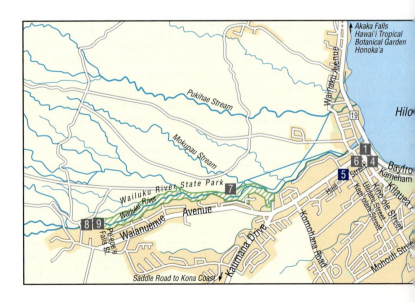

Kreuzfahrtschiffe von Bedeutung – und die noch tätigen Vulkane ziehen die Besucher mehr an als je zuvor. So stellt der Tourismus eine wichtige Einnahmequelle dar, ansonsten lebt man hier von Fischfang, Plantagenwirtschaft und Blumenzucht – besonders Orchideen und Anthurien. Die Blumen werden gut verpackt in alle Welt verschickt. Kleine Betriebe machen das gleiche mit Papayas und stellen Marmelade aus verschiedenen tropischen Früchten her.

Mit dem Meer haben die Einwohner nicht immer gute Erfahrungen gemacht. Die Bucht konnte der Stadt nämlich keinen Schutz bieten, als sie zweimal von einem *tsunami*, einer durch unterseeische Erdbeben hervorgerufenen Flutwelle, heimgesucht wurde. Das erstemal lief das schreckliche Schauspiel so ab: Bevor die Welle das Land erreichte, war ihr Rücksog so stark, daß das Meer erst einmal viele Meter Meeresboden freilegte. Dann preßte die Flut sich mit zerstörerischer Kraft in die Bucht und nahm auf ihrem Rückweg die halbe Stadt mit:

Häuser, Autos und Bäume, die wie Streichhölzer abknickten. Das war 1946. Mit Optimismus wurde die Stadt wiederaufgebaut und auch eine Mauer gegen eine mögliche neue Flutwelle errichtet. Dennoch kam es 1960 wieder zu einer Katastrophe. Trotz frühzeitiger Warnung gab es viele Tote und Verletzte, vor allem unter den vielen Schaulustigen. Diesmal wurde der zerstörte Teil der Stadt nicht wiederaufgebaut, statt dessen errichtete man einen Schutzwall von über 8 m Höhe. Auf dem zerstörten Gebiet entlang der Küste entstanden schöne Gartenanlagen, ein Golfplatz und eine Promenade mit Wegen für Radfahrer und Reiter.

Auch die Feuergöttin Pele hat der Stadt schon mehrfach eine Warnung geschickt. Hier geht die Gefahr von Mauna Loa aus, dessen Lavaströme auch in Richtung Hilo fließen. So 1881, als die glühende Lava bis auf eineinhalb Kilometer an das Stadtzentrum herankam. Auch in den Jahren 1855, 1899, 1935 und 1942 war die Stadt bedroht. Bei der letzten Eruption näherte sich ihr eine 800 m breite Feuerwalze mit einer Geschwindigkeit von 100–150 m pro Stunde unter Zischen und Donnern. Zum Glück machte die Lava einige Kilometer vor der Stadt halt.

Die wenigen großen Hotels befinden sich auf einer Halbinsel in der Hilo Bay entlang des **Banyan Drive**, der von prachtvollen Exemplaren der gleichnamigen Baumgattung gesäumt wird. Die Banyanbäume wurden alle in den 30er

Hilo 1 *Keawe Street* 2 *Lili'uokalani Gardens Park* 3 *Suisan Fish Market* 4 *Hilo Farmers Market* 5 *Lyman Museum and Mission House* 6 *Haili Church* 7 *Rainbow Falls* 8 *Pe'epe'e Falls* 9 *Boiling Pots*

Prächtige Banyanbäume säumen den Banyan Drive in Hilo

Jahren von prominenten Besuchern der Stadt gepflanzt. Am westlichen Ende des Banyan Drive gelangt man zum **Lili-'uokalani Gardens Park** 2. Die gepflegten Anlagen sind im Stil eines klassischen japanischen Gartens gestaltet, mit malerischen Pagoden, Laternen und bogenförmigen Brücken über Bäche und Fischteiche. Von hier bietet sich ein schöner Blick über die Hilo Bay.

Gleich in der Nähe liegt der **Sampan Harbor** mit seinen Sport- und Fischerbooten. An der Ecke Banyan Drive und Lihiwai Street finden an den Wochentagen früh morgens die Fischauktionen statt. Spätestens zwischen 7 und 8 Uhr sollte man schon dort sein, um noch einen guten Teil des Geschehens zu erleben. Vor der nach zwei Seiten hin offenen Halle des **Suisan Fish Market** 3 entladen kräftige Männer in schmuddeligen T-Shirts Fischerboote und auch pick-up trucks, mit denen der Fang der vergangenen Nacht transportiert wurde.

In langen Reihen werden die Fische sortiert auf niedrige Tische gelegt. Es sind überwiegend die bis zu 2 m großen *yellowfin tuna*, schlank und silbrigglänzend mit gelbgezackten Flossen, plump aussehende *Mahi Mahi*-Goldbrassen, *ono*, eine Makrelenart und auch A'u-Schwertfische. Ganz vorne liegen die kleineren, zum Teil exotischbunten Fische der Riffgewässer. Käufer von Restaurants und Fischgeschäften, Hausfrauen und ein paar Frühaufsteher unter den Touristen begutachten das Angebot. Sprache und Gesten der Akteure, meist Filipinos, bleiben zumindest den Touristen unverständlich.

Hier hört man auch ›Pidgin-Englisch‹. Der Ausdruck kommt ursprünglich vom Wort *business* und war eine Art Geschäftssprache zwischen Chinesen und englischen Händlern im 18. und 19. Jahrhundert. In Hawai'i mischt sich das Englische mit hawaiischen Ausdrücken, dazu kommen japanische, philippinische

Am frühen Morgen herrscht rege Geschäftigkeit im Suisan Fish Market

koreanische, portugiesische Elemente. Pidgin wurde die Sprache der *local people*, eine auch für Festland-Amerikaner kaum verständliche Sprache. In Hawai'i ist Pidgin auch als ein Mittel zur Festigung der ethnischen Identität und als eine bewußte Abgrenzung gegenüber der anglo-amerikanischen Sprache und Kultur zu verstehen.

Auf dem **Hilo Farmers Market** 4 in Downtown werden jeden Mittwoch und Samstag landwirtschaftliche Produkte und kunsthandwerkliche Artikel verkauft. Besonders der Blumenmarkt ist mit seinem Farbenrausch ein Fest fürs Auge.

Einige der alten Gebäude in Hilo stammen noch aus der Zeit, als die ersten Missionare kamen. Hawaiische Geschichte und Kultur, besonders im Hinblick auf die Arbeit der Missionare, wird im **Lyman Museum and Mission House** 5 anschaulich dokumentiert. Das im Neuengland-Stil aus einheimi-

schem Holz und Korallengestein erbaute Lyman Mission House in der 276 Haili Street ist heute schön restauriert und mit handgearbeiteten Möbeln, Geschirr und den persönlichen Gegenständen der Lyman-Familie eingerichtet. Fußböden und Türen sind aus wunderschönem Koa-Holz gefertigt. David und Sarah Lyman bauten 1839 das Haus für sich und ihre sieben Kinder. Ihr Haus wurde bald zum Treffpunkt von Hawaiianern und *malihini*, den ausländischen Besuchern. Unter den Gästen der Lymans waren hawaiische Könige und bekannte Schriftsteller wie Robert Louis Stevenson und Mark Twain. In einem modernen Gebäude nebenan ist das Lyman Museum untergebracht. Im Erdgeschoß informiert die **Island Heritage Gallery** über Hawai'is Kulturgeschichte. Hier gibt es auch den Nachbau eines authentisch eingerichteten hawaiischen Grashauses mit originalen Werkzeugen zu sehen. Eine Ausstellung von Klei-

Blick über die Hilo Bay mit dem Lili'uokalani Gardens Park

dung sowie Kunst- und Gebrauchsgegenständen verdeutlicht Lebensweise und Traditionen der Chinesen, Japaner, Portugiesen, Koreaner und Filipinos, die als Plantagenarbeiter auf die Insel kamen. Im Obergeschoß befindet sich die **Earth Heritage Gallery** mit umfangreichen Sammlungen von Halbedelsteinen, Kristallen und Muscheln. Andere Displays zeigen Hawai'is Flora und Fauna sowie Exponate, die über die beiden Vulkane Mauna Kea und Kilauea informieren.

Nicht weit entfernt steht an der gleichen Straße die **Haili Church** 6, 1859 im Neuengland-Stil erbaut. Hier und in der Malamalama Church werden noch Lieder in hawaiischer Sprache gesungen.

Auf der Waianuenue Avenue erreicht man den ein paar Kilometer westlich der Innenstadt gelegenen Wailuku River State Park mit den **Rainbow Falls** 7. Hier stürzen sich die Wasser des Wailuku-Flusses äußerst malerisch 25 m tief in einen natürlichen Felsenpool. Unter den Fällen befindet sich eine große Höhle. Morgens und am späten Nachmittag, wenn die Sonne ›richtig‹ steht, schimmern die Fälle in allen Regenbogenfarben. Etwas weiter flußaufwärts zweigt von der Straße ein Wanderpfad zu einem Aussichtspunkt ab. Von hier hat man einen schönen Blick auf die **Pe'epe'e Falls** 8 und die **Boiling Pots** 9, schäumende Felsenkessel im Flußbett des Wailuku River. Hier ist weniger Betrieb als bei den viel bekannteren Rainbow Falls, und man findet leicht ein schönes Plätzchen für ein idyllisches Picknick.

Ausflüge in die Umgebung von Hilo: Von den Akaka-Fällen, zur Puna-Küste und zum Volcanoes National Park

Hawai'i Tropical Botanical Gardens und Akaka Falls

(Hilo – Honomu – Akaka Falls State Park – Hilo: 55 km); s. Karte S. 250/251

Den besten Eindruck von Hilos **1** verschwenderischer Tropenvegetation bietet ein kleiner Ausflug zum **Pepe'ekeo Scenic Drive 2** entlang der Hamakua-Küste mit dem Hawai'i Tropical Garden und zum Akaka Falls State Park. Auf dem Highway 19 geht es in Richtung Norden, bis nach etwa 10 km hinter Papa'ikou ein blaues Schild auf die ›Scenic Route 4 Miles long‹ aufmerksam macht, die gleich hinter der Straßenüberführung rechts abzweigt und sich zur Onomea Bay hinunterwindet. In der ›Old Yellow Church‹, einem ehemaligen historischen Kirchengebäude, befindet sich das Registration Office des **Hawai'i Tropical Botanical Garden 3**. Von hier fährt ein kleiner Shuttle-Bus zu diesem tropischen Garten Eden an der zerklüfteten Lavaküste. Zahlreiche Wanderwege durchziehen den wohl schönsten ›Urwaldgarten‹ Hawai'is mit einem kleinen Flüßchen, malerischen Wasserfällen und über 2000 verschiedenen exotischen Gewächsen: Palmen, Bromelien, Riesenfarne, Ingwer, Helikonien, Bambusstände, Orchideen und viele tropische Blütenpflanzen. Der Ocean Trail führt entlang der kleinen Bay, wo sich die Wellen weißschäumend an den Lavafelsen brechen. Auch kleine Eckchen ursprünglichen Regenwaldes gibt es in dem etwa 10 ha großen Tal. Durch die nicht gerade seltenen Regenfälle sollte man sich vom Besuch nicht abhalten lassen. Sie gehören einfach zur Dschungelatmosphäre dazu. Mückenspray und Regenschirme gibt es kostenlos am Unterstand. Etwa zwei Stunden sollte man sich für den Besuch der Anlagen schon Zeit nehmen.

Bei Pepe'ekeo trifft der Scenic Drive wieder auf den Highway 19. Ein paar Kilometer weiter zweigt bei der kleinen Ortschaft Honomu die Route 220 zum 6 km entfernten Akaka State Park mit seinen berühmten Wasserfällen ab. **Honomu 4**, ›die ruhige Bucht‹, war früher geschäftiger Mittelpunkt der Zuckerrohr-Industrie, mit allem was dazugehörte: *general stores*, Bars, Hotel und Kirche. Heute wirkt der Ort mit seinen verwitterten Holzhäusern wie eine schläfrige *western town*. Sehenswert, und immer noch im Familienbesitz, ist **Ishigo's General Store** von 1910. Am Ende des Ortes bietet das schimmernde Gebäude des buddhistischen Odaishasan-Tempels ein schönes Fotomotiv.

Durch dichte Zuckerrohrfelder geht es nun auf der Straße weiter bis zum **Akaka Falls State Park 5**. Ein Rundweg, bequem in einer dreiviertel Stunde zu erwandern, führt durch ein ursprüngliches Tal mit Bambuswäldchen, plätschernden Bächen, Rieseningwer, Farnbäumen und Ti-Stauden. Aus dem üppiggrünen Gewirr der Schlingpflanzen leuchten purpurne Orchideen und bunte exotische Blüten. Doch die Hauptattraktionen sind die beiden Wasserfälle. Geht

Ausflüge in die Umgebung von Hilo: Von den Akaka-Fällen zur Puna-Küste und zum Hawai'i Volcanoes National Park ▷

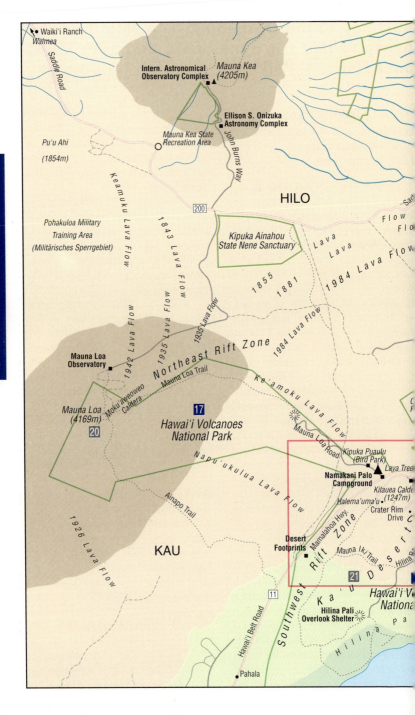

Waiki'i Ranch
Waimea

Saddle Road

Intern. Astronomical
Observatory Complex

Mauna Kea
(4205m)

Ellison S. Onizuka
Astronomy Complex

Pu'u Ahi

(1854m)

Mauna Kea State
Recreation Area

John Burns Way

HILO

200

Pohakuloa Military
Training Area
(Militärisches Sperrgebiet)

Kipuka Ainahou
State Nene Sanctuary

Flow
Flo

Lava
Lava

1984 Lava Flow

1855
1881

Keamuku Lava Flow

1843 Lava Flow

1935 Lava Flow

1984 Lava Flow

Northeast Rift Zone

Mauna Loa
Observatory

Mauna Loa Trail

Ke'amoku Lava Flow

1942 Lava Flow

1935 Lava Flow

Mauna Loa
(4169m)

20

Moku'aweoweo
Caldera

17

Hawai'i Volcanoes
National Park

Mauna Loa Road

Kipuka Puaulu
(Bird Park)

Lava Tree

Namakani Palo
Campground

Napu'ukulua Lava Flow

Kilauea Calde
(1247m)

Halema'uma'u

Crater Rim
Drive

Ainapo Trail

1926 Lava Flow

KAU

Desert
Footprints

Mamalahoa Hwy.

Mauna Iki Trail

Southwest Rift Zone

Ka'ū Desert

21

Hilina

Hawai'i V
Nationa

11

Hawai'i Belt Road

Ka'ū

Hilina Pali
Overlook Shelter

Hilina

Pa

Pahala

Honomu
220
5 Falls Park
4
pe'ekeo Scenic Drive
2 Pepe'ekeo
Onomea
3 Hawai'i Tropical Botanical Garden
Onomea Bay
e Stream
Papa'ikou
Pueopaku
19
Kaiwiki
Wainaku
Keokea Pt.
Wailuku River State Park
Hilo Bay
1 Hilo Bay
Leleiwi Point
Pliheuua
Boiling Pots
200
Kaumana
Kaumana Caves Park
Hilo
Hilo International Airport
Papa'i
6 Pana'ewa Rainforest Zoo
7 Mauna Loa Macadamia Nut Factory & Orchards
Kea'au
Kaloli Point
ack Highway
130
Kurtistown
Pahoa Rd.
Hawaiian Paradise Park
11 Mountain View
Orchid Land Estates
Honolulu Landing
137
Cape Kumukahi
Hawaiian Acres
8 Pahoa
Lava Tree State Monument
9
Geothermal Power Station
132
11 Kumukahi Lighthouse
12 Kapoho Cone
10
13 Isaac Hale Beach Park
wood
plan s. S. 258/259
PUNA
130
Pohoiki
Pohoiki Bay
Kau'eleau
14 MacKenzie State Recreation Area
Kahauale'a Natural Area Reserve
Opihikao
137
Pu'u 'O'o Crater
18
Napau Crater
1986-93 Lava Flows
1983-86 Lava Flows
East Rift Zone
15 Kehena
lu
1992-93 Flow
Craters
Makaopuhi Crater
Royal Gardens
Kaimu
16 Star of the Sea Church
Kalapana
Hakuma Point
Kalapana Trail
Kapa'ahu Point
Craters Road
Pali
Lae'apuki
ei
Sea Arch
19 Pu'u Loa Petroglyphs Field

N
0   10 km

man entgegen dem Uhrzeigersinn, gelangt man zuerst zum Aussichtspunkt der Kahuna Falls, dann führt der *trail* zum Höhepunkt, den Akaka Falls. Über eine halbkreisförmige Felsenwand stürzen die Wasser des Kolekole-Flusses fast 130 m tief in eine Schlucht, urgewaltig nach heftigen Regenfällen, wie silbrige Fäden bei trockenem Wetter (Information s. unter Hilo, S. 331).

Zur einsamen Puna-Küste: Von Hilo nach Kaimu

(Hilo – Pahoa – Cape Kumukahi – Kaimu – Hilo: ca. 120 km)

Etwa 8 km südlich von der Hilo Bay zweigt vom Highway 11 der Stainback Highway ab. Kurz danach gelangt man zum **Panaewa Rainforest Zoo** [6]. Hier sind in einem sehenswerten botanischen Garten neben Tieren aus aller Welt auch zahlreiche vom Aussterben bedrohte Tierarten Hawai'is zu sehen, wie die Laysan-Ente und die *pueo*, eine hawaiische kurzohrige Eule.

Nur ein paar Kilometer weiter, über den Highway 11 und die Macadamia Rd. zu erreichen, liegen die **Mauna Loa Macadamia Nut Factory & Orchards** [7] (s. unter Hilo, S. 331). Im Besucherzentrum wird der Anbau erklärt, und man kann auch bei der Verarbeitung der edlen Nüsse zusehen. Geduld gehört zu diesem speziellen Geschäft, so erfährt man: »Es dauert sieben Jahre, bis so ein Macadamia-Baum anfängt zu tragen. Dann noch einmal acht Jahre, bis er voll produziert. Vier bis sechs Mal pro Jahr ist Erntezeit.« In den Zwischenzeiten fallen die Nagetiere und Wildschweine über die Nüsse her. Erstaun-

lich, daß sie so großen Schaden anrichten können, denn die Schalen sind so hart, daß Leute berichten, sie hätten Nüsse unter Bretter gelegt, um dann mit Autos darüber zu fahren, um sie zu öffnen. Heute knacken Stahlvorrichtungen schneller und dabei so vorsichtig, daß die Kerne unbeschädigt bleiben. 1870 kamen die ersten Macadamia-Bäume aus Australien nach Hawai'i, und seit 1948 werden sie kommerziell angebaut. Die schmackhaften Nüsse werden weltweit verkauft und bringen der hawaiischen Wirtschaft mehr als 30 Millionen Dollar ein. Zu den Standardangeboten der meisten Bäckereien und Restaurants gehören denn auch Macadamianuß-Kuchen, -Pies, -Kekse und -Eisbecher.

Seit den heftigen Eruptionen des Kilauea-Vulkans im Frühjahr 1990 fließen drei große Lavaströme zwischen Kaimu und dem Rand des Nationalparkgebietes ins Meer. Das Kahaula Visitor Center am Südeingang des Volcanoes National Park wurde bei dem Ausbruch zerstört und damit der Zugang zum Park über die Chain of Craters Road versperrt. So enden die Highways 130 und 137 jetzt in der Nähe der Küste bei Kaimu. Ab hier haben die mächtigen Lavaströme der letzten Jahre das gesamte Gebiet überdeckt. So liegt die Puna-Region nun abseits vom Touristenverkehr. Dennoch lohnt sich ein Ausflug in diese ursprüngliche Landschaft mit Orchideenfeldern, schwarzen Sandstränden, wildromantischen Küstenstrecken und einsamen Straßen, die sich oft wie ein Tunnel durch üppig-grüne tropische Vegetation winden.

Bei Kea'au, etwa 12 km südlich von Hilo, zweigt der Highway 130 zur Puna-Küste ab. Wir fahren jedoch geradeaus weiter und erreichen nach weiteren 18 km Fahrt durch Anthurien-Felder und Obstgärten **Pahoa** [8]. Es lohnt sich, den

Die Akaka-Fälle im Akaka Falls State Park

Das Lava Tree State Monument, Relikt eines der zahlreichen Vulkanausbrüche

Weg durch den pittoresken Zuckerplantagen-Ort mit seinen verwitterten Gebäuden und überdachten Plankengehsteigen zu nehmen, anstatt ihn auf der neuen Straße zu umfahren. Es gibt ein paar Restaurants, *coffee shops* und kleine Läden, wo man sich mit frischem Obst, Gebäck und Sandwiches fürs Picknick eindecken kann. **Pahoa Natural Groceries** ist einer der besten Naturkostläden auf ›Big Island‹. Auch Kunsthandwerk aus der örtlichen Alternativszene ist preiswert zu haben.

Von Pahoa führt der Highway 130 weiter in Richtung Süden, bis er am Anfang der jüngsten Lavaströme abrupt endet. Gleich hinter dem Ort zweigt der Highway 132 in Richtung Cape Kumukahi ab. Diese Straße bietet sich für eine abwechslungsreiche Rundstrecke an. Nach ein paar Kilometern auf dem Highway 132 führt links eine kleine Stichstraße zum **Lava Tree State Monument** 9. Hier umschloß 1790 ein mächtiger

Strom schnellfließender Paho'eho'e-Lava ein Ohia-Wäldchen. Die verdampfende Feuchtigkeit der Baumstämme ließ die Lava zur festen Kruste erstarren. Durch sich zur gleichen Zeit öffnende Erdspalten sank dann der Spiegel der flüssigen Lava um mehrere Meter. Zurück blieben erkaltete Lavasäulen, wie knorrige verwitterte Totempfähle an die Urgewalt der Göttin Pele erinnernd. In den hohlen ›Lava-Bäumen‹ sammelt sich Humus, aus dem neues Leben sprießt: sattgrüne Farne, Flechten, Gräser und mitunter auch hübsche, purpurfarbige Orchideen.

Ein kleiner Abstecher führt zur **Geothermal Power Station** 10. Hier experimentiert man seit mehr als 20 Jahren mit einer ungewöhnlichen Form der Energiegewinnung: in den Tiefen des glühenden Lavagesteins aufgeheiztes Wasser kommt unter hohem Druck an die Oberfläche. Seit dem Frühjahr 1993 ist ein Kraftwerk in Betrieb und liefert Strom ins Netz. Seit seinem Bestehen erhitzt das Projekt auch die Gemüter der Hawaiianer. Es sei zu kostspielig, in der extrem unstabilen Region fehl am Platze – und manche fürchten auch die Göttin des Feuers, Madame Pele zu verärgern.

Weiter geht es auf dem Highway 132 durch Papaya-Plantagen, die mit ihrem kräftigen Grün einen schönen Kontrast zum schwarzen Gestein der alten Lavaflüsse bilden. Bei Cape Kumukahi steht das **Kumukahi Lighthouse** 🔟 wie auf einer Insel mitten im Lavastrom. Nur wenige Meter vor dem alten Leuchtturm teilte sich wundersamerweise der Lavafluß, bevor er das Meer erreichte. Die Leute in der Region behaupten heute noch, daß in der Schicksalsnacht im Jahre 1960, als die Häuser des nahen Dorfes Kapoho von der glühenden Lava vernichtet wurden, eine alte Frau im Ort um eine milde Gabe bat, aber überall abgewiesen wurde – vom Leuchtturmwärter jedoch barmherzig aufgenommen wurde. Kein Zweifel, daß es Madame Pele war, die man in ihrer Verkleidung nicht erkannt hatte.

Von hier geht es zurück bis zur Abzweigung des Highways 137, der links nach wenigen Kilometern an die Küste führt. Die Straße ist schmal und manchmal holprig. Riesige Mangobäume mit herunterhängenden Schlingpflanzen, Kokospalmen, Gärten mit Orchideen und Papayas, die im verwitterten Lavaboden üppig wuchern, wechseln sich ab mit weiten Lavawüsten aus jüngerer Zeit. Eine grasbewachsene Straße führt zum **Kapoho Cone** 🔢, dem übriggebliebenen grünen Kegel einer alten Eruption. In seinem Inneren befindet sich der Green Lake, durch Algen leuchtendgrün gefärbt und von dichtem Dschungelbewuchs umgeben.

Der **Isaac Hale County Beach Park** 🔢 an der Pohoiki Bay ist nicht zu verfehlen. Hier haben schon in grauer Vorzeit Hawaiianer ihre Kanus gelandet. Auch heute noch ist er der einzige Strand an der Puna-Küste, wo kleinere Boote gewassert werden können. Deshalb herrscht hier oft lebhafter Betrieb, besonders seit der weiter südlich liegende Kalapana-Strand der Lava zum Opfer gefallen ist. Taucher und Surfer finden in der Pohoiki Bay ein gutes Revier. Nur bei ruhiger See ist das Baden ungefährlich. Ein kleiner, ausgetretener Pfad führt zu einem von Pandanus-Bäumen umgebenen Felsenloch im Dschungel. Der natürliche Quellwasser-Pool wird von heißem Vulkangestein gewärmt und bietet eine willkommene Gelegenheit, Sand und Salz abzuspülen.

In einem schattigen Wald von Ironwood-Bäumen liegt die **MacKenzie State Recreation Area** 🔢, ein schönes Plätzchen mit Tischen und Bänken aus glatten Paho'eho'e-Lavaplatten. Der Park ist zum Camping und Picknick, zum Angeln und Wandern, aber nicht zum Schwimmen geeignet. Die gesamte Küste besteht aus rauhen Lavaklippen, an denen in unermüdlicher Folge die großen Pazifik-Brecher zerstäuben. Auch bei Wanderungen auf den bis ins Wasser reichenden Lavazungen ist Vorsicht geboten – immer wieder werden Unachtsame von plötzlichen, außergewöhnlich großen Wellen ins Meer gerissen. Durch den Park führt ein Abschnitt des ›King's Highway‹, der alten Inselrundstraße, die König Kamehameha III. im vorigen Jahrhundert von Sträflingen anlegen ließ. Einige befestigte Stellen sind noch zu erkennen.

Etwa 8 km südlich von MacKenzie verbirgt sich hinter einem *lookout* eine Südsee-Idylle, die schwarzen Strände von **Kehena** 🔢. Früher führte eine Steintreppe zum Wasser hinunter – bis 1975 ein Erdbeben den Strand um mehr

ls einen Meter absenkte. Jetzt gelangt man auf einem Trampelpfad zu den beiden pechschwarzen, von schlanken Kokospalmen umsäumten Stränden. Wie meistens an der Puna-Küste ist auch hier das Baden gefährlich.

Wenig später ist das Ende der Straße erreicht. Da die alte Kreuzung jetzt von Lava bedeckt ist, hat man eine neue Querverbindung zum Highway 130 geschaffen, auf dem man nun direkt nach Hilo zurückfahren kann. Hier bei **Kaimu**, kurz vor dem Abschnitt des Highway 130, der von der Lava überrollt wurde, hat man am Straßenrand die **Star of the Sea Church** 16 ›vorübergehend abgestellt‹. Die berühmte weiße Holzkirche, innen von einem belgischen Priester farbenprächtig ausgemalt, wurde 1990 noch rechtzeitig vor den Lavaströmen in Sicherheit gebracht. Über den endgültigen Standort dieses Wahrzeichens der Kaimu-Region ist noch nicht entschieden.

Südlich von Kaimu, kurz vor der Grenze zum Volcanoes National Park, war noch bis 1987 das mitten in einem Fleckchen Regenwald gelegene **Queens Bath** zu finden. Hier konnte man sich im glasklaren Wasser eines großen Lavabeckens erfrischen. Die Badegelegenheit war einst nur den hawaiischen Königinnen vorbehalten, später tummelte sich hier hauptsächlich die einheimische Jugend – bis Göttin Pele dem Spaß ein Ende machte und die Idylle unter glühenden Lavaströmen begrub. Auch der weltberühmte, palmenumkränzte schwarze Strand von Kalapana, der Kaimu Black Sand Beach, ist inzwischen von der Lava überdeckt worden.

Die ganze Gegend um Kalapana steht solchermaßen im Zeichen des Vulkans,

Küste an der Chain of Craters Road

daß eine Straße, die man noch vor wenigen Wochen oder Tagen befuhr, inzwischen von Lavaströmen begraben sein kann. Auch die Küstenlinie verändert sich mit jedem neuen Lavafluß. Das erdgeschichtlich junge ›Big Island‹ ist eben noch lange nicht ausgewachsen.

Im Reich der Göttin Pele: Hawai'i Volcanoes National Park

von Elisabeth Piper

Von Hilo sind es auf dem Highway 11 etwa 45 km bis zum **Volcanoes National Park** 17 (S. 336). Dieser Nationalpark wurde schon 1916 gegründet, einmal, um die bizarren, sich ständig verändernden Vulkangebiete mit ihren Mondlandschaften, Regenwäldern, seltenen Pflanzen und Vögeln zu schützen, zum andern aber auch, um diese Wunderwelt auf schonende Weise für viele Menschen zugänglich zu machen.

Für die Sehenswürdigkeiten dieses Nationalparks benötigt man mehrere Tage, doch auch Besucher, die nur einen Tag Zeit haben, können mit dem Auto viele interessante Punkte erreichen. Wer mehr Zeit mitbringt und gut zu Fuß ist, dem erschließen sich über Wanderwege *(trails)* zusätzlich die erstaunlichsten vulkanischen Erscheinungen, die einen Begriff vermitteln von den Kräften, die unsere Erde seit Urbeginn geformt haben.

Wie hierzulande der Wetterbericht, so steht in Hawai'i alle Tage eine Art Vulkanvorschau in der Zeitung. Bei spektakulären Ausbrüchen haben Wissenschaftler in Hitzeschutzanzügen, Reporter, die auch mal so ein Ding anziehen dürfen, und Fotografen in Hubschraubern ihre ganz großen Stunden. Die Zeitungen sind voll mit Bildern und Berichten, und irgendwo wird immer auch ›Madame Pele‹ erwähnt. Sämtliche Flüge zum ›Big Island‹ sind dann restlos ausgebucht, und die Hotellerie in Hilo, die sehr von Peles Gunst und Gnaden abhängig ist, läuft erfreut auf Hochtouren. Die Amerikaner nennen den Kilauea liebevoll ihren *drive-in-volcano*. Wo gibt es das sonst, Feuerkrater mit Parkplatz? In Scharen strömen die Menschen den Schildern »Zur Eruption« nach und beobachten von sicheren Plätzen aus das große Schauspiel der hochgeschleuderten Lavamassen, die sich zu Bächen und Strömen formen oder als kompakte glühende Masse langsam vorwärts kriechen.

Nicht jeder Hawai'i-Besucher hat das Glück, Peles Gala-Feuerwerk mitzuerleben, obwohl der Kilauea als aktivster Vulkan der Erde gilt. Manchmal rührt sich monatelang nichts, aber auch dann gibt es im Volcanoes National Park unendlich viel Interessantes zu sehen und zu entdecken.

Wie in amerikanischen Nationalparks üblich, findet man auch hier ein vorbildliches **Visitor Center** mit Modellen, graphischen Darstellungen und Texten zu den geologischen Vorgängen. Sie sind wissenschaftlich genau, verständlich und unterhaltsam. Sehenswert ist der grandiose Farbfilm, der im Besucherzentrum kostenlos gezeigt wird.

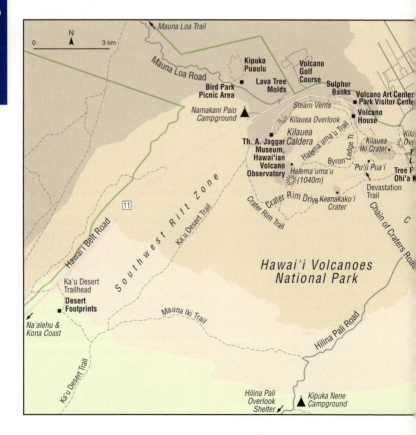

Von Zeit zu Zeit wird er durch neue sensationelle Aufnahmen ergänzt, denn Vulkanausbrüche laufen nie nach ›Schema F‹ ab. Diesen Film darf man sich auf keinen Fall entgehen lassen. Das Visitor Center befindet sich etwa 400 m hinter dem Parkeingang und ist täglich von 8 bis 17 Uhr geöffnet. Allen Besuchern ist dringend zu empfehlen, sich die kostenlos erhältlichen Informationen über gefahrlos begehbare Wege und über die besonderen Bestimmungen der Parkverwaltung zu beschaffen. Wer leichtsinnig ist und gegen Vernunft und guten Rat handelt, kann sich in Gefahr bringen. Feste Schuhe sind auf den längeren *trails* ein Muß.

Für Besucher, die längere Wanderungen auf einem der zahlreichen Wanderwege planen oder auf Campingplätzen übernachten wollen, ist vorherige Rücksprache im Visitor Center obligatorisch. Die Kleidung muß auf Temperaturen eingerichtet sein, die kurzfristig zwischen Hitze und eiskaltem Regen schwanken können.

Um noch einmal auf Pele zurückzukommen: Ob sie nun wild ist oder leicht zu besänftigen, auf alle Fälle duldet sie Nachbarn in allernächster Nähe. Das heutige Hotel **Volcano House** hockt wie seine Vorgänger unangefochten unmittelbar am Rande des Kraters, ohne daß den Gästen je ein heißer Brocken in die Kaffeetassen geflogen wäre. Das erste Volcano House wurde 1846 als leichte, strohgedeckte Unterkunft eröffnet. Für einen Dollar konnte man hier übernachten. 1866 wurde ein komfortableres Hotel in Holzbauweise erstellt, über dessen Lage sich schon Mark Twain gar nicht genug wundern konnte. Das Hotel wurde 1877 erweitert und später mehrfach modernisiert. 1891 entstand ein großer viktorianischer Neubau. Der alte Holzbau wurde umgesetzt und entging der Zerstörung, als das Hotel 1940 ohne Peles Zutun abbrannte. 1941 wurde das heutige Gebäude eröffnet, das 1989 gründlich modernisiert wurde. Das Hotel vermietet auch die *cabins* am **Namakani Paio Camp Ground** außerhalb des Parks, etwa 5 km entfernt am Highway 11.

Das **Volcano Art Center,** gleich hinter dem Kilauea Visitors Center, residiert in dem erwähnten umgesetzten Holzbau, den Mark Twain 1866 so begeistert beschrieb. Es ist ein typisches ›Big Island‹-Häuschen mit Holzschindeln und

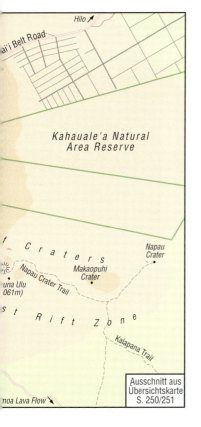

Kahauale'a Natural Area Reserve

Hilo

ai'i Belt Road

Crater s

Napau Crater

Makaopuhi Crater

Napau Crater Trail

una Ulu 061m)

st Rift Zone

Kalapana Trail

noa Lava Flow

Ausschnitt aus Übersichtskarte S. 250/251

Volcanoes National Park

Der Devastation Trail führt durch eine bizarre Vulkanlandschaft

Blechdach. Künstler und Kunsthandwerker stellen hier ihre Ölbilder, Zeichnungen, Fotos, Poster und Drucke, meist mit Motiven der Insel und ihrer Bewohner aus. Es gibt Keramik, die mit vulkanischer Asche glasiert ist, und Skulpturen und Schüsseln aus einheimischem Holz. Außer Ausstellungen finden hier auch *workshops,* Konzerte, Seminare, Gruppentreffen und besondere kulturelle Ereignisse statt.

Nicht weit vom Volcano House bringt eine am Abgrund halb weggebrochene Straße die gewaltigen Kräfte in Erinnerung, die hier unterirdisch verborgen sind. Die Straße und ein jetzt von Spalten zerrissener Parkplatz wurden im November 1983 von einem fast eine Minute dauernden Erdbeben zerstört, dem heftigsten in der Geschichte der Insel. Schwache Erdbeben registriert das Observatorium täglich zu Hunderten. In den Ferienhäusern des militärischen Erholungscamps Kilauea mitten im Vulkangebiet klappern öfter mal leise die Tassen im Schrank, als führe draußen ein Lastwagen vorbei. Nur daß es kein Lastwagen ist – die Erde bebt.

Um den Krater und seine Umgebung zu besichtigen, begibt man sich am besten auf den **Crater Rim Drive.** Die Rundstrecke um die Caldera des Kilauea ist 18 km lang und bietet an den besonders interessanten Stellen Haltepunkte, von denen auf gut gekennzeichneten *trails* kleine Spaziergänge möglich sind. Außer dem Crater Rim Drive gibt es auch einen ebenfalls um den gesamten Krater herumführenden gut gekennzeichneten Wanderweg von fast 20 km Länge, den **Crater Rim Trail,** von dem aber selbst passionierte Wanderer meist nur die interessantesten Teilabschnitte erlaufen.

Die Fahrt über den Crater Rim Drive beginnt am Kilauea Visitor Center. Am besten befährt man den Rundkurs entgegen dem Uhrzeigersinn und kommt in dieser Reihenfolge zu mehreren sehenswerten Punkten. Die **Sulphur Banks** sind sogenannte Fumarolen, bei denen Regenwasser durch Erdrisse in den schwefelhaltigen Untergrund einsickert, dort erhitzt wird und als schwefliger Wasserdampf wieder zu Tage tritt. Die gelben Schwefelablagerungen sind deutlich auch von ferne zu sehen. Leute mit Herz- und Lungenproblemen sollten die Warnschilder beachten und sich nicht zu dicht heranwagen. Nur 500 m weiter trifft man auf die **Steam Vents.** Diese ›Dampfventile‹ sind ebenfalls Fumarolen, bei denen Wasser in den Untergrund eindringt und als Dampf wiederauftaucht, nur enthält der Untergrund hier keinen Schwefel.

Nach 3 km erscheint das **Hawai'ian Volcano Observatory,** das seit 1912 Daten über die Aktivitäten der Vulkane sammelt. Das Observatorium kann nicht besichtigt werden, wohl aber das unmittelbar daneben stehende **Thomas A. Jaggar Museum.** Unter anderem wird hier in einer eindrucksvollen Multimedia-Show gezeigt, was sich an geologischen und vulkanischen Ereignissen abspielt. Die Darstellung wird ständig auf dem neuesten Stand gehalten.

Der nächste, 5 km lange Straßenabschnitt führt über die riesigen Lavafelder der **South West Rift Zone,** eine der beiden Bruchzonen des Kilauea. Diese Lavafelder sind im wesentlichen bei den Eruptionen Anfang der 70er Jahre entstanden. Hier zeigt sich kaum Vegetation. Der fast ständig wehende Passat treibt nämlich die schwefligen Dämpfe der Sulphur Banks und des Halema'uma'u-Kraters über das Gebiet und vergiftet den Boden mit schweflig-saurem Regen. Den bereits erwähnten Krater des **Halema'uma'u** erreicht man anschließend. Vom Parkplatz führt ein Fußweg an den Kraterrand und – für entsprechend ausgerüstete Wanderer – quer durch die ganze Kilauea Caldera. Es sind insgesamt 5 km bis zum Visitor Center. Daß die Sage vom Wohnsitz der Göttin Pele im Halema'uma'u noch lebt, zeigen die in Ti-Blätter eingewickelten Gaben: Blumen und sogar Flaschen mit ihrem angeblichen Lieblingsgetränk Gin.

Vom Halema'uma'u geht es weiter zu einem Aussichtspunkt an einem Nebenkrater, dem Keanakako'i, und nach einem weiteren Kilometer zum Parkplatz am **Devastation Trail.** Der Wanderweg führt durch eine seltsame, einmalige Landschaft bis zu einem Aussichtspunkt am Nebenkrater Pu'u Pua'i. Die Szenerie entstand 1959, als aus einem Nebenkrater des Kilauea, dem Kilauea Iki, (*iki* heißt ›klein‹) bis zu 600 m hohe Lava-Fontänen in den Himmel schossen und sich auf einen Ohia-Wald ergossen, dessen im Feuer zusammengeschnurrte Bäume jetzt einen bizarren Anblick bieten. Der Pu'u Pua'i ist auch mit dem Auto zu erreichen.

Vom Devastation Trail aus ist besonders gut zu beobachten, wie die Vegetation allen Widrigkeiten trotzt. Farne und flachwurzelnde Ohia-Lehua-Bäume wachsen als erste wieder auf der Lava. Der *ohia,* der oft schon auf völlig kahlem Lavaboden Halt findet, ist mit seinen feuerroten Blütenbüscheln der Sage nach Peles Lieblingsbaum. Seine federleichten Samen reisen mit dem Wind.

Von dem großen Parkplatz des Devastation Trails aus führt noch ein weiterer Wanderweg in Richtung Nordosten zum Boden des Kilauea-Kraters. Dort trifft er auf den **Byron Ledge Trail,** über den man zum Visitor Center gelangen kann.

Je weiter die Straße nach Osten führt, desto feuchter wird das Klima und desto grüner die Landschaft. Die **Thurston Lava Tube,** hawaiisch *Nahuku,* liegt bereits in einem dichten Tropenwald aus

*Ein Lavastrom setzte der
Chain of Craters Road ein Ende*

bis zu 5 m hohen *Tree Ferns,* Farnbäumen, und hohen Ohia-Bäumen. Moos,
kleine Farne, wilde Orchideen und seltene Vögel geben diesem Wald etwas
Geheimnisvolles. Und durch diesen
Wald gelangt man zu einer alten Lavaröhre, die aussieht wie ein von Menschen perfekt angelegter Tunnel. Diese
Röhre formte sich vor etwa 200 Jahren
durch unterschiedlich schnell abküh-
lende Lava. Während der äußere Mantel
bereits erstarrt war, strömte innen weiter Lava aus und hinterließ schließlich
eine leere Röhre. Der kühle, bemooste
Tunnel ist 150 m lang und führt mit einigen engeren Passagen und mehreren
größeren Räumen wieder in den Wald
der Farnbäume.

In der Nähe der Thurston Lava Tube
führt vom Crater Rim Drive ein Fußweg
in vielen Windungen auf den noch warmen Boden des **Kilauea Iki.** Wer sich
die Strapaze nicht zumuten will, in die
›Unterwelt‹ hinabzusteigen, fährt 500 m
weiter zum Kilauea Iki Overlook und
genießt von diesem Aussichtspunkt den
spektakulären Blick von oben in den
Krater.

Die **Chain of Craters Road** zweigt in
der Nähe des Devastation Trails vom
Crater Rim Drive nach Süden ab. Sie
führt zunächst längst der anfangs südöstlich verlaufenden Bruchzone des Kilauea, vorbei an Erdrissen und kleinen
Kratern. Ältere und jüngere Lavaflächen
geben einen Eindruck vom ständigen
Kampf der Vegetation gegen das Feuer.
Farne und kleine Ohia-Bäume sind auch
hier die ersten Pflanzen, die sich wieder
ansiedeln. Ältere Lava ist üppig überwuchert.

Einen heißen Wettstreit ficht die Feuergöttin auch mit den Straßenbauern

aus. Daß Straßenkarten von ›Big Island‹
immer nur bedingt stimmen können,
darf niemanden wundern. Lavaströme
setzen sich über wunderschön asphal-
tierte, günstige Verbindungen mühelos
hinweg. Touristen fahren in einem Jahr
auf einer Straße, die für die Ewigkeit gebaut schien, aber schon im darauf fol-
genden Jahr ist alles anders. Die Straße
hat sich in eine Sehenswürdigkeit für
sich verwandelt: vor schwarzen Lava-
wällen ist die Welt bis auf weiteres zu
Ende. Doch die Straßenbauer auf ›Big
Island‹ sind flexibel. Wenn es sich machen läßt, führt die Straße später eben
über die Lava, notfalls mit einem sanften Buckel.

6,4 km südlich vom Beginn der Chain
of Craters Road zweigt eine Nebenstraße ab, die zu einem großen, gut ausgestatteten Campingplatz führt. Der
Kipuka Nene Campground kann nur
mit Genehmigung der Parkverwaltung
genutzt werden und ist zur Brutzeit der

Nene-Gänse von November bis März geschlossen. Vom Campingplatz geht ein Fußweg weiter zum **Hilina Pali Overlook Shelter,** einem hochgelegenen Picknickplatz mit Aussicht auf Lavafelder und Meer.

Von der Chain of Craters Road zweigt nach einem weiteren Kilometer der 16 km lange Wanderweg **Napau Trail** nach links ab. Er führt längs der hier nach Osten abschwenkenden Bruchzone des Kilauea, zuerst am **Maka'opuhi Crater,** dann am **Napau Crater** vorbei und endet schließlich in der Nähe des **Pu'uo'o Crater** 18. Dieser Krater umschließt einen brodelnden Lavasee und ist Hauptziel der Sightseeing Touren per Hubschrauber (s. »Richtig Reisen-Tip«, S. 268). In den Jahren 1983 bis 1990 verzeichnete er besonders spektakuläre Ausbrüche, die riesige Lavaströme bis an die Küste schickten, dort ganze Dörfer verbrannten und die Küstenstraße kilometerweit unterbrachen.

Den hin und zurück 32 km langen Wanderweg zum Pu'uo'o-Krater können nur gut ausgerüstete, ausdauernde Wanderer unternehmen, die sich vorab im Visitor Center über die Gegebenheiten genau informiert haben.

Die Chain of Craters Road führt weiter über ausgedehnte Lavaflächen, die ab und an durch sogenannte *kipukas* unterbrochen sind, Flächen, die von den Lavaströmen ausgespart wurden. In diesen Inseln hat sich die Pflanzen- und Tierwelt erhalten.

Den **Holei Pali,** einen durch Erdrutsch entstandenen kilometerlangen Berghang, überwindet die Chain of Craters Road mit einer großen Serpentine. Kurz vor der Küste kreuzt sie einen Wanderweg, den **Puna Coast Trail.** In Richtung Osten führt dieser Trail 1,5 km weit

Blick in den Pu'uo'o Crater – ein Hubschrauberflug macht's möglich ▷

Für Abenteuerlustige:
ein Hubschrauberflug über den Vulkan

über kahle Lavafelder zum **Puʻu Loa Petroglyphs Field** 🔟. Hier befand sich einst eine althawaiische Kultstätte mit vielen in die Lavabrocken eingeritzten Felszeichnungen. In Westrichtung führt der Puna Coast Trail längs der Küste über ausgedehnte Lavafelder und trifft nach 15 km auf das Wanderwegenetz der Kaʻu Desert. Es ist mit einigen primitiven Camping-Einrichtungen versehen und nur von bestens ausgestatteten Wanderern nach vorhergehender Beratung im Visitor Center zu begehen.

Aber zurück zur Chain of Craters Road. Sie erreicht die Küste nach weiteren 1,5 km und verläuft dann längs der Küste bis zum **Laeʻapuki**. Etwa hier war früher der Südeingang zum Nationalpark. Sämtliche Einrichtungen wurden in den Jahren 1983 bis 1990 von Pele feurig abgeräumt. Dafür schenkte sie der Insel etwa 30 Hektar neues Land. Die Chain of Craters Road wurde zur Sackgasse. Wahrscheinlich wird der Anschluß an das östliche Straßennetz der Insel irgendwann wieder hergestellt. Für wie lange, bestimmt ›Madame Pele‹.

Der Weg zum Mauna Loa

Der **Mauna Loa** 🔟 ist 4170 m hoch, sein letzter Ausbruch geschah 1984. Die Lava floß über die nordöstliche Bruchzone ab und bedrohte damals auch das etwa 65 km entfernte Hilo.

Auf dem Gipfel des Mauna Loa ist die **Mokuʻaweoweo Caldera** von zwei *trails* aus zu besichtigen. Der Vulkan ist aber keineswegs so besucherfreundlich wie der viel niedrigere Kilauea, sondern nur von abgehärteten Wanderern mit entsprechender Ausrüstung erreichbar:

Vom Highway 11 zweigt die noch befahrbare Mauna Loa Road ab und endet nach rund 23 km beim *lookout shelter,* einem 2030 m hoch gelegenen Aussichtspunkt mit schönem Rundblick auf beide Vulkane. Von dort führt der Mauna Loa Trail über rund 30 km zum Gipfel.

Auch wenn man nicht bis zum *lookout* fahren will, lohnt sich doch ein kurzer Abstecher auf der Mauna Loa Road bis zum Kipuka-Naturschutzgebiet Puaulu. Gleich nach der Abzweigung vom Highway 11 führt rechts eine kurze Stichstraße zu den **Tree Molds**. Ähnlich wie im Lava Tree Monument hat ein Lavafluß einen Wald mit mächtigen Koa-Bäumen eingeschlossen. Nur floß hier die Lava nicht ab, so daß die Bäume verkohlten und große, bis zu 3 m tiefe Röhren in der erkalteten Lava zurückblieben.

oder man vernimmt die Stimmen von *elepaio, apapane* und anderen hawaiischen Vogelarten, die in den mächtigen Kronen der Koa- und Ohia-Lehua-Bäume zu Hause sind. Der Ohia-Eisenholzbaum, der in ganz Polynesien gedeiht und durch seine herrlichen scharlachroten Blütenquasten auffällt, ist eine bemerkenswert vielseitige Spezies. In Hawai'i tritt er in mannigfaltigen Formen auf. Hier im *kipuka* erreicht er bei mächtigem Stammesumfang eine Höhe von mehr als 30 m, während er wenige Kilometer weiter auf den Lavaflächen der Ka'u Desert oft nur als kleiner, aber voll ausgereifter, kaum 30 cm hoher Busch existiert.

Vom Südwesthang des Kilauea-Gipfels führt der Mamalahoa Highway 11 entlang der Southwest Rift Zone durch die weiten, scheinbar unbewachsenen Lavafelder der **Ka'u Desert** 21. Und doch, wenn es im Frühjahr oder Winter einmal regnet, erscheinen aus ihrem Gestein die gelben Mamani- und die weißen, nach Nelken duftenden Alahee-Blüten. Auch die vertrauten, leuchtendroten Blütenbüschel des hier zwergwüchsigen Ohia-Lehua finden sich häufiger. Noch im Gebiet des Nationalparks, zwischen den Meilensteinen 37 und 38, befindet sich der Ausgangspunkt des Mauna Iki Trails. Er führt über 15 glühendheiße Kilometer quer durch die Ka'u Desert zur Hilina Pali Road. Aber ein kleiner Ausflug genügt, um einen guten Eindruck zu bekommen, und schon nach wenig mehr als einem Kilometer Fußmarsch über Paho'eho'e- und A'a-Lava ist auch der interessanteste Punkt erreicht: die **Desert Footprints**, relativ gut erhaltene Fußabdrücke in erstarrter Vulkanasche – Spuren einer Tragödie vor mehr als 200 Jahren. 1790 kämpften die Häuptlinge Kamehameha und Keoua um die Herrschaft über die

Ein paar Kilometer weiter gelangt man zum Parkplatz beim **Kipuka Puaulu**. Hier hat sich eine ursprüngliche Vegetationsinsel erhalten, ganz umschlossen vom alten Lavastrom eines Mauna Loa-Ausbruchs, aber unberührt von der Glut des Magmas. So konnte sich hier über Hunderte von Jahren endemische Flora und Fauna ungestört entwickeln. Ein 1,6 km langer Rundweg führt durch die üppige Vegetation des 40 ha großen Naturschutzgebietes. Man sieht neben den bekannteren Bäumen und Pflanzen wie Koa, Ohia, Kukui, Ti- und Ohelo-Büschen mit roten, wohlschmeckenden Beeren auch seltenere Gewächse wie den Holei-Baum mit seinen lanzenförmigen, lederartigen Blättern. Mit etwas Glück lassen sich Schmetterlinge beobachten, vielleicht der lebhaft rotgelb gefärbte Kamehameha-Falter auf einem Adlerfarn,

Hubschrauberflug mit Fußbodenheizung

Eine gewisse Entschlossenheit gehört schon dazu, im Hubschrauber über die heiße Vulkanlandschaft zu fliegen. Und billig ist es auch nicht. Lohnt es sich? Ist es gefährlich? Der Pilot versichert mit beruhigend knappen Worten, er sei täglich mit seinem Helikopter unterwegs, der tadellos gewartet sei. Auch verspricht er Aussichten auf blubbernde Krater und breite, rotglühende Lavaströme in Gebieten, an die sonst nicht heranzukommen ist. Also gut. Wann hat man schon einmal die Gelegenheit, so etwas *live* zu sehen?

Laut und rüttelnd trägt uns der Hubschrauber über schwarze Lavafelder mit Kratern und rauchenden Spalten. Mitten in der Mondlandschaft tauchen Reste ehemaliger Straßen auf, mit sauberem weißen Mittelband, daneben Inseln verbrannter Bäume. Nach zehn Minuten überfliegen wir die ersten heißen Lavaflüsse. Deutlich sind die beiden Arten Lava zu erkennen: Schnell, hellrot leuchtend, strömt die dünnflüssige Paho'eho'e-Lava in einer Art Flußbett, das durch Abkühlung an den Rändern entstanden ist. Sie verschwindet streckenweise unterirdisch, quillt wieder auf, behält ihr Tempo bei. Nur langsam schiebt sich dagegen die aufgetürmte A'a-Lava riesigen Tatzen gleichend voran, dunkelrot glühend, unter einer schwarzbrockigen Kruste. Der Pilot geht nahe an die Feuerstellen heran. Von unten wird es ungemütlich heiß. Ein großer Krater ist randvoll mit Lava gefüllt, deren trügerisch fest scheinende, hellgraue Oberfläche von breiten feuerroten Rissen durchzogen ist. An drei Stellen schießen alle paar Sekunden glühende Fontänen, mehr orange als rot, haushoch in die Luft. Noch näher möchten wir da nun aber bitte nicht mehr heran. Mit einer letzten Kurve um den Krater dreht der Pilot auf Rückkurs. Die Erde hat uns noch nicht wieder, wohl aber die Mondlandschaft, die plötzlich vergleichsweise sehr vertrauenerweckend aussieht.

»Waren das wirklich nur 45 Minuten?« fragt man erstaunt nach der Landung. Bestimmt sind sie unter der Rubrik ›unvergeßlich‹ im Langzeitgedächtnis gespeichert. Es hat sich gelohnt!

(Elisabeth Piper)

Insel, als ein Trupp von Keouas Kriegern von einem heftigen Ausbruch des Mauna Loa überrascht wurde. Heiße Asche und giftige Schwefelgase erstickten die Unglücklichen auf der Flucht. Ihre Fußabdrücke erhielten sich im Ascheschlamm, der in der sengenden Sonne härtete.

Der Südwesten der Insel –
Von Punalu'u Beach zur Kona-Küste

(Volcanoes National Park – Punalu'u – Abstecher nach Ka Lae – Pu'uhonua o Honaunau – Kailua-Kona: ca. 220 km); Karte s. S. 269

Bald nach Verlassen des Vulkan-Nationalparks führt die Straße durch das Grasland der Kapapala Ranch. Danach folgen ausgedehnte Plantagen von Macadamia-, Orangen- und Avocadobäumen. **Pahala** 1 wird vom Highway 11 kaum berührt. Folgt man aber dem hohen Schornstein der Kau Sugar Company und fährt in den kleinen Ort, findet man noch einen typischen Plantagenort vor, in dem die Zeit stehengeblieben zu sein scheint. Südlich von Pahala bringen dann afrikanische Tulpenbäume und rot und violett leuchtende Bougainvillea Farbe in die Landschaft.

Etwa 8 km hinter Pahala, bei Meile 56, zweigt eine Straße zum **Punalu'u Beach Park** 2 ab, wieder ein Strand von der schwarzsandigen Sorte, von schlanken Kokospalmen umsäumt. Da man hier eine der wenigen guten Bademöglichkeiten an der Südküste findet, ist tagsüber viel Betrieb. Morgens und abends wird es jedoch einsam. In der Nähe des *beach parks* liegt der Ort Ninole mit dem Seamountain Resort und Golfplatz. Wenige 100 m östlich vom Punalu'u Beach führt ein Pfad zu den Resten des **Kane'ele'ele Heiau.** Über eine schmale Straße südlich von Ninole gelangt man zum Kaieie Heiau am oberen Ende eines Lavaflusses und etwas weiter zum gut erhaltenen **Ke'eku Heiau** an der Kawa Bay.

Hinter Punalu'u eröffnet sich eine beeindruckende Küstenlandschaft: hier führt eine weite, tiefschwarze Lavaebene an das aquamarinblau schimmernde Meer. Wenig später ist **Na'alehu,** der einzige größere Ort der Region, erreicht. Hier oder in Wai'ohinu, ein paar Kilometer weiter, sollte man ans Tanken denken, besonders wenn noch ein Abstecher zum South Point nach Ka Lae geplant ist, denn bis zum 80 km entfernten Kailua gibt es keine Zapfsäule mehr. Frisch gepflückte Früchte und appetitliche Snacks bekommt man im Na'alehu Fruit Stand. Der verträumte Ort **Wai'ohinu** 3 hat eine hübsche Kirche, die 1848 erbaute Kauaha'ao Church, ein Visitor Center, und ist stolz auf seinen Mark Twain Monkeypod Tree, d. h. auf das, was davon übrig geblieben ist. Denn der mächtige Baum, im vorigen Jahrhundert vom großen Schriftsteller selbst gepflanzt, fiel 1957 einem Sturm zu Opfer. Inzwischen wächst aber wieder ein neuer Baum aus dem alten Stumpf.

Abstecher zum südlichsten Punkt der USA

Gleich hinter Wai'ohinu zweigt eine schmale, aber befestigte Straße nach **Ka Lae** 4 ab, wo noch die Reste einer alten Tempelanlage zu sehen sind. Nach 17 km endet die South Point Road am südlichsten Punkt der USA. Etwa auf halber Strecke kommt man an der **Kamaoa Wind Farm** vorbei. Auf Dutzenden schlanker Türme drehen sich große Propeller, die die Luft mit fast unheimlichem Brummen erfüllen. Saftiggrünes Weideland geht allmählich in eine windzerzauste, sonnendurchglühte Steppen-

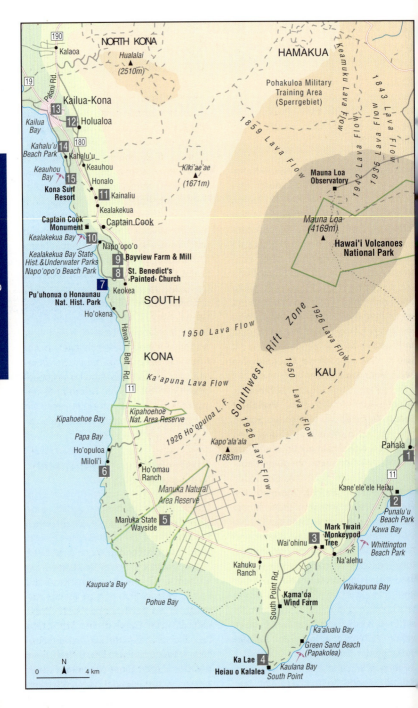

landschaft über. Der ständig wehende, Nordostpassat hat die Kronen der wenigen Bäume alle in eine Richtung gedrückt. Die weite Kamaoa-Ebene besteht aus Lavagestein, das von Eruptionen des prähistorischen Vulkans Ninole vor etwa 100 000 bis 500 000 Jahren stammt. Früher war das Land mit üppiger Vegetation bedeckt und dicht besiedelt. Abholzung und intensive Bodennutzung sowie dadurch hervorgerufene Klimaveränderungen ließen die Ebene allmählich trocken werden. Bereits am Anfang des vorigen Jahrhunderts siedelten nur noch wenige Menschen hier.

Das Gebiet um South Point ist historischer Boden. Man vermutet, daß hier schon vor mehr als 1500 Jahren Polynesier an Land gingen. Heute ist Ka Lae einer der einsamsten Punkte auf der Insel. Zwei Meeresströmungen treffen vor dem stürmischen Kap aufeinander und sorgen für mächtige Turbulenzen. Kein vorgelagertes Riff schützt die dunkle Felsenküste, unaufhörlich donnern die Brecher heran und schleudern Gischtfahnen aufs Land. Ein tückisches Revier für Seeleute und Fischer. Mark Twain berichtet 1866 von seiner Reise mit dem Schoner »Emmiline«: »Den ganzen Tag kämpften wir gegen die Strömung – hatten das Kap immer in Sicht, kamen aber nicht herum. Bei Nacht kreuzten wir 40 bis 50 Meilen, erst am nächsten Tag schafften wir es.«

Das nährstoffreiche Wasser der Strömungen hat für den großen Fischreichtum gesorgt, der schon seit Urzeiten den Fischern die Netze füllt. Um in dem gefährlichen Gewässer vor dem Kap überhaupt fischen zu können, benutzten die alten Hawaiianer eine einfache, aber wirksame Methode. Sie bohrten mit

Der Südwesten der Insel:
Von Punalu'u Beach zur Kona-Küste

Steinwerkzeugen an die 80 ringförmige Löcher in die Felsvorsprünge an der Leeseite der Küstenfelsen, durch die sie dann Leinen zum Festmachen ihrer Auslegerkanus zogen. So gesichert, konnten sie ihre Netze oder Angeln auswerfen. Auch heute noch werden diese Ringe benutzt, um Angelleinen zu befestigen.

Nahe am Ufer befinden sich die Überreste der Steinmauern des **Heiau o Kalalea,** einer vorgeschichtlichen Tempelanlage, die noch heute von Fischern der Region verehrt wird. Manchmal erinnern kleine, in Ti-Blätter gewickelte Opfergaben daran. Etwa einen Kilometer nordöstlich haben Archäologen Reste einer alten Siedlung mit einer Angelhakenwerkstatt ausgegraben. Das gesamte Gebiet um den South Point steht heute als National Historic Landmark unter Denkmalschutz.

Eine kleine Seitenstraße führt zur Kaulana Bay, einer geschützten Bucht an der Ostseite des Kaps. Will man noch dem grünsandigen Strand von Papakolea einen Besuch abstatten, geht es nur zu Fuß weiter. Eine nicht ganz einfache Wanderung auf einer 4,5 km langen unwegsamen Jeepstraße. Die grüne Farbe des Sandes wird durch verwittertes Olivin hervorgerufen, Bestandteil der Lava in dieser Region.

Die Kona-Küste

Wieder auf dem Highway 11, geht es jetzt meilenweit über alte Mauna Loa-Lavafelder. Die kahle, schwarze Fläche ist nur gelegentlich von Vegetation unterbrochen. Der **Manuka State Wayside** 5, ein Rastplatz mit Arboretum und Picknickeinrichtungen, wirkt deshalb wie eine liebliche Oase. Nach einer knappen Viertelstunde führt eine Straße an die Küste zum 8 km entfernten

Im Puʻuhonua o
Honaunau National
Historical Park

Miloliʻi 6, einem kleinen Fischerdorf, das von einigen Dutzend Filipino-Hawaiianern bewohnt wird. Auch hier scheint die Zeit stehengeblieben zu sein. Auslegerboote liegen am Strand, Netze trocknen in der Sonne. Man fischt auf traditionelle Art: *opelu,* eine Makrelenart, mit dem Netz, größere Fische mit der Handleine.

Der Highway 11 überquert nun drei große Lavaströme, die 1950 vom Mauna Loa bis ans Meer flossen. Der nächste lohnende Abstecher bietet sich bei Keokea an. Hier führt die Route 160 an die Küste zum **Puʻuhonua o Honaunau National Historical Park** 7 (siehe unter Honaunau, S. 392), der größten und wohl am besten erhaltenen vorchristlichen Tempelanlage Hawaiʻis. Vor der neuen Besinnung auf hawaiische Traditionen auch ›City of Refuge‹ genannt,

ein Name, der für Touristen leichter zu merken ist und darum wohl ebenfalls gebräuchlich bleiben dürfte. Für den Besuch sollte man sich Zeit nehmen.

Die 400 Jahre alte hawaiische Kultstätte wurde genau so restauriert, wie sie bei der Ankunft von Captain Cook's Schiffen vor 200 Jahren aussah und vom Schiffsmaler John Webber dargestellt wurde. Das Heiligtum war Sitz wichtiger *Kahunas,* Priester der Huna-Religion. Götterfiguren aus Holz bewachen den rekonstruierten **Hale-o-Keawe-Heiau.** Wie die andern Häuser und ›Tempel‹ der alten Zeit besteht er aus einem Holzgeflecht, das mit Blättern und Farnen bedeckt ist. Ein hoher Steinwall trennt den priesterlichen Bereich von dem Schutzgebiet, dem *Puʻuhonua,* in dem sich Menschen in Sicherheit bringen konnten, die ein *kapu* (Tabu) verletzt hatten.

Sehenswert ist die mit prachtvollen hawaiischen Motiven ausgemalte St. Benedict's Painted Church

Komplizierte Tabu-Gesetze regelten in Hawai'i alle Einzelheiten des täglichen Lebens, das Verhältnis zu den Göttern, zu Königen und sogar zwischen Mann und Frau. Der kleinste Verstoß galt als Frevel gegen die Götter und wurde mit schrecklichen Todesarten bestraft.

Nur durch Flucht in eine der mit dicken Mauern umgebenen Schutzgebiete konnte sich ein schuldig gewordener Mensch entsühnen. War der Delinquent, oft nach dramatischer Jagd, seinen Verfolgern entkommen und in der Fluchtburg angelangt, war er sicher. Die Priester sprachen ihn los, erklärten ihn *tabu*, so daß sich niemand an ihm vergreifen durfte, und ließen ihn als freien Menschen nach Hause wandern.

Nahebei lohnt ein Besuch von Konas berühmter Kirche, der **St. Benedict's Painted Church** 8 , mit dem blumen-

geschmückten Friedhof nebenan. Die 1902 erbaute Holzkirche wurde vom belgischen Pater John Velghe mit wunderhübschen hawaiischen Motiven und biblischen Bildern von Himmel und Hölle ausgemalt. Ein schönes Beispiel hawaiischer Volkskunst. Die Kirche liegt etwas abseits der Route 160, über eine Seitenstraße bequem zu erreichen.

Auf dem Weg zur Kealakekua Bay kommt man an der **Bay View Farm and Mill** 9 (siehe unter Honaunau, S. 392) vorbei. Die Besichtigung der Kaffeeplantage mit ihren Verarbeitungsanlagen lohnt sich. Hoch am Hang gelegen, erstrecken sich inmitten der Pflanzungen weitläufige Decks, auf denen die Kaffeekirschen zum Trocknen ausgebreitet sind. Besonders während der Winter- und Sommersaison hängt der süßlich-feuchte Geruch der frisch ent-

In der Bayview Coffee Mill werden Kaffeekirschen zu Kona-Kaffee verarbeitet

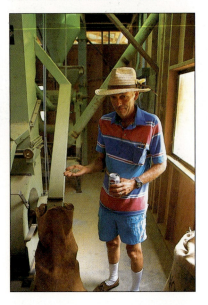

kernten Kaffeekirschen in der Luft. Alle Stadien der Aufbereitung, diverse Sorten und Qualitätsmerkmale werden erklärt, man probiert frisch gerösteten Kaffee und kann auch gleich eine Packung als Souvenir mitnehmen.

Wir befinden uns hier im Zentrum des Kaffeeanbaus. Überall in der Region zwischen Honaunau und Honalu sieht man auf den Hängen lange Reihen von Büschen mit den kräftiggrünen Blättern und roten oder gelben Kaffeekirschen. In den Höhenlagen von 200 bis 600 m

wächst der berühmte Kona-Kaffee besonders gut.

Napo'opo'o an der **Kealakekua Bay** 10 (S. 336) war früher ein blühendes Fischerdorf, heute findet man hier nur ein paar Häuser mit gepflegten Gärten. Der Ort ist aber von historischem Interesse, und die Bucht ein ideales Revier zum Schnorcheln und Tauchen.

Der **Hikiau Heiau** am Ende der Straße in Napo'opo'o war dem Gott Lono gewidmet. Lono, so weissagten die Priester, würde einst mit einem großen Schiff an dieser Stelle wiederkehren. Als Cook im Januar 1779 mit seinen beiden Schiffen »Resolution« und »Discovery« in der Bucht vor Anker ging, feierte man gerade das Makahiki-Fest zu Ehren Lonos. Kein Wunder, daß die Hawaiianer tief beeindruckt waren und in Cook die Personifizierung des Gottes sahen. An die 10 000 Eingeborene bereiteten ihm einen begeisterten Empfang. Bei seinem zweiten Aufenthalt in der Bucht, einen Monat später, wurde er dann in einem tragischen Konflikt mit den Eingeborenen erdolcht (s. S. 29 ff.).

Vom Fuße des *heiau*, wo Cook beim Begräbnis eines Matrosen die erste christliche Andacht auf Hawai'i hielt, schweift der Blick zum gegenüberliegenden Ufer der Kealakekua Bay. Hier erinnert das **Captain Cook Monument,** ein schlichter weißer Obelisk mit einer Inschrift, an den Tod des großen Seefahrers. Auf den Kopf gestellte Rohre alter Schiffsgeschütze, wie zum Salut aufgestellt und mit einer Kette verbunden, dienen als Einfassung. Die Stelle, an der Cooks Blut vergossen wurde, etwa 70 m weiter auf einem Lavavorsprung am Uferrand, wurde 1928 anläßlich der Gedenkfeiern zum 150. Todestag durch eine Bronzeplakette markiert. Infolge einer Landabsenkung liegt sie heute unter Wasser.

Das Monument wurde erst 1874 auf einem Lavafelsen errichtet. Mark Twain stellte 1866 in seinen Briefen aus Hawai'i noch mit Befremden fest, daß nur der traurige Stumpf einer 1789 im Kampf zerschossenen Kokospalme an Cook erinnerte. Englische Schiffe hatten sich angewöhnt, ihre Anwesenheit in der Bucht durch angenagelte Kupferplatten mit kunstlos eingekratzten Inschriften zu dokumentieren. Übrigens wird der besagte Palmenstumpf heute im Londoner Whitehall Museum ausgestellt. Das Land, auf dem das Denkmal steht, wurde an Großbritannien abgetreten und die Royal Navy kümmert sich auch heute noch um den Erhalt des Monuments.

Zur Gedenkstätte kommt man über eine holprige Jeep-Straße, die vom Ort Captain Cook über die Pali-Berge zur Küste hinunter führt. Die letzten 2,5 km müssen auf einem Wanderpfad durch Gestrüpp und Elefantengras bewältigt werden – hinunter geht es relativ einfach – heiß und mühsam ist der Rückweg den Berg hinauf. Es gibt aber noch andere Möglichkeiten: eine Exkursion auf dem Pferderücken, die von »King's Trail Rides« in Kealakekua veranstaltet werden, oder eine geführte Paddeltour über die Bucht, organisiert von »Kayak Historical Discovery Tours« in Captain Cook (s. S. 330). Einfacher noch bucht man in Kailua (s. S. 333) eine Exkursion auf einem der Ausflugsboote zur Kealakekua Bay. Sie fahren bis dicht an das Monument heran, und die malerische Südsee-Szenerie läßt sich bequem von Deck aus betrachten. Von diesen Booten aus kann man in der schönen Bucht auch schwimmen und schnorcheln. Mit etwas Glück lassen sich während der Fahrt Delphine beobachten, die spielerisch das Boot umkreisen und begleiten. Während der Wintermonate sind häufig

Captain Cook Monument

auch Buckelwale an der Küste vor Kealakekua zu sehen.

Die Bucht ist heute ein Unterwasserschutzgebiet, das mit dem Hikiau Heiau zusammen den **Kealakekua Bay State Historical & Underwater Park** bildet. Die schönsten Stellen zum Schnorcheln sind die kristallklaren Gewässer um das Cook Monument mit ihren gelben und blaugrünen Korallengärten und einer Vielzahl bunter Tropenfische. Darunter viele, die nur in hawaiischen Gewässern zu finden sind, wie der blaugelb gestreifte Schmetterlingsfisch oder Engel und Papageienfische. Im tieferen Wasser gleitet manchmal die große grüne Seeschildkröte elegant vorbei. Auch am **Napo'opo'o Beach Park** gibt es gute Bade- und Schnorchelmöglichkeiten.

Weiter geht es auf der Napo'opo'o Road, die bei Captain Cook wieder auf den Highway 11 trifft. Vorher noch fährt man am **Royal Kona Coffee Mill and**

Museum vorbei. Alte Fotos und Gerätschaften vermitteln einen guten Eindruck von Konas Kaffee-Vergangenheit. Noch mehr historische Fotos gibt es im **Kona Historical Society Museum** in Kealakekua zu sehen. Interessanter ist das Gebäude, ein ehemaliger *general store* aus dem 18. Jahrhundert, der im National Register of Historic Places verzeichnet ist. Etwas außerhalb vom Ort liegt linker Hand die Lanakila Chapel, eine hübsche Kirche aus dem Jahre 1867, und in **Kainaliu** ⑪ (S. 335), knapp einen Kilometer weiter, befindet sich der historische **Aloha Theater Complex** von 1932, ein bemerkenswertes Gebäude, in dem noch jeden Monat Theateraufführungen stattfinden. Außerdem sind darin noch eine Balletschule, der Dorfladen und ein Café untergebracht. Hier gibt es selbstgebackenes Brot und Gebäck, ein herzhaftes Frühstück und die vielleicht besten *burger* an der Kona-Küste.

Von Honalo führen zwei Straßen nach Kailua, schneller geht es auf dem Highway 11, länger, dafür jedoch landschaftlich reizvoller ist die Strecke über Holualoa auf der Route 180. Weit mehr Niederschläge als in der über 400 m tiefer gelegenen Küstenregion sorgen für üppige Vegetation: Bananen, Mangos, Papayas, dichter tropischer Wald, unterbrochen von Bäumen mit farbenprächtigen Blüten.

Holualoa ⑫ (S. 332), ein schläfriger Ort an den Hängen des Hualalai-Vulkans, ist nur noch ein paar Kilometer von Kailua entfernt. Verwitterte, wellblechgedeckte Häuser und zahlreiche Kaffeeplantagen bestimmen immer noch den Charakter der Stadt. Inzwischen sind jedoch neue Siedlungsgebiete mit Häusern und auch luxuriöse Villen entstanden. Seit 1965 die kalifornischen Künstler und Kunsterzieher Bob

und Carol Rogers sich hier niederließen und das Kona Arts Center gründeten, ist der Ort so etwas wie eine Künstlerkolonie geworden, mit einem knappen Dutzend Galerien, Studios und Geschäften. Im **Kona Arts Center** geben die Rogers Kurse im Malen und Töpfern; man wird freundlich mit einer Tasse Kona-Kaffee begrüßt. Im Studio 7 zeigt Hiroki Morinoue seine Aquarelle und Drucke, und in der Holualoa Gallery gibt es neben schönen Töpferarbeiten, Gemälden und Drucken auch *wearable art,* Kleidungsstücke kunstvoll bemalt oder bedruckt. Der Ort hat ein kleines, sehr preiswertes Hotel, seit 1926 geöffnet, und ein Café, das gleichzeitig als Ausstellungsraum für örtliche Künstler dient. Hier gibt es den vielleicht besten Kaffee auf Hawai'i.

Die Königsresidenz Kailua-Kona

⑬ (S. 333) **Kailua** war vor ein paar Jahrzehnten noch ein schläfriges kleines Fischerdorf, das sich nur zum Kona Coffee Festival im November mit Leben füllte. Auch heute noch besteht der Ort, der meistens mit dem Zusatz ›Kona‹ genannt wird, um Verwechslungen mit dem gleichnamigen Ort auf O'ahu zu vermeiden, hauptsächlich aus einer langgestreckten Hauptstraße, die um die Bucht herumführt. Hier, am **Ali'i Drive** findet man Hotels, Cafés, Boutiquen, Geschäfte und Tourveranstalter. Wer Sonne sucht, hat hier in Kona das ideale Klima gefunden. Die gesamte Kona-Küste liegt im Windschatten der großen Vulkane Mauna Kea und Mauna Loa. Regen fällt, wenn überhaupt, abends oder in den späten Nachmittagsstunden. Lediglich an den höher gelegenen Hängen des Hualalai, Kailuas Hausberg, regnet es

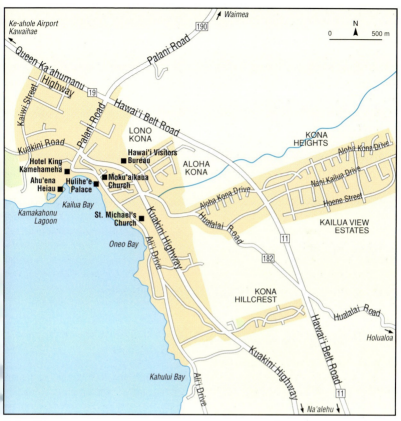

Kailua-Kona

häufiger. Dort ist dann auch die Vegetation entsprechend üppig.

Der Tourismus an Hawai'is Sonnenküste entwickelt sich stetig weiter, und Kailua hat entsprechend davon profitiert. Wesentlich dazu beigetragen hat auch der knapp 12 km nördlich von Kailua gelegene moderne Kea-hole International Airport mit direkten Flugverbindungen zum Festland der USA. Also keine Rede mehr von einem verschlafenen Dorf. In Kailua läßt sich gut einkaufen, es gibt schicke Restaurants, und man kann abends in einer Bar seinen *mai tai* oder einen anderen tropischen Drink mit Blick aufs Meer genießen. Im Schatten der Bäume an der Kaimauer machen Einheimische Rast und betrachten gelassen das lebhafte Treiben. Die Kaimauer am nördlichen Ali'i Drive ist ein beliebter Angelplatz. Von hier aus bietet sich ein schöner Blick über die weite Bucht, auf der häufig Ruderer in ihren Auslegerkanus trainieren. Hier befindet sich auch der winzige Kamakahonu-Strand, eine der wenigen Badegelegenheiten direkt im Ort – sonst gibt es nur noch die *beaches* beim King Kamehameha Hotel und hinter dem Hulihe'e Palace.

Der Ironman-Triathlon

Jedes Jahr im Oktober treffen sich in Kailua an die 1500 ›Eisenmänner und -frauen‹ aus über 50 Ländern der Welt zum ›Dreikampf der Superlative‹, den viele als den härtesten der Welt ansehen. Um 7 Uhr morgens beginnt der Wettbewerb an der Kailua Pier mit einem 2,4 Meilen-Schwimmen in den rauhen Gewässern vor Kailua.

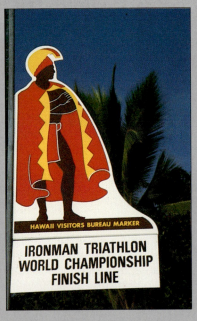

Unmittelbar nach dem Kampf gegen die Wellen folgt ein Radrennen auf dem Queen Kaʻahumanu Highway entlang der Kona-Küste nach Hawi und zurück:

180 Fahrradkilometer in glühender Sonne über Lavafelder. Als krönender Abschluß dann ein Marathon über die Distanz von 42 km – natürlich alles ohne Pause.

Durchschnittliche Temperatur während des Rennens: 28–35 °C bei einer Luftfeuchtigkeit von 90 %, und an einigen Stellen der Fahrradrennstrecke sind Windböen bis zu 100 km/h möglich. In 17 Stunden muß das komplette Rennen absolviert sein – die Sieger brauchen in der Regel weniger als 10 Stunden. So schaffte es der 5fache Champion Mark Allen in der Rekordzeit von 8:58:23 Std. und die 6fache Siegerin bei den Frauen, Paula Newby-Fraser, sogar in 8:55:28 Std. Bei Preisgeldern von insgesamt 170 000 Dollar winken den Siegern je 25 000 Dollar. Auch für das Tourismusgewerbe von ›Big Island‹ und besonders für Kailua ist der *Ironman* ein gutes Geschäft: über 30 Millionen Dollar bleiben in den Kassen.

Ursprünglich fing das Ganze auf Oʻahu an. Dort organisierte 1978 eine Gruppe von 15 ›Verrückten‹, wie sie die örtliche Sportpresse nannte, den Härtetest, bestehend aus dem Waikiki Roughwater Swim, dem Around the Oʻahu Bike Race und dem Honolulu Marathon. Heute schlägt der Wettkampf Tausende in seinen Bann, und 100 Millionen sitzen vor den Fernsehschirmen, wenn NBC das Rennen überträgt.

An der Kailua Pier

Schon 1812 war Kailua ein bevorzugter Aufenthaltsort für Hawai'is *ali'i*. König Kamehameha I. hatte hier seine Residenz Kamakahonu, von der er das Inselreich bis zu seinem Tode im Jahre 1819 regierte. Gleich daneben ließ er den **Ahu'ena Heiau** zu Ehren des Fruchtbarkeitsgottes Lono errichten. Die originalgetreu restaurierte Tempelstätte, eine schwarze Lava-Plattform mit grasgedeckten Hütten, Opfergerüsten und geschnitzten Götterfiguren, liegt heute in den Anlagen des **King Kamehameha Hotel** gegenüber der Pier und ist für jedermann zugänglich. In der Hotellobby ist hawaiisches Kunsthandwerk ausgestellt

Von der **Kailua Pier** legen die Ausflugsboote für *Dinner-Cruises* (Kreuzfahrten mit Diner) und Schnorchel-Exkursionen zur Kealakekua Bay ab. Hier bringen Kailuas Fischer und Sportangler tagsüber ihren Fang, vor allem Schwertfische, an Land. Die Charterboote kommen meistens am späten Nachmittag zurück. Immer mehr Boote benutzen allerdings die **Honokohau Marina,** etwa 5 km nördlich von Kailua. Dort findet auch alljährlich das **International Billfish Tournament** statt. Man kann zusehen, wie sich Sportangler hinterher stolz mit ihren zentnerschweren Trophäen fotografieren lassen. Ein Wettbewerb, der nur noch vom ›Ironman‹ übertroffen wird. Zu diesem Härtetest, der aus Schwimmen, Radfahren und Marathonlauf besteht, strömen Athleten und Besucher aus aller Welt nach Kailua (s. S. 278).

Einen Bummel entlang des Ali'i Drive erschließt die Sehenswürdigkeiten des Ortes. Möchte man nicht alles zu Fuß erledigen, kann man sich auch des Ali'i Shuttle bedienen. Die 1837 von den ersten Missionaren unter Leitung von Reverend Asa Thurston errichtete **Mo-**

Den Ahu'ena Heiau ließ Kamehameha zu Ehren des Fruchtbarkeitsgottes Lono errichten

ku'aikaua Church ist die älteste Kirche der Inseln. Ganz aus massiven Lava- und Korallenblöcken erbaut, war sie mit ihrem 34 m hohen Turm von Anfang an Wahrzeichen und Orientierungspunkt für Besucher und Seefahrer. Das Dach wird von 20 m langen Ohi'a-Balken getragen, und auch die Inneneinrichtung ist aus dem schönen, dunkelbraunen Holz gefertigt.

Gegenüber, in einer hübschen Anlage direkt am Ufer der Bucht, steht der zweistöckige, mit charakteristischen Balustraden umgebene **Hulihe'e Palace.** Er wurde 1838 von John Adams Kuakini erbaut, dem Gouverneur der Insel und Bruder der Lieblingsfrau Kamehamehas. In den 1880er Jahren war der Palast König Kalakauas Sommerresidenz. Heute beherbergt er ein Museum. Besuchern wird auf eindrucksvole Weise die Atmosphäre des königlichen Haushalts im vorigen Jahrhundert vermittelt – mit aus Koa-Holz gefertigten Stilmöbeln und Prachtexemplaren hawaiischen Kunsthandwerks.

Etwa 8 km weiter südlich auf dem Ali'i Drive, kurz vor der Keahou Bay, gibt es zwei *beach parks,* die zwar keine besonders schönen Sandstrände, dafür aber gute Schnorchelmöglichkeiten bieten. So gehört der **Kahalu'u Beach Park** 14 zu den interessantesten Schnorchelrevieren der Insel. Hier gibt Fische in allen Formen und Farben.

Ganz in der Nähe ist noch eine sehenswerte Holzkirche zu erwähnen: die **St. Peter's Catholic Church,** auch ›Little Blue Church‹ genannt. Weiß mit leuchtendblauem Dach, ist die auf pechschwarze Lavafelsen gebaute winzige Kirche ein beliebtes Fotomotiv. Rechts daneben sind die Reste eines *heiau* zu sehen. Weitere verfallene Kultstätten findet man auf einem viertelstündigen Fußmarsch in südlicher Richtung. Einen Besuch wert ist das **Kona Surf Resort** 15 an der Keahou Bay, auch wenn man dort nicht übernachten will. In den prachtvollen Anlagen sind über 30 000 verschiedene Gewächse, überwiegend aus der polynesischen Region, zu bewundern. Sehenswert ist auch die Architektur des Hotels, das zudem mit zahlreichen pazifischen Kunstwerken ausgestattet ist.

Der Norden von ›Big Island‹

Entlang der Sonnenküste: Von Kailua nach Kawaihae

(Kailua – Puako – Kawaihae: 55 km);
Karte S. 282/283

Von Kailua **1** führen zwei Straßen zum Kohala-Distrikt im Nordwesten der Insel. Der Queen Ka'ahumanu Highway (Hwy. 19) folgt der Küste bis Kawaihae durch kahle, sonnendurchglühte Lavaflächen, ab und zu unterbrochen von neugebauten *resorts,* um dann durch das kühle Hochland Waimea zu erreichen. Der Mamalahoa Highway (Hwy. 190) verläuft mehr im Landesinneren, durch Kaffeeplantagen und steppenartige, mit stacheligen Opuntien übersäte Wildnis, bis zum grünen Ranchland von Waimea, wo er wieder auf den Highway 19 stößt. Die historischen Sehenswürdigkeiten, die *beach parks* mit ihren schönen Sandstränden und die exklusiven Ferienanlagen der Kona-Küste und der South Kohala Coast erreicht man alle vom Highway 19 aus.

Wenige Kilometer nördlich von Kailua zweigt eine Straße vom Highway 19 zum Honokohau-Bootshafen ab. In diesem, zum **Kaloko-Honokohau National Historic Park** **2** erklärten Abschnitt der Küste sind noch zahlreiche Zeugen früher hawaiischer Kultur erhalten: Ruinen von Kultstätten, Felszeichnungen, Fischteichmauern und in die Lava geschlagene Löcher, die früher als Salzpfannen benutzt wurden. Einige der archäologischen Fundstätten dürfen nicht betreten werden. Hier sollte man sich nach den Hinweisschildern richten. In der Nähe des Kaloko Point, ein paar Kilometer weiter nördlich, vermutet man das Grab König Kamehamehas.

Der Highway 19 führt an der Küste entlang nach Norden. Im Hintergrund die Insel Maui

Alenuihaha Channel

Kohala Hist. Sites State Monument **12**
Upolu Pt.
Upolu Airport
Keawa'eli Bay
Keokea Beach Park
Mo'okini Heiau
Hawi **14**
Kamehameha I Birthplace State Memorial
Hika-poloa
13 Kapa'au
Niuli'i
Pololu Valley Lookout
Halawa **15** **16**

Koai'e Cove Marine Conservation District
Pu'u Hue Ranch
NORTH KOHALA
Waimanu Bay
Waipi' Bay

Lapakahi State Historical Park **11**
250
Kahua Ranch
Waipi'o

Kawaihae küste
Kohala Mountain Rd.
Kohala Mountains
Waimanu Valley
Waipi'o Valley

270
Kawaihae **9**

Pu'ukohola Heiau National Historical Site **10**
Kawaihae Rd.
Waimea **17**
Imiola Church
Kuhio Vill.
Samuel Spencer Beach Park
Wai'aka
Mauna Kea Beach Hotel **8**
Pu'u'opelo
Parker Ranch
Hapuna Beach State Recreation Area **7**
Waimea-Kohala Airport

Hokuloa Church **6**
SOUTH KOHALA
Puako Petroglyphs Archeological Preserve
Puako

Hilton Waikoloa Village
Waikoloa
Saddle Road Junction
The Royal Waikoloan Hotel **5**

Anaeho'omalu Bay
Anaeho'omalu
Keawaiki Bay

Kiholo Bay
19
190
Waiki'i Ranch

Four Seasons Resort
Hawai'i Belt Rd.
Pu'uanahulu
Ke'amuku
200

Mahai'ula Bay
Queen Ka'ahumanu Hwy.
Kapupulehu Lava Flow
(Mamalahoa Hwy.)

Huehue
Hualalai (2510 m)
Mauna Recr.

Ke-ahole Airport **4**
Ke'ahole Point
Ellison S. Onizuka Space Center
Kalaoa
Pohakuola Milita. Training Area (Sperrgebiet)

OTEC Natural Energy Labs **3**
Honokohau
NORTH KONA

Honokohau Bay
Kaloko-Honokohau Nat. Hist. Park **2**

Kailua-Kona **1**

Kailua Bay
Holualoa

Kahului Bay
Kahalu'u Beach Park
St. Peter's Church
Kahalu'u
Kona Surf Resort
Keauhou

N

0　　　　4 km

Pazifischer Ozean

Hamakua - Küste

Haina
Hawaiian Macadamia Nut Plantation
Pa'auhau
18
Honoka'a
oa
Pa'auilo
Koholalele
Kuka'iau
Landing
Hawai'i Belt Rd.
O'okala
Milo Village
Kukui Village
19
Laupahoehoe
20
Laupahoehoe Point Park
Papa'aloa
Weloka
Ninole

KUA

Hakalau Bay

Hakalau Nat.
Wildlife Refuge
Wailea
Honomu

Akaka
Falls

Mauna Kea
(4205 m)
21
Mauna Kea International Astronomical
Observatory Complex

Akaka Falls
State Park

Pepe'ekeo
Kawainui

ea Ice Age
Reserve
Hakalau Nat.
Wildlife Refuge
Hawai'i Tropical
Botanical Garden
Onomea Bay

son S. Onizuka
onomy Complex

Pueopaku
Papa'ikou

HILO
Kaiwiki
Wainaku
Hilo Bay

Wailuku River
Wailuku River
State Park
Hilo International
Airport

J. Burns Way
Saddle Rd.
Kaumana
Hilo
Papai
(King's Landing)

Kipuka Ainahou
State Nene Sanctuary
Kaumana Caves
Park
22
Mauna Loa
Macadamia Nut
Factory & Orchards

Kanoelehua Ave.
Kea'au
Ranch

Pana'ewa
Rainforest Zoo

heast Rift Zone
Kea'au

Volcanoes
Nat.Park
Mountain View
11
Kurtistown
Pahoa
130

Zwischen Meile 95 und 94 führt eine Abzweigung zu den **OTEC Natural Energy Labs** 3 (siehe unter Kailua-Kona, S. 333). Hier holt man kaltes Meerwasser aus über 1000 m Tiefe und schickt es zusammen mit warmem Oberflächenwasser durch eine Turbine. Mit der gewonnenen Energie wird Elektrizität erzeugt und eine Meerwasserentsalzungsanlage betrieben. Außerdem wird das kalte Wasser für die Zucht von Meerestieren verwendet, die sonst in hawaiischen Gewässern nicht existieren könnten. So bereichern die hier gezüchteten Hummer, Krabben und Abalone die Speisekarte in den hawaiischen Restaurants. Die Besichtigung der Forschungsanstalt ist nur donnerstags nach telefonischer Anmeldung möglich.

Bald darauf zweigt die Straße zum **Ke-ahole Airport** 4 ab (siehe unter Kailua-Kona, S. 333) ab. Der moderne, architektonisch sehenswerte Flughafen hat noch eine Besucherattraktion: Das **Ellison S. Onizuka Space Center** mit einem guten Dutzend Raumfahrt-Displays, von Mondgestein bis zu Schaltelementen zum Anfassen, ist informativ und unterhaltsam – nicht nur für Kinder. Den Namen erhielt das Space Center in Erinnerung an den in Kona geborenen Astronauten Ellison Onizuka, der 1986 beim Brand der Challenger-Raumfähre ums Leben kam.

Schnurgerade zieht sich der Highway jetzt durch alte Lavafelder. Über der Straße flimmert die Hitze, links und rechts tauchen immer wieder Buschreihen leuchtendroter und purpurner Bougainvillea auf. Dies ist *Big Sky Country.* Der Blick schweift über die entfernt liegende Küstenlinie mit Kokospalmen-Hainen, die von den Lavaströmen verschont blieben, bis zum Horizont, wo sich auf Maui der Gipfel des Haleakala wolkenumkränzt aus dem ultramarinblauen Meer erhebt. Im Inneren der Insel sind die mächtigen Gipfel von Mauna Loa und Mauna Kea zu sehen. Auf ihren Spitzen kann man winzig klein die Kuppeln der Sternwarten erkennen. Ab und zu warnen Schilder den Autofahrer davor, daß unverhofft wilde Esel die Straße überqueren könnten.

An der Küstenstraße liegen keine Orte, aber man hat die einzigen wirklich guten Strände der Insel und den ewigen Sonnenschein genutzt, um von North Kona bis Kohala ein gutes Dutzend Hotels und *resorts* zu bauen. Mit dem Kona Village und dem Four Seasons Resort gelangt man zur ersten der großen Hotel- und Ferienanlagen. Etwas weiter, mit dem Beginn der South Kohala-Küste bei **Waikoloa** folgen dann die prächtigsten Sandstrände. Hier ist eine ganze Reihe von Luxusresorts entstanden. Palmenumsäumt, üppiggrün und mit überschwenglicher Blütenpracht haben diese tropischen Paradiese, die man der Lava abgerungen hat, allerdings auch einen enormen Wasserverbrauch, der in den letzten Jahren die Grenzen der touristischen Erschließung aufzeigte.

Mit dem **Hilton Waikoloa Village** (früher Hyatt Regency) ist an der Kohala-Küste eine der luxuriösesten und wohl auch weltweit teuersten Hotelanlagen entstanden. Über 2000 Angestellte sorgen sich um das Wohl der Gäste. Auch wenn man sich den Luxus eines Aufenthaltes nicht leisten will, lohnt doch ein Besuch der wunderschönen Anlagen, mit Innenhöfen, botanischen Gärten und in die Landschaft integrierten Kunstwerken, mit Fischteichen, Wasserfällen, einem Netz von Kanälen, auf denen elektrisch betriebene Boote fahren, und einer großen Lagune, wo man mit Del-

◁ *Der Norden von Big Island*

hinen schwimmen kann. Außerdem gibt es mehrere hervorragende Restaurants, Cafés und Einkaufsmöglichkeiten. Von den Kokospalmen werden sicherheitshalber die Nüsse entfernt, damit sie den Gästen nicht auf den Kopf fallen können.

Nicht ganz so luxuriös, aber ebenfalls mit herrlichen Anlagen und dazu erschwinglicher, ist das benachbarte **Royal Waikoloan Hotel and Beach Resort** 5. Der weit geschwungene breite Sandstrand der Hotelanlage an der Anaeho'omalu Bay gehört mit seiner Lagune und den schattigen Kokospalmen zu den schönsten der Insel und eignet sich auch zum Schnorcheln, Tauchen und Windsurfen. Markierte *trails* auf dem Gelände des Hotels führen zu archäologischen Fundstätten, Begräbnishöhlen aus vorchristlicher Zeit, und zu alten Fischteichen, die früher ausschließlich der königlichen Familie vorbehalten waren. Auch ein Stück des befestigten ›Königsweges‹, der früher rund um die Insel führte, ist hier zu sehen.

Nach etwa 8 km führt eine kleine Straße, die Puako Road, hinunter zur Küste. Für Badefreunde ist nur ein schmaler Strand vorhanden, aber Taucher können Lavahöhlen und ein Korallenriff erkunden. Direkt an der Puako Road ist die **Hokuloa Church** 6 zu besichtigen, die 1859 von Reverend Lorenzo Lyons erbaut wurde. Wer sich für Felszeichnungen interessiert, fährt bis ans Ende der Straße, um dann auf einem Pfad nach etwa 20 Minuten die **Puako Petroglyph Archaeological Preserve** zu erreichen. Eine andere Möglichkeit, zu diesem Feld mit zahlreichen, gut erhaltenen Petroglyphen zu gelangen, bietet ein *trail* von Mauna Lani Resort.

Nur wenige Kilometer weiter nördlich liegt die **Hapuna Beach State Recreation Area** 7, ein beliebter *beach park* mit allen Einrichtungen und einem feinen weißen Sandstrand. Schwimmen ist allerdings nur bei ruhiger See sicher. Am nördlichen Ende des Strandes gibt es jedoch eine kleine geschützte Bucht, wo immer gefahrloses Schwimmen und Schnorcheln, auch für Kinder, möglich ist.

Das **Mauna Kea Beach Hotel** 8 (siehe unter Waikoloa Beach, S. 337), kurz vor Kawaihae an der Kaunanoa Bay gelegen, ist das letzte in der Kette der Luxusresorts entlang der Kohala-Küste. Das Hotel, mit exzellentem Golfplatz inmitten einer tropischen 700-Morgen-Oase, ist eine Schatzkammer orientalischer und pazifischer Kunst. Als es 1965 von Laurence Rockefeller gebaut wurde, war es das einzige an der Küste und galt als das exklusivste der Inseln. Auch wenn es heute Konkurrenz bekommen hat, ist es noch immer ein ›Klassiker‹ unter den großen Hotels.

Kurz vor Kawaihae muß man sich entscheiden, ob man die Rundfahrt auf der Kohala-Halbinsel machen möchte oder direkt nach Waimea fahren will. Bleibt man auf dem Highway 19 (hier Kawaihae Rd. genannt), der abrupt ins Landesinnere abbiegt, ist man in einer viertel Stunde im kühlen Hochland von Waimea. Pro Minute Fahrt fällt dabei die Temperatur um ein halbes Grad (Beschreibung s. S. 291f.).

Zum Geburtsort Kamehamehas: Die Kohala-Halbinsel

(Kawaihae – Hawi – Halawa – Waimea: 90 km)

Die North Kohala Peninsula ist der älteste Teil von ›Big Island‹. Wie ein dicker Daumen ragt die Halbinsel in den Alenuihaha Channel, die von Seeleuten gefürchtete, 45 km breite Meerenge, die die ›große Insel‹ von Maui trennt. Mehrere hunderttausend Jahre Wind und Regen haben die von Nordwest nach Südost verlaufende Bergkette der Kohala Mountains geformt und tiefe Schluchten in die einst sanften Rundungen der Schildvulkane gegraben.

North Kohala liegt abseits der von Touristen befahrenen Rundstrecken. Doch der Abstecher, für den man sich einen halben Tag Zeit nehmen sollte, lohnt sich. Die Landschaft ist abwechslungsreich. Auf der Leeseite der Bergkette herrschen weite Graslandschaften vor, im trockenen Sommer von goldbrauner Färbung, sattgrün im regenreicheren Winter. Immer wieder bieten sich schöne Ausblicke bis hinüber nach Maui. Auf der Nordostseite, wo die regenschweren Passatwinde auf die über 1600 m hohen Kohala Mountains sto-

ßen, überzieht üppige Vegetation das Land, haben sich fruchtbare Täler gebildet.

Bereits zu Beginn der Tour, knapp 2 km südlich des kleinen Hafenortes **Kawaihae** 9 (S. 335), kommt man auf historischen Boden. Hier lebten um 1800 die englischen Seeleute John Young und Isaac Davis, die von König Kamehameha I. begnadigt, dann in den Häuptlingsstand erhoben und zu seinen engsten Beratern wurden. Kamehameha errichtete hier 1791 eine große Tempelstätte für seinen Kriegsgott, nachdem ihm prophezeit wurde, einmal Herrscher über alle Inseln zu werden. Zur Einweihung der Tempelstätte erschlug er seinen Rivalen Keoua und brachte ihn als Opfer dar. Damit war auch das Eintreffen des Orakels gesichert. Noch heute hat die Kultstätte eine religiöse Bedeutung für viele Hawaiianer. Die von

Hawaiisches Grashaus (historisches Foto)

Wasser abgeschliffenen, verwitterten Mauern der alten Kultstätte erscheinen besonders eindrucksvoll im frühen Morgenlicht. Im August, wenn hier im Rahmen eines Kulturfestivals traditionelle hawaiische Handwerkstechniken demonstriert werden, sollte man sich den Besuch auf keinen Fall entgehen lassen. Im Visitor Center der **Pu'ukohola Heiau National Historic Site** 🔟 (siehe unter Kawaihae, S. 335), zu dem der Mailekini Heiau und auch die John Young Housesite gehören, sind Informationen erhältlich. John Young war einer der engsten Berater von König Kamehameha I.

Gleich nach dem Pu'ukohola Heiau erreicht man den Eingang zum **Samuel M. Spencer Beach County Park,** der außer den üblichen Einrichtungen wie Duschen, Toiletten, Elektrizität auch Campingmöglichkeiten bietet. Der durch ein vorgelagertes Riff geschützte Strand ist einer der sichersten der gesamten Kohala-Küste, deshalb auch besonders beliebt bei Familien mit kleinen Kindern. Dann führt der Highway 270 die Küste entlang gen Norden, immer wieder schöne Ausblicke auf das Meer gewährend. Von Oktober bis April sind häufig die Fontänen der hier überwinternden Wale zu beobachten.

Etwa 20 km von Kawaihae entfernt zweigt ein Feldweg zum **Lapakahi State Historical Park** 🔟 ab, neben Honaunau der interessanteste historische Park Hawai'is. Auf der ursprünglichen Siedlungsstätte ist ein 600 Jahre altes hawaiisches Fischerdorf originalgetreu mit Hütten und Taro-Feldern rekonstruiert worden. Man geht an grasgedeckten Behausungen, Kanuschuppen und Opfersteinen vorbei, sieht, wie Salz in Felsenpfannen gewonnen wurde, und kann althawaiische Spiele nachvollziehen, wie das Brettspiel *konane* und Ulimika-Kegeln. Der felsige Strand des

Parks ist Teil des **Koai'e Cove Marine Conservation District.** Das Unterwasserschutzgebiet eignet sich hervorragend zum Schnorcheln.

Zu einer anderen wichtigen historischen Stätte, die allerdings nicht ganz einfach zu finden ist, gelangt man hinter Hikapoloa. Bei Meile 20 zweigt eine schmale Straße zu einem selten benutzten Flugfeld, dem Upolu Airport ab. Bei der Landebahn geht es dann links über einen etwa 3 km langen Feldweg zum **Kohala Historical Sites State Monument** 🔟. (Der Feldweg weist oft einen schlechten Zustand auf – unter Umständen muß man zu Fuß gehen.) Hier befindet sich der etwa 1500 Jahre alte **Mo'okini Heiau,** dessen Fundamente wahrscheinlich von den ersten polynesischen Ankömmlingen erbaut wurde. Spätere tahitische Eroberer unter dem Hohen Priester Pa'ao weihten die Tempelstätte dem gefürchteten Kriegsgott Kukailimoku. Ihm mußten Menschenopfer gebracht werden. Der Sage nach haben an die 20 000 Krieger eine Menschenkette bis zum über 20 km entfernten Pololu Valley gebildet, um die Steine für den 3000 qm großen Bau zu transportieren. So konnten sie die Tempelstätte mit ihren 10 m hohen und 5 m dicken Mauern an einem einzigen Tag errichten. In der Nähe der großen Tempelplattform ist ein Opferstein zu sehen, auf dem noch heute bisweilen von Hawaiianern kleine, in Ti-Blätter gewickelte Gaben niedergelegt werden. In den 60er Jahren war Mo'okini Heiau eine der ersten hawaiischen Stätten, die im National Register of Historical Places aufgenommen wurden. Die historische Kontinuität ist gewahrt: der *heiau* befindet sich immer noch unter der Obhut der Mo'okini-Familie, die bereits seit 800 Jahren, möglicherweise noch länger, die Priester des Tempels gestellt hat.

Laden in Kapaʻau

Etwas weiter am Feldweg verweist ein Schild des Hawaiian Visitor Bureau auf das **Kamehameha I. Birthplace State Monument** mit den Geburtssteinen, auf denen nur die hochgeborenen Frauen der *aliʻi* ihre Kinder zur Welt bringen durften. Hier wurde um 1758 der große König geboren.

Von Hawi nach Niuliʻi führt die Straße durch ein Gebiet, das noch die Atmosphäre Hawaiʻis aus dem 19. Jahrhundert widerspiegelt: kleine Ortschaften mit alten Häusern und Westernfassaden, Kirchen und Läden, die viel Lokalkolorit zeigen. In den Tälern werden Süßkartoffeln und Feuchtland-Taro auf sorgfältig angelegten Terrassen angebaut – nicht anders als zu Kamehamehas Zeiten. Nur lebten damals an die 30 000 Menschen in North Kohala – heute sind es keine 5000 mehr.

Hawi und Kapaʻau waren vor hundert Jahren geschäftige Plantagenorte. Damals und noch lange Jahre danach herrschte ›König Zucker‹ über die Region, mit großen Zuckerrohrmühlen und einer eigenen Eisenbahn. Seit es mit dem Zuckerrohranbau vor etwa 20 Jahren zu Ende ging und die Kohala Sugar Mill ihre Pforten schloß, ist die Region in einen Dornröschenschlaf verfallen. Um den wirtschaftlichen Niedergang aufzuhalten, setzt man auf den Tourismus. Aber die Touristen kommen nur vereinzelt. Immerhin, in **Hawi** ⏹ (S. 330) gibt es einige Restaurants und kleine Geschäfte, sogar ein Hotel und auch ein paar Galerien und Läden, in denen Kunsthandwerk verkauft wird.

Alte Holzhäuser mit Westernfassade säumen die Hauptstraße. Die Jodo Buddhist Mission mit ihrem goldenen Buddha erinnert die japanischen Einwohner an ihre spirituellen Wurzeln. Mitten im Ort zweigt die Kohala Mountain Road (Highway 250) in Richtung Waimea ab (s. S. 291 ff.). Der jetzt kurvenreiche und schmaler gewordene

Auf dem Weg zum Pololu Valley Lookout

Highway 270 führt weiter nach Niuliʻi, durch üppige Dschungeltäler, tief eingeschnitten von den zahlreichen Bergflüssen der 1600 m hohen Bergkette der Kohala Mountains. Hin und wieder leuchten Plumeria, Hibiskus und Afrikanische Tulpenbäume aus dem Grün.

Kapaʻau  (S. 335) wirkt noch schläfriger als Hawi. Aber auch hier gibt es ein paar Geschäfte und Galerien. Statt Zuckerrohr baut man jetzt Macadamianuß-Bäume an und hofft, dadurch Arbeitsplätze zu sichern. Die Hauptattraktion in Kapaʻau ist die drei Meter hohe **Kamehameha I. Statue** vor dem Gemeindehaus des Ortes. Sie sieht aus wie eine Replika der bekannten Statue vor dem Gerichtsgebäude in Honolulu, ist aber das Original und hat eine abenteuerliche Geschichte hinter sich. 1878 gab König Kalakaua dem in Italien lebenden amerikanischen Bildhauer Thomas Gould den Auftrag, das Kamehameha-Denkmal für die damals stattliche Summe von 10 000

Dollar zu fertigen. In Paris wurde die Statue in Bronze gegossen und dann per Segelschiff auf die Reise geschickt. Das Schiff sank vor den Falkland-Inseln bei Port Stanley, und man gab die Statue verloren. Gould fertigte eine neue an – jene, die seit 1883 in Honolulu steht. Wenig später ging ein britisches Schiff in Honolulu vor Anker – mit der verloren geglaubten Statue an Bord. Irgendwie hatte man sie aus dem Wrack geborgen und nach Port Stanley gebracht, wo sie von dem britischen Kapitän entdeckt wurde. Er verkaufte sie wieder für ein paar Hundert Dollar an Kalakaua. Nach diesen Irrfahrten hielt man es für richtig, sie nun in der Heimatregion des großen Königs aufzustellen. Am Kamehameha Day werden beide Statuen über und über mit Blütenkränzen behängt.

Sehenswert ist noch die **Kalahikiola Church,** von Reverend Elias Bond und seiner Gemeinde gebaut. Unter großen Mühen hatte man das Baumaterial von

Künstler und Kunsthandwerker angeboten werden.

Im **Keokea Beach Park,** einem malerischen Rastplatz mit Blick auf die felsige Küste bei Niuli'i, spielen häufig einheimische Folklore-Bands. Beim **Pololu Valley Lookout** 16 endet die Straße. Von hier bietet sich eine atemberaubende Aussicht auf die steil ins Meer abfallenden Felsen. Vom Aussichtspunkt führt ein *trail* hinunter in das idyllische Pololu-Tal. In einer knappen halben Stunde gelangt man nach unten. Allerdings ist der Pfad häufig schlüpfrig und dann ohne geeignetes Schuhwerk kaum begehbar. Er ist Teil eines ausgedehnten Netzes von Wanderwegen, die von der Kohala Sugar Company angelegt wurden, um das ausgedehnte System von Bewässerungsgräben, Pipelines und Tunnel zu unterhalten. Diese sogenannten Kohala Ditch Trails sind häufig auf abenteuerliche Weise in die Steilwände der Schluchten geschlagen worden, kreuzen Wildwasser und verlaufen unter Wasserfällen hindurch. Von Pololu sind es etwa 20 km Luftlinie bis zum Waipi'o Valley (s. S. 295 und 296 f.). Dazwischen liegen noch fünf tiefe, fast unzugängliche Täler.

Nun geht es zurück bis nach Hawi und von dort auf der Kohala Mountain Road durch das Hochland der Kohala-Berge – vorbei an Araukarien, Eukalyptus- und Ironwood-Bäumen und durch karge hügelige Wiesen mit mannshohem, stacheligem Opuntien-Gestrüpp. Die Kakteen, ursprünglich eine stachellose Sorte, hatte man aus Kalifornien geholt. Sie sollten als zusätzliches Viehfutter dienen. Wie bei vielen der nach Hawai'i eingeführten Pflanzen- oder Tierarten gab es auch hier Probleme. Aus unerklärlichen Gründen entwickelten die großen Kakteen hier wieder ein formidables Stachelkleid und konnten ihren vorgese-

weit her geholt, bevor die Kirche dann schließlich 1855 fertig wurde. Auf dem Wege zur Kirche kommt man am **Bond Estate** vorbei, der alten Siedlerstätte des Missionars. Eines der wenigen Missionarshäuser auf Hawai'i, das noch originalgetreu eingerichtet ist und sich im Familienbesitz befindet. Das Anwesen soll renoviert und dann der Öffentlichkeit zugänglich gemacht werden.

Wenn nicht kurz vor Halawa das rote Hinweisschild des Hawai'ian Visitor Bureaus auf den klobigen, aber doch recht unscheinbaren Felsbrocken am Straßenrand hinweisen würde, führe man sicher achtlos vorbei. Mit dem fast von üppigem Grün überwucherten **Kamehameha Rock** hat es aber eine besondere Bewandtnis, stellte doch der große König durch das Heben dieses mehrere Zentner schweren Steines seine schier übernatürliche Kraft unter Beweis.

In **Halawa** 15 (S. 330) sollte man sich das Wo Tong Society Building ansehen. Das farbenfroh restaurierte Holzgebäude stammt aus der Zeit um die Jahrhundertwende, als hier viele chinesische Kulis auf den Plantagen arbeiteten. Im Gebäude des Wo On General Store, der von chinesischen Einwanderern um 1920 erbaut wurde, ist jetzt eine Galerie untergebracht, wo Arbeiten örtlicher henen Zweck als Futter natürlich nicht mehr erfüllen. Ein paar Kilometer vor Waimea hat man dann von einem *lookout* einen herrlichen Panoramablick über die weite Ebene von South Kohala – besonders hübsch im Winter, wenn in der Ferne die schneebedeckten Hänge des Mauna Kea schimmern.

Hawai'is Ranch-Country: Im grünen Hochland von Waimea

Waimea 17 (S. 237) – postalisch auch Kamuela genannt, um Verwechslungen mit dem gleichnamigen Ort auf Kaua'i zu vermeiden – liegt in einer kühlen, grünen Hügellandschaft am Fuße der Kohala-Berge. Ein friedliches Bild: Kumuluswolken ziehen über den weiten Himmel, aus dem sich am Nachmittag oft breite Regenbögen spannen, grasendes Vieh soweit das Auge reicht. Wir sind im Herzen der Ranchregion Hawai'is. Bilder

wie im Wilden Westen, wenn hoch zu Roß *paniolos* eine Herde zusammentreiben. Die hawaiischen Cowboys gehören zur **Parker Ranch,** die mit fast 100 000 ha Land, an die 50 000 Stück Vieh und über 1000 Pferden zu den größten Ranches der USA gehört.

Angefangen hat das ganze mit sechs Kühen, zwei Kälbern und drei Bullen aus Kalifornien, die der britische Kapitän George Vancouver auf seinen Besuchen in Hawai'i, 1792 und 1794, als Geschenk für König Kamehameha I. mitbrachte. Der ließ sie frei laufen und belegte sie mit einem Tabu. Ungehindert vermehrten sich die Tiere, und nach ein paar Jahrzehnten grasten Tausende von schwarzen *longhorns* an den Hängen des Mauna Kea. Sie richteten große Schäden in den Pflanzungen an und waren so wild geworden, daß sie mittlerweile eine Bedrohung darstellten. Das war die Gelegenheit für den jungen Seemann John Parker aus Massachusetts, der 1814 von der christlichen See-

Das Ranchhaus der Parker Ranch bei Waimea

Cowboys auf Hawai'i

Wenn Rodeos in Waimea stattfinden, ist dies immer ein großes Volksfest. Mit spanischem Stolz zeigen die *paniolos,* daß eine Westernshow in Hawai'i so aufregend sein kann wie in Alberta oder Montana. Sie sehen dabei sogar noch verwegener aus als ihre Kollegen auf dem amerikanischen Festland, wenn sie rasant angaloppieren und mit zielsicherem Wurf das Kalb einfangen. Oder beim Bronco-Reiten, wenn sich das Gatter öffnet und der Reiter wie auf einer wütenden Furie in die Arena stürzt – die Zeit, die er sich auf dem wildbockenden Pferd halten kann, zählt nur nach Sekunden. Ebenso beeindruckend ist der Ritt auf dem Stier, wenn sich ein drahtiger *paniolo* auf einer 1000 kg schweren, explodierenden Masse aus Muskeln und Sehnen behauptet – auch nur für Sekunden, dann wirft ihn der Bulle ab und er fliegt in hohem Bogen durch die Luft. Zu den Höhepunkten zählen aber nicht nur solche Adrenalin ausschüttende Nervenkitzel.

Begeisterungsstürme bei den Zuschauern vermögen auch die Kinder auszulösen, wenn sie versuchen, möglichst schnell um einen mit Fässern markierten Kurs zu reiten. Und hat man sich schon über den kleinen Burschen gewundert, der kaum drei oder vier Jahre alt, hoch zu Roß neben seinem Vater zum Rodeogelände reitet, so gehen einem jetzt die Augen über,

wenn der Knirps im Galopp um die Fässer fegt. Man merkt, wie stolz die *paniolos* auf ihre Familientradition sind, die in der Regel vom Vater auf den Sohn übergeht.

Die Tradition der *paniolos* ist auf König Kamehameha III. zurückzuführen. Als immer mehr Handelsschiffe und später auch die Walfänger mit frischem Proviant versorgt werden wollten, wurde der Handel mit Rindfleisch ein einträgliches Geschäft. Der König erkannte die Notwendigkeit von gut trainiertem Ranchpersonal und ließ 1832 drei spanische *vaqueros* aus Kalifornien holen. Sie sollten seinen Landsleuten beibringen, wie man mit Pferden und wilden Bullen umgeht. Die Hawaiianer fanden an der Arbeit Gefallen und lernten schnell. Die Namen ihrer Vorbilder: Luzada, Kosuth und Ramón konnten sie allerdings nicht aussprechen. So nannten sie sie einfach *paniolo,* hawaiisch für ›Español‹. Bald entwickelte sich eine eigene hawaiische Cowboy-Tradition, die an Professionalität und Bravour den *cowpunchern* im ›Wilden Westen‹ ebenbürtig war. So gewann schon 1908 ein hawaiischer Cowboy die *National Steer Roping Competition* in Cheyenne, Wyoming. Weitere *vaqueros* aus Kalifornien folgten, und später wurden auch zunehmend Filipinos auf den Ranches beschäftigt. Aber unabhängig von ihrer Herkunft, bezeichnen sich heute alle Rancharbeiter auf Hawai'i als *paniolos.*

Beim Rodeo auf der Parker Ranch

sind noch ein vertrautes Bild, auch Cowboyhut und Stiefel sind gelegentlich im Shopping Center von Waimea zu finden. Doch die Zeiten ändern sich: immer häufiger ersetzt die Baseball-Kappe den *stetson,* und zunehmend kommen beim Rindertreiben auch Motorrad und *walkie talkies* zum Einsatz. War noch vor wenig mehr als einem Jahrzehnt Viehwirtschaft der einzige Erwerbszweig, müssen die Rancher der Region heute modernisieren und auch diversifizieren, um überleben zu können. So werden auf der 3500 ha großen Kahua Ranch auch Schafe gezüchtet, Nelken und Gemüse angebaut, und eine Windkraftanlage verschafft zusätzliche Einnahmen.

Die Region ist als Siedlungsgebiet zunehmend attraktiver geworden, auch für Einwohner aus anderen Teilen der Insel. Und so sind in und um Waimea immer neue Viertel erschlossen und Häuser gebaut worden. Die Bevölkerung wuchs in den letzten 15 Jahren von 2000 auf etwa 10 000 Bewohner an. Waimea ist dabei, sich von einer verschlafenen *cowtown* zum geschäftigen Mittelpunkt der Region zu entwickeln.

Im **Parker Ranch Visitor Center and Museum** in Waimea erfährt man alles über die faszinierende Geschichte der Ranch und der sechs Generationen der Parker-Familie, die sie in den vergangenen 150 Jahren aufgebaut haben. Interessant sind die alten Fotos, eine Waffensammlung und schließlich auch ein Raum mit Erinnerungsstücken des hawaiischen Surf-Idols Duke Kahanamoku. Ende der 80er Jahre wurde **Pu'uopelu,** das über 100 Jahre alte große Wohnhaus der Parkers mit der umfangreichen Kunstsammlung der Familie sowie einige andere historische Ranchgebäude der Öffentlichkeit als Museum zugänglich gemacht. Sehenswert ist auch die nebenan rekonstruierte **Mana**

fahrt genug hatte und in Kawaihae sein Schiff verließ. Schnell fand er das Wohlwollen Kamehamehas I., der ihn damit beauftragte, das Rindvieh unter Kontrolle zu bringen. Parker erhielt ein paar Morgen Land und konnte auch die besten Rinder für sich behalten. Auch Pferde, zähe Nachfahren indianischer Mustangs, waren bereits in den ersten Jahren des 19. Jahrhunderts aus Kalifornien nach Hawai'i gebracht worden. So konnte Parker, der inzwischen durch seine Heirat mit der Enkelin Kamehamehas weitere 600 Morgen Land zur Verfügung hatte, mit dem Ranchbetrieb gleich in großem Stil anfangen. Folgende Parker-Generationen, vor allem unter Samuel Parker, von 1871 bis 1906, brachten dann die Ranch, die sich noch heute in Familienbesitz befindet, auf ihre jetzige Größe. Nach dem Namen des Patriarchen heißt Waimea auch ›Kamuela‹, hawaiisch für Samuel.

Ranching bestimmt noch immer das Leben in dem kleinen Hochlandstädtchen mit seinen im viktorianischen Stil erbauten Holzhäusern und hübschen Blumengärten. *Paniolos* hoch zu Roß

Homestead, John Parkers erste Siedlerstätte, die ursprünglich 20 km vom jetzigen Ranchhaus entfernt stand. Das Äußere des Hauses war zu verwittert, um es an seinen jetzigen Ort zu schaffen, so blieben nur die originale Innenkonstruktion und Einrichtung erhalten.

Ein anderes originelles Museum in Privatbesitz ist das **Kamuela Museum** in der Nähe der Kreuzung von Highway 19 und 250. Albert und Harriet Solomon, eine Urenkelin John Palmers, haben hier über ein halbes Jahrhundert eine bunte, manchmal auch etwas kuriose Sammlung von Gegenständen aus aller Welt zusammengetragen, aber auch Familienstücke der Parker-Dynastie sowie seltene und schöne Hawaiiana sind hier ausgestellt.

Ansehen sollte man sich auch die **Imiola Church** von 1857, erbaut von Reverend Lorenzo Lyons, bekannt durch seine Übersetzungen kirchlicher Hymnen in die hawaiische Sprache. Die schlichte Holzkirche ist innen mit schönem dunkelbraunem Koa-Holz ausgestattet.

Zuckerrohr und Urwaldschluchten: Entlang der Hamakua-Küste
(Waimea – Honoka'a – Waipi'o Valley Lookout – Hilo: 120 km)

Auf den ersten 25 km durchquert der Highway 19 noch das hügelige Ranchland mit Eukalyptusbeständen und Regenwäldern. Dann ist **Honoka'a** 🔟 (S. 392), ein pittoreskes kleines Plantagenstädtchen, erreicht. Seine knapp 2000 Einwohner, überwiegend portugiesischer Herkunft, wurden vom Rückgang des 100 Jahre alten Zuckerrohranbaus schwer getroffen. Sie versuchen nun den Anbau von Macadamianuß-

Bäumen voranzutreiben. Die **Hawaiian Macadamia Nut Plantation,** an einer Seitenstraße zum Meer hin gelegen, ist die älteste der Region. Man kann bei der Verarbeitung der leckeren Nüsse zusehen und sich dabei auch gleich mit Reiseproviant eindecken.

Auf halbem Wege zur Plantage kommt man an einem kunsthandwerklichen Betrieb vorbei. Hier, bei Kama'aina Woodworks, werden hübsche Schalen, Skulpturen und Schmuck aus edlen hawaiischen Hölzern wie *koa* und *milo* hergestellt. Weitere Sehenswürdigkeiten sind das **People's Theater,** ein Kino aus den 30er Jahren, das an Wochenenden jetzt wieder Filme zeigt, sowie ei-

Das Waipi'o Valley, die Wiege Hawai'is

halben Stunde zum **Waipi'o Valley Lookout.** In Kukuihaele, einer kleinen Siedlung direkt über dem Tal, kann man im Waipi'o Wayside B & B Inn, einer alten Plantagenvilla mit fünf geräumigen und stilvoll eingerichteten Zimmern, übernachten.

Von Honoka'a geht es dann auf dem neuen Highway 19 weiter nach Hilo. Neben der breiten Straße verläuft noch die alte Küstenstraße. Es lohnt sich, ab und zu kleine Umwege zum alten Highway 19 zu machen, um malerische kleine Ortschaften, Urwaldschluchten, *beach parks* und Aussichtspunkte zu erkunden. Nach etwa 25 km lädt der **Laupahoehoe Point County Park** 20 zur Rast ein. Hier gibt es Picknicktische, auch Camping ist möglich, Schwimmen ist allerdings zu gefährlich. (Das erforderliche *permit* und Informationen erhält man beim Department of Parks and Recreation in Hilo, s. S. 331).

Bei der kleinen Ortschaft Honomu, etwa 20 km vor Hilo, zweigt die Route 220 zum 8 km entfernten **Akaka State Park** mit seinen berühmten Wasserfällen ab (Beschreibung s. S. 249f.). Hinter Honomu bieten sich wieder mehrere Möglichkeiten, vom Highway zur parallel verlaufenden alten Küstenstraße hinunter zu fahren. Die *Scenic Road* führt dann bei Papa'ikou wieder auf den Highway 19 zurück. An dieser landschaftlich reizvollen Nebenstraße liegt auch der **Hawai'i Tropical Botanical Garden,** ein kleines tropisches Paradies, für das man sich schon ein paar Stunden Zeit nehmen sollte (Beschreibung siehe S. 249).

Bei Wainaku, wenige Minuten bevor Hilo erreicht ist, bietet ein *lookout* noch einmal schöne Ausblicke auf die Küste.

nige Kirchen und samstags der Farmer's Market vor dem historischen Botelho Building. In die alten Gebäude mit den Westernfassaden entlang der Mamane Street, Honoka'as Hauptstraße, sind jetzt wieder Geschäfte, Galerien und Restaurants eingezogen. Touristen finden den Ort zunehmend interessant, der auch Ausgangspunkt für Touren in das legendäre **Waipi'o Valley** 19 (s. S. 296f. und unter Honoka'a, S. 392) ist.

Auch wenn man keinen Ausflug in das Tal unternehmen will, der nur mit einem Geländefahrzeug möglich ist, lohnt sich auf jeden Fall ein Abstecher zum Aussichtspunkt. Auf dem Highway 240 gelangt man in weniger als einer

Die Wiege Hawai'is:
Das Waipi'o-Valley

I n völliger Ruhe erstreckt sich ein lieb-
liches Tal: voll glitzernder Bäche mit
Inseln wie Jade. Durch das sanfte
Grün der Taro-Felder schlängelt sich
das Waipi'o-Flüßchen und aus dem
Dunkelgrün des Urwaldes ragen
schlanke Wedel der Kokospalmen hervor, leuchten hin und wieder die silbrig
glänzenden Kronen eines Kukui-Kerzen-
nuß-Baumes. Bananen, Passions- und
Zitrusfrüchte, Mango-, Guajaven- und
Brotfruchtbäume, Taro und Reis – kaum
etwas, das hier nicht prächtig gedeiht.
So könnte der Garten Eden einmal aus-
gesehen haben.

Das schmale weiße Band der Brandung trennt das Tal vom tiefblauen
Wasser des Ozeans. Wasserfälle stürzen
die himmelaufragenden, im Nachmit-
tagslicht fast schwarzgrün erscheinen-
den Felswände hinunter, in feinen
silbrigen Bändern bei Trockenheit und
als wildschäumende Kaskaden nach
heftigen Regenfällen. Es scheint, als ob
nichts die Abgeschiedenheit des Tales
stören könnte.

Das Waipi'o-Tal am Fuße der Kohala-
Berge gilt als die Wiege des alten
Hawai'i. Mit Recht wird es auch das ›Tal
der Könige‹ genannt. Vermutlich wurde
es schon im 11. Jahrhundert besiedelt.
Von hier aus herrschten die großen
Häuptlinge Liloa, Umi und der legendäre Kamehameha über ihre Völker.
Das äußerst fruchtbare Tal bescherte
reiche Ernten von Bananen, Süßkartoffeln und Taro, und in den vielen Teichen
gab es Fische im Überfluß. So wurde
Waipi'o zum kulturellen und politischen
Zentrum der Insel, über das schon Kapitän Cook und später die Missionare
ausführlich berichteten. Als die Häuptlinge Kahekili von Maui und Kaeo von
Kaua'i aus Waipi'o angriffen, besiegte
Kamehameha den Feind und legte
damit den Grundstein für die spätere
Vereinigung der Inseln zu einem Königreich.

Auf seinem historischen Höhepunkt,
zu Zeiten des Häuptlings Umi, lebten
über 4000 Hawaiianer im Waipi'o-Tal.
Danach fiel die Bevölkerungszahl drastisch ab. Die Missionare berichten, daß
um die Mitte des 19. Jahrhunderts nur
noch etwa 600 Menschen in der Region
lebten. Um 1900 zogen chinesische und
japanische Siedler ins Tal, um hier Reis
und Taro anzubauen. Waipi'o unterhielt
eine blühende Siedlung. Das änderte
sich schlagartig, als 1946 ein Seebeben
mit einer 20 m hohen Flutwelle das Tal
verwüstete. Wunderbarerweise kamen
aber keine Menschen ums Leben. Die
flüchtenden Einwohner ließen ihre zerstörten Felder und Anwesen zurück, um
sich in den Dörfern über den Pali-Bergen niederzulassen. Nur wenige kehrten zurück, so daß heute hier nur noch
eine Handvoll Menschen leben, die sich
vom Taro-Anbau und Fischfang ernäh-
ren. Ein paar Dutzend weitere leben in
den Bergen, sie kommen aber regelmäßig ins Tal, um ihre Felder zu versorgen.

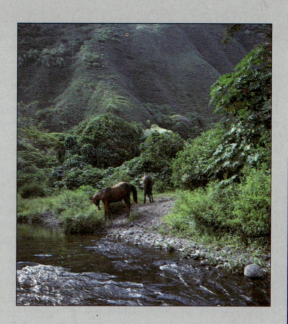

Im Waipi'o Valley leben verwilderte Pferde

Beim Blick über das Tal hinweg bemerkt man gegenüber auf den steilen Pali-Klippen das schmale Zickzackband eines Pfades: der Waimanu Trail, der schon von den Hawaiianern vorgeschichtlicher Zeit angelegt wurde und ins benachbarte Waimanu-Tal führt. Dieser *trail* ist steil und gefährlich und wird heute nur noch von wenigen wagemutigen Trekkern benutzt. Aber auch die einspurige Straße, die vom Aussichtspunkt ins Tal hinabführt, ist nicht viel besser und zaghaften Gemütern nicht zu empfehlen. Auf einer Länge von 1,5 km fällt sie über 350 m ab, und streckenweise erreicht das Gefälle fast 50 %. Auf jeden Fall ist sie nur von geschickten Fahrern mit Geländewagen zu bewältigen. Auch zu Fuß ist der Weg ins Tal nicht einfach, der Aufstieg zeitraubend und mühsam. Für die Erkundung des Tales auf eigene Faust braucht man mindestens einen Tag. Mit dem Waipi'o Valley Shuttle kann man es auf bequeme Weise ›er-

fahren‹: Mit traumhafter Sicherheit steuert der Fahrer den Landrover den steilen und kurvenreichen Weg hinunter. Die Straße klebt förmlich an der Bergwand. Nach rechts schweift der Blick über das Tal, dessen Einzelheiten jetzt immer deutlicher zu erkennen sind. Die vielen symmetrisch angelegten Taro-Felder setzen sich mit ihrem lichten Grün vom dunkleren der Einfassungen ab, durchbrochen von den braunen, wasserglänzenden Flächen, die bereits abgeerntet sind.

Waipi'o heißt ›sich wölbendes Wasser‹. Jetzt sieht man, warum das Tal diesen Namen erhalten hat. Nach einer Biegung ragt am Ende des *trails* steil und dunkel die Hi'ilawe-Wand auf, von der sich aus über 400 m Höhe zwei milchigweiße Wasserfälle in ein tiefes dunkles Loch stürzen. Unser Fahrer erzählt uns, daß die Hi'ilawe-Wasserfälle die höchsten frei fallenden auf Hawai'i sind. Er hat auch gleich eine Geschichte aus dem hawaiischen

Sagenborn breit: An dieser Stelle wurden zwei Liebende, die sich ewige Treue geschworen hatten, eines Nachts durch einen Zauber verwandelt – die schöne Hi'ilawe in den Wasserfall, der ihren Namen trägt, und ihr Liebhaber Hakalaoa in einen großen Felsen am Fuße des Wassers.

Wir fahren an den Ruinen einer Tempelstätte und alten Fischteichen vorbei zum Strand. Pakalana Heiau war ähnlich wie Pu'uhonua o Honaunau (s. S. 272) eine Zufluchtsstätte, wo Tabuverletzer und flüchtende Krieger Schutz fanden. Erst die Flutwelle des *tsunamis* von 1946 zerstörte seine mächtigen Mauern. Wo der Waipi'o-Fluß ins Meer mündet, erstreckt sich breiter schwarzer Sandstrand. Die kräuselnden Wellen sehen hier aus, als würde das Wasser zurück ins Tal fließen. Die zum Schwimmen einladende Brandung täuscht über gefährliche Strömungen hinweg. Nur Surfer wagen sich hinaus. Das Flüßchen ist besser zum Baden geeignet.

Jetzt führt die Straße an Taro-Feldern mit kleinen Farmhäuschen vorbei. Danach wird der Weg schlechter. Bäche werden mit dem Rover durchquert. Schließlich gehen Weg und Wasserlauf sogar ineinander über, und eine Zeitlang fahren wir im Flußbett weiter. Die Luft ist still und warm, voll vom Geruch des dichten Grüns und des weißen Ingwers, der das Wasser liebt und hier besonders große und schöne Blüten treibt – hin und wieder auch vom kräftigen Aroma der heruntergefallenen Guajava- und Mangofrüchte überlagert. Die Bananenstauden in der Nähe einer sprudelnden Quelle sind leider noch grün. Aus dem Dickicht ragen einige verfallene Holzhäuschen. »Überbleibsel von Hippies aus den 70er Jahren. Sie haben den Versuch, sich hier niederzulassen, bald aufgegeben«, erklärt der Fahrer. In den hohen Wipfeln der Bäume am Ufer des Flüßchens nistet der seltene 'io, der hawaiische Falke.

Unverhofft stoßen wir auf eine kleine Herde von stämmigen Pferden. Unter ihnen auch einige Fohlen, die an der Uferböschung eines Baches grasen. Sie flüchten, als wir uns ihnen nähern wollen. Es sind verwilderte Tiere, die vielleicht von den Pferden abstammen, die Kapitän Vancouver vor über 200 Jahren als Geschenk für Kamehameha I. auf die Insel brachte. Jetzt macht sich keiner die Mühe, sie wieder einzufangen. An die hundert dieser ›Wildpferde‹ leben heute im Tal.

Auf dem Rückweg halten wir noch bei Tom Araki an. Wie die anderen Bewohner des Tales baut der über 80jährige *taro* an. Er hat außerdem ein paar schlichte Gästezimmer zu vermieten: ein Tip für Aussteiger auf Zeit. 15 Dollar pro Tag und ein bißchen Mut zum Ungewöhnlichen reichen dafür schon aus. Elektrizität gibt es keine, aber Bettwäsche wird gestellt. Auf einem Gaskocher kann man sich die mitgebrachten Nahrungsmittel, ergänzt durch das Eßbare, was das Tal bietet, zubereiten. Es gibt kaum eine bessere Gelegenheit, sich einmal in das alte Hawai'i zurückversetzen zu lassen.

Außer mit dem Waipi'o Shuttle gibt es noch weitere Möglichkeiten, das Tal zu erkunden: **Waipi'o Valley Wagon Tours** bringt die Teilnehmer der Exkursion mit dem Geländewagen hinunter. Dort geht es dann mit dem Maultiergespann weiter. Mark und Sherri Hannum von **Waipi'o Na'alapa Trail Rides** veranstalten Trailritte, die wohl faszinierendste Art, das Tal kennenzulernen. Das Ehepaar lebt seit über 25 Jahren in der Region und kennt das Tal und seine Geschichte wie kaum jemand.

Zum Mauna Kea: Auf der Saddle Road quer durch die Insel

(Waimea – Hilo: 140 km, inkl. der Fahrt zum Mauna Kea)

Die Saddle Road führt zum Mauna Kea

Eine Alternative zum Highway 19 entlang der Küste bietet der Highway 200, die wenig befahrene Sattelstraße quer durch das Hochland der Insel. Obwohl die Saddle Road von Waimea nach Hilo asphaltiert und absolut problemlos zu befahren ist, raten die Leihwagenfirmen der Insel noch immer von ihrer Benutzung ab. Wahrscheinlich fürchten sie, man könne eine der abzweigenden *jeep trails* ausprobieren. Also befährt man die Sattelstraße auf eigenes Risiko. Es gibt keinerlei Service oder Tankstellen auf der etwa 100 km langen Strecke, und im Fall einer Panne würde man wahrscheinlich eventuelle Abschleppkosten selbst zahlen müssen. Auf jeden Fall sollte man besonders vorsichtig fahren. Die Straße ist teilweise schmal, es gibt unverhofft Nebel oder Regen und gelegentlich herrscht auch Militärverkehr, bedingt durch das im Hochland gelegene Pohakuloa Military Camp. Die Fahrt quer durch die Insel führt durch eine oft mondähnliche, rauhe Lava-Landschaft mit schönen Aussichten auf die drei Vulkane Mauna Loa, Mauna Kea und Hualalai, vorbei an Lavahöhlen und einem Schutzgebiet für Nene-Gänse. Die Hauptattraktion sind natürlich die Sternwarten auf dem Gipfel des **Mauna Kea 21** (s. S. 336 und unter Hilo, S. 331).

Von Waimea aus erreicht man nach etwa 10 km die Gabelung von Highway 190 und der Saddle Road. Zunächst führt die Fahrt durch eine grüne Wiesenlandschaft, die dann allmählich in Lavafelder übergeht. Etwa auf halber Strecke, bei Pohakuloa, liegt die **Mauna Kea State Recreation Area.** Wir befinden uns hier auf einer Höhe von gut 2000 m. Die trockenscharfe Luft wird nachts empfindlich kalt. Wanderer und Skiläufer können sich hier für den Trip auf den 4205 m hohen Gipfel des Mauna Kea akklimatisieren. Es gibt Picknicktische, Trinkwasser, Toiletten und einfache, aber komplett eingerichtete Häuschen zum Übernachten, die man rechtzeitig beim Department of Land and Natural Resources' Division of State Parks in Hilo (S. 331) reservieren sollte.

Nach 12 km führt von der Humu'ula Junction eine Straße bis zu den Observatorien auf dem Gipfel des ›weißen Berges‹ Mauna Kea. Die ersten 10 km bis zum **Ellison S. Onizuka Astronomy Complex** auf knapp 3000 m Höhe kann man noch mit einem normalen Pkw fahren, solange kein Schnee auf der Straße liegt. Für die restlichen 10,5 km bis zum Gipfel sind wegen der starken Steigung nur Geländewagen erlaubt (die Ranger haben Anweisung, den Autoverleihern

Blick vom Mauna Kea aus etwa 3000 m Höhe in die Umgebung des Vulkans

telefonisch mitzuteilen, wenn einer ihrer Pkws für die Fahrt zum Gipfel benutzt wird). Ein Aufenthalt beim Ellison S. Onizuka Visitor Center ist nicht nur wegen der hier gebotenen Informationen und Displays empfehlenswert – man sollte seinem Körper auch eine Akklimatisierung an die dünne Luft auf dem Viertausender ermöglichen. Außerdem muß eine Besichtigung der Observatorien beim Ranger des Visitor Center arrangiert werden. Für Kinder unter 16 Jahren ist die Besichtigung auf dem Gipfel nicht erlaubt, da die Höhenluft ihnen Probleme bereiten könnte und erforderliche ärztliche Hilfe vielleicht nicht erreichbar ist.

Ein *lookout* in der Nähe des Center bietet bereits einen Vorgeschmack auf die Aussichten während der Fahrt zum Gipfel. Und die sind wirklich überwältigend. In der dünnen klaren Luft entfaltet sich ein weites Panorama von mehreren kleinen Vulkankegeln, die ockerfarbig, rötlich, violett und blaugrau schimmern, im Hintergrund dominiert die Silhouette des mächtigen Mauna Loa, der häufig von Wolken umkränzt ist. Südlich vom Gipfel erstreckt sich die **Mauna Kea Ice Age Natural Area Reserve,** in der auch ein vorgeschichtlicher Steinbruch liegt. Hier haben die Hawaiianer sich früher das Material für ihre Steinäxte geholt. Vor 10 000 Jahren war der Mauna Kea noch mit einer dicken Eiskappe überzogen. Wenige Meter tief unter der Oberfläche der Vulkankegel auf dem Gipfel herrscht noch heute Permafrost.

Schließlich sind die großen silbrigglänzenden Kuppeln der Observatorien auf dem Gipfelplateau erreicht. Auch im Sommer bewegen sich hier die Temperaturen um den Gefrierpunkt, und meistens weht auch ein scharfer Wind, der entsprechende Schutzkleidung nötig macht. Dabei ist die Luft sehr trocken – die etwa 25 cm Niederschläge im Jahr fallen meistens als Schnee. In manchen Wintern reicht die Schneedecke dann auch zum Skilaufen. Die relative Luftfeuchtigkeit auf dem Gipfel ist praktisch gleich Null. Deshalb sollte man vor einem Aufenthalt ausreichend Flüssigkeit zu sich genommen haben.

Der **Mauna Kea International Astronomical Observatory Complex** in fast 4200 m Höhe umschließt 12 große Teleskope (darunter noch vier im Bau befindliche), von mehreren Nationen gebaut und unterhalten. Das Land, auf dem sie stehen, ist vom Bundesstaat Hawai'i geleast. Die University of Hawai'i verwaltet den Komplex und erhält von den verschiedenen Observatorien einen bestimmten Anteil der Beobachtungszeit. Dabei kann sie nicht benötigte Zeit-

kapazitäten auch weiter vermieten. Die Anlagen werden von Wissenschaftlern der NASA und zahlreichen ausländischen Institutionen genutzt. Japan, Kanada, Großbritannien, Frankreich und die Niederlande unterhalten ständige Forschungsteams. Durch die außerordentlich saubere Atmosphäre finden sie hier die weltweit besten Arbeitsbedingungen für ihre Himmelsbeobachtungen: mehr als 320 kristallklare Nächte stehen ihnen im Jahr zur Verfügung.

Riesige Observatorien auf dem Mauna Kea erlauben Forschern weite Blicke ins All

Die beiden jüngsten Riesenteleskope sind das 1992 für 95 Millionen Dollar fertiggestellte »W. M. Keck Observatorium« und gleich daneben »Keck II«, das 1996 in Betrieb gehen soll. Die beiden computergesteuerten, optischen Infrarot-Teleskope arbeiten im Verbund und sind mit 10 m Durchmesser die größten der Welt – wahre Wunderwerke der Technik. Der Hauptspiegel setzt sich aus mehreren Dutzend hektagonalen Spiegelsegmenten von je 2 m Durchmesser zusammen. Jedes einzelne Element ist mit einer Genauigkeit von über 1/100 000 mm fokussierbar. Bei diesem Fensterblick ins Universum werden Galaxien erreicht, die über 12 Milliarden Lichtjahre von der Erde entfernt sind.

Führungen für Besucher finden an Wochenenden statt. Wer teilnehmen will, muß sich bis 13.30 Uhr im Onizuka Visitor Center eingefunden haben. Dort wird in unregelmäßigen Abständen auch die Möglichkeit geboten, den Nachthimmel durch ein großes Teleskop zu beobachten. Auskünfte erhält man bei **Mauna Kea Support Services** in Hilo.

In südlicher Richtung zweigt von der Saddle Road eine 28 km lange, geteerte Straße zum 3300 m hoch gelegenen Mauna Loa-Observatorium im Volcanoes National Park ab. Von dort gibt es einen rund 10 km langen Wanderweg bis zum 4170 m hohen Gipfel, der zwar kürzer, aber nicht weniger schwierig ist als der Mauna Loa Trail, der über den Highway 11 beim Volcanoes National Park zu erreichen ist (s. S. 257 f. und 336).

Gleich nach der Abzweigung der Straßen zum Mauna Kea und Mauna Loa führt die Saddle Road am Kipuka 'Ainahou State Nene Sanctuary vorbei. Die *trails* im Schutzgebiet für die seltene Hawai'i-Gans dürfen von November bis Februar nicht betreten werden. Kurz vor Hilo kann man im **Kaumana Caves Country Park** 22 zwei große Lavahöhlen erforschen.

Information   Unterkunft

Camping   Restaurants

Unterhaltung   Sehenswertes

Aktivitäten   Einkaufen

Verkehrsverbindungen

Serviceteil

Inhalt

Preiskategorien: Die Preise für die **Hotels** wurden zur besseren Übersicht in Preiskategorien eingestuft. Die jeweils angegebenen Preise gelten für zwei Personen: $$$$ = über 240 Dollar (Luxusklasse), $$$ = 120–240 Dollar, $$ = 60–120 Dollar, $ = bis 60 Dollar; für die **Restaurants** gelten folgende Einstufungen pro Person für eine Hauptmahlzeit: $$$ = über 20 Dollar, $$ = 10–20 Dollar, $ = unter 10 Dollar.

Hale'iwa

 Unterkunft: Backpackers Vacation Inn/Plantation Village, 59-788 Kamehameha Hwy., Hale'iwa, Hi 96712, ☎ 6 38-78 38: In der Nähe vom Waimea Falls Park an einem schönen Strand mit diversen preiswerten Übernachtungsmöglichkeiten: Hostel mit Kochgelegenheit, komplett eingerichtete Cottages, Zimmer, Apartments, Studios. Rechtzeitige Reservierung notwendig, in der Surfsaison im Winter ist Backpackers ausgebucht. $–$$

Restaurant: Jameson's By The Sea, 65–540 Kamehameha Hwy., ☎ 6 37-43 36: Restaurant und Bar mit schönem Meeresblick (besonders während des Sonnenuntergangs); Meeresfrüchte, Steaks und Geflügelspezialitäten; Lunch, Dinner. $$

Aktivitäten: Hawai'i Surf and Sail, 66-214 Kamehameha Hwy., ☎ 6 37-53 73: Surfen, Windsurfen, Tauchen: Verkauf und Vermietung **Surf & Sea,** 62-595 Kamehameha Hwy., ☎ 6 37-98 87: Tauchen, Schnorcheln, Surfen, Windsurfen **North Shore Windsurfing,** 59-452 Makana Rd., ☎ 6 38-81 98: Windsurf-Unterricht und Verleih

Einkaufen: North Shore Marketplace, 66-250 Kamehameha Hwy., Boutiquen, Galerien, Kunsthandwerk, handgearbeiteter Schmuck **Ka'ala Art** (bei McDonalds), ☎ 6 37-70 65: Kunsthandwerk, Gemälde, Tapa-Stoffe und Seidenmalerei. 9–18 Uhr **Iwa Gallery,** örtliche Künstler-Kooperative mit Aquarellen, Ölgemälden, Skulpturen. Täglich außer Dienstag 10.30–18.30 Uhr

Honolulu/Waikiki

Information: Hawai'i Visitors Bureau, Waikiki Business Plaza, 2270 Kalakaua Ave., Information Office (7th Floor), ☎ 9 24-02 66 **Waikiki/O'ahu Visitors Association,** 1001 Bishop St., Suite 477, Pauahi Tower, Honolulu, ☎ 5 24-07 22, Fax 5 38-03 14 **State Foundation on Culture and Arts,** 335 Merchant St., Room 202, Honolulu, ☎ 5 48-41 45: Informationen über O'ahus Kulturfahrplan **Mayor's Office for Culture and the Arts,** 530 South King St., Room 404, Honolulu, ☎ 5 23-46 74: Informationen über Honolulus Kunstszene **Department of Land and Natural Resources,** Division of State Parks, 1151 Punchbowl St., Room 310, Honolulu, Hi 96813, ☎ 5 87-03 00: Informationen über Camping und *permits* für State Parks. 8–16 Uhr

Department of Parks and Recrea-tion, 650 South King St., Honolulu, ✆ 5 23-45 25: Informationen und *permits* zum Campen in County Parks

🛏 **Unterkunft in Kahala:**
Kahala Hilton Hotel, 5000 Ka-hala Ave., Honolulu, Hi 96816, ✆ 7 34-22 11, Fax 7 37-24 78: Luxushotel, 15 Minuten von Waikiki, zauberhaft gele-gen in einem Park mit Lagune östlich vom Diamond Head; schöner Strand, Tennis, alle Wassersportarten. $$$$ Kahalas **Maile Restaurant** ist eines der besten in Honolulu/Waikiki. Im **Hala Terrace** präsentiert Danny Kaleikini seine klassisch hawaiische Show.

🛏 **Unterkunft in Honolulu:**
Pacific Marina Inn, 2628 Wai-wai Loop, Honolulu, Hi 96819, ✆ 8 36-11 31, in Deutschland ✆ 01 30-81 30 04: Sauberes, preiswertes Hotel in der Nähe vom Honolulu International Airport; alle Zimmer renoviert mit Air Conditioning und Telefon, Pool, freies Parken, Restaurant, Lounge. $$
Central Branch YMCA, 401 Atkinson Dr., Honolulu, ✆ 9 41-33 44: Von dort aus 5 Minuten mit dem Bus nach Waikiki; nur für Männer – keine Reser-vierungen. $
Fernhurst YWCA, 1566 Wilder Ave., Honolulu, ✆ 9 41-22 31: Hübsches Quartier, nur für Frauen; zwei Mahl-zeiten sind im Preis eingeschlossen. Die Nachfrage ist groß. $
Honolulu International Hostel, Honolulu, Nähe University of Hawai'i, ✆ 9 46-05 91

🛏 **Unterkunft in Waikiki:**
Sheraton Moana Surfrider, 2365 Kalakaua Ave., Honolulu, Hi 96815, ✆ 9 22-31 11, Fax 9 23-03 08: Prachtvoll restauriertes traditionsrei-ches Hotel von 1901 im weißen Kolo-nialstil und mit großem Banyanbaum; direkt am Strand. $$$$
Royal Hawai'ian, 2259 Kalakaua Ave., Honolulu, Hi 96815, ✆ 9 23-73 11, Fax 9 24-70 98: Hawai'is erstes Luxushotel, mit rosa Fassade im maurischen Stil erbaut (1927 eröffnet) und immer noch Wahrzeichen von Waikiki; direkt am Strand. $$$$
Halekulani, 2199 Kalia Rd., Honolulu, Hi 96815, ✆ 9 23-23 11, Fax 9 26-80 04: Traditionsreiches Luxushotel am Strand, in altem Stil und Glanz rekon-struiert; exzellentes Restaurant. $$$$
Outrigger Waikiki, 2500 Kuhio Ave., Honolulu, Hi 96815, ✆ 9 23-07 11, in Deutschland Buchung über Wiechmann Tourism Services, ✆ 0 69-44 60 02, Fax 0 69-43 96 31: Das Flaggschiff der Outrigger Hotels direkt am schönsten Teil des Waikiki Beach, luxuriös und geschmackvoll eingerichtet, sehr kom-fortable und geräumige Zimmer und Suiten; hervorragende Restaurants und viel Atmosphäre in **Duke's Canoe Club**, eines der stilvollsten Strandre-staurants mit Bar in Waikiki. $$$–$$$$
Hilton Hawai'ian Village, 2005 Kalia Rd., Honolulu, Hi 96815, ✆ 9 49-43 21, Fax 9 47-78 97: Etwas abseits gelegenes, exklusives Luxushotel in großzügiger, schöner Anlage mit Lagune und Swim-mingpools; direkt am Strand, mehrere Restaurants und Bars mit Live-Enter-tainment. $$$–$$$$
Outrigger Reef, 2169 Kalia Rd., Hono-lulu, Hi 96815, ✆ 9 23-31 11, in Deutsch-land Buchung über Wiechmann Tou-rism Services, ✆ 0 69-44 60 02, Fax 0 69-43 96 31: Direkt am besten Ab-schnitt des Waikiki-Beach gelegen, großzügig und komfortabel eingerich-tete Zimmer mit schönem Blick; meh-rere Restaurants und Bars mit Live-En-tertainment. $$$

Outrigger Prince Kuhio, 2500 Kuhio Ave., Honolulu, Hi 96815, ☎ 9 22-08 11, in Deutschland Buchung über Wiechmann Tourism Services, ☎ 0 69-44 60 02, Fax 0 69-43 96 31: Luxushotel zu erschwinglichem Preis; elegant eingerichtete Zimmer, schöner Blick, hervorragendes Restaurant **Trellisses.** $$$

Colony Surf, 2895 Kalakaua Ave., Honolulu, Hi 96815, ☎ 9 23-57 51, Fax 9 22-84 33: Apartmenthotel mit schöner Aussicht am Kapi'olani Park und an einem der besten Badestrände; elegant eingerichtet, hervorragendes Restaurant Michel's. $$$

Queen Kapi'olani Hotel, 150 Kapahulu Ave., Honolulu, Hi 96815, ☎ 5 31-52 35, Fax 5 33-04 72, in Deutschland 01 30-81 30 04: Attraktives, ruhiges Hotel am Kapi'olani Park mit schönem Blick auf Diamond Head; die meisten Zimmer haben *lanai* und einige auch eine *kitchenette*. Der **Peacock Dining Room** bietet eines der besten Buffets in Waikiki, die Auswahl ist groß und täglich wird ein anderer kulinarischer Schwerpunkt gesetzt. $$–$$$

Outrigger Waikiki Tower, 200 Lewers St., Honolulu, Hi 96815, Buchung in Deutschland über Wiechmann Tourism Services, ☎ 0 69-44 60 02, Fax 0 69-43 96 31: Eines der preiswertesten Hotels in Strandnähe, freundlich gestaltete Zimmer, auch mit *kitchenette*; Restaurant. $$

Waikiki Hana Hotel, 2424 Koa Ave., Honolulu, Hi 96815, ☎ 9 26-88 41, Fax 9 24-37 70 in Deutschland ☎ 01 30-81 30 04: Empfehlenswertes Hotel im Zentrum von Waikiki, einen Block vom Strand entfernt, auch Zimmer mit *kitchenette*. Das Restaurant ist ebenfalls gut und preiswert. $$

Hawai'iana Hotel, 260 Beach Walk, Honolulu, Hi 96815, ☎ 9 23-38 11, Fax 9 26-57 28: In einer Seitenstraße in Strandnähe in einer tropischen Gartenanlage mit Pool; alle Zimmer mit *kitchenette*. $$

Outrigger Ala Wai Terrace Hotel, 1547 Ala Wai Blvd., Honolulu, Hi 96815, ☎ 9 49-73 84: Angenehmes, etwas kleineres Hotel rund sechs Straßen vom Strand entfernt, alle Zimmer mit Küche; einfach und preiswert. $–$$

Royal Grove Hotel, 151 Uluniu Ave., Honolulu, Hi 96815, ☎ 9 23-76 91, Fax 9 22-75 08: Empfehlenswertes, schlichtes Hotel, seit Jahrzehnten im Besitz der Fong-Familie; Zimmer mit *kitchenette*, 5 Minuten vom schönen Kuhio Beach und dem Kapi'olani Park entfernt; günstige Wochenpauschale. $

Hale Pua Nul; 228 Beach Walk, Honolulu, Hi 96815, ☎ 9 23-96 93: 22 voll eingerichtete geräumige Studios, ruhig gelegen; in Strandnähe. $

Edmund's Hotel Apartments, 2411 Ala Wai Blvd., Honolulu, Hi 96815, ☎ 9 23-83 81: Kleines Gästehaus, einfache Zimmer mit *kitchenette*; sehr gefragt. $

Honolulu International Youth Hostel, 2323 Sea View Ave., Honolulu, ☎ 9 46-05 91, Fax 9 46-59 04: Jugendherberge für Männer und Frauen; Küchenbenutzung, ab $ 10 pro Person

Hale Aloha AYH Hostel, Waikiki, ☎ 9 26-83 13

Restaurants in Honolulu: The Chart House Honolulu, 1765 Ala Moana Blvd., ☎ 9 41-66 69: Maritime Atmosphäre, mit schönem Blick über den Ala Wai-Yachthafen. Meeresfrüchte und Steaks; Spezialität: gefüllte Shrimps und hawaiische Langusten; Dinner. $$$

The Mamala Bay Restaurant, Pier 7, am Fuß der Bishop St., ☎ 5 24-22 33: Direkt hinter dem Maritime Museum, mit Blick über den Hafen: Meeresfrüchte, Pasta, Burger und Salate; Frühstück Mo–Fr 7–9.30 Uhr, Lunch Mo–Sa 11–14.30 Uhr, So Brunch 10–14 Uhr, Dinner täglich 17–22 Uhr. $$

Restaurant Row, 500 Ala Moana Blvd.: Über ein Dutzend Restaurants – vom Hamburger bis zur Gourmet-Küche. $–$$$

Wo Fat's, 115 North Hotel St., ✆ 5 33-63 93: Ältestes Restaurant in Hawai'i. Über 150 verschiedene kantonesische Spezialitäten. Lunch und Dinner. $$

The Woodlands, 1289 South King St., ✆ 5 26-22 39: Hervorragende chinesische Küche, authentisch und äußerst beliebt bei Honolulus Chinesen; absolut preiswert. Di und Do–So, Lunch und Dinner. $

Down to Earth Natural Foods, 2525 King St., ✆ 9 47-76 78: Beste Auswahl an vegetarischen Spezialitäten. Mo–Sa 10–21.30 Uhr, So 10–18 Uhr. $

Restaurants in Waikiki:
Roy's Restaurant, Hawai'i Kai Corporate Plaza, 6600 Kalaniana'ole Hwy., ✆ 3 96-76 97: Eines der besten Restaurants in Hawai'i; Pacific Rim-Küche mit einer exquisiten Mischung internationaler Kochkunst. Dinner. $$$

Colony Steak and Seafood Restaurant, Hyatt Regency Waikiki, 2424 Kalakaua Ave., ✆ 9 23-12 34: Elegantes Restaurant mit Kolonial-Atmosphäre; hervorragende Steaks, Meeresfrüchte. Dinner. $$$

Michel's, Colony Surf, 2895 Kalakaua Ave., ✆ 9 23-65 52: Schön am Meer gelegen, französische Küche, Meeresfrüchte, leckere Desserts. Breakfast, Lunch (So Brunch), Dinner; Reservierung erforderlich. $$$

Nick's Fishmarket, Waikiki Gateway Hotel, 2070 Kalakaua Ave., ✆ 9 55-53 33: Fischspezialitäten, Hummer,

Bouillabaisse, Steaks, Prominententreff. Live-Entertainment in der Lounge ab 21.30 Uhr; Dinner 17.30–22 Uhr, Fr/Sa bis 24 Uhr. $$–$$$

Orchids, Halekulani Hotel, 2199 Kalia Rd., ✆ 9 23-23 11: Stilvolles Open Air-Restaurant mit schönem Blick aufs Meer; pazifische Spezialitäten, exzellente Küche; sehr zu empfehlen. Frühstück, Lunch, Dinner. $$–$$$

Hau Tree Lanai, 2863 Kalakaua Ave. (beim Kapi'olani Park), ✆ 9 23-15 55: Direkt am Strand, mit romantischer Atmosphäre; Salatbar, Fisch, Steaks, Hähnchen; besonders empfehlenswertes Frühstück. Breakfast, Lunch, Dinner. $$

Oceanarium, Pacific Beach Hotel, 2490 Kalakaua Ave., Waikiki, ✆ 9 21-61 11, 9 22-12 33: Mit faszinierendem Blick auf das dreistöckige 1 000 000-Liter-Ozeanarium; Steaks, Rippchen, Fisch, Hähnchen. Breakfast, Lunch, Dinner. $$

Trellisses, Outrigger Prince Kuhio Hotel, 2500 Kuhio Ave., ✆ 9 22-08 11: Hübsches Restaurant mit viel Grün; preiswerte Buffets, besonders leckere Hähnchen auf polynesische Art; Teriyaki, Shrimps, Salate. Breakfast, Lunch, Dinner. $$

Tanaka of Tokyo, Waikiki Shopping Plaza, Seaside Ave. und Kalakaua Ave., ✆ 9 22-47 02: Beliebtes japanisches Restaurant, mittlerweile gibt es weitere im Kings Village und im Ililai Hotel Nikko Waikiki. Lunch Mo–Fr 11.30–14 Uhr, Dinner 17.30–22.00. $$

W. C. Peacock Restaurant, Sheraton Moana Surfrider, 2365 Kalakaua Ave., ✆ 9 22-31 11: Am Strand in tropischem Garten; internationale Küche. Lecker und preiswert ist das Sunset Special von 17.30 bis 18.30 Uhr. $$

Sergio's, Ilima Hotel, 445 Nohonani St., ✆ 9 26-33 88: Eines der ältesten italienischen Restaurants in Honolulu/

Waikiki, gemütlich und sehr beliebt. Lunch Mo–Fr 11.30–14.30 Uhr, Dinner 17.30–23.30 Uhr. $$

Golden Dragon, Hilton Hawai'ian Village, 2005 Kalia Rd., ☎ 9 49-43 21: Hervorragende chinesische Küche, prachtvolle Ausstattung, Blick auf Strand und Lagune; rechtzeitige Reservierung erforderlich. Dinner Di–So 18–21.30 Uhr. $$

Dukes Canoe Club, Outrigger Canoe Club, 2335 Kalakaua Ave., ☎ 9 22-22 68: Stilvolles Strandrestaurant mit Bar, mit Erinnerungsstücken an das Surfidol Duke Kahanamoku dekoriert; Salatbar, Fisch, Leckeres vom Grill, Sandwiches, Burger, Pasta. 11–24 Uhr. $–$$

Keo's Thai Cuisine, 625 Kapahulu Ave., ☎ 7 37-82 40: Exzellente thailändische Küche, tropische Gartenatmosphäre. Dinner. $$

Waikiki Broiler, 200 Lewers St., ☎ 9 23-88 36: Salatbar, Pancakes, Pasta, Burger, Hähnchen, Steaks, bei maritimem Dekor. 6–2 Uhr morgens. $–$$

Ruffage Natural Food Store and Restaurant, 2443 Kuhio Ave., im Royal Grove Hotel, ☎ 9 22-20 42: Bioladen und Restaurant. Breakfast, Lunch, Dinner. $

California Pizza Kitchen, 1910 Ala Moana Blvd. und Ena Rd., ☎ 9 55-51 61: Originelle Pizzen in allen Variationen, Pasta; sehr beliebt. 11–22.30 Uhr, Fr–Sa bis 23 Uhr. $

Wailana Coffee House, 1860 Ala Moana Blvd., ☎ 9 55-17 64: Gut und preiswert; vielseitiges Menü, Salatbar. Rund um die Uhr geöffnet. $

Unterhaltung in Honolulu:
John F. Kennedy Theatre, University of Hawai'i, Manoa, ☎ 9 56-76 55: Die Drama- und Theaterabteilung der Universität führt klassische und moderne Stücke aus Ost und West auf.

Moose McGillicuddy's, 1035 University Ave., ☎ 9 44-55 25: Disco mit studentischem Publikum, Menüs und Drinks sind preiswert

Rumours, Ala Moana Hotel, 410 Atkinson Dr., ☎ 9 55-48 11: Disco mit Top DJs, Laser Show; Di–Sa

Studebaker's, Restaurant Row, 500 Ala Moana Blvd., ☎ 5 26-98 88: Disco mit Musik der 60er, 70er und 80er Jahre. Größte Attraktion ist das *all-you-can-eat* Buffet von 17.30–19.30 Uhr; So–Fr 18–2 Uhr morgens, Fr und Sa bis 3 Uhr morgens.

Unterhaltung in Waikiki:
Danny Kaleikini Show, Kahala Hilton, 5000 Kahala Ave., ☎ 7 34-22 11: Einer der besten Entertainer (Sänger, Tänzer, Musiker) Hawai'is. Mo–Sa Einlaß 19 Uhr (für Dinner-Show), die eigentliche Show beginnt um 21 Uhr.

Diamond Head Theatre, 520 Makapu'u Ave., ☎ 7 34-02 74: Broadway Shows und Musicals, experimentelles und klassisches Theater

Esprit, Sheraton Waikiki Hotel, 2255 Kalakaua Ave., ☎ 9 22-44 22: Tanz romantisch oder verjazzt; mit fantastischem Rundblick

Hawai'i Calls, Hilton Hawai'ian Village, 2005 Kalia Rd., ☎ 9 47-79 93: Neuauflage der berühmten Radio-Show aus den 30er Jahren, die hawaiische Musik weltberühmt machte und von 700 Stationen übertragen wurde. Sa 11.45 Uhr

Honolulu Comedy Club, Aston Waikiki Terrace Hotel, 2045 Kalakaua Ave., ☎ 9 22-59 98: Shows bekannter amerikanischer Künstler

House Without a Key, Halekulani Hotel, Kalia Rd., ☎ 9 23-23 11: Romantische Cocktail-Lounge am Strand. Das Richtige für den Sunset-Cocktail zum sanften Sound hawaiischer Bands. 17–20.30 Uhr

Maharajah, Waikiki Trade Center, 2255 Kuhio Ave., ✆ 9 22-30 30: Große Nobeldisco mit spektakulären Effekten. 20–4 Uhr morgens

Monarch Room, Royal Hawai'ian Hotel, 2259 Kalakaua Ave., ✆ 9 23-73 11: The **Brothers Cazimero Show** mit original hawaiischen Tanz- und Musikdarbietungen. Di–Sa 20.30 Uhr, zusätzlich Fr und Sa 22.30 Uhr, So von 16.30–19.30 Uhr Tango und Foxtrott zum Big Band Sound

Polynesian Revue, Sheraton Princess Ka'iulani Hotel, 120 Ka'iulani Ave., ✆ 9 71-53 00: Große farbenprächtige Tanzshow mit Dinner Buffet

Scruples, 2310 Kuhio Ave. und Nahua St., ✆ 9 23-95 30: Eine der heißesten Discos in Waikiki mit Beach-Atmosphäre, Tanz zu den Top 40-Hits von 20 bis 4 Uhr morgens

Wave Waikiki, 1877 Kalakaua Ave., ✆ 9 41-04 24: Szene-Disco und Nachtclub mit wechselnden Bands, oft spielen hier auch gute New Wave und Rock-Bands vom Festland. Bis 4 Uhr morgens

 Sehenswertes in Honolulu und Umgebung:

Aloha Tower, Pier 9, Nimitz Hwy., ✆ 5 28-57 00: Historischer Turm und Wahrzeichen von Honolulu. Im 10. Stock befindet sich ein Aussichtsdeck, in den beiden unteren Stockwerken ein Museum mit Ausstellungen über die »Boat Days«, die große Zeit der Passagierschiffe. Neben dem Turm wurde Ende 1994 der Aloha Tower Marketplace mit zahlreichen Geschäften und Restaurants fertiggestellt. Öffnungszeiten des Aussichtsdecks: So–Do 9–21 Uhr, Fr u. Sa 9–22 Uhr

Archives of Hawai'i, Iolani Palace-Gelände: Wahre Schatzkammer für Hawaiiana. Mo–Fr 7.45–16.30 Uhr

Arizona Memorial and Visitor Center, US Naval Reservation. Pearl Harbor, ✆ 4 22-05 61: Museum und Gedenkstätte über dem versunkenen Schlachtschiff »SS Arizona«. 7.30–17 Uhr (letzter Shuttle zur »Arizona« um 15 Uhr)

Bishop Museum, 1525 Bernice St., ✆ 8 47-35 11, 8 48-41 29: Hervorragendes Museum mit Ausstellungen über Kunst und Kultur der pazifischen Völker. Am ersten Sonntag des Monats Kulturfest mit hawaiischem Programm. 9–17 Uhr

Chinatown Historical Society, Asia Mall, Chinese Cultural Center, ✆ 5 21-30 45: 2stündige Führung durch die Märkte und exotischen Läden in Chinatown. Mo–Fr 10 und 13 Uhr, Sa 10 Uhr

Contemporary Museum, 2411 Makiki Heights Dr., ✆ 5 26-13 22: Sieben Galerien mit Ausstellungen hawaiischer und internationaler Künstler. Di–Sa 10–16 Uhr, So 12–16 Uhr

Dole Cannery Square, 650 Iwilei Rd., ✆ 5 48-66 01: 20minütige Multimedia-Show über Ananas auf Hawai'i. 9–17 Uhr

Foster Botanical Garden, 50 North Vineyard Blvd., ✆ 5 22-70 66: Hervorragendes Arboretum, seltene tropische Orchideen, Farne und Bäume. 9–16 Uhr, geführte Touren Mo–Fr 13 Uhr

Hawai'i Children's Museum, Dole Cannery Square, 650 Iwilei Rd., ✆ 5 22-00 40: Interessante und lehrreiche Displays zum Anfassen und Auseinandernehmen. Di–Fr 9–13 Uhr, Sa–So 9–16 Uhr

Hawai'i Maritime Center, Pier 7, Nimitz Hwy., ✆ 5 23-61 51: **Kalakaua Boathouse** mit Ausstellungen über Hawai'is maritime Geschichte, **Aloha Tower,** die **Falls of Clyde,** ein Viermaster-Segelschiff sowie die **Holekulea,**

die seetüchtige Replik eines hawaiischen Ausleger-Kanus. 8.30–17 Uhr

Hawai'is Plantation Village, 94-695 Waipahu Street, Waipahu, ✆ 6 77-01 10, 6 76-67 27: Restauriertes und rekonstruiertes altes Plantagendorf mit Ausstellungen und Dokumentationen über die Arbeiter auf den Zuckerrohrplantagen. Mo–Sa 8–16 Uhr, geführte Touren 9–15 Uhr

Honolulu Academy of Arts, 900 South Beretania St., ✆ 5 32-87 00: Ständig wechselnde Ausstellungen asiatischer, europäischer, amerikanischer und pazifischer Kunst, Filmvorführungen, Konzerte, Führungen. Di–Sa 10–16.30 Uhr, So 13–17 Uhr

Iolani Palace, King and Richard Streets, ✆ 5 22-08 32: Der einzige königliche Palast in den USA, heute ein Museum. Führungen Mi–Sa 9–14 Uhr; Anmeldung erforderlich

Kawaiahao Church, 957 Punchbowl St. und King St., Downtown Honolulu, ✆ 5 22-13 33: Honolulus älteste Kirche, 1842 erbaut. Gottesdienste (So 10.30–12 Uhr) mit hawaiischen Hymnen, in Hawaiisch und Englisch.

Mission Houses Museum, 553 South King St., ✆ 5 31-04 81: In drei Gebäuden (mit Druckerei) wird das Leben der Missionare zwischen 1820 und 1869 gezeigt. Di–Sa 9–16 Uhr, So 12–16 Uhr; wochentags ab 9.30 Uhr stündliche Führungen

National Memorial Cemetery of the Pacific, 2177 Puowaina Dr., ✆ 5 66-14 30: Ehrenfriedhof im Punchbowl Crater für 25 000 im Zweiten Weltkrieg, im Korea- und Vietnam-Krieg gefallene amerikanische Soldaten. 8–17.30 Uhr

Queen Emma Summer Palace, 2913 Pali Hwy., ✆ 5 95-31 67: Sommerpalast der Witwe von König Kamehameha IV. 9–16 Uhr

USS Bowfin Submarine Museum & Park, US Naval Reservation, Pearl Harbor, ✆ 4 23-13 41: Als Museum liegt die im Zweiten Weltkrieg im Pazifik zu Ehren gekommene »USS Bowfin« in der Nähe des Arizona Memorials. 8–17 Uhr

 Sehenswertes in Waikiki: Artists of O'ahu Exhibit, Monsarrat Ave., am Honolulu Zoo: Jeden Samstag und Sonntag stellen hier einheimische Künstler aus.

Hawai'i Imax Theatre, 325 Seaside Ave. (Nähe Kalakaua Ave.), ✆ 9 23-46 29: Kino der Superlative. Auf einer fünfstöckigen, 25 m breiten halbrunden Leinwand wird der Film »Hawai'i: Born in Paradise« gezeigt. Vulkanausbrüche, Kletterpartie in den Klippen von Moloka'i, Hawai'i unter Wasser – man ist ›mittendrin‹. 11–21 Uhr

Honolulu Zoo, 151 Kapahulu Ave., Kapi'olani Park, ✆ 9 71-71 71; 9–16.30 Uhr

Die Kodak-Hula-Show, Kapi'olani Park, ✆ 5 37-29 26: Di, Mi, Do 10 Uhr

Waikiki Aquarium, 2777 Kalakaua Ave., Kapi'olani Park, ✆ 9 23-97 41: Berühmte Sammlung tropischer Fische. 9–17 Uhr

 Aktivitäten in Honolulu und Umgebung:

Abner T. Longley, Pier 7, Nimitz Hwy., ✆ 5 26-34 73: Verschiedene Hafenrundfahrten mit dem historischen Feuerlöschboot »Abner T. Longley«. 10.15, 11.30, 13, 14 und 15 Uhr

Chinese Chamber of Commerce, 42 King St., ✆ 5 33-31 81: 3stündige geführte Touren durch Honolulus Chinatown. Di 9.30 Uhr

Glider Rides, Dillingham Airfield, ✆ 6 77-34 04: Rundflüge mit Segelfliegern über O'ahu. 10–17 Uhr

Gray Line Hawai'i, ⌀ 8 36-18 83:
Sightseeing-Touren
Hawai'ian Trail & Mountain Club,
P. O. Box 2238, Honolulu, Hi 96804,
⌀ 5 34-55 15, 4 88-11 61
Moanaloa Golf Course, ⌀ 8 39-24 11
Robert's Hawai'i Tours, Inc.,
⌀ 5 23-77 50: Sightseeing-Touren
Sierra Club, P. O. Box 2577, Honolulu,
Hi 96826, ⌀ 5 38-66 16: Informationen,
Wandern, Trekking
University of Hawai'i, Manoa Valley,
Honolulu: Auch im Sommer sind über
17 000 Studenten eingeschrieben.
Touristen können an einer Vielzahl von
speziellen Kursen (akademischen und
nichtakademischen wie etwa Hula,
Segeln, Kunsthandwerk) teilnehmen.
Auskunft: **Summer Session Office,**
101 Krauss Hall, 2500 Dole St., Honolulu, Hi 96822. Das **East-West Center**
der Universität von Hawai'i ist ein
Zentrum für den Erfahrungsaustausch
zwischen Studenten und Gästen aus
25 pazifischen Ländern, die hier leben
und arbeiten. Mo–Do um 13.30 Uhr
kostenlose Führungen durch das
Center
Walking Tour of Honolulu,
⌀ 5 31-04 81: Zweistündige Führungen
unter Leitung eines Mitarbeiters des
Mission Houses Museum. Mi und Fr
9.30 Uhr

Aktivitäten in Waikiki:
Activities and Attractions of
Hawai'i: 2270 Kalakaua Ave., Suite
203, ⌀ 9 71-97 00: Buchung von Aktivi-
täten aller Art für O'ahu und die ande-
ren Inseln
South Seas Aquatics, 215 Kalakaua
Ave., # 112, ⌀ 9 22-05 82: Tauchen,
Schnorcheln

 Einkaufen in Honolulu:
Ala Moana Center, 1450 Ala
Moana Blvd.: Größtes Einkaufszentrum
Hawai'is, architektonisch sehr ansprechend gestaltet mit viel Grün, Blumen
und Wasserspielen. Zahlreiche Kaufhäuser, elegante Boutiquen, Galerien,
Restaurants – hier bekommt man alles:
Internationale Mode, Schmuck, ausgefallene Geschenke, Kunst und Kunsthandwerk; im **Honolulu Book Store**
gibt es eine große Auswahl von
Hawai'iana, **Francis Camera** ist eine
gute Adresse für Kamerazubehör,
Irene's Hawai'ian Gifts führt originelles Kunsthandwerk, Sammlerstücke
und hübsche Geschenke. Interessant ist
auch ein Besuch des **Foodland Super-**
market mit seiner großen Auswahl
von exotischen Nahrungsmitteln und
einer Salatbar, wo auch hawaiische
Spezialitäten wie lomi-lomi-Lachs und
frischer *poi* zu finden sind. Auf der
großen **Centerstage** finden ständig
kostenlose Aufführungen statt – Hula,
Modeschauen, Konzerte bis hin zu
Samurai-Demonstrationen. Mo–Fr
9–21 Uhr, Sa 9.30–17.30 Uhr, So
10–17 Uhr
Aloha Swap Meet, Aloha Stadium,
⌀ 4 86-15 29: Größter Flohmarkt
Hawai'is; Mi, Sa und So 6–15 Uhr
Aloha Tower Marketplace, Harbor-
front, Pier 8 und 9: Hawai'is neuestes
Einkaufs- und Unterhaltungszentrum,
architektonisch sehr ansprechend gestaltet. Über 120 Geschäfte bieten eine
reiche Auswahl: Modisches, Kunst und
Kunsthandwerk, Andenken, Schmuck,
Kuriositäten und mehrere Restaurants,
Live-Entertainment auf der Market
Mainstage. Ein Trolley-Service verkehrt
alle 30 Minuten (nach 21.45 Uhr alle
45 Min.) zwischen Waikiki und dem Mar-
ketplace von 9.45 bis 1.45 Uhr nachts.
Cultural Plaza, Beretania St., River

St., Maunakea St. und Kukui St., Chinatown: Artikel aus Vietnam, Südamerika, Guam, Japan und Taiwan, Spezialitätenrestaurants verschiedener Nationalitäten

Hawai'i Geographic Society Bookstore, 217 King St.: Große Auswahl an Büchern, Karten u. a. über Wandern, Camping, Fahrradfahren; Listen der Firmen, die Ausrüstungen verleihen

Hilo Hattie's Fashion Center, 700 Nimitz Hwy.: Riesenauswahl an hawaiischen Modeartikeln

Ward Warehouse, 1050 Ala Moana Blvd., gegenüber vom Fisherman's Wharf: Modernes Shopping Center im Stil eines alten Lagerhauses mit einigen interessanten Geschäften für Kunst und Kunsthandwerk: **Nohea Gallery** mit den Arbeiten örtlicher hawaiischer Künstler und Kunsthandwerker, **Out of Africa** mit hochwertiger afrikanischer Kunst; außerdem mehrere gute Restaurants. Mo–Fr 10–21 Uhr, Sa 10–17 Uhr, So 11–16 Uhr

 **Einkaufen in Waikiki:
Bailey's Antique Clothes & Aloha Shirts,** 517 Kapahulu Ave., ✆ 7 34-76 28: Ausgefallene und kostbare Aloha-Hemden

International Market Place, 2330 Kalakaua Ave., im Zentrum von Waikiki: Buden und Stände in tropisch-buntem Dekor sorgen für touristisches Flair; T-Shirts, Schmuck, Andenken. 9–23 Uhr

King's Village, 131 Ka'iulani St., einen Block von der Kalakaua Ave.: Basar in der Phantasie-Architektur eines europäischen Städtchens aus dem 19. Jahrhundert mit gepflasterten Gassen; zahlreiche kleine Geschäfte und Boutiquen mit Textilien, asiatischem und hawaiischem Kunsthandwerk. 9–23 Uhr

Royal Hawai'ian Shopping Center, 2201 Kalakaua Ave./Lewers St.: Drei-

stöckige Mall mit vielen schicken Boutiquen. Schmuck, elegante Mode; hervorzuheben ist der **Little Hawai'ian Craft Shop** mit schönem traditionellem hawaiischem Kunsthandwerk. Mo–Sa 9–22 Uhr, So 9–21 Uhr

 **Verkehrsverbindungen:
TheBus,** ✆ 8 48-55 55: Informationen über Busverbindungen auf O'ahu

Aloha Airlines, ✆ 4 84-11 11
Hawai'ian Airlines, ✆ 8 38-15 55
Island Air, ✆ 4 84-22 22

Ka'a'awa

 **Restaurant/Einkaufen:
The Crouching Lion Inn,** 51-666 Kamehameha Hwy., ✆ 2 37-85 11: Stilvolles Restaurant in historischem *inn* mit schönem Blick; herzhafte Kost: Steaks, Hähnchen, *kalua pork*, Meeresfrüchte, Sandwiches. Lunch 11–15.30 Uhr, Dinner 17–21 Uhr. $$.

Im gleichen Gebäude befindet sich die **Livingston Gallery** mit Aquarellen, Drucken, Kunsthandwerk und Schmuck.

Aktivitäten: Kualoa Ranch, ✆ 2 37-73 21: Trailreiten an O'ahus Windward-Küste durch eine vielfältige Landschaft: grünes Ranchland, Sandstrand, Bergflüsse, tropischer Wald. Mo–Fr

Kahuku

Unterkunft/Restaurants: Turtle Bay Hilton Golf and Tennis Resort, P. O. Box 187, Kahuku, Hi 96763, ✆ 2 93-88 11, Fax 2 93-91 47: Abgeschiedenes Luxus-Resort mit herrlichen Anlagen und kilometerlangem Sandstrand; sicheres Schwimmen, Windsurfen, Tauchen, Reiten, Tennis, Golf. Mehrere hervorragende Restaurants. $$$–$$$$

Kailua

 Unterkunft: Eva und Hermann Allerstorfer, 22 Palione Pl., Kailua, Hi 96734, ✆ 0 01-8 08-2 54-10 76, Fax 0 01-8 08-2 54-68 76: Das aus der Schweiz und Österreich stammende Ehepaar vermietet besonders für Wassersportler geeignete Ferienwohnungen in unmittelbarer Nähe des Strandes. $$

Restaurant/Unterhaltung: Orson's Bourbon House, Ho'olai St., ✆ 2 62-23 06: Restaurant und Bar; Cajun-Spezialitäten, Meeresfrüchte, dazu Live-Entertainment von Hawaiian bis Jazz. $$

Aktivitäten: Kailua Sailboard, 130 Kailua Rd., ✆ 2 62-25 55: Windsurfing und Kajak-Shop; Verleih und Unterricht
Naish Hawai'i, 155A Hamakua Dr., ✆ 2 62-60 68: Windsurfing-Unterricht beim ehemaligen Weltmeister; Verleih und Verkauf

Kane'ohe

Restaurant: Chart House, 46-336 Haiku Rd., ✆ 2 47-66 71: Das frühere Haiku Gardens Restaurant wurde renoviert und neugestaltet, aber die romantische Atmosphäre und die schönen Gärten sind geblieben. Dinner So–Do 17–21 Uhr, Fr–Sa 15–22 Uhr, So Brunch 10.30–14 Uhr. $$–$$$

 Sehenswertes: Byodo-In Temple, 47-200 Kahekili Hwy., ✆ 2 39-88 11: Buddhistischer Tempel in schöner Parkanlage vor den Ko'olau Mountains. 9–16 Uhr

Aktivitäten: Honolulu Sailing Company, 47-335 Lulani St., Kane'ohe, Hi 96744, ✆ 2 39-39 00, 1-8 00-8 29-01 14: Ein- und mehrtägige Kreuzfahrten mit einer Segelyacht, Wale beobachten, Schnorcheln, Schlauchboottouren
All Hawaiian Cruises, ✆ 9 26-50 77: Mehrstündige Touren entlang der Küste im Glasbodenboot; Schnorcheln

La'ie

Unterkunft: Rodeway Inn Hukilau Resort, 55-109 Laniloa St., Hi 96762, ✆ 2 93-92 82: Komfortables Hotel in der Nähe des Polynesian Cultural Center; schöner Sandstrand, Zimmer mit *lanai,* Mikrowelle und Kühlschrank. $$

 Sehenswertes/Restaurant: Polynesian Cultural Center, 55-370 Kamehameha Hwy., ✆ 2 93-33 33 oder 9 23-18 61: Authentische Rekonstruktionen polynesischer Dörfer, Vorführungen und Shows; Restaurant. Mo–Sa 12.30–21 Uhr
Mormon Temple, 55-600 Naniloa Loop, ✆ 2 93-92 97: Der erste Mormonentempel außerhalb Utahs. Der Tempel selbst darf nur von Mormonen betreten werden, das Besucherzentrum und die Anlagen können besichtigt werden. 9–20 Uhr

Makaha s. Wai'anae

Makapu'u

 **Aktivitäten/Restaurant:
Sea Life Park,** Makapu'u
Point, ✆ 9 42-31 00 und 2 59-79 33:
Großes Meerwasseraquarium in schöner Anlage; täglich mehrere Shows mit
Delphinen und Seelöwen. Mo–Mi, Sa
9.30–17 Uhr, Fr 9.30–22 Uhr

Pearl Harbor

 **Sehenswertes: Arizona
Memorial and Visitor Center,**
US Naval Reservation, ✆ 4 22-05 61:
Museum und Gedenkstätte über dem
versunkenen Schlachtschiff »SS Arizona«; 7.30–17 Uhr (letzter Shuttle zur
»Arizona« um 15 Uhr)
**USS Bowfin Submarine Museum &
Park,** US Naval Reservation, ✆ 4 23-
13 41: Als Museum liegt die im Zweiten
Weltkrieg im Pazifik zu Ehren gekommene »USS Bowfin« in der Nähe des
Arizona Memorials. 8–17 Uhr

Punalu'u

 **Einkaufen: Punalu'u Art
Gallery,** 53-352 Kamehameha
Hwy., ✆ 2 37-82 21: Aquarelle,
Ölgemälde, Drucke, Seidenmalerei.
Mo–Sa 11–18 Uhr

Wai'anae/Makaha

 **Unterkunft/Aktivitäten:
Sheraton Makaha
Resort,** 84-626 Makaha Valley,
Wai'anae, Hi 96792, ✆ 6 95-95 11,
Fax 6 95-58 06: Luxus-Resort in einem
abgelegenen Tal an der Westküste.
Zimmer mit schönem Blick. Alle Sportmöglichkeiten: Reiten, Tennis, Golf (auf
einem der besten Golfplätze der USA),
Wassersport (Shuttle zum Strand).
$$$–$$$$
**Wai'anae Hawai'ian Cultural and
Art Center:** Workshops: Hula,
traditionelles Flechten, hawaiische
Sprachkurse. Informationen: **State
Foundation of Culture and Arts,**
✆ 5 86-03 00

Restaurant: Salvatore's,
87-064 Farrington Hwy., Makaha,
✆ 6 96-61 21: Restaurant und Bar mit
maritimer Atmosphäre und schönem
Küstenblick. Breakfast, Lunch, Dinner.
$–$$

Waimea

**Aktivitäten: Waimea Falls
Park,** 59-864 Kamehameha
Hwy., Waimea Valley, ✆ 6 38-85 11:
Großer Park mit umfangreicher Sammlung tropischer und subtropischer Gewächse; Wasserfall, Vogelschutzgebiet,
Urwaldpfade zum Wandern. Restaurant, Laden und ein buntes Programm
mit einer Mischung aus Kultur und
Show. 10–17 Uhr

Kaua'i: Adressen und Tips von Ort zu Ort

Erläuterung der Preiskategorien siehe unter O'ahu (S. 306)

Hanalei/Princeville

Unterkunft: Hanalei Bay Resort, P. O. Box 220, Hanalei, Hi 96714, ✆ 8 26-65 22, Fax 8 26-66 80: Luxushotel in spektakulärer Südseelandschaft. Tennis, Golf, direkt am Strand von Hanalei. $$$–$$$$
YMCA Kaua'i, Camp Naue, Ha'ena Beach, ✆ 2 46-90 90 (am Wochenende: 8 26-64 19): Günstige Lage zum Kalalau Trail. $

Restaurants: Bali H'ai, 5380 Honoiki Rd., Hanalei Bay Resort, ✆ 8 26-65 22: Lokal am Berg mit großartigem Blick über die Bucht; Fischspezialitäten, Steaks, Salate, Lamm. Breakfast, Lunch und Dinner. $$$
Cafe Hanalei, 5520 Ka Haku Rd., Princeville Hotel, ✆ 8 26-27 60: Mit schönem Blick über die Bucht, leckeres Buffet, sonntags Brunch. Breakfast, Lunch und Dinner. $$
Hanalei Gourmet, Old Hanalei School, ✆ 8 26-25 24: Beliebtes Restaurant mit hervorragenden Sandwiches und Salaten, alles fürs Picknick zum Mitnehmen. Breakfast, Lunch und Dinner; Live-Entertainment. $–$$

Sehenswertes: Waioli Mission House Museum, ✆ 2 45-32 02: Restauriertes Missionarshaus und Memorabilien aus dem Hawai'i des 19. Jahrhunderts. Di, Do, Sa 9–15 Uhr; 30minütige Führungen

Aktivitäten: Captain Zodiac Raft Expeditions, P. O. Box 456, Hanalei, Hi 96714, ✆ 8 26-93 71 und 1-8 00-4 22-78 24: Exkursionen von unterschiedlicher Länge mit Zodiac-Gummiflößen entlang der Na Pali-Küste
Papillon Helicopters, P. O. Box 339, Hanalei, Hi 96714, ✆ 8 26-65 91: Hubschrauberflüge auf Kaua'i: zur Na Pali-Küste und in den Waimea Canyon
Pooku Stables, P. O. Box 888, Hanalei, Hi 96714, ✆ 8 26-67 77: Ausritte ins Hanalei Valley und zum Strand
Kayak Kaua'i Outfitters, 55088 Kuhio Hwy., ✆ 8 26-98 44, 1-8 00-4 37-35 07: Kajaktouren entlang der Na Pali-Küste, Flußabenteuer; Verleih
Hanalei Surf Co., Hanalei Center, ✆ 8 26-90 00: Verleih, Verkauf und Unterricht: Surfen, Schnorcheln und Windsurfen
Princeville Maka'i Golf Course, Princeville, ✆ 8 26-35 80

Hanapepe

Restaurants: Green Garden Restaurant, Hwy. 50, 13749 Kaumuali'i St., ✆ 3 35-54 22: Ein bißchen Gewächshausatmosphäre entsteht durch die Orchideen auf den Tischen. Asiatische, hawaiische und amerikanische Küche, sehr beliebt. Ab 7.30 Uhr Frühstück; Lunch, Dinner (Di abends geschlossen). $–$$
Hanapepe Bookstore & Espresso Bar, 3830 Hanapepe Road, ✆ 3 35-50 11: Originelles Café mit Buchhandlung. Leckere Waffeln und Pfannkuchen, vegetarische Kost. Täglich Break-

fast und Lunch, Fr und Sa auch Dinner mit Live-Entertainment. $

 Aktivitäten: Ni'ihau Helicopters, P. O. Box 370, Makaweli, Hi 96769, ✆ 3 35-35 00: Hubschrauberflüge nach Ni'ihau

Kalaheo

 Sehenswertes: Olu Pua Botanical Gardens, Hwy. 50, ✆ 3 32-81 82: Botanischer Garten mit vielen tropischen Pflanzen und Bäumen. Einstündige Führungen um 9.30, 10.30, 11.30, 12.30 und 13.30 Uhr

Kapa'a

 Unterkunft: Hotel Coral Reef, 1516 Kuhio Hwy., Kapa'a, Hi 96746, ✆ 8 22-44 81: Hotel mit Pool, Tennisplatz und gutem Strand in der Nähe. $
Bed & Breakfast Hawai'i, P. O. Box 449, Kapa'a, Kaua'i, Hi 96746, ✆ 8 22-77 71, 1-8 00-7 33-16 32, Fax 8 08-8 22-27 23: Preiswerte Unterkunft bei hawaiischen Familien

 Restaurant: Kountry Kitchen, 1485 Kuhio Hwy., ✆ 8 22-35 11: Freundliches, kleines Restaurant; gute Portionen. $

 Aktivitäten: Aquatic Adventures, 1380 Kuhio Hwy., ✆ 8 22-14 34: Tauchexkursionen, Verleih und Kurse
Kayak Kaua'i Outbound, 1340 Kuhio Hwy. (Hwy. 560), ✆ 8 22-91 79: Kajaktouren entlang der Na Pali-Küste, Flußabenteuer; Fahrradverleih und Tourenangebote

Koke'e State Park

 Unterkunft/Restaurant/Camping:
Koke'e Lodge, Koke'e State Park, P. O. Box 819, Waimea, Hi 96796, ✆ 3 35-60 61: Vermietung von preiswerten Wochenendhäusern mit Kamin (ca. $ 35). Ruhige Lage in kühler Berglandschaft. Möglichkeiten zum Angeln, Wandern und Jagen. $. Einige Zeltplätze sind ebenfalls vorhanden. Dazu gehört ein rustikales **Restaurant** mit schönem Blick auf Wiesen und Berge. Ein Besuch dort läßt sich gut mit der Fahrt zum Waimea Canyon verbinden. Teriyaki Steak, Fisch, Sandwiches, Salate. 8.30–21 Uhr. $–$$

 Sehenswertes: Koke'e Natural History Museum, Koke'e State Park, ✆ 3 35-99 75: Kleines Naturkundemuseum. 10–16 Uhr, Juni–August 9–16 Uhr

Koloa, s. Po'ipu Beach

Lihu'e

 Information: Hawai'i Visitors Bureau, Lihu'e Plaza Building, Lihue, Hi 96766, ✆ 2 45-39 71
Information Hotline, ✆ 1-8 00-2 62-14 00: Telefonische Auskünfte zu Aktivitäten und Unterkunft
Division of State Parks, 3060 Eiwa St., Lihu'e, Hi 96766, ✆ 2 41-34 44: Informationen über Wandern und Camping in den State Parks von Kaua'i
Department of Parks & Recreation, 4193 Hardy St., Lihu'e, Hi 96766, ✆ 2 41-66 60: Informationen über Camping und *permits* für County Parks

Unterkunft/Unterhaltung: Outrigger Kaua'i Beach, 4331 Kaua'i Beach Dr., Lihu'e, Hi 96766-9158, ✆ 2 45-19 55, Fax 3 69-94 03: Villenanlage am Sandstrand außerhalb von Lihu'e mit Lagune und Wasserfällen. Restaurant und Cocktail Lounge, Live-Entertainment im **Giligan's Night Club.** $$$

Garden Island Inn, 3445 Wilcox Rd., Lihu'e, Hi 96766, ✆ 2 45-72 27, 1-8 00-6 48-01 54: Preiswertes Hotel, nur Minuten vom schönen Kalapaki-Beach entfernt, mit hübschem Garten (Gäste dürfen die Apfelsinen und Papayas pflücken). Die 16 Zimmer und 5 Apartments sind hell und freundlich, alle mit Kühlschrank und Mikrowelle ausgerüstet, einige haben eine Veranda. $$

Camping: Kahili Mountain Park, am Hwy. 50, westlich von Lihu'e, ✆ 7 42-99 21: Privater Campingplatz auf einem weitläufigen Gelände mit WC und Duschen, Elektrizität und *cabins.*

Restaurants: Lihu'e Barbeque Inn, 2982 Kress St., ✆ 2 45-29 21: Japanische, chinesische, amerikanische Küche. Breakfast, Lunch, Dinner, sonntags kein Frühstück; 8–20.45 Uhr. $$

Dani's Restaurant, 4201 Rice St., ✆ 2 45-49 91: Hawaiische und japanische Gerichte. Breakfast und Lunch. $

Gaylords at Kilohana, 3-2087 Kaumuali'i Hwy., ✆ 2 45-95 93: Gourmet-Restaurant in einer historischen Plantagenvilla in wunderschöner tropischer Anlage. Mo–Sa Lunch und Dinner, So nur Brunch; Reservierung erwünscht. $$$

Einkaufen: Plantation Store, Ecke Kuhio/Hardy St.: Hawaiiana: Bücher, Geschenke, Kleidung

The Museum Shop: 4424 Rice St.: Gute Auswahl an polynesischem Kunsthandwerk, *tapa,* Muscheln und Büchern

Kapaia Stitchery: Kapaia (am Hwy. 56): Hawaiische Textilkunst zum Selbermachen, beste Auswahl der Inseln

 Sehenswertes: Kaua'i Museum, 4428 Rice St., ✆ 2 45-69 31: Polynesische Sammlung, kunsthandwerkliche Gegenstände, Antiquitäten aus der Missionarszeit. Mo–Fr 9–16.30 Uhr, Sa 9–13 Uhr

Grove Farm Homestead, Nawiliwili Road, ✆ 2 45-32 02: Historisches Plantagenhaus der Wilcox-Familie. Mo, Mi, Do Touren um 10 und 13 Uhr; Anmeldung erforderlich

Kilohana Plantation, 3-2087 Kaumuali'i Hwy., ✆ 2 45-56 08: Alte Plantagenvilla in wunderschöner tropischer Anlage. 9.30–21.30 Uhr, So 9.30–17 Uhr; einstündige Führungen Mo, Mi, Do, Sa um 11 und 14 Uhr: Anmeldung erwünscht, ✆ 2 46-95 29

Ni'ihau

Aktivitäten: Ni'ihau Helicopters, P. O. Box 370, Makaweli, Hi 96769, ✆ 3 35-35 00: Hubschrauberflüge nach Ni'ihau

Pacific Tropical Botanical Garden (bei Lawa'i)

 Sehenswertes: National Tropical Botanical Garden, Halima Road, Lawa'i, ✆ 3 32-73 61: Einer der interessantesten botanischen Gärten Hawai'is. 7.30–16 Uhr; Anmeldung erforderlich

Po'ipu Beach/Koloa

 Unterkunft: Hyatt Regency Kaua'i Resort & Spa, 1571 Po'ipu Rd., Koloa, Hi 96756, ✆ 7 42-12 34, Fax 7 42-62 29: Kaua'is Luxushotel in einer wunderschönen tropischen Anlage mit Pools und Wasserfällen; Golf, Tennis. $$$$

Koloa Landing Cottages, 2749 Ho'onani Rd., Po'ipu Beach, Hi 96756, ✆ 7 42-14 70, 7 42-64 36: Cottages und Bed & Breakfast. $–$$

Po'ipu Beach Resort Association, P. O. Box 730, Koloa, Hi 96756, ✆ 7 42-74 44: Informationen und Broschüren über Vermietung von Ferienwohnungen

Kahili Mountain Park: P. O. Box 298, Koloa, Hi 96756, ✆ 7 42-99 21: Preiswerte, komplett eingerichtete *cabins* verschiedener Größen in schöner Anlage, nicht weit von Po'ipu Beach entfernt. $

Restaurants: Keoki's Paradise, Po'ipu Shopping Village, Po'ipu Beach, ✆ 7 42-75 34: Beliebtes Restaurant mit schöner Aussicht; Meeresfrüchte, Steaks, hawaiische Spezialitäten, z B. Koloa-Rippchen mit Pflaumensoße. 17.30–22 Uhr. $$

Koloa Broiler, Koloa Road, Koloa, ✆ 7 42-91 22: Lebhaftes Lokal mit Bar, sehr beliebt bei den Einheimischen. Hamburger, Mahi mahi-Fisch, Kebab, Hähnchen zum Selbstgrillen, frisches Brot, Salatbar. 11–22 Uhr. $

Aktivitäten: Sea Sport Divers, Koloa, ✆ 7 42-93 03: Tauchen, Schnorcheln, Surfen; Ausrüstung, Kurse.

Outfitters Kaua'i, 2827-A Po'ipu Road, Po'ipu Beach, ✆ 7 42-96 67: Abenteuertouren mit Kajak oder Fahrrad. Verleih von Booten und Mountainbikes mit kompletter Ausrüstung. Sehr zu empfehlen

Princeville, s. Hanalei

Wailua

 Unterkunft: Kaua'i Resort Hotel, 3-5920 Kuhio Hwy., Wailua, Hi 96746, ✆ 2 45-39 31, Deutschland: 01 30-81 30 04: Direkt an einem schönen Strand gelegen mit Pools und Tennisplatz; Schnorcheln in geschützter Bucht. Zimmer mit *kitchenette,* auf Wunsch Pauschalangebot mit Leihwagen möglich. $$–$$$

Coco Palms Resort, Wailua Beach, 4-241 Kuhio Hwy., Kapa'a Hi 96746, ✆ 8 22-49 21, Fax 8 22-71 89: Luxus-Cottages wie in Südsee-Filmen, mit palmenumsäumter Lagune, Tennis und Golf. Straße zum Strand. $$–$$$

Restaurant: Wailua Marina Restaurant, ✆ 8 22-43 11: In schöner Lage am Fluß. Breakfast, Lunch, Dinner. Während des Tages viel Betrieb, nach dem letzten Boot zur *fern grotto* wird es ruhiger. $–$$

Sehenswertes: Smith's Tropical Paradise, Wailua Marina, ✆ 8 22-46 54 (Garten), 8 22-41 11, 8 22-52 13 (Flußfahrten): Tropische Gartenanlage mit einem kleinen polynesischen Dorf; *luaus,* polynesische Shows. 8.30–16 Uhr, Dinner 18.30, Show Mo, Mi, Fr 20 Uhr; Flußfahrten zur *fern grotto* 9–15.30 Uhr

Aktivitäten: Walialeale Boat Tours, ✆ 8 22-49 08 und **Smith Motor Boat Service,** ✆ 8 22-34 67: Organisierte Bootsfahrten zur Fern Grotto

Einkaufen: Coconut Market Place: Einkaufszentrum mit originellen Geschäften, Galerien, Boutiquen, Kunsthandwerk-Shops

Waimea

 Unterkunft/Restaurant: Waimea Plantation Cot-tages, P. O. Box 367, Waimea, Hi 96796, ☎ 3 38-16 25, 1-8 00-9 92-46 32: Wohnen in der nostalgischen Atmosphäre der Pflanzerzeit; restaurierte Plantagenhäuser in einem großen Kokospalmen-Hain, komplett eingerichtet, einige auch mit Küchen. $$–$$$

Das Restaurant **Grove Dining Room** ist Di–Sa für Lunch und Dinner und So zum Brunch geöffnet. $–$$

Maui: Adressen und Tips von Ort zu Ort

Erläuterung der Preiskategorien siehe unter O'ahu (S. 306)

Haleakala National Park

Information: Haleakala National Park, P. O. Box 369, Makawao, Hi 96768, ☎ 5 72-93 06, 5 72-77 49: Informationen über Camping und Trekking im Nationalpark

Zelten ist nur auf den Holua und Paliku Campgrounds erlaubt jeweils nur max. 2 Übernachtungen). Beide bieten auch Schlafplätze in einachen *cabins* . Reservierung hierfür nuß 3 Monate vorher bestätigt sein. Die kostenlose Genehmigung zum Zelen erhält man im Park Headquarters m Eingang des Nationalparks.

Aktivitäten: Maui Mountain Cruisers, Makawao, ☎ 8 71-50 14, 1-8 00-2 32-62 84: Fahrrad-Abfahrten vom Haleakala
Thompson Riding Stables, Thompson Rd., Kula, ☎ 8 78-19 10 (Reservierung bis 21 Uhr): Reitstunden, Tagestouren in den Krater, Ausritte auf einer der ältesten Ranches Mauis
Pony Express Tours, Haleakala Crater Road, Kula, ☎ 6 67-22 00: Halb- und ganztägige Ausritte auf der Haleaka-Ranch und in den Haleakala-Krater
Charley's Trail Rides and Pack Trips, c/o Kaupo Store, Kaupo, 96713, ☎ 2 48-82 09: Ein- und mehrtägige Reittouren an den Hängen des Haleakala entlang oder durch den Kaupo Gap in den Krater. Bei mehrtägigen Touren wird dort das Camp aufgeschlagen. Die Ausrüstung wird gestellt.

Hana

 Unterkunft/Restaurant: Hotel Hana Maui, Keawa Pl., Hana, Hi 96713, ☎ 2 48-82 11, 1-8 00-3 25-35 35: Luxushotel in wunderschöner Anlage. $$$$. **Restaurant** mit exzellenter Küche und polynesischem Dekor. Breakfast, Lunch, Dinner. $$$
Heavenly Hana Inn, P. O. Box 146, Hana, Hi 96713, ☎ 2 48-84 42: Kleines Hotel, preiswerte Apartments und Cottages mit hübschem Garten. $$

Blairs Original Hana Plantation Houses, P. O. Box 249, Hana, Hi 96713, ✆ 2 48-78 68, Fax 2 48-82 40: Ein Plantagenhaus und Studios in tropischer Gartenanlage an der Hana-Küste (Papayas und Bananen dürfen gepflückt werden). Wasserfälle und Urwaldpfade, natürlicher Pool mit Quell- und Meerwasser. $$
Hana Ranch Restaurant (s. Hana Ranch)

 Sehenswertes: Hana Cultural Center, Uakea Road, ✆ 2 48-86 22: Kleines Museum, überwiegend mit Ausstellungsstücken der letzten 100 Jahre. 10–16 Uhr

  Einkaufen/Aktivitäten: Hasegawa General Store, ✆ 2 48-82 31: Legendärer Store ›der alles hat‹. Mo–Sa 8–17.30 Uhr, So 9–15.30 Uhr
Hana Ranch, Hana Hwy., ✆ 2 48-82 11, 2 48-72 38: Hawaiischen Cowboys bei der Arbeit zusehen, Ausritte und Touren auf der 3000 ha großen Ranch und entlang der Küste. Im **Hana Ranch Store** kann man auch zu später Stunde noch einkaufen. **Hana Ranch Restaurant:** Lunch täglich 11–15 Uhr, Dinner Fr und Sa 17–21 Uhr. $

Ka'anapali

 Unterkunft: Hyatt Regency Maui, Ka'anapali Beach, 200 Nohea Kai Dr., Lahaina, Hi 96761, ✆ 6 61-12 34, Fax 6 67-44 99: Ka'anapalis Luxushotel in tropischer Anlage mit herrlichem Strand, Pools, japanischen Gärten, Gourmet-Restaurants und allen Aktivitäten. $$$$
Aston Ka'anapali Shores, 3445 Honoapiilani Hwy, Lahaini, Maui, Hi 96761,

✆ 931-1400, 1-800-922-7866, Fax 922-8785: Ka'anapali Beach, schöne Strandlage; Zimmer, Studios und komplett eingerichtete Ferienwohnungen. $$$
Ka'anapali Beach Hotel, 2525 Ka'anapali Parkway, Lahaina, Hi 96761, ✆ 6 61-00 11, Fax 6 67-59 78: Resort-Hotel in schöner Gartenanlage, direkt an einem herrlichen feinsandigen Strand; Pool, alle Wassersportarten, Tennis. **Tiki Terrace Restaurant** mit hawaiischer Cuisine. $$–$$$

 Restaurants/Unterhaltung: Spat's II, Hyatt Regency, ✆ 6 67-44 20: Beliebte Disco, 21–2 Uhr, Fr und Sa bis 4 Uhr
Tiki Terrace Restaurant (s. Ka'anapali Beach Hotel)

Sehenswertes: Whaler's Village Museum, 2435 Ka'anapali Road, ✆ 6 61-59 92: Ausstellungen über die Walfang-Ära, ›Scrimshaw‹-Sammlung. 9.30–21.30 Uhr

Aktivitäten: Ka'anapali Windsurfing School, ✆ 6 67-19 64

Einkaufen: Whaler's Village: Geschäfte, Boutiquen, authentisches Kunsthandwerk, originelle Geschenke

Kahului/Wailuku

Information: Maui Visitors Bureau, 1727 Wili Pa Loop, Wailuku, Hi 96793, ✆ 2 44-35 30, Fax 2 44-13 37
Department of Land and Natural Resources, Division of State Parks, 54 South High St., Wailuku, Hi 96793, ✆ 2 43-53 54: Informationen und Reservierung über Camping in State Parks

Department of Parks & Recreation, War Memorial Gym, 1580 Ka'ahumanu Ave., Wailuku, Hi 96793, ℰ 2 43-73 89: Information und *permits* für County Parks

 Unterkunft: Maui Beach Hotel, 170 Ka'ahumanu Ave., Kahului, Hi 96732, ℰ 8 77-00 51, 1-8 00-2 72-52 75, Fax 8 71-57 97, in Deutschland 01 30-81 30 04: Schön gelegen an der Kahului Bay; Pool, Restaurants, Airport Shuttle. $$
Maui Seaside Hotel, Kahului, 96732, ℰ 8 77-33 11, Fax 9 22-00 52: An der Kahului Bay, schöner Pool. Pauschalangebote mit Leihwagen möglich. $–$$
Banana Bungalow, 310 North Market Street, Wailuku, Hi 96793, ℰ 2 44-50 90, Fax 2 42-93 24: Hotel und International Hostel. $

Restaurants: Ming Yuen, 162 Alamaha St., Kahului, ℰ 8 71-77 87: Kanton- und Szechuan-Gerichte. $$
Koho Grill, Ka'ahumanu Shopping Center, ℰ 8 77-55 88: Beliebt bei den Einheimischen. Fisch, Steaks, Pasta, Cajun-Gerichte, Omeletts, Salate, Tacos, Hamburger. 8–23 Uhr. $
Down to Earth Natural Foods, 1910 Vineyard St., Wailuku: Bioladen mit kleinem Restaurant, das biologisches »Fast Food« recht appetitlich aufbereitet.

Sehenswertes: Hale Ho'ike'ike – Bailey House Museum, 2375-A Main Street, Wailuku, ℰ 2 44-33 26: Museum in historischem Missionarshaus. Mo–Sa 10–16.30 Uhr
Alexander & Baldwin Sugar Museum, 3957 Hansen Road, Pu'unene (südlich von Kahului), ℰ 8 71-80 58: Alles über die Geschichte der Zuckerrohrplantagen. Mo–Sa 9.30–16.30 Uhr

Maui Tropical Plantation, Hwy. 30 bei Waikapu, ℰ 2 44-76 43: Plantagengärten mit polynesischer Show. 9–17 Uhr
Ka'ahumanu Church, Ecke Main u. High St., Wailuku: Sonntags 9 Uhr Gottesdienste in hawaiischer Sprache

 Aktivitäten: Maui Expedition, 87 South Pu'unene Ave., Kahului, Hi 96750, ℰ 8 71-87 87: Verkauf und Verleih von Ausrüstung für Camping und Trekking
Maui Magic Windsurfing Schools, 520 Keolani Pl. (Airport Rd.), Kahului, ℰ 8 77-48 16: Unterricht und Verleih
Papillon Helicopters, Kahului Airport, ℰ 8 77-00 22: Diverse Hubschrauberflüge über Maui und Moloka'i

 Einkaufen: Ka'ahumanu Shopping Center, Kahului: Mehr als 50 Geschäfte und Boutiquen laden zum Einkaufsbummel ein.

Kaupo

Aktivitäten: Charley's Trail Rides and Pack Trips, c/o Kaupo Store, Hi 96713, ℰ 2 48-82 09: Ein- und mehrtägige Reittouren an den Hängen des Haleakala entlang oder durch den Kaupo Gap in den Krater. Bei mehrtägigen Touren wird dort das Camp aufgeschlagen. Ausrüstung wird gestellt.

Kihei/Wailea

Unterkunft: Maui Prince Hotel, 5400 Makena Alanui Rd., Kihei, Hi 96753, ℰ 8 74-11 11, Fax 8 79-87 63: Hotel der Spitzenklasse, mit Tennisanlagen, Golfplatz und japanischem

Garten im Innenhof; direkt an einem einsamen Sandstrand. $$$$

Maui Inter-Continental Resort, P. O. Box 779, 3700 Wailea Alanai Dr., Kihei Hi 96753, ✆ 8 79-19 22, Fax 8 74-83 31; Luxusvilla mit Tennisplätzen in der Nähe vom Wailea-Golfplatz; direkt am Strand. $$$–$$$$

Wailea Oceanfront Hotel, 2980 South Kihei Road, Kihei-Wailea, Hi 96753, ✆ 8 79-77 44, in Deutschland 01 30-813004: Hübsches Hotel an schönem Strand; Restaurant und Lounge. $$

Restaurant: Raffles, Stouffer Wailea Beach Resort, 3550 Wailea Alanui, Wailea, Hi 96753, ✆ 8 79-49 00: Preisgekröntes Gourmet-Restaurant. Di–Sa Dinner, Mo geschlossen, So 9–14 Uhr Sektfrühstück mit Omelett, Lachs, Roastbeef, Lammkoteletts, Pfannkuchen Romanoff; Reservierung erforderlich. $$$

Aktivitäten: Hawai'ian Bicycle Experience, Kihei, ✆ 8 74-19 29: Fahrrad- und Wandertouren auf der gesamten Insel

Makena Stables, 7299 South Makena Road, Makena, ✆ 8 79-02 44: Trailritte von der Küste ins Haleakala-Bergland

Ocean Activities Center, 1325 South Kihei Rd., Wailea, ✆ 8 79-44 85, 1-8 00 7 98-06 52: Tauchen, Schnorcheln, Windsurfen, Segeltörns und Walbeobachtung

Pacific Whale Foundation, 101 North Kihei Rd., Kihei, Hi 96753, ✆ 8 79-88 60, 1-8 00-9 42-53 11: Gemeinnützige Organisation zur Erforschung und zum Schutz der Wale

The Snorkel Shop, Dolphin Plaza (hinter Pizza Hut), Kihei, ✆ 6 61-33 33, 8 75-44 77: Verleih von Schnorchelausrüstungen, Tauchkurse, Exkursionen nach Molokini Island von Ma'alea Harbor aus

Kula

Unterkunft/Restaurant: Kula Lodge, RR 1, P.O. Box 475, Kula, Hi 96790 (Route 377, vor der Haleakala Crater Rd.), ✆ 8 78-25 17: Schön eingerichtete Chalets mit herrlichem Blick über die Insel. $$–$$$. Ebenso empfehlenswert ist das **Restaurant** der Lodge; Breakfast, Lunch, Dinner. $$

Sehenswertes: Cloud's Rest Protea Farms, Upper Kimo Dr., Hwy. 378, ✆ 8 78-25 44: Besichtigung und Verkauf der Protea-Pflanzungen. Täglich 8–16.30 Uhr

Kula Botanical Gardens, Kekaulike Rd. (Hwy. 377), ✆ 8 78-17 15: Botanischer Garten. Täglich 9–16 Uhr

Sunrise Protea Farms, 416-A Hwy. 378, ✆ 8 78-16 00: Besichtigung der Protea-Pflanzung. Mo–Fr 8–16, Sa–So 7–17 Uhr

Aktivitäten: Pony Express Tours, Haleakala Crater Road, ✆ 6 67-22 00: Halb- und ganztägige Ausritte auf der Haleakala-Ranch und in den Haleakala-Krater

Thompson Riding Stables, Thompson Rd., ✆ 8 78-19 10 (Reservierung bis 21 Uhr): Reitstunden, Tagestouren in den Krater, Ausritte auf einer der ältesten Ranches auf Maui

Lahaina

Unterkunft: Lahaina Shores Beach Resort, 475 Front St., Lahaina, Hi 96761, ✆ 6 61-48 35, Fax 6 61-46 96: Im Stadtzentrum, aber ruhig an schönem, geschütztem Sandstrand gelegen. $$–$$$

Pioneer Inn, 658 Wharf St., Lahaina, Hi 96761, ✆ 6 61-36 36, 1-8 00-4 57-54 57, Fax 6 67-57 08: Mit einem Schuß Abenteuerromantik der Walfängerzeit, am Hafen gelegenes Hotel. Sehr empfehlenswert, zur Hochsaison recht überfüllt. $$

✗ ▲ Restaurants/Unterhaltung: Longhi's, 888 Front St., ✆ 6 67-22 88: Italienisch gefärbte Küche, besonders leckere Desserts. Breakfast, Lunch, Dinner, Fr und Sa Entertainment. $$$

Lahaina Broiler, Front Street, ✆ 6 61-31 11: Steaks und Fisch. Breakfast, Lunch, Dinner. $$

Old Lahaina Cafe, 505 Front Street, ✆ 6 61-33 03: Schöner Ausblick, hervorragende Küche, Meeresfrüchte, Steaks, Hähnchen, über Kiawe-Holz gegrillter Fisch, Kalua-Schwein, Sandwiches. Breakfast, Lunch, Dinner. $–$$

Moose McGillicuddy's, 844 Front St., ✆ 6 67-77 58: Beliebter Sammelpunkt der *beach boys* und *girls*. Breakfast, Lunch, Dinner, Disco und Live-Entertainment; 8–2 Uhr morgens

Chez Paul, 820 B Olowalu Village, Hwy. 30, 10 km südl. von Lahaina, ✆ 6 61-38 43: Französische Spezialitäten, klein und gemütlich; Reservierung erforderlich. $$$

👁 Sehenswertes: Baldwin Home Museum, Front Street, ✆ 6 61-32 62: Haus des Missionsarztes Dwight Baldwin: ein lebendiges Stück Missionsgeschichte. Täglich 9–16.30 Uhr

Carthaginian Museum, Lahaina Harbour, ✆ 8 22-49 08: Restaurierte Brigg als schwimmendes Museum mit Ausstellungen über Wale und Walfang. 9.30–16.30 Uhr

Hale Pai, Lahainaluna Seminary, Lahainaluna Road, ✆ 6 61-32 62, 6 67-

70 40: Museum mit Ausstellungen von Druckerzeugnissen aus der Missionarszeit. Mo–Fr 10–15.30 Uhr

Hawai'i Experience Omni Theater, 824 Front Street: Hawai'i-Erlebnis auf der 180°-Superleinwand. Stündliche Filmvorführungen von 10–22 Uhr

Wo Hing Society Temple, Front Street, nördl. vom Zentrum, ✆ 661-32 62: Restauriertes chinesisches Kulturzentrum und Vorführungen historischer Edison-Filme über Hawai'i. Täglich 9–16 Uhr

🚶 Aktivitäten: Atlantis Submarine, Front Street, Pioneer Inn, ✆ 6 67-22 24: 2stündige Tauchfahrten mit einem U-Boot über den Korallenriffen der Küstengewässer vor Lahaina, bis etwa 50m Tiefe. Durch die Bullaugen lassen sich die farbenprächtigen Riff-Fische beobachten.

Dive Maui, 900 Front Street (hinter dem Hard Rock Cafe), ✆ 6 67-20 80: Tauch- und Schnorchelausrüstung, Kurse, Exkursionen zur Insel Molokini

Expeditions, Lahaina Harbor, ✆ 6 61-37 56: Exkursionen nach Manele Harbor auf Lana'i. Wandern, Radfahren, Schnorcheln, Fahrten mit dem Geländewagen

Fantasy Islands Activities & Tours, P. O. Box 98, Lahaina, Hi 96761, ✆ 6 61-53 15 und 1-8 00-3 67-80 47/1 28: Hubschrauberflüge, Segel-, Schnorchel- und Tauchexkursionen, Floßfahrten entlang der Na Pali-Küste, Hochseeangeln, Beobachtung von Walen bei Kaua'i und Maui, Trekkingtouren zu Vulkanen auf Hawai'i

Lahaina Divers Inc., 710 Front St., ✆ 6 67-74 96: Tauchausrüstung, Kurse, Unterwasser-Fotografie

Maui Princess, 113 Prison St., ✆ 6 61-83 97: Tägliche Fahrten zwischen Lahaina und Kaunakaka'i auf Moloka'i –

kann auch in Kombination mit Leihwagen und Ausflügen auf Moloka'i
gebucht werden. Die Überfahrt dauert
2 Stunden; Abfahrt in Lahaina um 7 und
17 Uhr

Pacific Whale Foundation, ☎ 8 79-
88 11: Wale beobachten, begleitet und
organisiert von Wissenschaftlern der
gemeinnützigen Stiftung

Scotch Mist Sailing Charters,
Lahaina Harbour, ☎ 6 61-03 86: Individuelle Touren mit einer schönen Segelyacht

Sugar Cane Train, Lahainaluna Road,
☎ 6 61-00 89: Einstündige Fahrten mit
einem historischen Plantagenzug

UFO Parasail, ☎ 6 61-78 36: Luftiges
Abenteuer für Mutige: Para-Segeln vor
Lahaina

West Maui Sailing School, ☎ 6 67-
55 45: Segelkurse

**Einkaufen: Lahaina Printsel-
lers,** Lahaina Cannery Mall, 1221
Honoapili'i Hwy., ☎ 6 67-78 43: Alte und
neue Originale, Drucke, Karten und
Stiche; Catain Cook Memorabilia. Mo,
Mi oder Fr kann man einem Kupfer-
stecher bei der Arbeit zuschauen.
9.30–21 Uhr

South Seas Trading Post, 780 Front
St., ☎ 6 61-31 68: Antiquitäten und originelles Kunsthandwerk aus dem pazifischen und asiatischen Raum

The Whaler, 866 Front St., ☎ 6 61-
45 92: Nautische Artikel, ›Scrimshaw‹-
Schnitzereien aus fossilem Elfenbein;
Drucke, Aquarelle und Antiquitäten

The Wharf Cinema Center, 658 Front
St.: Boutiquen, Restaurants und Galerien; Geschäfte mit Schmuck, Kunsthandwerk, Büchern über Hawai'i, hand-
bemalten T-Shirts und vieles mehr.

Makawao

**Restaurants/Unterhal-
tung: Casanova Italian
Restaurant and Deli,** 1188 Makawao
Ave., ☎ 5 72-02 20: Hervorragende Pizza
und Pasta, Sandwiches, Salate, auch
zum Mitnehmen. Hauptattraktion ist der
Nightclub mit Disco und Live-Entertainment, einer der besten der Insel. Breakfast, Lunch, Dinner. $–$$

Makawao Steak House, Makawao
Four Corners, ☎ 5 72-87 11: Exzellente
Rippchen und Steaks. Breakfast, Lunch,
Dinner. $$

**Aktivitäten: Hui Noeau Visual
Arts Center,** Baldwin Ave. (Hwy.
390), ☎ 5 72-65 60: Kunstzentrum in der
restaurierten Baldwin-Plantagenvilla.
Di–So 10–16 Uhr

Maui Mountain Cruisers, ☎ 8 71-
60 14, 1-8 00-2 32-62 84: Fahrrad-Ab-
fahrten vom Haleakala

**Einkaufen: The Courtyard of
Makawao,** 3620 Baldwin Ave.:
Shops, Boutiquen, Galerien, Studios

Pa'ia

**Restaurants: Mama's Fish
House,** 799 Poho Pl., Kuau Cove
(an der Straße zwischen Pa'ia und
Ho'okipa Beach Park), ☎ 5 79-84 88:
Schöne Lage am Strand. Gekocht wird
nach traditionellen einheimischen Re-
zepten. Die Meeresfrüchte stammen
aus eigenem Fang, Gemüse und Kräu-
ter werden selbst gezogen. Lunch
11–14.30 Uhr, Dinner 17–21 Uhr; sehr zu
empfehlen. $$–$$$

Einkaufen: Maui Crafts Guild:
43 Hana Hwy., ☎ 5 79-96 97:

Große Auswahl an hawaiischem Kunsthandwerk örtlicher Künstler. 9–18 Uhr

Ulupalakua Ranch

🚶 **Aktivitäten: Tedeschi Vine-
yards,** Ulupalakua Ranch, Hwy.

37, ✆ 8 78-60 58: Besichtigung täglich
9.30–14.30 Uhr, Weinprobe und Verkauf
9–17 Uhr

Wailea
s. Kihei

Wailuku
s. Kahului

Moloka'i: Adressen und Tips von Ort zu Ort

Erläuterung der Preiskategorien siehe
unter O'ahu (S. 306)

Kala'e

👁 **Sehenswertes: R. W. Meyer
Sugar Mill,** Hwy. 460, bei Kala'e,
✆ 5 67-64 36: Historische Zuckerrohrmühle, authentisch restauriert. Täglich
10–12 Uhr

Kalaupapa

⛺ **Camping: Pala'au State Park,**
Am Hwy. 470, hübscher State
Park im Norden der Insel. Voll ausge-
statteter Campingplatz mit Toiletten,
Picknick, Duschen und Elektrizität. Trails
nach Kalaupapa; *state permit* erforderlich.

🚶 **Aktivitäten: Moloka'i Mule
Ride,** nähere Auskünfte bei **Destination Moloka'i** (s. Kaunakakai):
Maultierritt hinunter zur alten Kalaupapa Lepra-Kolonie, Mind.alter 16 Jahre

Damien Moloka'i Tours, ✆ 5 67-61 71
(für Reservierungen zwischen 16 und
18 Uhr): Geführte Touren durch die
historische Lepra-Kolonie Kalaupapa.
Auch inkl. Flug möglich

Kalua'aha

🚶 **Aktivitäten: Moloka'i Trail
and Wagon Ride,** ✆ 5 58-83 80:
Kutschwagen-Touren zum Ili'iliopae
Heiau und Mapulehu Valley

Kaunakakai

ℹ **Information: Destination
Moloka'i,** P. O. Box 960, Kauna-
kakai, Hi 96748, ✆ 5 53-38 76, 1-8 00-
3 67-47 53: Informationen über Unter-
kunft, Restaurants, Veranstaltungen,
Aktivitäten
Division of Parks & Recreation,
P. O. Box 153, Kaunakaka'i, Hi 96748,
✆ 5 67-60 83
Department of Parks & Recreation,
P. O. Box 526, Kaunakakai, Hi 96748,

✆ 5 53-51 41: Informationen und *permits* für die County Parks auf Moloka'i

🛏 🍴 **Unterkunft/Restaurant: Hotel Moloka'i,** P. O. Box 546, Kaunakakai, Hi 96748, ✆ 5 53-53 47, 1-8 00-5 35-66 56, Fax 9 22-87 85: Polynesisches Gästedorf an einer Lagune, großer Swimmingpool. $$. **Holoholo Kai:** exzellentes Restaurant direkt am Wasser. Frische Meeresfrüchte, Geflügel, Steaks; Breakfast, Lunch und Dinner. $$

Moloka'i Shores, P. O. Box 1037, Kaunakakai, Hi 96748, ✆ 5 53-59 54, 1-8 00-5 35-00 85: Voll eingerichtete Apartments, Pool, 3 km von Kaunakakai entfernt. $$

Pau Hana Inn, P. O. Box 860, Kaunakakai, Hi 96748, ✆ 5 53-53 42: Einfache Cottages und luxuriöse Zimmer, direkt am Ozean, mit *kitchenettes*. $–$$

Banyan Tree Terrace Restaurant, frische Meeresfrüchte, Geflügelspezialitäten, Cocktail Lounge mit Entertainment. Breakfast, Lunch, Dinner. $–$$

Kanemitsu Bakery & Restaurant, Ala Malama, ✆ 5 53-58 55: Bäckerei und empfehlenswerter Lunch-Stop mit hervorragenden Sandwiches, ganztägig geöffnet (Di geschlossen). $

⛺ **Camping: One Ali'i Park,** am Hwy. 450, 5 km östl. von Kaunakakai: Großer populärer Park an der Südküste; sicheres Schwimmen. Toiletten, Picknick, Duschen, Elektrizität; *county permit* erforderlich

🚶 **Aktivitäten: Alex Pua'a,** ✆ 5 53-33 69: Jeepfahrten und andere Exkursionen

Damien Moloka'i Tours, ✆ 5 67-61 71 (für Reservierungen zwischen 16 und 18 Uhr): Geführte Touren durch die

historische Lepra-Kolonie Kalaupapa. Auch inkl. Flug möglich

Maui Princess, 505 Front St. Lahaina, Maui, ✆ 5 53-57 36 (Moloka'i), 661-83 97 (Lahaina): Reservierungen und Information. Tägliche Exkursionen mit dem Schiff zwischen Lahaina und Kaunakakai. Pauschalangebote inkl. Übernachtung, Leihwagen oder div. Exkursionen auf Moloka'i

Moloka'i Fish + Dive Corp., P. O. Box 576, Kaunakakai, ✆ 5 53-59 26: Ausrüstung, Kurse, Angeln, Segeln, Jeeps

Moloka'i Trail and Wagon Ride, ✆ 5 58-83 80: Kutschwagen-Touren zum historischen Ili'iliopae Heiau und Mapulehu Valley

Nature Conservancy of Hawai'i, ✆ 5 53-52 36: Informationen über Exkursionen in die Kamakou Preserve

Kepuhi Beach s. Maunaloa

Maunaloa/Kepuhi Beach

🛏 🍴 🚶 **Unterkunft/Restaurant/Aktivitäten: Colony's Kaluako'i Hotel & Golf Club,** Kepuhi Beach, P. O. Box 1977, Maunaloa, Moloka'i, Hi 96770, ✆ 5 52-25 55, Fax 5 52-28 21: Luxus-Resort, 25 km vom Flughafen entfernt an der Nordküste; hervorragender einsamer Strand, schöne Anlagen, Golf und Tennis, sehr zu empfehlen. $$$; **Ohia Lodge Restaurant,** mit Blick aufs Meer. Meeresfrüchte, Steaks; Breakfast, Lunch, Dinner. $$

Jojo's Cafe, Maunaloa (Hwy. 460), ✆ 5 52-28 03: Populäres Restaurant. Leckere Burger und Fisch; Lunch und Dinner (Mi und So geschlossen). $

Camping: Papohaku Beach Park: Schöner Campingplatz mit allen Einrichtungen. *Permit* und Information: Mitchel Pauole Center, Kaunakakai, ☏ 5 53-32 21

Aktivitäten: Moloka'i Ranch Trail Rides, Maunaloa, ☏ 5 52-27 67: Trailritte verschiedener Länge auf dem riesigen Gebiet der Ranch
Moloka'i Ranch Wildlife Park, Maunaloa, ☏ 5 52-27 67: 1½ stündige Touren durch den Safari-Park. Abfahrt am Kaluakoi-Resort

Einkaufen: Plantation Gallery, Maunaloa: Kunsthandwerk von örtlichen Künstlern

Ualapu'e

Unterkunft: Wavecrest Resort, am Hwy. 450, Ualapu'e, Moloka'i, Hi 96748, ☏ 5 58-81 03: 21 Ferienwohnungen mit *kitchenette;* Pool, Tennis (Minimum 3 Übernachtungen). $$

Lana'i: Adressen und Tips von Ort zu Ort

Erläuterung der Preiskategorien siehe unter O'ahu (S. 306)

Lana'i City

Information: Destination Lana'i, P. O. Box 700, Lana'i City, Hi 96763, ☏ 5 65-76 00: Informationen, Karten und Broschüren

Unterkunft/Restaurants: Lodge at Ko'ele, P. O. Box 774, Lana'i City, Hi 96763, ☏ 5 65-38 00, 1-8 00-3 21-46 66, Fax 5 65-38 00: Luxus-Resort im Hochland der Insel. Reiten und Jeeptouren können arrangiert werden. $$$$
The Dining Room, $$$
The Terrace, $$. Hervorragende Restaurants mit internationaler und südostasiatischer Küche; Breakfast, Lunch, Dinner
Manele Bay Hotel Resort, P. O. Box 774, Lana'i City, Hi 96763, ☏ 5 65-38 00, 1-8 00-2 23-76 37, Fax 5 65-38 68: Luxus-Resort, schöner Blick über die Hulopo'e Bay. $$$$
Ihilani Dining Room, $$$, **Hulopo'e Court,** $$, **The Pool Grill,** $$. Sehr gute Restaurants; Breakfast, Lunch, Dinner.
Hotel Lana'i, P. O. Box A 119, Lana'i City, Hi 96763, ☏ 5 65-72 11, 1- 800-6 24-88 49: Kleines, komfortables Hotel im Plantagenstil mit 10 Zimmern und Restaurant. $$
Blue Ginger Café, Lana'i City, ☏ 5 65-63 63: In altem Plantagenhaus mit Veranda. Breakfast, Lunch, Dinner. $

Camping: Lana'i Land Company, P. O. Box L, Lana'i City, Hi 96763: ☏ 5 65-82 32: Vergibt die *permits* für 6 Zeltstellplätze an der Hulopoe Bay
Hulopo'e Beach Park, Kleiner Campingplatz (drei individuelle Zeltplätze) mit allen Einrichtungen an schönem

halbmondförmigem Sandstrand, 10 km südlich von Lana'i City. Sicheres Schwimmen, Schnorcheln. *Permit* und Information: **Ko'ele Company,** P. O. Box L, Lana'i City, Hi 96763, ☎ 5 65-72 33

Aktivitäten: Cavendish Golf Course, Lana'i City, ☎ 5 65-72 33
Spinning Dolphin Charters, Lana'i City, ☎ 5 65-66 13: Exkursionen: Angeln, Schnorcheln, Tauchen, Wale beobachten; auch Unternehmungen für Kinder
Lana'i City Service/Dollar Rent a Car, Lana'i City, ☎ 5 65-72 27, 1-800-8004000: Leihwagen, auch Geländewagen
Expeditions, Lahaina, Maui, ☎ 6 61-37 56: Passagierfähre, verkehrt dreimal täglich zwischen Lahaina, Maui und Manele Bay, Lana'i. Fahrtzeit etwa eine Stunde, ca. 25 $. Reservierung erforderlich

Einkaufen: Island Collections, Lana'i City, ☎ 5 65-64 05: Örtliches Kunsthandwerk, Gemälde und Skulpturen von einheimischen Künstlern

Big Island: Adressen und Tips von Ort zu Ort

Erläuterung der Preiskategorien siehe unter O'ahu (S. 306)

Captain Cook

Unterkunft/Restaurant: Manago Hotel, Hwy. 11, P. O. Box 145, Captain Cook, Hi 96704, ☎ 3 23-26 42: Hübsch gelegenes, preiswertes kleines Hotel mit Charme, seit 1917 als Familienbetrieb geführt; so beliebt, daß einige Wochen im voraus reserviert werden sollte. Restaurant mit japanischer und amerikanischer Küche. $

Sehenswertes: Royal Kona Coffee Mill and Museum, Napo'opo'o Road, ☎ 3 28-25 11: Kleines Museum mit Ausstellungen aus der Kaffee-Plantagenzeit. 8–16.30 Uhr

Aktivitäten: Kayak Historical Discovery Tours, 87-3187 Holomoku Rd., Captain Cook, ☎ 3 28-89 11: Kajak-Touren in der Kealakekua Bay und zum Cook's Monument
Jimbo's Kayaks, Captain Cook, ☎ 3 24-64 03: Kajak-Vermietung in der Kealakekua Bay

Halawa

Einkaufen: Wo On Gallery, ☎ 8 89-50 02: Im historischen Wo On General Store eingerichtet; Aquarelle, Kunsthandwerk, Textilkunst örtlicher Künstler

Hawi

Information: Kohala Visitor Center, Hwy. 270 und 250; Informationen und Karten

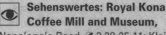

🍴🍷 **Restaurant/Unterhaltung: Bamboo Restaurant & Gallery,** ✆ 8 89-55 55: In einem historischen Gebäude werden örtliche Spezialitäten der hawaiischen Küche und tropische Drinks serviert; Live-Entertainment. Di–Sa Lunch und Dinner, So Brunch 9–14.30 Uhr. $–$$

Hilo

ℹ️ **Information: Hawai'ian Visitors Bureau,** 250 Keawe St., Hilo, Hi 96720, ✆ 9 61-57 97, Fax 9 61-21 26
Department of Land and Natural Resources, Division of State Parks, 75 Aupuni St., Hilo, Hi 96720, ✆ 9 33-42 00: Informationen, Reservierungen und *permits* für Camping und *cabins*.
Department of Parks and Recreation, 25 Aupuni St., Hilo, Hi 96720, ✆ 9 61-83 11: Informationen über County Parks auf Big Island

🛏️ **Unterkunft: Hilo Hawai'ian Hotel,** 71 Banyan Drive, Hilo, Hi 96720, ✆ 9 35-93 61, Fax 9 61-96 42, in Deutschland 01 30-81 30 04: Hilos bestes Hotel in schöner Gartenanlage mit Aussicht über die Bucht; große Zimmer, einige auch mit *kitchenette*. Restaurant, exzellentes Buffet mit Meeresfrüchten, Lounge mit Live-Entertainment. $$–$$$
Hawai'i Naniloa Hotel, 93 Banyan Dr., Hilo, Hi 96720, ✆ 9 69-33 33, Fax 9 69-66 22: Am Ozean mit Aussicht über die Hilo Bay. Entertainment, Restaurant, Pool. $$–$$$
Uncle Billy's Hilo Bay Hotel, 87 Banyan Dr., Hilo, Hi 96720, ✆ 9 35-08 61 und 9 61-58 18, Fax 9 35-79 03: Familienhotel an der Bucht mit Einkaufsmöglichkeiten, einem beliebten Restaurant und Entertainment. $$

Dolphin Bay Hotel, 333 Iliahi St., Hilo, Hi 96720, ✆ 9 35-14 66, Fax 9 35-15 23: Das Hotel vermietet auch Studios mit *kitchenette*. Schöner Garten, die Früchte dürfen gepflückt werden. Günstige Wochentarife. $–$$

🍴🍷 **Restaurants/Unterhaltung: Roussels,** 60 Keawe St., ✆ 9 35-51 11: Elegantes Restaurant in historischem Gebäude. Kreolische Spezialitäten, Meeresfrüchte, Steaks; Lunch Mo–Fr 11.30–13.30 Uhr, Dinner Mo–So 17–22 Uhr. $$$
Cafe Pesto, 308 Kamehameha Ave., ✆ 9 69-66 40: Im historischen 1912 South Hata Building: Gourmet-Pasta, exotische Pizza, Salate und köstliche Desserts; So Live-Entertainment. So–Do 11–21, Fr und Sa 11–22 Uhr. $–$$
Harrington's, 135 Kalaniana'ole St., ✆ 9 61-49 66: Restaurant und Lounge mit Blick über die Hilo Bay; Live-Entertainment. $$–$$$
Royal Siam Thai Restaurant, 68 Mamo St., ✆ 9 61-61 00: Kleines, stilvoll eingerichtetes Restaurant; Meeresfrüchte, Hähnchen, Gemüse – alles knackig frisch, große Auswahl für Vegetarier. Lunch und Dinner Mo–Sa. $
Ken's House of Pancakes, 1730 Kamehameha Ave. (Kreuzung Hwys. 11 u. 19), ✆ 9 35-87 11: Leckere Pfannkuchen, aber auch alle anderen Standardgerichte; als einziges Restaurant in Hilo rund um die Uhr geöffnet. $

🛍️ **Einkaufen: Basically Books,** 46 Waianuenue Ave., ✆ 9 61-01 44: Hawaiiana, Pazifica und Karten
Maile's Hawai'i, 216 Kamehameha Ave.: Authentische Hawaiiana, Hula-Zubehör, Kunsthandwerk, Bücher
The Most Irresistible Shop, 110 Keawe St.: Kunsthandwerk, Drucke, Textilkunst von hawaiischen Künstlern

Prince Kuhio Plaza, 111 East Puainako Ave.: Großes Einkaufszentrum mit guten Angeboten

 Sehenswertes: Hawai'i Tropical Botanical Garden, 12 km nördlich von Hilo am Hwy. 19, ✆ 9 64-52 33: Sehenswerte Gärten im ursprünglichen Regenwald. 8.30–16.30 Uhr

Hilo Tropical Gardens, 1477 Kalaniana'ole Ave., ✆ 9 35-49 57: Urwaldgarten mit Orchideen und anderen tropischen Blumen sowie Bäumen und hawaiischen Heilkräutern. 7–17 Uhr

Lyman Museum and Mission House, 276 Haili St., ✆ 9 35-50 21: Restauriertes Missionarshaus: ethnische Ausstellungen und »Hawaiiana« im modernen Museumsgebäude. Mo–Sa 9–17 Uhr

Mauna Loa Macadamia Nut Factory & Orchards, Hwy. 11: Macadamia-Plantage und -Verarbeitung; Ausstellungen. 8.30 bis 17 Uhr

Panewa Rainforest Zoo, Mamaki St.: Kleiner Zoo und botanischer Garten. Mo–Fr 9–16 Uhr, Sa 11–16 Uhr

Aktivitäten: Hilo Municipal Golf Course, ✆ 9 59-77 11: Preiswerter Golfplatz

Papillon Helicopters, Hilo Airport Heliport, ✆ 3 29-05 51, Fax 3 26-94 31: Flüge zum Vulkan und entlang der Nordküste von Big Island

Holualua

 Sehenswertes: Kona Art Center, Galerie mit Ausstellungen örtlicher Künstler; Workshops. Di–Sa 10–16 Uhr

Honaunau

 Unterkunft: Dragonfly Ranch, P. O. Box 675, Honaunau, Hi 96726, ✆ 3 28-21 59, Fax 3 28-95 70: Zwei Studios und vier Apartments, hübsche Anlagen mit Bananen, Papayas und anderen tropischen Obstbäumen (Früchte dürfen gepflückt werden). Reservierung einige Wochen im voraus erforderlich. $$–$$$

Sehenswertes: Pu'uhonua o Honaunau National Historical Park, ✆ 3 28-23 26: Historische Tempelstätte, auch als *City of Refuge,* ›Zufluchtsstätte‹, bekannt. 7.30–17.30 Uhr (Führungen von 10–15.30 Uhr)

Bay View Farm and Mill, ✆ 3 28-96 58: Führung durch Kaffeeplantagen und Verarbeitungsanlage. Frisch gebrauter Kona-Kaffee kann probiert werden.

Honoka'a/Waipi'o

Unterkunft: Waipio Valley, c/o Tom Araki, 25 Malama Pl., Hilo, Hi 96720: Mitten in einem paradiesischen Tal vermietet die Araki-Familie ein halbes Dutzend Gästezimmer. Lebensmittel müssen mitgebracht werden. Alles sehr einfach, kostet aber auch nur ein paar Dollar.

Waipi'o Wayside, P. O. Box 840, Honoka'a, Hi 96727, ✆ 7 75-02 75: Bed & Breakfast in einem wunderschön restaurierten alten Plantagenhaus mit tropischem Garten oberhalb des Waipi'o Valley; die Besitzerin ist eine ausgezeichnete Köchin. $$

Restaurant: Jolene's Kau Kau Corner, Honoka'a, ✆ 7 75-95 98: Kleiner Familienbetrieb, herzhafte örtliche Kost, Burger, *mahi mahi,* Shrimps, Hähnchen. Mo–Sa 10–20 Uhr. $

 Aktivitäten: Hawai'ian Macadamia Nut Plantation, Honoka'a, ✆ 7 75-72 01: Plantage, Verarbeitung und Verkaufsräume. Im gleichen Gebäude können Exkursionen ins Waipi'o Valley gebucht werden
Waipi'o Valley Wagon Tours, Honoka'a, ✆ 7 75-95 18: 1½stündige Touren mit der Pferdekutsche durch das Waipi'o-Tal ($ 35, Kinder $ 17.50)
Waipi'o Valley Shuttle, Kukuihaele, ✆ 7 75-71 21: 1½stündige Tour mit der Pferdekutsche durch das Waipi'o-Tal (ca. $ 25)
Waipi'o Na'alapa Trail Rides, Honoka'a, ✆ 7 75-04 19: 2½stündige Trailritte durchs Waipi'o-Tal. Reservierung bis 16.30 Uhr am Vortag

Einkaufen: Kama'aina Woodworks, Lehua St., Honoka'a, ✆ 7 75-77 22: Andenken, geschnitzte Skulpturen und Schalen aus Koa-Holz. Mo–Sa

Kailua-Kona

Information: Hawai'ian Visitors Bureau, 75-5719 West Ali'i Drive, Kailua-Kona, Hi 96740, ✆ 3 29-77 87, Fax 3 26-75 63

Unterkunft: Kona Surf Resort & Country Club, 78-128 Ehukai St., Keahou Bay, Kailua-Kona, Hi 96740, ✆ 3 22-34 11, Fax 3 22-32 45: Ein paar Kilometer außerhalb Kailua-Konas in herrlicher tropischer Parkanlage, Tennis und Golf. Breakfast, Lunch, Dinner im **S. S. James Makee Restaurant;** Live-Entertainment im **Poi Pounder Room.** Geführte Touren durch die Anlagen Mi und Fr 9 Uhr. $$–$$$

King Kamehameha Kona Beach Hotel, 75-5660 Palani Rd., Kailua-Kona, Hi 96740, ✆ 3 29-29 11, Fax 4 56-43 29: Elegantes Hotel auf historischem Boden, gleich daneben befindet sich die restaurierte Ahuena-Tempelstätte. Schöne Aussicht auf die Kamakahonu Bay, eigener Badestrand, Pool, Tennis, Golf. Mehrere Restaurants. Live-Entertainment in der **Billfish Bar,** viermal wöchentlich *luau* mit Entertainment. $$–$$$

Kona Hilton Resort, 75-5852 Ali'i Dr., P. O. Box 1179, Kailua-Kona, Hi 96745, ✆ 3 29-31 11, Fax 3 29-95 32: Ozeanfront, Zimmer mit *lanai,* sehr schöne Grünanlagen, Lagune mit Sandstrand, Pool, Tennisplatz. Breakfast, Lunch, Dinner im **Lanai Restaurant,** Live-Entertainment in der **Windjammer Bar;** *luau* mit Show Mo, Mi und Fr; Einkaufsmöglichkeiten. $$$

Kona Reef Hotel, 75-5888 Ali'i Drive, Kailua-Kona, Hi 96740, ✆ 3 29-29 59, Fax 3 29-27 62, Deutschland: 01 30-81 30 04: Eines der attraktivsten Hotels in Kailua-Kona, die Sehenswürdigkeiten des Ortes sind gut zu Fuß erreichbar; alle Apartments sind komplett eingerichtet: die Küche enthält Geschirrspül- und Waschmaschine sowie Geschirr für 6 Personen. $$–$$$

Kona Bay Hotel, 75-5739 Ali'i Dr., Kailua-Kona, Hi 96740, ✆ 3 29-13 93 und 9 61-58 18, Fax 9 35-79 03: Gemütliches Familienhotel, Zimmer auch mit *kitchenette.* $–$$

Kona Seaside Hotel, 75-5646 Palani Rd., Kailua-Kona, Hi 96740, ✆ 3 29-24 55, Fax 9 22-00 52: Einfach und preiswert. Mit Restaurant und Pool. $

Kona Tiki Hotel, 75-5739 Ali'i Drive, P. O. Box 1567, Kailua-Kona, Hi 96745, ✆ 3 29-14 25: Kleines privates Hotel mit freundlicher Atmosphäre direkt am Meer (alle Zimmer mit gutem Ausblick); *kitchenette,* Pool. Tauchen und Angeln im Meer möglich. $

Restaurants/Unterhaltung: Kona Beach Restaurant (s. a. Hotel King Kamehameha) Hotel King Kamehameha, ✆ 3 29-29 11: Fisch- und Grillspezialitäten; *luau* Di, Do, So 18 Uhr. Breakfast, Lunch, Dinner, So Brunch 9–13 Uhr. $$
S. S. James Makee Restaurant, Live-Entertainment im **Poi Pounder Room** (s.a. Kona Surf Resort)
Lana'i Restaurant (s. a. Kona Hilton Resort), Kona Hilton Hotel, ✆ 3 29-31 11: Meeresfrüchte, Steaks, hawaiische Spezialitäten, Salatbar. Dinner 17–21.30 Uhr. $$$. Breakfast, Lunch und Dinner im **Lana'i Coffee Shop.** $$
Tom Bombadill's, 74-5864 Wailua Rd., ✆ 3 29-12 92: Hähnchen, Pizza, Sandwiches mit Blick aufs Meer. $
Kimo's Restaurant, Kona Bay Hotel, 75-5739 Ali'i Dr., ✆ 3 29-13 93: Fischspezialitäten von der Kona-Küste. Breakfast, Lunch, Dinner. $
Kuakini Terrace, Keauhou Beach Hotel, 78-6740 Ali'i Dr., ✆ 3 22-34 41: Etwas außerhalb von Kailua mit schönem Blick auf Garten und Küste. Bestes Buffet in Kona, Meeresfrüchte in allen Variationen und Zubereitungsarten, dazu gegrilltes Fleisch und eine üppige Dessert-Bar. Fr–Sa 17–21 Uhr; Mo–Do chinesisches Buffet mit Ente, Dim Sum und anderen süd- und nordchinesischen Spezialitäten; So Brunch, besonders empfehlenswert. $$ (Kinder zahlen die Hälfte)
Huggo's Restaurant, Ali'i Dr. (beim Kona Hilton), ✆ 3 29-14 93: In wunderschöner Lage am Meer. Europäische, hawaiische und Pacific Rim Cuisine, Meeresfrüchte, leckere Burger und

Sandwiches. Live-Entertainment von 20.30 Uhr bis Mitternacht. Sehr empfehlenswert. $–$$
Windjammer Lounge, Kona Hilton Resort, 75-5852 Ali'i-Dr., ✆ 3 29-31 11: Open Air in einer tropischen Gartenanlage mit Lagune am Strand. Live-Entertainment: Rock, Country, Oldies, populäre hawaiische Musik

 Sehenswertes: Astronaut Ellison S. Onizuka Space Center, Keahole-Kona Airport, Kailua-Kona, ✆ 3 29-34 41: Audiovisuelle Displays zur Raumfahrttechnik – auch zum Anfassen. 8.30–16.30 Uhr
Hulihe'e Palace Museum, Ali'i Dr., ✆ 3 29-18 77: Bis 1916 Sommerresidenz der hawaiischen Könige. Museum mit schönen Exponaten des Königreichs; gediegenes Kunsthandwerk im kleinen Museumsshop. Mo–Sa 9–16 Uhr
OTEC Natural Energy Labs, Hwy. 19, ✆ 3 29-73 41: Meeresbiologische Forschungsstätten, geführte Touren Do 14 Uhr

Aktivitäten: Atlantis Submarine, King Kamehameha Hotel, Ali'i Dr., ✆ 3 29-66 26: 2stündige Tauchfahrten mit einem U-Boot über den Korallenriffen der Küstengewässer vor Kona bis etwa 50 m Tiefe. Durch die Bullaugen lassen sich die farbenprächtigen Riff-Fische beobachten.
Big Island Air, Keahole Airport, ✆ 3 29-48 68: Rundflüge über Hawai'i mit zweimotorigem Flugzeug
Captain Bean's Kona Voyagers, Alapa St., Building B-17, ✆ 3 29-29 55: Mehrstündige Sunset-Kreuzfahrt inklusive Dinner, Tanz und Entertainment
Capt. Cook VI, Kailua Pier, ✆ 3 29-64 11: Halbtägige Schnorchel- und Tauchexkursionen mit Glasbodenboot zur Kealakekua Bay

Captain Zodiac Raft Expeditions, Honokohau Marina, 3 km nördlich von Kailua-Kona, ✆ 3 29-31 99 und 1-800-247-18 48: Entdeckungsfahrten von unterschiedlicher Länge mit Zodiac-Gummiflößen entlang der entlegenen Küste bei Kona. Je nach Tour umfaßt das Programm den Besuch von Klippen, Höhlen, Tälern, Wasserfällen, alten hawaiischen Siedlungsstätten, Strandaufenthalte, Schnorcheln, Picknick.

Fair Wind Sail and Diving Adventures, 78-7130 Kaleiopapa Rd., ✆ 3 22-27 88: Schnorchel- und Tauchexkursionen mit einem 28 m-Trimaran zur Kealakekua Bay

Forest & Trails, P. O. Box 2975, Kailua-Kona, Hi 96745, ✆ 3 29-19 93: Naturkundlich angelegte Trekking-Touren, Lunch inklusive

Ihu Nui Sportfishing, P. O. Box 98, Kailua-Kona, Hi 96743, ✆ 8 85-46 86: Hochseeangeln, Ausrüstung wird gestellt.

Kona Coast Divers, 75-5614 Palani Rd., ✆ 3 29-88 02: Ausrüstung, Verleih, Tauchkurse, Exkursionen

Whale Watch, Capt. Dan McSweeney, ✆ 3 22-00 28: Wale beobachten (Buckelwale Dez.–Mai, andere das ganze Jahr über). Die Exkursionen finden unter Leitung eines Wissenschaftlers statt.

Einkaufen: Kona Inn Shopping Village, Kona Inn, Ali'i Dr.: Boutiquen, Schmuck, Kunsthandwerk

Kainaliu

Restaurant/Unterhaltung: Aloha Theater Café, Hwy. 11, ✆ 3 22-33 83: Originelles Café in historischem Gebäude mit schönem Blick zum Meer. Frisch gebackenes Brot, leckere Burger, mexikanische Spezialitä-ten, Espresso Bar. Breakfast, Mo–Sa Lunch, Dinner, So Brunch; Theater- und Musikaufführungen

Kamuela s. Waimea

Kapa'au

Aktivitäten: Bond Estate, Informationen: Mr. Frutiger, ✆ 8 89-52 67: 150 Jahre alte Missionars-Heimstätte, die von der Familie zur Zeit restauriert wird. Öffnungszeit muß erfragt werden.

Kawaihae

Restaurant: Cafe Pesto, Kawaihae Center, ✆ 8 82-10 71: Modern-elegant eingerichtet, ständig wechselnde Ausstellungen örtlicher Künstler. Gourmet-Pasta, exotische Pizza, Salate und leckere Desserts. So–Do 11–21, Fr–Sa 11–22 Uhr. $–$$

Sehenswertes: Pu'ukohola Heiau National Historic Site, P.O. Box 44340, Kawaihae, Hi 96743, ✆ 8 82-72 18: Sehenswerte restaurierte hawaiische Kultstätte aus dem 16. Jahrhundert, die noch heute für viele Hawaiianer religiöse Bedeutung hat. Zur National Historic Site gehört auch die John Young Housesite. 7.30–16.00 Uhr

Aktivitäten: Kohala Divers, ✆ 8 82-77 74: Tauchen und Schnorcheln

Kealakekua Bay

Aktivitäten: Kings Trailrides, Meile 111 am Hwy. 11, P.O. Box 1366, Kealakekua, Hi 96750, ☎ 3 23-23 88: Trailritte zum Captain Cook Monument an der Kealakekua Bay. Im Preis von ca. 100 Dollar sind sowohl Lunch als auch Schnorchelausrüstung enthalten. Die Tour dauert von 8.30–12.30 Uhr.

Kohala Peninsula, s. auch Hawi, Halawa, Lapakahi State Park

Aktivitäten: Kohala Na'alapa Trail Rides, P. O. Box 992, Honoka'a, Hi 96727, ☎ 7 75-03 30: 2¹/₂stündige Trailritte in den Kohala Mountains auf dem Gebiet der historischen Kahua Ranch

Lapakahi State Historical Park

Aktivitäten: Lapakahi State Historical Park, P. O. Box 100, Kapa'au, Hi 96755, ☎ 8 89-55 66: Rekonstruiertes, 600 Jahre altes hawaiisches Fischerdorf, 20 km nördlich von Kawaihae. 8–16 Uhr

Mauna Kea

Information: Mauna Kea Support Services, ☎ 9 35-33 71 Onizuka Visitor Center, ☎ 9 61-21 80, Informationen über den Mauna Kea Observatory Complex

Aktivitäten: Ski Guides Hawai'i, P. O. Box 1954, Kamuela, Hi 96743, ☎ 8 85-41 88 und 889-

67 47: Skiverleih und Transport zum Mauna Kea
Harper Car and Truck Rentals, Hilo, ☎ 9 69-14 78: Verleih von Mietwagen mit Allradantrieb – notwendig für die Gipfel-Fahrt

Volcanoes National Park

Information: Hawai'i Volcanoes National Park Visitor Center, Kilauea, Hi 96718, ☎ 9 67-73 11: Camping und Trekking-Informationen; ☎ 9 67-79 77: aktuelle Auskünfte über Vulkan-Aktivitäten

Unterkunft/Restaurant/Camping: Volcano House, P. O. Box 53, Kilauea, Hi 96718, ☎ 9 67-73 21, Fax 9 67-84 29: 1400 m hoch, direkt am Vulkankrater des Halemaumau gelegen, sehr empfehlenswert, schon von Mark Twain beschrieben (von der Sheraton-Hotelkette geführt). $$–$$$. Das Hotel vermietet auch *cabins* am **Namakaui Paio Camp Ground,** Hwy. 11, außerhalb des Nationalparks.
Ka Oheleo Dining Room: Einheimische Spezialitäten. Blick auf den Kilauea-Krater. Breakfast, Lunch, Dinner. $$–$$$
Kipuka Nene Campground: Zeltplätze und Picknickmöglichkeiten; für einen Wildnis-Campingplatz gut eingerichtet, aber keine Duschen. *Permits* beim National Park Office
Kilauea Lodge, Old Volcano Rd., P. O. Box 116, Volcano, Hi 96785, ☎ 9 67-73 66, Fax 9 67-73 67: Schöne und preiswerte Lodge in hübscher grüner Anlage, 1,5 km vom Nationalpark entfernt. Geschmackvoll eingerichtete Zimmer, einige mit Kamin, Frühstück inbegriffen, $$. Zur Lodge gehört ein hervorra-

gendes Restaurant. Dinner 17.30–21 Uhr; Reservierung empfohlen. $$–$$$
Hale Ohia Cottages, P. O. Box 758, Volcano, Hi 96785, ☎ 9 67-79 86: Preiswerte Cottages, idyllisch gelegen: in schöner Gartenanlage beim Nationalpark. $$

Sehenswertes: Thomas A. Jaggar Museum, Volcanoes National Park, Kilauea, ☎ 9 67-76 43: Informationen und Ausstellungen über Vulkane und Geologie des Nationalparks

Volcano Art Center, Kilauea Visitors Center, Kilauea, ☎ 9 67-75 11 (Galerie), ☎ 9 67-82 22 (Programm): Ausstellungen und Workshops hawaiischer Künstler

Aktivitäten: Hawai'i Volcanoes National Park, P. O. Box 52, Kilauea Visitors Center, Kilauea, Hi 96718, ☎ 9 67-73 11: Von Parkrangern geführte Kurzwanderungen von 2–8 km Länge mit Informationen über Geschichte, Fauna, Flora und Geologie der Vulkane

Volcano Golf + Country Club, Volcanoes National Park, Kilauea, ☎ 9 67-82 28: Preiswerte Golfanlage, Restaurant

Volcano Heli Tours, Volcano Heliport (1 km südlich vom Park Headquarters am Hwy. 11), ☎ 9 67-75 78: 30–60minütige Flüge über das aktive Vulkangebiet des Kilauea (ca. $ 110)

Waikoloa Beach

Unterkunft/Restaurants: Royal Waikoloan Hotel, 69–275 Waikoloa Beach Dr., Kamuela, Hi 96743, ☎ 8 85-67 89, Reservierung über Wiechmann Tourism Services,

☎ 0 69-44 60 02, Fax 0 69-43-96 31: Hotelanlage mit fantastischem Strand an der Anaeho'omalu Bay, gehört mit einer Lagune und schattigen Kokospalmen zu den schönsten der Insel. Hervorragende Wassersportmöglichkeiten, Pool, Golfplätze, Geschäfte. Auf dem Gelände des Hotels befinden sich archäologische Fundstätten. Exzellente Restaurants. $$$–$$$$

Hilton Waikoloa Village, 425 Waikoloa Beach Dr., Kamuela, Hi 96743, ☎ 8 85-12 34, Fax 8 85-57 37: Luxus-Resort an der Kohala-Küste mit Traumstrand und tropischen Gärten, Pools, mehreren Golf- und Tennisplätzen, Restaurants und einem Museum. $$$$

Mauna Kea Beach Hotel, 62-100 Mauna Kea Beach Dr., Kamuela, Hi 96743, ☎ 8 82-72 22: Luxus-Resort an der Kohala-Küste mit berühmtem Golfplatz inmitten einer tropischen 700-Morgen-Oase, zugleich eine Schatzkammer orientalischer und pazifischer Kunst. $$$$

Aktivitäten: Papillon Helicopters, Waikoloa Heliport, ☎ 3 29-05 51, Fax 3 26-94 31: Flüge zum Vulkan, entlang der Kohala-Küste und zum Waipi'o Valley

Ocean Sports Waikoloa, Royal Waikoloan Hotel, ☎ 8 85-55 55: Windsurfen, Tauchen, Schnorcheln, Kajakfahren

Waimea-Kamuela

Unterkunft: Parker Ranch Lodge, P.O. Box 458, Kamuela, Hi 96743, ☎ 8 85-41 00: Hübsch eingerichtetes Motel. $$

Waimea Gardens Cottages, P.O. Box 563, Kamuela, Hi 96743, ☎ 8 85-45 50: Komfortable, mit *kitchenette* eingerichtete Cottages in schöner Umgebung.

Frühstück und Strand-Handtücher sind im Preis inbegriffen. Minimum 3 Übernachtungen. $$

Restaurants: Merriman's, Opelo Plaza, Hwy. 19, Kamuela, ✆ 8 85-68 22: Eines der besten Restaurants der Insel. Dinner 17.30–21 Uhr, Lunch Mo–Fr 11.30–13.30 Uhr. $$$
Parker Ranch Broiler, Parker Ranch Shopping Center, Kamuela, ✆ 885-73 66: Steaks und andere Leckerbissen über Kiawe-Holzkohle gegrillt. Breakfast, Lunch und Dinner; Entertainment. $$
Paniolo Country Inn, Kamuela Hwy. 19, Kamuela, ✆ 8 85-43 77: Leckerbissen vom Grill. Breakfast, Lunch und Dinner. $–$$

Sehenswertes: Kamuela Museum, Hwy. 19 und 250, Kamuela, ✆ 8 85-47 24: Originelles kleines Privatmuseum mit Hawaiiana. 8–17 Uhr
Parker Ranch Visitor Center, Hwy 19 und 190, Kamuela, ✆ 8 85-76 55: Besichtigungen der historischen Gebäude der Parker Ranch. **Visitor Center und Museum** täglich 9–17 Uhr; **Mana Homestead** 10–17 Uhr (Eintrittskarten bis 15 Uhr)

Aktivitäten: Dahana Ranch Roughriders, Kamuela, ✆ 8 85-00 57: Reiten im Hochland von Waimea auf der Working Ranch einer einheimischen Paniolo-Familie, auch für Anfänger
Paniolo Riding Adventures, P.O. Box 1400, Kamuela, Hi 96743, ✆ 8 89-53 54: Reiten auf dem Gebiet der Kohala Ranch

Einkaufen: Parker Square, Hwy. 19, Kamuela: dort befinden sich originelle Läden, wie **Waimea General Store, The Gallery of Great Things, Bentleys:** Handarbeiten, Hawaiiana, Kunsthandwerk, Antiquitäten

Waipi'o s. Honoka'a

Reiseinformationen Hawai'i von A–Z

Anreise

Die Ankunftsflughäfen auf Hawai'i sind Honolulu auf der Insel O'ahu und Hilo oder Kona auf ›Big Island‹ Hawai'i. Von einigen der amerikanischen Airlines wird auch Kahului auf Maui vom Festland aus angeflogen. Paß- und Zollkontrolle finden immer im ersten angeflogenen US-Flughafen statt.

In den Reisebüros erfährt man, wer zur Zeit die günstigsten Flüge nach Honolulu anbietet (1995 zwischen 1500 DM und 1800 DM). Non-Stop-Flüge gibt es nicht, man muß auf jeden Fall auf dem nordamerikanischen Kontinent einmal zwischenlanden. Beim Hinflug – z. B. von Frankfurt aus – sind aber Flüge ohne Übernachtung über Los Angeles, San Francisco, Chicago, Dallas oder

New York möglich. Auf dem Rückflug kommt man in der Regel nur dann ohne Zwischenübernachtung aus, wenn man erst spät abends von Honolulu abfliegt. Wegen der Zeitumstellung empfiehlt sich aber bei der Rückreise in jedem Falle eine Unterbrechung.

Da zur Zeit eines der günstigsten Hawai'i-Angebote von Canadian International Airlines über Vancouver angeboten wird, sollte man auch die Anreise über Kanada in Betracht ziehen. So kann man z. B. am Samstag mit der CP 71 um 16.05 Uhr in Frankfurt losfliegen und kommt mit der CP 133 um 22.40 Uhr Ortszeit in Honolulu an, nach nur 18 Stunden und 35 Minuten Reisezeit. Das ist die schnellste Verbindung von Frankfurt nach Honolulu. Man kann aber auch einen Zwischenstopp in Vancouver einlegen und den Hawai'i-Urlaub mit einem sehr empfehlenswerten Kurzurlaub in dieser schönen Stadt verbinden. Diese Gesellschaft bietet auch einen Flugpaß an, der Hawai'i mit einschließt: eine preiswerte Möglichkeit für Kanada-Urlauber, Hawai'i kennenzulernen.

Canadian Airlines International
Kleiner Hirschgraben 10–12
60311 Frankfurt/Main
℡ 0 69/29 40 44

Der Honolulu International Airport liegt etwa 8 km außerhalb des Stadtzentrums und ca. 12 km von Waikiki entfernt. Es gibt zwar eine direkte Stadtbusverbindung (Linie 8 Hickam–Waikiki), aber in den Bussen ist für großes Reisegepäck kein Platz. Zu empfehlen ist daher der ›Airport Service‹ direkt vor der Tür der Gepäckausgabe *(baggage claims)* in der unteren Ebene des Flughafengebäudes. Hier befinden sich auch die Schalter der Autovermietungen. Für 8–10 $ wird man mit den diversen Shuttle-Vans zu jedem größeren Hotel in Waikiki gebracht.

Für die Fahrt mit dem Taxi muß man etwa 15–20 $ rechnen (für das Gepäck kommen ein paar Dollar extra dazu). Hat man nicht schon in Deutschland den Leihwagen gebucht, was zu empfehlen ist, sollte man mit dem Airport Service oder dem Taxi in die Stadt fahren, um dann bei einem Reisebüro in Ruhe die günstigsten Angebote herauszufinden.

Ärztliche Versorgung/ Vorsorge

Die ärztliche Versorgung in Hawai'i ist mit der unsrigen vergleichbar.

Angesichts der extrem hohen Arzt- und Krankenhauskosten oder auch der Notfalltransportkosten sollte man unbedingt vor Reiseantritt eine Reisekrankenversicherung abschließen bzw. sich bei der eigenen Krankenversicherung über die Rückerstattung der entstehenden Kosten bei Auslandsreisen informieren. So oder so wird aber von Ärzten und Krankenhäusern meist sofortige Bezahlung verlangt – in bar oder mit Kreditkarte.

Spezielle Medikamente sollte man mitbringen. Rechnen Sie damit, daß es manche Medikamente nicht gibt, die Sie aus Europa kennen. In jedem Fall ist es ratsam, eine Rezeptkopie dabeizuhaben, damit ein Arzt das Rezept bei Bedarf erneuern kann.

Krankenhäuser sind unter *hospital,* Apotheken unter *pharmacies* in den gelben Telefonbuchseiten aufgeführt. Man findet sie auch unter *drugstores.*

Autofahren/Verkehrsregeln

Autofahren in Hawai'i ist im Prinzip nicht anders als in den übrigen USA. Der europäische Autofahrer sei an das unbedingte Vorrecht der Fußgänger erinnert! Der nationale Führerschein ist in den USA ausreichend, es wird jedoch empfohlen, einen internationalen Führerschein mitzubringen.

Alle Geschwindigkeits- und Entfernungsangaben sind in Meilen (1,6 km) ausgeschildert. Innerhalb von Ortschaften gelten Geschwindigkeitsbegrenzungen von 25–30 mph (40–48 km/h), auf dem Highway beträgt die erlaubte Höchstgeschwindigkeit 55 mph (knapp 90 km/h); Fahrer und Beifahrer müssen Sicherheitsgurte anlegen; haltende Schulbusse mit blinkenden Warnlichtern dürfen auf keinen Fall passiert werden (auch nicht aus der Gegenrichtung); an einer roten Ampel darf nach (vollständigem) Stopp rechts abgebogen werden; außerhalb geschlossener Ortschaften darf nur neben der Straße geparkt werden.

In den USA gilt absolutes Alkoholverbot am Steuer; im Innenraum darf auch keine geöffnete Flasche oder Dose mit alkoholischem Getränk mitgeführt werden.

Einige hawai'i-spezifische Hinweise, die sich auf Auskünfte über Straßen, Orte etc. beziehen, sollte man kennen. Die Begriffe Norden, Süden, Westen und Osten werden auf Hawai'i weniger gebraucht. Da die Inseln auf der Karte etwas ›verschoben‹ liegen, gebrauchen die Einheimischen bei Ortsangaben lieber die Berge oder das Meer als Orientierungspunkte. Ein Ziel in Richtung Ozean wird dann mit *makai,* in Richtung Berge mit *mauka* bezeichnet. Bekannte Wahrzeichen wie z. B. Diamond Head, Koko Head usw. werden ebenfalls als Hilfsmittel bei der Ortsangabe benutzt. Eine typische Auskunft könnte etwa so lauten: »Go two streets Diamond Head, then turn *mauka*« (Gehen Sie zwei Straßen in Richtung Diamond Head und biegen Sie dann in Richtung Berge ab.) Gutes Kartenmaterial ist bei den Autovermietungen erhältlich.

In Honolulu und Waikiki ist es nicht erlaubt, nachts auf den Straßen zu parken. Man sollte sich gleich bei der Zimmerbuchung erkundigen, ob und wo Parkmöglichkeiten vorhanden sind. Es ist durchaus üblich, hierfür noch einmal 3–5 $ pro Nacht zu bezahlen.

Pannen/Unfälle
Mietwagenfahrer sollten sich bei Pannen mit dem Mietbüro in Verbindung setzen, um alle weiteren Schritte abzustimmen.

Zwischen den europäischen Automobilclubs und der American Automobile Association bestehen Kooperationsverträge. Gegen Vorlage der Mitgliedskarte erhält man im Büro des AAA Informationen und Landkarten, im Notfall auch Pannenhilfe.

Leihwagen
Leihwagen sind auf Hawai'i preiswerter als auf dem Festland. In der Regel gibt es auch keine Begrenzung der Freikilometer. Dennoch variieren die Preise je nach Nachfrage stark. In der Nebensaison gibt es ständig neue Sparangebote, sogenannte *package deals,* in der Hauptsaison und wenn gerade irgendwelche großen Kongresse stattfinden, sind Leihwagen teurer und auch häufig ausgebucht. Auf jeden Fall muß man mit einem Aufschlag für die Kaskoversicherung rechnen (bis zu 18 $ pro Tag).

Für junge Fahrer bis 25 oder gar unter 21 Jahren gibt es Schwierigkeiten. Die meisten Verleihfirmen sind nämlich selbst bei Vorlage einer Kredit-karte nicht bereit, ihnen einen Wagen zu vermieten, obwohl man auch auf Hawai'i mit 18 schon den Führerschein machen kann. An Fahrer zwischen 18 und 21 Jahren vermieten nur Hertz und Avis.

Bei der Anmietung hat man am besten eine Kreditkarte dabei, da man sonst bis zu 1000 Dollar Kaution hinterlegen muß. Den Reisepaß sollte man niemals als Pfand aus der Hand geben.

Für eine ein- oder mehrwöchige Automiete empfiehlt es sich, das Fahrzeug bereits in Deutschland über ein Reisebüro zu reservieren, da die speziellen Urlaubstarife der Autovermieter für Europäer nur zu Hause gebucht werden können und es in der Hauptsaison manchmal schwierig sein kann, vor Ort ein Fahrzeug zu bekommen. Außerdem sind die Angebote in der Regel in Deutschland überschaubarer. So bieten die großen Autovermieter wie z. B. Avis, Budget, Hertz und Alamo in Deutschland Tarife an, die neben unbegrenzten freien Kilometern auch ein komplettes Versicherungspaket enthalten – Leistungen, die man in den USA so nicht bekommen kann oder die dort viel teurer wären. Die großen Leihwagenfirmen sind in der Regel auch die zuverlässigsten, was Wartung der Mietwagen und eventuellen Pannenservice betrifft.

Campervermietung

Camper und Trailer waren früher eine Alternative für den Urlaub auf Hawai'i. Hohe Kosen und zunehmender Vandalismus haben jedoch dazu geführt, daß die Vermietung inzwischen eingestellt wurde. Wer den besonderen Reiz des Campens in unberührter Landschaft erleben will, muß daher auf die Unterbringung im Zelt ausweichen.

Bücher

Elizabeth Buck, **Paradise Remade, The Politics of Culture and History in Hawai'i,** Philadelphia 1993, Temple University Press

Adelbert von Chamisso, **Reise um die Welt.** In: Peter Schlemihls wundersame Geschichte. Reise um die Welt, Bindlach 1995, Gondrom Verlag

Craig Chrisholm, **Hawai'ian Hiking Trails,** 473 6th St., Lake Oswego 1994, Oregon 97034, The Fernglen Press

Captain James Cook, **Entdeckungsfahrten im Pazifik,** Logbücher der Reisen von 1768 bis 1779, Stuttgart 1983, Thienemann Verlag

Gavan Daws, **Shoal of Time,** New York 1968, MacMillan

Georg Forster, **Fragmente über Captain Cooks letzte Reise und sein Ende**

James Jones, **Verdammt in alle Ewigkeit,** Frankfurt 1993, Fischer Taschenbuchverlag

Ralph Simpson Kuykendall, **The Hawai'ian Kingdom,** Honolulu 1967, University of Hawai'i Press

Somerset Maugham, **Honolulu,** Zürich 1985, Diogenes Verlag

Richard McMahon, **Camping Hawai'i,** Honolulu 1994, University of Hawai'i Press

James Michener, **Hawai'i,** New York 1959, Random House (liegt auch in deutscher Übersetzung vor)

Niklaus A. Schweizer, **Hawai'i und die deutschsprachigen Völker,** Bern, Frankfurt, Las Vegas 1982, Peter Lang Verlag

Robert Smith, **Hawai'is Best Hiking Trails,** P. O. Box 869, Huntington Beach 1991, CA 92648, Hawaiian Outdoor Adventures

Mark Twain, **Letters from Hawai'i,** New York 1966, Appleton-Century

Robert Wallace, **Hawai'i,** Reihe: Die Wildnisse der Welt, Amsterdam, Time Life Bücher
Heinrich Zimmermann: **Reise um die Welt mit Captain Cook,** Stuttgart 1978, Thienemann Verlag

Diplomatische Vertretungen

Deutsches Honorarkonsulat
Hilton Hawai'ian Village
Honolulu, O'ahu
☎ 9 46-38 19

Österreichisches Konsulat
1314 South King St., Suite 1260
Honolulu, O'ahu
☎ 9 23-85 85

Schweizer Konsulat
4231 Papu Cir.
Honolulu, O'ahu
☎ 7 37-52 97

Einkaufen

Auf jeder der Inseln kann man originelle Läden entdecken und auch die Dinge für den täglichen Bedarf erwerben. Die besten Möglichkeiten für einen ausgedehnten Einkaufsbummel gibt es aber zweifellos auf O'ahu, in den großen Einkaufszentren etwas außerhalb von Waikiki. Hier ist die bessere Auswahl mit oft günstigeren Preisen als in den Innenstädten zu finden. Die Souveniralauslagen in den zahlreichen Shops an der Kalakaua Avenue animieren nicht unbedingt zum Einkauf. Aber auch hier gibt es gute Geschäfte mit interessantem Angebot. Besonders Modeschmuck, exotische Waren asiatischer und polynesischer Herkunft und Freizeitkleidung sind hier zu finden. Alles, was der Reisende benötigt, findet er in den unzähligen kleinen und größeren ABC-Stores, die es praktisch an jeder Ecke in Waikiki gibt.

Als originelle Mitbringsel eignen sich neben farbenprächtigen Aloha Shirts vor allem hawaiisches Kunsthandwerk, wie z. B. die schön polierten Schalen aus edlem Koa-Holz, *scrimshaw* (kunstvolle Schnitzereien aus fossilem Elfenbein; anderes darf nicht in die USA eingeführt werden), Ketten aus glänzenden Kukui-Nüssen und den edleren Ni'ihau-Muscheln und nicht zuletzt hübsche Aquarelle und Graphiken, die hier recht preiswert zu erstehen sind. Nur unter besonderen Voraussetzungen dürfen Orchideen und andere tropische Pflanzen sowie Früchte aufs amerikanische Festland mitgenommen werden; man erhält sie in bestimmten Geschäften auf dem Flughafen. Bereits abgepackte Stecklinge, z. B. die beliebten Ti-Pflanzen, werden in zahlreichen Geschäften angeboten.

Einreise- und Zollbestimmungen

Staatsangehörige der Bundesrepublik Deutschland, Österreich und der Schweiz brauchen bei der Einreise per Flugzeug in die USA nur einen Reisepaß bzw. Kinderausweis (ab 10 Jahren mit Lichtbild) vorzulegen, der für die Dauer der gesamten Reise gültig sein muß. Ein Visum wird nicht mehr benötigt. Das Formular I-94 W zur Befreiung von der Visumpflicht wird von den Grenzbehörden oder an Bord des Flugzeugs bzw. Schiffes zum Ausfüllen ausgehändigt. Außerdem sind ein Rückflugticket und der Nachweis ausreichender finanzieller Mittel für die Dauer des Aufenthaltes erforderlich.

Zollfrei mitgebracht werden dürfen Gegenstände des persönlichen Gebrauchs sowie 1 l alkoholische Getränke, 200 Zigaretten oder 50 Zigarren oder 1350 g Tabak (nur für Personen ab 21 Jahre). Geschenkartikel bis zum Wert von 100 $ dürfen ebenfalls zollfrei eingeführt werden (gilt nicht für Alkohol und Zigaretten).

Nähere Auskünfte über die Einfuhrbestimmungen für Tiere, Autos, Jagdwaffen usw. erhält man von den amerikanischen Konsulaten oder der US-Botschaft.

Unter keinen Umständen dürfen Pflanzen, Gemüse, Obst und Fleisch, Süßigkeiten mit Alkoholfüllung sowie Narkotika und gefährliche Arzneimittel (Ausnahmen mit ärztlichem Rezept) eingeführt werden. Die Bestimmungen sind hier bedeutend strenger als auf dem US-Festland. Dies gilt auch für Hin- und Rückflug zwischen Hawai'i und dem Festland. Da es auf Hawai'i keine Tollwut gibt, müssen Tiere vor der Einreise 120 Tage in Quarantäne bleiben.

Weitere Fragen beantwortet: U.S. Customs, Deichmanns Aue 19, 53179 Bonn.

Elektrische Geräte

In den USA beträgt die Stromspannung 110/120 Volt 60 Hertz Wechselstrom. Elektrische Geräte aus Deutschland müssen dementsprechend umschaltbar sein. Außerdem benötigt man einen Adapter für die in Nordamerika gebräuchlichen Flachstecker, der übrigens leichter in Deutschland zu bekommen ist.

Entfernungen (Flugrouten)

siehe Streckennetzkarte S. 348

Essen und Trinken

Die größte Auswahl bieten Honolulu und Waikiki, ganz gleich, welche Preisklasse, ethnische Küche oder Tageszeit man wählt. Auf den anderen Inseln befinden sich die Restaurants meist in der Nähe großer Hotels. Hier sollte man davon ausgehen, daß die Lokale vergleichsweise früh schließen, so daß man sich rechtzeitig zum Abendessen einfinden sollte. Wie sonst in den USA auch, empfiehlt sich bei den Restaurants der oberen Kategorie Tischreservierung.

Unabhängig von den verschiedenen Restaurant-Kategorien variieren Preise naturgemäß je nach getroffener Auswahl. Die nachfolgend angegebenen Richtwerte gelten pro Person für ein Hauptgericht ohne Getränke, Vor- und Nachspeisen und den üblichen Tips von ca. 15 %: **$** = unter 10 Dollar, **$$** = zwischen 10 und 30 Dollar, **$$$** = über 20 Dollar.

Im Restaurant – kleiner Sprachführer
apple sauce – Apfelmus
bacon – Frühstücksspeck
bass – Barsch
batter – im Teigmantel
bill – Rechnung
blackberry – Brombeere
boiled potatoes – gekochte Kartoffeln
braised – geschmort
bread roll – Brötchen
breakfast – Frühstück
cake – Kuchen
cauliflower – Blumenkohl
cereals – Haferflocken, Cornflakes
cherry – Kirsche
chicken – Hähnchen

clam chowder – gebundene Muschel-
suppe

clams – Muscheln

cold cuts – Aufschnitt

cooked, boiled – gekocht

corn – Mais

crab – Krebs

crackseed – Knabbergemisch aus Nüssen, getrockneten Früchten und Ker-
nen

cranberry – Preiselbeere

cucumber – Gurken

cup – Tasse

egg over easy – Spiegelei, von beiden
Seiten gebraten

egg poached – verlorenes Ei

egg scrambled – Rührei

egg soft boiled – weich gekochtes Ei

egg sunny side up – Spiegelei, nicht
gewendet

fork – Gabel

french-fries – Pommes frites

fried – gebraten

gravy – Soße

halibut – Heilbutt

ham – Schinken

jam – Marmelade

juice – Saft

knife – Messer

lamb – Lamm

lettuce – Kopfsalat

lobster – Hummer, Languste

mashed potatoes – Kartoffelpüree

medium rare – kurz angebraten

menu – Speisekarte

mustard – Senf

nachos – Tortillachips

napkin – Serviette

pastry – Gebäck

pickled – gebeizt, eingelegt

plate – Teller

pork – vom Schwein

pork chop – Schweinekotelett

prawns – Garnelen

prime rib – Hochrippe

rare (steak) – rosa (englisch) gebraten

roast chicken – Brathähnchen

roast pork – Schweinebraten

rye bread – Roggenbrot

saimin – japanische Nudelsuppe

salmon – Lachs

sausage – Wurst

scallops – Kammuscheln

seafood – Meeresfrüchte

shrimps – Krabben

smoked – geräuchert

spoon – Löffel

stew – Ragout

trout – Forelle

vinegar – Essig

waiter – Kellner

well done – durchgebraten

plate lunch – verschiedene Leckerbissen auf einem Teller

dim sum – chinesische Lunch-Speziali-
tät, viele kleine Gerichte

Hawaiische Spezialitäten

a'u (marlin) – Schwertfisch

ahi (yellowfin tuna) – Gelbflossen-Thun-
fisch

aku – Bonito, Thunfisch mit festem weißem Fleisch

akule – Makrelenart

haupia – Kokosnuß-Pudding

huli huli chicken – mit Sojasauce
gewürztes gegrilltes Hähnchen

kalua pork– im Erdofen gedünstetes
Schwein

kim chee – scharf gewürzter Krautsalat

kumu (goatfish) – Meerbarbe

lau lau – in Ti-Blätter gewickeltes und
im *imu* gedünstetes Fleisch, wird
auch als Beilage gereicht

liliko'i – Passionsfrucht

limu – eßbarer Seetang

lomi lomi salmon – Salat mit Lachs,
Zwiebeln, Tomaten

lu'au – hawaiisches Festessen

mahi mahi – Goldmakrele

mai tai – tropischer Drink aus Frucht-
säften und Rum

ohelo – Preiselbeeren
'opakapaka (blue snapper) – Speisefisch
ono (king mackerel) – Makrele
opihi – kleine, muschelähnliche Meer-
schnecke
pipikaula – getrocknetes Rindfleisch
poi – Brei aus der Taro-Wurzel
portuguese soup – Suppe mit Bohnen,
Wurst und Gemüse
pupus – Vorspeisen

Feiertage

Neujahrstag: 1. Januar
Martin Luther King Day: 3. Montag im
Januar
Washington's Birthday: 3. Montag im
Februar
Karfreitag: Good Friday
Kuhio Day: 26. März
Memorial Day: letzter Montag im Mai
Kamehameha Day: 11. Juni
Independence Day: 4. Juli
Admission Day: 3. Freitag im August
Labor Day: 1. Montag im September
Veterans Day: 11. November
Thanksgiving: 4. Donnerstag im No-
vember
1. Weihnachtstag: 25. Dezember

Fotografieren

Alle gängigen Filme und Fotomateria-
lien sind in Hawai'i erhältlich, aber generell etwas teurer als in Deutschland.
Im Fotogeschäft in Honolulu sind sie
meist preiswerter und auch frischer als
in kleineren Orten und Souvenirshops.

Geld

Europäischen Besuchern wird dringend
geraten, auf amerikanische Dollar aus-
gestellte **Reiseschecks** mitzubringen.
Euroschecks werden nicht akzeptiert,
auch beim Umtausch europäischer
Währungen gibt es in amerikanischen
Banken Schwierigkeiten. Reiseschecks
tauschen nicht nur Banken ein, sie werden auch von Hotels, Geschäften und
Tankstellen angenommen. Außer einer
Kreditkarte und Reiseschecks sollte
man zusätzlich noch einen kleinen
Barbetrag in der Landeswährung mitnehmen.
Kreditkarten: »Eurocard/Mastercard«
und »Visa« werden praktisch überall
akzeptiert. Es wird unbedingt empfohlen, eine dieser Karten mitzunehmen.
So erspart man sich Schwierigkeiten,
z. B. beim Mieten eines Fahrzeugs, das
man ohne Kreditkarte gar nicht oder
nur nach Hinterlegung einer hohen
Geldsumme bekommt.
Banken sind im allgemeinen in Hawai'i
Mo–Do in der Zeit von 8.30 bis 15 Uhr,
Fr bis 18 Uhr geöffnet.
Münzen: Obwohl es 50 c- und 1$-Mün-
zen gibt, sind praktisch nur 1 c, 5 c
(nickel), 10 c (dime) und 25 c (quarter)
im Umlauf. Es empfiehlt sich also,
immer genügend quarter bei sich zu
führen, um genügend Kleingeld für
Busfahrten, Automaten oder zum
Telefonieren zu haben.
Banknoten: In den USA gibt es Bank-
noten zu 1, 2, 5, 10, 50 und 100 $, sie
sind von gleicher Größe und grüner
Farbe. Manchmal werden größere
Geldscheine über mehr als 50 $ in
Läden und Restaurants nicht gern
angenommen.

Informationsstellen

In Deutschland

Karten- und Informationsmaterial, auch deutschsprachiges Informationsmaterial:

Fremdenverkehrsamt Hawai'i

c/o Thomas Herzog
Borsigallee 17, 60388 Frankfurt/Main
☎ 0 69/42 08 90 89, Fax 0 69/41 25 25,
Prospektservice 0 69/ 41 12 37

In Hawai'i

Hawai'i Visitors Bureau

Suite 801, Waikiki Business Plaza
2270 Kalakaua Ave.
Honolulu, O'ahu, Hi 96815
☎ 9 23-18 11, Fax 9 22-89 91

Kinder

Hawai'i ist auch für Familienreisen mit Kindern geeignet. Weder fehlt es an entsprechenden Einrichtungen (es gibt besondere Attraktionen für Kinder, Kindermenus, Kinder bis 15 Jahren werden im allgemeinen kostenlos in Hotels mituntergebracht, etc.), noch schließt Aktivurlaub Kinderfreundlichkeit aus. Generell kann gesagt werden, daß man in den USA und besonders in Hawai'i auf Reisende mit Kindern besser eingestellt ist und mehr Rücksicht nimmt als in Deutschland.

Kleidung

Das stets warme Klima und die lockere Atmosphäre Hawai'is spiegeln sich auch in der Kleidung wider. Selbst die Hauptstadt Honolulu ›trägt‹ überwiegend Freizeit-Look, Strandkleidung fällt auch in der geschäftigen Innenstadt kaum auf. In besseren Restaurants braucht man ja nicht unbedingt ein T-Shirt zu tragen, mit einem Aloha-Hemd ist man aber auf jeden Fall richtig angezogen.

Für die kühleren Tage sollte man ein paar wärmere Sachen dabeihaben. Schon deshalb, weil man bei Ausflügen in die Berge, z. B. auf den Haleakala und den Mauna Kea auch im Sommer mit niedrigen Temperaturen rechnen muß. Schließlich wird auf den Hängen des ›Weißen Berges‹ Mauna Kea im Winter sogar Ski gelaufen. Zur gleichen Zeit herrschen dann unten an den Stränden sommerliche Temperaturen.

Noch wichtiger als die Vorbereitung auf kühles Wetter ist für einen Hawai'i-Aufenthalt aber ein ausreichender Sonnenschutz. Die frische Seebrise täuscht, die starken Strahlen der subtropischen Sonne haben schon manchem nach nur kurzer Zeit am Strand den Urlaub vergällt. Auch eine Kopfbedeckung ist angebracht.

Maße, Gewichte, Temperatur

1 inch (in.) = 2,54 cm
1 foot (ft.) = 12 inches = 30,48 cm
1 yard (yd.) = 3 feet = 91,44 cm
1 mile (m.) = 1,609 km

1 ounce (oz.) = 28,35 g
1 pound (lb.) = 16 oz. = 453,6 g

1 pint (pt) = 0,4731 l
1 quart (qt.) = 2 pts. = 0,946 l
1 gallon (gal.) = 4 qts. = 3,785 l

Die Temperatur wird in den USA in Fahrenheit (F) gemessen und läßt sich wie folgt umrechnen:

$$\frac{(°F - 32) \times 5}{9} = C$$

z. B. sind 0 °C = 32 °F, 20 °C = 68 °F,
30 °C = 86 °F

National Parks und State Parks

National- und Provinzparks bieten in der Regel die besten Picknick- und Campingmöglichkeiten. Der **National Park Service** und die hawaiischen Fremdenverkehrsämter haben detaillierte Informationen über die Parks und deren Freizeiteinrichtungen. Hawai'i hat zwei Nationalparks: Haleakala National Park auf Maui und Volcanoes National Park auf der ›Big Island‹ Hawai'i.

National Park Service
Prince Kuhio Federal Building,
Room 6305
300 Ala Moana Blvd.
Honolulu, Hi 96813
✆ 5 41-26 93
Informationen über Camping und Hiking in State Parks und im Haleakala und Volcanoes National Park.

Notfälle

In allen Notfällen kann man in Hawai'i die Rufnummer **9 11** für Ambulanz, Feuerwehr, Polizei wählen (nennen Sie Sachlage, Adresse, Name und Telefonnummer). Auch der Operator ›O‹ ist auf jeden Fall immer eine hilfsbereite Anlaufstelle.

Natürlich ist die Hotelrezeption, eine Tankstelle oder dergleichen auch in Notfällen (*emergencies*) behilflich. *Emergencies* heißen auch die Notaufnahmen in den Krankenhäusern oder Sanitätsdiensten.

Öffentliche Verkehrsmittel

Bus

Busfahren auf O'ahu ist billig, praktisch und bietet außerdem noch engen Kontakt mit Land und Leuten. Wer nicht bloß auf Stippvisite ist, sollte sich das Heftchen »Hawai'i Bus and Travel Guide« besorgen, das in jedem beliebigen Reisebüro erhältlich ist. Es wird alle paar Monate auf den neuesten Stand gebracht (auf die Busdienste der Nachbarinseln ist nur kurz hingewiesen, sie sind auch vergleichsweise bescheiden gegen das dichte Verkehrsnetz von O'ahu).

Einheitspreis in allen Bussen, ob man drei Stationen in Honolulu fährt oder die ganze Insel umrundet, sind 60 c (bitte abgezählt bereithalten). Es gibt auf O'ahu 27 Buslinien, die im allgemeinen von 5 Uhr morgens bis Mitternacht fahren. Die Verkehrsdichte ist gut. Die Linien 2 und 8 fahren alle fünf Minuten, sie verbinden Waikiki mit dem Kapi'olani Park und dem Flughafen. Alle übrigen Stadtbusse, Nr. 1 bis 20, fahren alle 10 bis 15 Minuten. Seltener verkehren die sieben Vorortlinien (50 bis 57), von denen der berühmte Rundbus, die 52, in vier Stunden die ganze Insel umrundet: für $ 1.20 eine fabelhafte Aussichtstour. Immerhin fährt auch dieser Bus alle halbe Stunde. Sozusagen als Doppel-Rundbus dreht er seine Runde in beiden Richtungen: Von Honolulu aus bedeutet »52 Wahiawa-Kane'ohe«, daß der Bus zuerst nach Wahiawa im Zentrum der Insel fährt (am Weg liegt Pearl Harbor), dann durch Ananasfelder zur Nordküste, an die Nordspitze und dann an der östlichen Uferseite über Kane'ohe nach Honolulu zurück. »52 Kane'ohe-Wahiawa« heißt: Es geht zuerst nach Kane'ohe, dann nordwärts die Küste entlang (u. a. zum Polynesischen Kul-

turzentrum) und schließlich landeinwärts wieder zurück.

Richtungen werden folgendermaßen
angegeben: EB am Bus heißt *east-
bound,* ›ostwärts‹, und bedeutet Richtung Diamond Head oder Koko Head.
WB heißt *westbound,* ›westwärts‹, und
bedeutet Richtung Flughafen und Ewa
Beach. Alle Busse mit der Bezeichnung
›Honolulu‹ fahren nach *downtown* und
zum Ala Moana Shopping Center, an
dem sich ein dicker Umsteige-Knoten-
punkt befindet. An Gepäck ist nur erlaubt, was man auf dem Schoß halten
oder unter dem Sitz verstauen kann.
**Auskunft über Fahrpläne und Rou-
ten:** ✆ 848-55 55

Schiff
Zwischen den Inseln Maui und Moloka'i
besteht auch eine Verbindung mit der
Maui Princess. **Auskunft: Maui Princess,** Lahaina, ✆ 6 61-83 97

Flugzeug
Der Flugverkehr zwischen den Inseln
wird überwiegend von den beiden großen Fluggesellschaften Hawai'ian Airlines und Aloha Airlines abgewickelt.
Die Entfernungen zwischen den Inseln
sind nicht groß und können in 20–
40minütiger Flugzeit bewältigt werden
(s. Streckennetz-Karte unten). Der regu-
läre Flugpreis bewegt sich zwischen 60
und 80 $. Zeitweilig wird für Touristen
auch ein Air-Paß mit unbegrenzten
Flügen zwischen den Inseln angeboten.

Beispiele einer **Insel-Rundreise**
nach der Ankunft in Honolulu: Flug zur
Insel Kaua'i, hier wenigstens drei Tage
Aufenthalt; Weiterflug nach Maui, ebenfalls drei bis vier Tage Aufenthalt; von
hier aus zur weniger bekannten Insel
Moloka'i, die sich schon in zwei Tagen
erschließen läßt; und zuletzt Weiterflug
zur größten Insel, ›Big Island‹ Hawai'i,
für die man sich wenigstens vier Tage
Zeit lassen sollte. Ankunftsflughafen
auf ›Big Island‹ sind Hilo oder Kona.

In Verbindung mit Flugtickets bieten
die Reisebüros und hawaiischen Fluggesellschaften Unterkunft und Leihwagen mit unbegrenzten Freikilo-
metern schon ab 70–80 $ pro Tag an.

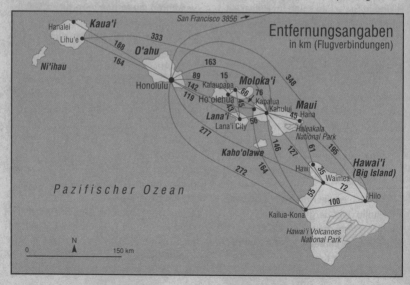

Umfassende Beratung gibt der deutschsprachige Reisefachmann Hans Allgeier bei **Outrigger Travel,** Ka'iulani Ave., Waikiki, ☏ 9 23-23 77, Fax 676-77 40.

Fluggesellschaften: Aloha Airlines, ☏ 4 84-11 11; **Hawai'ian Airlines,** ☏ 838-15 55; **Island Air,** ☏ 4 84-22 22; **Big Island Air,** ☏ 1-800-652-65 41; **Trans Air,** 1-800-634-20 94

Öffnungszeiten

Die Einzelhandelsgeschäfte in Hawai'i haben an Wochentagen zwischen 9 und 18 Uhr geöffnet, aber Ausnahmen sind durchaus möglich, besonders in den ganz kleinen Orten und in Honolulu, wo die Geschäfte (vor allem die Supermärkte) häufig bis in den späten Abend geöffnet sind. Vor allem in Waikiki richten sich auch kleinere Geschäfte nach den Touristen – solange sie auf der Kalakaua Avenue bummeln, bleiben die Läden offen. Auch an Sonntagen kann man sich mit dem Notwendigsten eindecken. Vorgeschriebene Öffnungszeiten wie bei uns gibt es nicht.

Post

Auch in den kleinen Orten Hawai'is gibt es Postämter, die allerdings häufig nicht ganztägig geöffnet sind. In den Städten sind die Postämter in der Regel Mo–Fr von 8–16.30 Uhr, Sa 8–12 Uhr geöffnet.

Die Adressen finden Sie im Telefonbuch unter der Rubrik »United States Government«.

Das **Hauptpostamt** von **O'ahu** (☏ 4 23-39 90) befindet sich im alten Federal Building auf der King Street,

Honolulu, die Ämter in **Waikiki** in der Saratoga Road, nahe der Kalakaua Avenue (☏ 9 41-10 62) und im Ala Moana Shopping Center.

Telefon und Telegrammwesen sind in den USA privatwirtschaftlich organisiert und haben mit der Post nichts zu tun.

Falls Sie sich Post nachsenden lassen wollen, die etwa vier Wochen zur Verfügung gehalten wird, können Sie dies postlagernd nach folgendem Schema tun:
(Ihr Name)
c/o General Delivery Main Post Office (den Ort und Hawai'i mit dem fünfstelligen ZIP Code)
Laufzeit: per Luftpost 7–8 Tage nach und von Europa.

Rauchen

Anders als in vielen europäischen Ländern gibt es, wie auf dem Festland der USA, auch in Hawai'i in den meisten Restaurants separate Zonen für Raucher und Nichtraucher. Einige Restaurants sind sogar gänzlich »rauchfrei«. In öffentlichen Gebäuden ist das Rauchen grundsätzlich untersagt bzw. nur in bestimmten Zonen erlaubt. In den meisten Hotels gibt es Zimmer speziell für Nichtraucher. In den USA ist das Rauchen auf fast allen Inlandsflügen verboten.

Reisezeit

Vom Klima her gesehen ist Hawai'i das ganze Jahr über eine Reise wert. Von November bis Mai herrschen die angenehmsten Temperaturen, in den Sommermonaten, besonders August/ September kann es bei aussetzendem

Passat recht heiß und schwül werden. Im Winter regnet es zwar häufiger, meistens kommen die Schauer jedoch nachts und sind nicht von langer Dauer. Kein Wunder also, daß von Weihnachten bis Ostern Hauptsaison ist – mit entsprechend höheren Preisen. Bedingt durch die Ferienzeit auf dem Kontinent gehören jedoch auch die Sommermonate noch zur Saison. Die günstigste Zeit für einen preiswerten Auftenhalt ist von Mitte September bis Anfang Dezember und von April (nach den Osterfeiertagen) bis Mai.

Telefon

Von Deutschland, Österreich und der Schweiz wählt man nach Hawai'i 0 01, gefolgt vom *area code* 8 08 und der Teilnehmernummer. Innerhalb der jeweiligen Insel wählt man nur die siebenstellige Rufnummer. Zu Auswärtsgesprächen *(long distance calls)* innerhalb des Bundesstaates Hawai'i, d. h. von Insel zu Insel, wählt man eine 1 vorweg. Telefonnummern mit der Vorwahl 8 00 sind gebührenfrei, z. B. bei Hotel-, Flug- oder Mietwagenreservierungen. Auch hier wird die 1 vorweggewählt. Für Gespräche von Münzfernsprechern muß man die entsprechende Anzahl von 25 c-Stücken bereithalten. Es empfiehlt sich also, immer einen gewissen Vorrat *quarter* zu sammeln. Gespräche vom Hotel sind bequem, kosten aber nach Deutschland 8–10 Dollar für drei Minuten.

In allen **Notfällen** wählt man 9 11 und für Auskünfte kann man sich an den Operator (0) wenden. R-Gespräche *(collect calls)* und die sogenannten *person-to-person calls*, bei denen man gegen einen Aufpreis eine bestimmte Person ans Telefon rufen lassen kann

(und nur wenn diese auch erreicht wird, man das Gespräch bezahlen muß), vermittelt ebenfalls der Operator.

Von Hawai'i aus kann auch nach Europa durchgewählt werden: zuerst die Vorwahl 011 und danach die jeweilige Landesvorwahl (Deutschland 49, Österreich 42, Schweiz 41).

Man kann auch gebührenfrei von jedem Telefon über die Nummer **1-800-292-00 49** eine Vermittlungsstelle in Frankfurt anrufen, um eine Verbindung nach Deutschland herstellen zu lassen. Die Gebühren zahlt dann der Angerufene (für 3 Min. ca. DM 15).

Eine preiswerte und bequeme Art, Fern- und Übeseegespräche zu führen, bieten die Telefonkarten von AT&T, Telekom und anderen Firmen. Die angefallenen Gesprächsgebühren werden über Mastercard, VISA oder andere gebräuchliche Kreditkarten abgerechnet. Von einigen großen Reisebüros in Deutschland werden inzwischen auch Telefonkarten verkauft, auf denen ein vorausbezahltes Guthaben gespeichert ist. Hiermit kann dann problemlos und preiswert von jedem Apparat in den USA telefoniert werden.

Telegramme

24-Stunden-Service für Telegramme, die auch telefonisch per Kreditkarte aufgegeben werden können, bietet: **Western Union International,** 580 North Nimitz Hwy., Honolulu, ☏ 1-800-325-60 00

Wichtig: Postamt, Telegrammdienst und Telefondienst sind getrennte Institutionen und haben nichts miteinander zu tun.

Trinkgeld

In den USA sind Bedienungsgelder nicht im Preis inbegriffen. Es ist üblich, in Restaurants, bei Friseuren und Taxifahrern ca. 15 % des Rechnungsbetrages als Trinkgeld zu geben. Für besonders guten Service in Restaurants auch etwas mehr. Für das Tragen eines größeren Gepäckstückes gibt man gewöhnlich je nach Hotelklasse 1–1.50 $. In Hotels sollte man dem Zimmermädchen je nach Aufenthaltsdauer 2–5 $ geben.

Unterkunft

Hotels

Trotz gestiegener Preise ist es immer noch relativ leicht, in Hawai'i eine preiswerte Bleibe zu finden. Der Grund für das Angebot an guten und preiswerten Hotels liegt im starken Wettbewerb. Waikiki, als Hauptziel der Touristen aus aller Welt, verfügt über die größte Konzentration von Hotels aller Klassen.

Die Preise liegen von Mitte Dezember bis Ende April am höchsten, die Sommermonate Juni bis August werden als Zwischensaison angesehen (mit relativ hohen Preisen). In dieser Zeit sind Reservierungen ratsam. Wer für eine Woche oder länger bucht, kann in der Regel mit Preisnachlässen rechnen. Auf Hawai'i werden 10 % Übernachtungssteuer erhoben, die auf die Hotelrechnung aufgeschlagen wird.

Hotels der mittleren und oberen Kategorie haben alle Pools und Klimaanlagen, die mit Ausnahme der Sommermonate aber kaum nötig sind – denn die kühlen Passatwinde, die fast ständig wehen, sorgen für natürliches Air Conditioning.

In vielen Hotels gibt es auch Zimmer mit einer sogenannten *kitchenette,* einer voll eingerichteten Küche oder Kochecke, die den Reiseetat gegebenenfalls entlasten kann. Waschsalons gibt es oft im Hotel oder in der Nähe.

Viele Apartment-Hotels haben Zimmer mit *lanai,* großen Balkonen oder Veranden mit Tisch- und Sitzgelegenheiten. Das Frühstück ist in amerikanischen Hotels und Motels im Preis nicht inbegriffen, man geht dazu in den *coffee shop.*

Outrigger Hotels Hawai'i ist die größte Hotelkette mit dem vielfältigsten Angebot, was Lage, Komfort und Preis anbetrifft. In verschiedenen Hotels der Gruppe gibt es auch besonders attraktive Angebote für Zimmer inklusive Leihwagen, einige haben Studios und Apartments mit *kitchenette* zu günstigeren Wochentarifen. Der Service ist tadellos. Reservierung: in Deutschland für die Outrigger Hotels sowie das Royal Waikoloan (Big Island) über:

Wiechmann Tourism Services
Scheidswaldstr. 73
60385 Frankfurt/Main
✆ 0 69-44 60 02, Fax 0 69-43 96 31

Ferienwohnungen

Ferienwohnungen an der Kailua Beach auf der Windwardseite von O'ahu vermietet das aus der Schweiz und Österreich stammende Ehepaar:

Eva und Hermann Allerstorfer
22 Palione Place
Kailua, O'ahu, Hi 96734
✆ 001-808-254-10 76
Fax 001-808-254-68 76
Alle Wohnungen sind in unmittelbarer Nähe des Strandes und besonders für Wassersportler geeignet.

Zur besseren Übersicht sind die Hotels, die in den »Adressen und Tips von Ort zu Ort« empfohlen werden, in verschiedene **Preiskategorien** eingeteilt. Die unten angegebenen Preise gelten für zwei Personen. Auch für weitere Personen sind in der Regel nur ein paar Dollar mehr zu zahlen: **$$$$** = über 240 $ (Luxusklasse), **$$$** = 120–240 $, **$$** = 60–120 $, **$** = bis 60 $

Bed & Breakfast

Bed & Breakfast ist eine andere, interessante Art der Unterbringung. Über eine Vermittlungsorganisation kann man, meist in den größeren Orten, Zimmer in Privathäusern mieten. Neben dem oft reichhaltigen, im Preis eingeschlossenen Frühstück erhält man oft gute Tips für Ausflüge in die Umgebung und kann auch mal einen Blick auf das amerikanische Familienleben werfen. Nähere Informationen bei den regionalen Tourismusbüros und in den »Adressen und Tips von Ort zu Ort«.

All Islands Bed & Breakfast
823 Kainui Drive
Kailua, O'ahu, Hi 96734
✆ 2 63-23 42, Fax 2 63-03 08
Mehrere hundert Bed & Breakfastunterkünfte (Zimmer, Studios und Cottages) auf den Inseln, von 50 $ bis 200 $; man hilft auch bei der Reiseplanung, z. B. Autovermietung, Buchung von Flugtickets.

Bed & Breakfast Hawai'i
P. O. Box 449
Kapa'a, Kaua'i, Hi 96746
✆ 8 22-77 11, Fax 8 22-27 23
Zimmer und Apartments in privaten Häusern auf allen Inseln. Gesamtverzeichnis gegen Schutzgebühr. $–$$

Hawai'is Best Bed & Breakfast
P. O. Box 563

Kamuela, Hawai'i, Hi 96743
✆ 8 85-45 50
Zimmer und Apartments in privaten Häusern auf allen Inseln. Gesamtverzeichnis auf Anfrage. $–$$$

Camping

Eine Liste der Parks bekommt man vom Hawaiian Visitors Bureau oder in den entsprechenden Park Departments, wo auch die notwendigen *permits* zu haben sind (s. auch S. 346).

National Park Service
Prince Kuhio Federal Building
Room 6305, 300 Ala Moana Blvd.
Honolulu, O'ahu, Hi 96813
✆ 5 41-26 93
Informationen über Camping und Hiking in State Parks und im Haleakala und Volcanoes National Park.

Department of Land and Natural Resources
Division of State Parks
1151 Punchbowl St., Room 310
Honolulu, Hi 96813
✆ 5 87-03 00
Informationen über Camping und *permits* für State Parks. 8–16 Uhr.

Urlaubsaktivitäten

Wandern/Hiking

Friends of Foster Garden
50 North Vineyard Blvd.
Honolulu, O'ahu, Hi 96817
✆ 5 37-17 08 (9.30–12.30 Uhr)
Organisieren in unregelmäßigen Abständen Wandertouren auf O'ahu, Kaua'i, Maui, Moloka'i und Big Island.

Exkursionen/Trekking

Eco-Tours of Hawai'i
Dr. Hugh Montgomery
P. O. Box 2193, Kamuela
Hawai'i, Hi 96743, ✆ 8 85-77 59
Trekking und Kajaktouren unter ökolo-
gischen Gesichtspunkten.

Hike Maui
c/o Ken Schmitt
P. O. Box 330969
Kahului, Maui, Hi 96733
✆ 8 79-52 70
Ökologisch bewußtes Wildnis-Trekking
auf Maui.

Sierra Club
P. O. Box 2577
Honolulu, O'ahu, Hi 96803
✆ 5 38-66 16
Informationen, Wandern, Trekking

Hawai'ian Trail & Mountain Club
P. O. Box 2238
Honolulu, O'ahu, Hi 96804
✆ 5 34-55 15, 488-11 61

Outfitters Kaua'i
2827-A Po'ipu Road
Po'ipu Beach, Kaua'i
✆ 7 42-96 67
Abenteuertouren mit Kajak oder Fahr-
rad. Verleih von Booten und Mountainbikes mit kompletter Ausrüstung. Sehr
zu empfehlen.

Segeln/Wassersport

The Hawai'i Yacht Club
1739C Ala Moana Blvd.
Honolulu, O'ahu, Hi 96815
✆ 9 49-46 22

Tradewind Charters
1833 Kalakaua Ave., # 612

Honolulu, O'ahu, Hi 96815
✆ 9 73-03 11

Sentinel Yacht Charters
P. O. Box 1022
Lahaina, Maui, Hi 96761
✆ 6 61-81 10

Aloha Ocean Charters
41112-A Pu'umalu Pl.
Honolulu, O'ahu, Hi 96816
✆ 7 34-43 00
Yacht-Charter, Segel- und Motorboote

Honolulu Sailing Company
47-335 Lulani St.
Kane'ohe, O'ahu, Hi 96744
✆ 2 39-39 00, 1-800-829-01 44
Ein- und mehrtägige Kreuzfahrten mit
einer Segelyacht, Wale beobachten,
Schnorcheln, Schlauchtboottouren.

Jagen und Angeln

Ausführliche Informationen über Jagd-
und Angelmöglichkeiten, Bestimmungen und Kosten sind bei den Tourismusbüros in Hawai'i erhältlich. Weitere
Auskünfte:

Department of Land and Natural Resources
Division of Forestry and Wildlife
1151 Punchbowl St., Room 325
Honolulu, O'ahu, Hi 96813
✆ 5 87-01 66, 548-28 61, 587-00 77

Hawai'i Hunter Education Program
1130 North Nimitz Hwy.
B-299 Honolulu, O'ahu, Hi 96817
✆ 5 87-02 00

Ocean Fishing Adventures
Honolulu
✆ 4 87-90 60
Hochseeangeln

Veranstaltungskalender

Der genaue Zeitpunkt der einzelnen Veranstaltungen ist unter den angegebenen Telefonnummern oder bei den Visitor Bureaus der einzelnen Inseln zu erfragen, dort gibt es auch Hinweise auf weitere Feste und Aktionen.

Januar: *Narcissus Festival* »Night in Chinatown« (Ende Januar/Anfang Februar): Farbenfroh und überschwenglich feiert Hawai'is chinesische Bevölkerung ihr Neujahrsfest. Drachentanz und großes Feuerwerk auf den Straßen Chinatowns, wo auch die meisten Festivitäten stattfinden, Krönung der Narzissenkönigin mit Wahl ihres Hofstaats und großer Ball; viele chinesische Restaurants bieten besondere Neujahrsmenüs an. Info: Chinese Chamber of Commerce, Honolulu, ✆ 5 33-31 81

Februar: *Punahou Carnival* (Anfang Februar): Die Zeit des Karnevals wird auch von den Schulen Hawai'is für Wohltätigkeitsveranstaltungen genutzt. Punahou (O'ahu), die Schule mit der größten Tradition, feiert auch den größten *carnival,* ein Volksfest mit Spielen, Kunstausstellung, Blumen- und Pflanzenschau, Flohmarkt und Verkauf von kunsthandwerklichen Gegenständen. Kulinarische Spezialitäten der verschiedenen ethnischen Gruppen Hawai'is werden ebenfalls angeboten. Veranstaltet wird das Fest auf dem historischen Campus der Schule. Info ✆ 9 44-57 53, 944-57 11.

Captain Cook Festival (Ende Februar): Wiederholung der historischen Landung von Kapitän Cook, Kanurennen, Entertainment. Waimea, Kauai

Buffalo's Big Board Classic (Mitte Februar/Anfang März): Surfwettkampf wie im alten Hawai'i; bis zu 5 m lang und 40 kg schwer sind die Surfboards. Außerdem gibt es kulturelle Veranstaltungen, Entertainment, Musik und kulinarische Spezialitäten. Makaha Beach, O'ahu. Info: ✆ 5 93-92 92

Paniolo Meet: Ende Februar bis Anfang April trifft man sich zum Skilaufen auf dem über 4000 m hohen Gipfel des erloschenen Vulkans Mauna Kea – gute Schneeverhältnisse vorausgesetzt

Hale'iwa Sea Spree: Volksfest, das allerdings nicht regelmäßig abgehalten wird. Zwei oder drei Tage lang wird im Stil der vergangenen Monarchie gefeiert, werden Surfwettkämpfe, Kanurennen und andere Spiele und Sportveranstaltungen mit typisch hawaiischem Charakter abgehalten, mit Gelegenheit, *Hawai'ian food* zu probieren. Veranstaltet in Hale'iwa, an der Nordküste von O'ahu

März: *Cherry Blossom Festival* (Februar–März): Förderung west-östlicher Kulturbeziehungen, Demonstration japanischer Kochkunst, formelle Teezeremonien, Bonsai-Ausstellung, Blumenarrangements, Modenschau. Einzelheiten von der Japanese Junior Chamber of Commerce, O'ahu. ✆ 9 49-22 55

Prince Kuhio Festival (Ende März): Festspiel mit Liedern und Tänzen aus der Zeit von Prinz Jonah Kuhio Kalaniana'ole (1871–1922). Hawaiisches Volksfest mit Kanuwettfahren und Spielen sowie ›königlichem Ball‹ als Abschluß der einwöchigen Aktivitäten. Lihu'e, Kaua'i; Info: ✆ 2 45-39 71

Kuhio Day (26. März): Offizieller Feiertag des Bundesstaates Hawai'i in Erinnerung an den Geburtstag des Prinzen Kuhio, große Parade und Feierlichkeiten am königlichen Mausoleum und in der Kawaiahao Church. Honolulu, O'ahu

April: *Merrie Monarch Festival* (Mitte April): Festspiele mit alten hawaiischen Tanzwettbewerben, Sport und besonderen Aktivitäten, die die glanzvollen Zeiten König David Kalakauas, des ›Merrie

Monarch‹, wiederaufleben lassen. Hilo, Hawai'i, ☎ 9 35-91 68

Honolulu International Bed Race (Mitte April): Verrücktes Rennen mit Betten auf Rädern, die geschoben werden, große Parade durch Waikiki, Konzerte im Kapi'olani Park. Honolulu, O'ahu. Info: Bed Race Office, ☎ 7 35-60 92

Mai: *Lei Day* (1. Juni): Farbenfrohes Blumenfest, Festspiel mit Wahl der ›Lei Day Queen‹, der Blumenkönigin, Nachmittags- und Abendprogramm mit großem Wettbewerb im Flechten von *lei* (Blumenkränzen). Waikiki Shell, Kapi'olani Park, Waikiki, O'ahu. Festspielaktivitäten finden außerdem noch in Downtown Honolulu und auf den anderen Inseln statt. Info: ☎ 2 66-76 54

Juni: *50th State Fair* (drei Wochenenden von Ende Mai bis Anfang Juni): Große Ausstellung für Landwirtschaft und Handel, mit Veranstaltungen und Unterhaltungsshows. Aloha Stadium, Honolulu, O'ahu. Info Honolulu Jaycees, ☎ 4 88-33 89

Kamehameha Day Holiday (Mitte Juni): Festliche Aktivitäten auf allen Inseln, Kunst und Kunsthandwerksausstellungen, Parade durch Waikiki, Hula-Gesang- und Tanz-Wettbewerbe im Kapi'olani Park in Waikiki, O'ahu. Info: State Council of Hawai'ian Heritage, ☎ 586-03 33

King Kamehameha Annual Hula and Chant Competition (Ende Juni): Großer Wettbewerb der hawaiischen Hula-Schulen. Neal Blaisdale Center Arena, O'ahu. State Council of Hawai'ian Heritage, ☎ 5 36-65 40

Hawai'i State Farm Fair (Ende Juni/Anfang Juli): Größte Landwirtschaftsausstellung, Jahrmarkt, Kunsthandwerk, Wettbewerbe. Honolulu, O'ahu

Juli: *Independence Day Holiday* (4. Juli): Unabhängigkeitsfeiern über mehrere Tage, mit Sportveranstaltun-

gen, Kanurennen, Paraden, Feuerwerk, Konzerten, Ausstellungen von Kunsthandwerk. Festivitäten auf allen Inseln.

Parker Ranch Rodeo (4. Wochenende im Juli): Rodeo der Spitzenklasse auf einer der größten Ranches der USA. Paniolo Park, Waimea ›Big Island‹ Hawai'i. Info ☎ 8 85-73 11

Makawao Rodeo (Anfang Juli): Hawai'is größtes Rodeo. Oshie Rice Arena, Makawao, Maui, ☎ 5 72-99 28

Hilo Orchid Society Show (Mitte Juli): große Orchideenschau. Civic Auditorium, Hilo, Hawai'i, ☎ 9 35-04 84

Prince Lot (Kamehameha V) *Hula Festival* (Mitte Juli): Hawaiisches Kunsthandwerk, Musik und Tanz. Moanalua Gardens, Honolulu, O'ahu, ☎ 8 39-53 34

International Festival of the Pacific (Ende Juli): Multikulturelle Veranstaltungen mit Kostümen und Tänzen aus Japan, China, Korea, Tahiti, Neuseeland, den Philippinen. Hilo, Hawai'i, ☎ 934-01 77

Run to the Sun (Juli/August), 58 km-Marathonlauf vom Strand zum fast 3500 m hohen Gipfel des Haleakala, Maui

Hawai'ian International Billfish Tournament (Juli/August): Weltbekannter Schwertfisch-Angelwettbewerb. Kailua-Kona, Hawai'i, ☎ 8 36-09 74

August: *Hula Festival* (Anfang–Mitte August): Hula-Schüler aller Altersklassen führen Tänze am Kapi'olani-Badestrand, Waikiki vor. Honolulu, O'ahu

September: *Parker Ranch Round-Up Rodeo:* Paniolo Park, Waimea, Hawai'i. Info: Ranch Office, ☎ 8 85-74 47

Aloha Week (Mitte Sept.– Ende Okt.): Hawai'is größtes Volksfest, eine Woche lang finden Festspiele, Paraden, kulturelle Veranstaltungen, Hula-Darbietungen, Wettkämpfe in den alten hawaiischen Sportarten, Kanurennen, Ausstellungen und nicht zuletzt traditionelle

luaus statt. Aloha Week wird auf den verschiedenen Inseln zu unterschiedlichen Zeiten gefeiert. Info: ☎ 9 44-88 57
Hawai'i County Fair (Mitte Sept.): Ausstellung für Handel und Landwirtschaft, Stierschau, Blumen- und Orchideenausstellung, Kunst- und Kunsthandwerksausstellungen, *lei*-Wettbewerb. Civic Auditorium Grounds, Hilo, Hawai'i; Info: ☎ 9 35-08 75
Oktober: *Ironman World Triathlon Championship* (Anfang Okt.): Der härteste Wettkampf der Welt: 4 km Schwimmen im Ozean, gefolgt von einem 180 km-Fahrradrennen, dann zum Schluß ein 42 km-Marathonlauf, alles ohne Unterbrechung. Ziel ist in Kona, Hawai'i.Info: ☎ 3 29-00 63
Maui County Fair (Mitte Okt.): Handels- und Landwirtschaftsausstellungen, Blumenschau, Wettkämpfe, Kunst- und Kunsthandwerk. Kahului Fairgrounds, Kahului, Maui, ☎ 2 42-27 21
November: *Kona Coffee Festival* (Mitte Nov.): Mehrtägiges Erntefest mit Parade, Rezeptwettbewerb, Kunst- und Kunsthandwerkausstellungen, kulinarischen Leckerbissen der verschiedenen ethnischen Gruppen, Wahl der Erntekönigin, Entertainment. Kailua-Kona, Hawai'i, ☎ 3 26-78 20
Triple Crown of Surfing (Mitte Nov./ Anfang Dez.): Die Weltbesten der Surfszene messen ihre Künste, das wohl faszinierendste Surfspektakel überhaupt. Makaha Beach, Banzai Pipeline und andere Strände am Nordufer O'ahus. Info: ☎ 3 77-58 50
Dezember: *Annual Honolulu Marathon* (Anfang Dez.): Eines der beliebtesten Marathonrennen in den USA, ☎ 5 31-04 81

Wichtige Rufnummern

Vorwahl	808
Operator/Notruf	0*
Auskunft	411
Polizei:	
Hawai'i (Hilo)	9 35-33 11
Hawai'i (Kona)	3 29-33 11
alle anderen Inseln	911*
Ambulanz und Feuer:	
Hawai'i	9 61-60 22
alle anderen Inseln	911*
AAA American Automobile Association	5 28-26 00
Wetter:	
Honolulu	8 33-28 49
O'ahu	8 36-21 02
Kaua'i	2 45-60 01
Maui	8 77-51 11
Moloka'i	5 52-24 77
Lana'i	5 65-6033
Hawai'i	9 61-55 82
Informationen über vulkanische Aktivitäten	9 67-79 77
International Airport	8 36-14 11
›TheBus‹ (Öffentl. Verkehrsges.)	8 48-55 55

* Münzeinwurf ist nicht erforderlich

Zeit

Hawai'i Standard Time, d. h. MEZ minus 11 Stunden. Wenn in Europa und auf dem Festland der USA in der Zeit von April bis Oktober die Sommerzeit gilt, beträgt der Zeitunterschied sogar 12 Stunden, da Hawai'i die Normalzeit beibehält.

Glossar/Sprachführer

Allgemeine Begriffe

Arboretum – botanischer Garten, Lehrgarten

backpacking – Rucksackwandern, Trekking

bare boat charter – Boot ohne Skipper und Mannschaft mieten

beach combing – den Strand nach Gegenständen absuchen

cabin – Hütte, Blockhaus

cannery – Konservenfabrik

chants – Sprechgesang

clerk – Angestellte/r, Verkäufer/in

Condominium – Ferienwohnung

dive shop – Laden für Tauchausrüstungen

executive – Führungskraft

fish pond – Fischteich

general store – Krämerladen, der alles führt

guide – Führer, Expeditionsleiter

hiking – Wandern, Trekking

historical society – historische Gesellschaft, Heimatverein

homestead – erste Siedlerstätte der Pioniere, kleinlandwirtschaftlicher Betrieb

hot tub – Zuber mit warmem Badewasser zum Entspannen

Kalebasse – bauchiges Gefäß, z. B. aus einer Kürbisschale gearbeitet

kitchenette – kleine Küche

lodge – Ferienanlage

mall – Einkaufszentrum

mural – Wandmalerei

national historic site – historische Stätte unter nationalem Schutz

off limits – Zutritt verboten

paho'eho'e – glattflüssige Lava

permit – Genehmigung (z. B. zum Campen)

pick-up – Kombi-Fahrzeug mit offener Ladefläche

Quilts – aus Flicken oder Stoffstücken kunstvoll gearbeitete Decken

resort – Ferienanlage

ridge – Bergkamm

skipper – Kapitän, Bootsführer

statehood – politischer Status als Bundesstaat

stream – Bach, kleines Flüßchen

subdivision – Wohngebiet

Tsunami – Flutwelle, von einem Seebeben hervorgerufen

wilderness campground – legaler Zeltplatz in der Wildnis, ohne Einrichtungen

Hawaiischer Sprachführer

a'a – die langsam fließende der beiden Lava-Arten der Hawai'i-Vulkane

a'ina – Land, Erde

aikane – Freund

ali'i – Herrscher(in), König(in), Oberhaupt

aloha – Liebe, Zuneigung, Freundlichkeit; Grußwort für jede Gelegenheit

aloha ahiahi – guten Abend

aloha aina – Liebe zum Land, Heimatliebe

aloha kakahiaka – guten Morgen

hale – Haus

hale pule – Kirche, Gotteshaus

haole – Weißer, früher ›Fremder‹

hapa – halb

heiau – Tempel, Kultstätte

holo holo – Spaß haben

hui – Gemeinschaft, Partnerschaft

hukilau – gemeinsames Fischen, ein Fest

hula – traditioneller hawaiischer Tanz

imu – der Erdofen, in dem das Schwein
   zum *luau* gebacken wird
kai – Ozean, Wasser
kahuna – Priester, Weiser
kama'aina – Einheimischer, jemand der
   schon lange auf den Inseln lebt
kanaka – Mensch, Mann
kane – Mann
kapu – tabu, verboten. Ersetzt oft auf
   Schildern das ›keep out‹
kaukau – Essen
keiki – Kind
kokua – Helfer, Assistent; Hilfe
kona winds – Winde, die dem Passat
   (trade winds) entgegenwehen
lanai – Freisitz, Terrasse, Veranda
lau lau – in Ti- oder Bananen-Blätter
   gewickeltes Fleisch, im *imu* gebacken
Lava pali – Klippe
lu'au – Fest
mahalo – danke
makai – seewärts, zur See gewandt
malihini – Neuankömmling
mana – übernatürliche, göttliche Kraft
mauka – zum Gebirge gewandt
mauna – Berg
mele – Lied, Sprechgesang
menehune – sagenumwobene Zwer-
   genrasse
moana – Ozean, offene See
mu'umu'u – Hawai'ikleid
nani – schön
no ka oi – das Beste
nui – groß
ohana – Familie
ono – wohlschmeckend, lecker
pa'u – langer Reitrock der Reiterinnen
   bei den Festival-Paraden
pahoehoe – glattflüssige Lava
pakalolo – Marihuana
pali – Klippen
paniolo – hawaiischer Cowboy
pareo – Wickeltuch, zum Kleid gewun-
   den
pau – genug, fertig
pau hana – Feierabend

pikake – Jasmin
pilikia – Mißlichkeit und Ärger aller Art
poi – traditionelles polynesisches
   Essen, Brei aus Tarowurzeln
puka – Loch, Öffnung
puka shell – gelochte kleine Muschel,
   wird zu Halsbändern aufgezogen
pupu – kleiner Leckerbissen, Vorspeise
tapa – (kapa) Rindenstoff; der geklopfte
   Bast des Papiermaulbeerbaumes,
   wird zu Kleidung verarbeitet
tutu – Großmutter
wahine – Frau, Gattin
wai – Frischwasser
wiki wiki – schnell

Tierwelt

Kleidervögel (drepanidae): i'iwi, apapane, amakihi, akohehoe (Haubenkleidervogel) – die farbenfreudigste
   und mannigfaltigste Familie hawaiischer Singvögel, noch rund 20 Arten,
   lange gekrümmte Schnäbel, leben
   nur noch im Hochland der Inseln, die
   Federn von *i'iwi* und *apapane* sind
   rot, von *o'o* und *mamo* gelb, von *o'u*
   grün
nene – hawaiische Gans, kommt nur
   auf ›Big Island‹ und Maui vor, hat sich
   wahrscheinlich aus der Kanada-Gans
   entwickelt
pueo – hawaiische kurzohrige Eule,
   endemisch, Tagflieger
koloa – hawaiische Stockente, gibt es
   heute nur noch auf Kaua'i an hochgelegenen Bergbächen
ae'o – (hawai'ian stilt) Hawai'i-Stelzen-
   läufer, hübscher, schwarz-weiß gefie-
   derter Vogel mit langen dünnen rosa
   Beinen (45 cm groß), lebt in Meeresbuchten und Lagunen
io – hawaiischer Falke
akohe'kohe (crested honeycreeper) –
   Haubenkleidervogel

alae ke'oke'o (hawai'ian coot) –
hawaiisches Wasserhuhn
elepaio – Fliegenschnäpper
puaiohi – kleine Kauai-Drossel

Pflanzenwelt

hala – Schraubenbaum, eine Art der
Gattung Pandanus; die Blätter
(lauhala) werden zum Flechten von
Matten und Körben verwendet
hapu'u – Baumfarne
ironwood – Känguruh-Bäume (Casua-
rina)
kiawe – Mesquitebaum (aus Chile eingeführt); das würzige Holz eignet sich
gut zum Grillen und Räuchern
kipuka – von Lavaströmen umschlos-
sene Vegetationsinseln, wo die
ursprüngliche Flora und Fauna intakt
geblieben ist
hau – Hibiskusart mit großen gelben
Blüten
koa – Akazienart, kann vielstämmig und
auch einstämmig mit mächtigem
Umfang sein; festes, fein gemasertes
Holz, früher zum Kanu–Bau, heute für
Kunsthandwerk verwendet
koali – eine Winde mit blaßvioletten
Blüten, in der hawaiischen Sage der
Ursprung der Seele

kukui – Kerzennußbaum; die Nüsse
wurden früher zu Kerzen und schön
poliert zu *le'is* verarbeitet
maile – einheimische Ranke mit dunkelgrün glänzenden, festen Blättern,
angenehm duftend
lilikoi – Passionsfrucht
norfolk pine – Norfolk-Tanne, Araukarie
pili – eine endemische Grasart, wurde
früher zum Bau von Grashäusern
verwendet
ohelo – buschige Verwandte der amerikanischen Heidelbeere mit leuchtendroten Beeren, der Göttin Pele
geweiht, kommt nur auf den Hawai'i-
Inseln vor
ohia lehua – Eisenholzbaum mit leuchtenden, in Büscheln wachsenden
scharlachroten Blüten; es gibt auf
Hawai'i viele Subspezies, von ver-
krüppelten, 30 cm hohen Gewächsen
bis zu hohen Bäumen
taro (auch kalo) – Wasserbrotwurzel,
Nutzpflanze mit breiten grünen
Blättern
ti – bis zu 3 m hohe Pflanze mit breiten
tiefgrünen Blättern, die zum Einhül-
len von Speisen beim Kochen, zum
Dekorieren und für Hula-Röcke
gebraucht werden
uluhe – falscher Geweihfarn, Nestfarn

Abbildungsnachweis

Register

Personen- und Sachregister

Umschlagvorderseite: Kauna'oa Bay mit dem erloschenen Vulkan Mauna Kea im Hintergrund; Kohala-Küste, Big Island Hawai'i
Hintere Umschlagklappe: Windsurfer am Ho'okipa Beach, Maui
Umschlagrückseite: Hawaiianerin mit Blätter-Lei

Über den Autor: Kurt Jochen Ohlhoff, 1943 geboren, wanderte 1968 nach Kanada aus; Studium der Psychologie, Soziologie und Literatur mit M.A. Examen an der Universität von Santa Barbara, Kalifornien. Von 1978 bis 1995 war er Programmdirektor des Amerika-Hauses Hannover; jährliche Studienreisen führen ihn nach Kanada und in die USA. Im DuMont Buchverlag veröffentlichte er in der Reihe »Richtig reisen« die Bände West-Kanada und Alaska sowie Ost-Kanada.

Fremde Kulturen kennenlernen und gastfreundlichen Menschen begegnen – wie sehr genießen wir das auf Reisen. Zu Hause bei uns jedoch wird mancher Ausländer von einer kleinen Minderheit beschimpft, bedroht und sogar mißhandelt. Alle, die in fremden Ländern Gastrecht genossen haben, tragen hier besondere Verantwortung. Deshalb: Lassen Sie uns gemeinsam für die Würde des Menschen einstehen.

Verlagsleitung und Mitarbeiter des DuMont Buchverlages

Die Deutsche Bibliothek – CIP-Einheitsaufnahme

Ohlhoff, Kurt Jochen:
Hawai'i / Kurt-Jochen Ohlhoff. – Köln : DuMont, 1996
(Richtig reisen)
ISBN 3-7701-3588-1

© 1996 DuMont Buchverlag, Köln
Alle Rechte vorbehalten
Satz und Druck: Rasch, Bramsche
Buchbinderische Verarbeitung: Bramscher Buchbinder Betriebe

Printed in Germany   ISBN 3-7701-3588-1